U0701686

全国一级建造师执业资格考试辅导用书

建设工程项目管理
应 试 指 导

全国一级建造师执业资格考试辅导用书编写委员会　编写

中国建筑工业出版社

图书在版编目（CIP）数据

建设工程项目管理应试指导 / 全国一级建造师执业
资格考试辅导用书编写委员会编写. — 北京：中国建筑
工业出版社，2023.5（2023.11重印）
全国一级建造师执业资格考试辅导用书
ISBN 978-7-112-28520-4

Ⅰ. ①建… Ⅱ. ①全… Ⅲ. ①基本建设项目－工程项
目管理－资格考试－自学参考资料 Ⅳ. ①F284

中国国家版本馆 CIP 数据核字（2023）第 049993 号

责任编辑：牛　松
责任校对：姜小莲

全国一级建造师执业资格考试辅导用书
建设工程项目管理应试指导
全国一级建造师执业资格考试辅导用书编写委员会　编写

*

中国建筑工业出版社出版、发行(北京海淀三里河路9号)
各地新华书店、建筑书店经销
北京红光制版公司制版
天津安泰印刷有限公司印刷

*

开本：787 毫米×1092 毫米　1/16　印张：21　字数：508 千字
2023 年 5 月第一版　　2023 年 11 月第二次印刷
定价：**45.00** 元
ISBN 978-7-112-28520-4
（40919）

版权所有　翻印必究
如有内容及印装质量问题，请联系本社读者服务中心退换
电话：(010) 58337283　QQ：924419132
（地址：北京海淀三里河路 9 号中国建筑工业出版社 604 室　邮政编码：100037）

前　　言

　　全国一级建造师执业资格考试辅导用书系列图书由教学名师编写，是在多年教学和培训的基础上开发出的新体系，能有效帮助考生快速掌握考试内容，特别适合那些没有时间和精力深入系统学习考试用书的考生。

　　本系列图书秉承"极简极不同"的理念，将理论化、系统化和学科化的考试用书进行再加工，去粗（低频考点）取精（高频考点），删繁就简。创新运用图示和表格的形式精心编排一部内容全面而又重点突出的辅导用书，节省了考生进行自我总结和查找各方面资料的时间和精力，真正实现了考生自学也能快速通过考试的目的。考生只要能系统掌握本辅导教材的知识点，决胜考场将成为易如反掌之事。

　　本系列图书以真题为基石，重在应考能力的提升。辅导教材的编写体系遵循如下思路：

　　【考点图谱】对知识点进行概括，运用思维导图绘制考点图谱，帮助考生明晰知识点之间的逻辑关系，形成完备的知识体系。

　　【考点精析】图表结合讲解，考点简明总结。全书创新运用图示和表格的形式，通过数百幅图表简单明了地分析了考试涉及的知识。考点一目了然，省却了考生进行总结的过程，达到事半功倍的复习效果。

　　【考点归纳】为了提升考生的应试能力，尤其是对相关知识的综合掌握能力，全书又编写了综合归纳的部分，将相同、相似、易混的知识点进行归纳总结，图表结合讲解，考点简明总结。

　　本系列图书作为建造师执业资格考试的辅导教材，既源于考试用书，又有自身鲜明特色。是对考试用书的整理和总结，是考生考前复习的必备用书。相比较传统意义上的辅导教材，本系列辅导教材更加符合考生的学习规律和考前心理，能帮助考生从模拟试卷的题海中脱离出来，摒弃盲目押题和无凭据的猜题做法，以回归书本的认真态度，严谨细致地编排工作，实现与考生的共同成长。

　　本系列图书的作者都是一线教学和科研人员，有着丰富的教育教学经验，同时与实务界保持着密切的联系，熟知考生的知识背景和基础水平，编排的辅导教材在日常培训中取得了较好的效果。

　　本系列图书在编写过程中，参考了大量的资料，尤其是考试用书和历年真题，限于篇幅恕不一一列示致谢。在编写的过程中，由于时间仓促、水平有限，虽经仔细推敲和多次校核，书中难免出现纰漏和瑕疵，敬请广大考生、读者批评和指正。

目　　录

下篇　考　点　归　纳

上篇　考点图谱与考点精析

1Z201000　建设工程项目的组织与管理

1Z201010　建设工程管理的内涵和任务

【考点图谱】

【考点精析】

考点1　建设工程管理的内涵

建设工程项目的全寿命周期

包括项目的决策阶段、实施阶段和使用阶段（或称运营阶段，或称运行阶段）。从项目建设意图的酝酿开始，项目建议书、可行性研究等项目前期的组织、管理、经济和技术方面的论证都属于项目决策阶段的工作。

注：项目立项（立项批准）是项目决策的标志。

决策阶段管理工作的主要任务

一般包括如下内容：

（1）确定项目实施的组织；

（2）确定和落实建设地点；

（3）确定建设目的、任务和建设的指导思想及原则；

（4）确定和落实项目建设的资金；

（5）确定建设项目的投资目标、进度目标和质量目标等。

注：决策期的主要任务是确定项目的定义。

"建设工程管理"的知识

1. 其内涵涉及工程项目全过程（工程项目全寿命）的管理，它包括：

（1）决策阶段的管理，DM——Development Management（尚没有统一的中文术语，可译为项目前期的开发管理）；

（2）实施阶段的管理，即项目管理 PM——Project Management；

（3）使用阶段的管理，即设施管理 FM——Facility Management。

2. 国际设施管理协会（IFMA）所确定的设施管理的含义，它包括物业资产管理和物业运行管理，与我国物业管理的概念尚有差异。

3. "建设工程管理"涉及参与工程项目的各个方面对工程的管理，即包括投资方、开发方、设计方、施工方、供货方和项目使用期的管理方的管理。

考点2 建设工程管理的任务

建设工程管理的任务

工程项目管理的工作仅限于在项目实施期的工作，但建设工程管理则涉及项目全寿命期。

注：建设工程管理工作是一种增值服务工作，其核心任务是为工程的建设和使用增值。

工程增值的含义

序号	项目	内容
1	工程建设增值	（1）确保工程建设安全； （2）提高工程质量； （3）有利于投资（成本）控制； （4）有利于进度控制
2	工程使用增值	（1）确保工程使用安全； （2）有利于环保； （3）有利于节能； （4）满足最终用户的使用功能； （5）有利于降低工程运营成本； （6）有利于工程维护

1Z201020 建设工程项目管理的目标和任务

【考点图谱】

建设工程项目管理的目标和任务

业主方、设计方和供货方项目管理的目标和任务
- 业主方项目管理的目标和任务
- 设计方项目管理的目标和任务
- 供货方项目管理的目标和任务
- 建设工程项目管理的背景和发展趋势

项目总承包方项目管理的目标和任务

项目总承包方项目管理的目标

项目管理主要服务于项目的整体利益和项目总承包方本身的利益，其项目管理的目标应符合合同的要求，包括：
(1) 工程建设的安全管理目标；
(2) 项目的总投资目标和项目总承包方的成本目标(其前者是业主方的总投资目标，后者是项目总承包方本身的成本目标)；
(3) 项目总承包方的进度目标；
(4) 项目总承包方的质量目标。

项目总承包方项目管理的任务

项目总承包方项目管理的任务包括：
(1)项目风险管理；
(2)项目进度管理；
(3)项目质量管理；
(4)项目费用管理；
(5)项目安全、职业健康与环境管理；
(6)项目资源管理；
(7)项目沟通与信息管理；
(8)项目合同管理等。

施工方项目管理的目标和任务

施工方项目管理的目标

施工方项目管理的目标应符合合同的要求，它包括：
(1)施工的安全管理目标；
(2)施工的成本目标；
(3)施工的进度目标；
(4)施工的质量目标。

施工方项目管理的任务

施工方项目管理的任务包括：
(1)施工安全管理；
(2)施工成本控制；
(3)施工进度控制；
(4)施工质量控制；
(5)施工合同管理；
(6)施工信息管理；
(7)与施工有关的组织与协调等。

考点1 业主方、设计方和供货方项目管理的目标和任务

项目管理的概念等

1. 项目的实施期：自项目开始至项目完成。

2. 项目策划：是目标控制前的一系列筹划和准备工作。

3. 费用目标：对业主而言是投资目标，对施工方而言是成本目标。

4. 主要任务：项目决策期管理工作的主要任务是确定项目的定义。项目实施期管理的主要任务是通过管理使项目的目标得以实现。

5. 项目管理的核心任务：项目的目标控制（注意：没有明确目标的建设工程不能成为项目管理的对象）。

6. 项目管理的核心：是业主方的项目管理。

各主体项目管理的类型、所处阶段和服务的利益

序号	项目管理的类型	所处阶段	项目管理服务的利益
1	业主方项目管理（含投资方、开发方和由咨询公司提供的代表业主方利益的项目管理服务）	涉及项目实施全过程	业主方利益
2	设计方项目管理	主要在设计阶段进行，也涉及设计准备阶段、施工阶段、动用前准备阶段和保修期	设计方自身利益和项目整体利益
3	施工方的项目管理（含施工总承包方和分包方的项目管理）	主要在施工阶段进行，也涉及设计准备阶段、设计阶段、动用前准备阶段和保修期	施工方自身利益和项目整体利益
4	供货方的项目管理（含材料和设备供应方的项目管理）		供货方自身利益和项目整体利益
5	建设项目工程总承包方的项目管理等	涉及项目的全程，如可以包括设计、采购和施工任务综合承包，简称EPC承包	总承包方自身利益和项目整体利益

注：各主体项目管理都涉及工程的全过程，只是侧重不同；各主体都是既服务于自身的利益，又服务于项目的利益。

各主体项目管理的目标和任务

序号	项目管理的类型	目标	任务
1	业主方项目管理	（1）投资目标：项目的总投资目标； （2）进度目标：项目动用的时间目标，即项目交付使用的时间； （3）质量目标：不仅涉及施工的质量，还涉及设计、材料、设备和影响项目运行或运营的环境等质量	（1）安全管理（项目管理最重要的任务）； （2）投资控制； （3）进度控制； （4）质量控制； （5）合同管理； （6）信息管理； （7）组织和协调
2	设计方项目管理	（1）设计的成本目标； （2）设计的进度目标； （3）设计的质量目标； （4）项目的投资目标	（1）与设计工作有关的安全管理； （2）设计成本控制和与设计工作有关的工程造价控制； （3）设计进度控制； （4）设计质量控制； （5）设计合同管理； （6）设计信息管理； （7）与设计工作有关的组织和协调

序号	项目管理的类型	目标	任务
3	施工方的项目管理	(1) 施工的成本目标； (2) 施工的进度目标； (3) 施工的质量目标	(1) 施工安全管理； (2) 施工成本控制； (3) 施工进度控制； (4) 施工质量控制； (5) 施工合同管理； (6) 施工信息管理； (7) 与施工有关的组织与协调
4	供货方的项目管理	(1) 供货方的成本目标； (2) 供货的进度目标； (3) 供货的质量目标	(1) 供货的安全管理； (2) 供货方的成本控制； (3) 供货的进度控制； (4) 供货的质量控制； (5) 供货合同管理； (6) 供货信息管理； (7) 与供货有关的组织与协调
5	建设项目工程总承包方的项目管理等	(1) 项目的总投资目标； (2) 总承包方的成本目标； (3) 项目的进度目标； (4) 项目的质量目标	(1) 安全管理； (2) 投资控制和总承包方的成本控制； (3) 承包方的成本控制； (4) 进度控制； (5) 质量控制； (6) 合同管理； (7) 信息管理； (8) 与建设项目总承包方有关的组织和协调

注：目标都涉及"三控"：成本（投资）、进度、质量控制。任务都涉及"三管"：安全、合同、信息管理和"三控"：成本（投资）、进度、质量控制，另加"一协调"：组织和协调。《PMBOK 指南》提出项目经理应具备四种技能：项目管理技术、领导力、商业管理技能和战略管理技能。《PMBOK 指南》的第 7 版，将发生一个根本性的变化：它将是基于原则的标准，而不是前几版基于流程的标准。基于原则的标准可以描述执行活动最有效的方式，而不是解释可能需要的管理流程。

考点 2　项目总承包方项目管理的目标和任务

项目总承包方项目管理的目标

1. 工程建设的安全管理目标。

2. 项目的总投资目标和项目总承包方的成本目标（其前者是业主方的总投资目标，后者是项目总承包方本身的成本目标）。

3. 项目总承包方的进度目标。

4. 项目总承包方的质量目标。

注：项目管理主要服务于项目的整体利益和项目总承包方本身的利益，项目总承包方项目管理工作涉及项目实施阶段的全过程，即设计前的准备阶段、设计阶段、施工阶段、动用前准备阶段和保修期。

项目总承包方项目管理的工作内容

1. 项目设计管理；

2. 项目采购管理；

3. 项目施工管理；

4. 项目试运行管理和项目收尾等。

项目总承包方项目管理的任务

1. 项目风险管理；

2. 项目进度管理；

3. 项目质量管理；

4. 项目费用管理；

5. 项目安全、职业健康与环境管理；

6. 项目资源管理；

7. 项目沟通与信息管理；

8. 项目合同管理等。

考点3　施工方项目管理的目标和任务

施工方项目管理的目标

1. 由于施工方是受业主方的委托承担工程建设任务，施工方作为项目建设的一个重要参与方，其项目管理不仅应服务于施工方本身的利益，也必须服务于项目的整体利益。项目的整体利益和施工方本身的利益是对立统一关系，两者有其统一的一面，也有其矛盾的一面。

2. 施工方项目管理的目标应符合合同的要求，它包括：

（1）施工的安全管理目标；

（2）施工的成本目标；

（3）施工的进度目标；

（4）施工的质量目标。

3. 如果采用工程施工总承包或工程施工总承包管理模式，施工总承包方或施工总承包管理方必须按工程合同规定的工期目标和质量目标完成建设任务。而施工总承包方或施工总承包管理方的成本目标是由施工企业根据其生产和经营的情况自行确定的。分包方则必须按工程分包合同规定的工期目标和质量目标完成建设任务，分包方的成本目标是该施工企业内部自行确定的。

4. 按国际工程的惯例，当采用指定分包商时，不论指定分包商与施工总承包方，或与施工总承包管理方，或与业主方签订合同，由于指定分包商合同在签约前必须得到施工总承包方或施工总承包管理方的认可，因此，施工总承包方或施工总承包管理方应对合同规定的工期目标和质量目标负责。

施工方项目管理的任务

1. 施工方项目管理的任务包括：

（1）施工安全管理；

（2）施工成本控制；

（3）施工进度控制；

（4）施工质量控制；

（5）施工合同管理；

（6）施工信息管理；

（7）与施工有关的组织与协调等。

2. 施工方的项目管理工作主要在施工阶段进行，但由于设计阶段和施工阶段在时间上往往是交叉的，因此，施工方的项目管理工作也会涉及设计阶段。在动用前准备阶段和保修期施工合同尚未终止，在这期间，还有可能出现涉及工程安全、费用、质量、合同和信息等方面的问题，因此，施工方的项目管理也涉及动用前准备阶段和保修期。

3. 我国的大中型建设项目引进了为业主方服务（或称代表业主利益）的工程项目管

理的咨询服务，这属于业主方项目管理的范畴。在国际上，工程项目管理咨询公司不仅为业主提供服务，也向施工方、设计方和建设物资供应方提供服务。因此，施工方的项目管理不能认为它只是施工企业对项目的管理。施工企业委托工程项目管理咨询公司对项目管理的某个方面提供的咨询服务也属于施工方项目管理的范畴。

1Z201030 建设工程项目的组织

【考点图谱】

考点1　项目结构分析在项目管理中的应用

项目结构图的概念及分解原则

序号	项目		内容
1	概念	解释	项目结构图（Project Diagram，或称 WBS）是组织工具，通过树状图的方式对项目的结构进行逐层分解，来反映组成该项目的所有工作任务。矩形框表示工作任务，矩形框之间用连线表示
		图示	
2	分解原则		（1）考虑项目进展的总体部署； （2）考虑项目的组成； （3）有利于项目实施任务（设计、施工和物资采购）的发包； （4）有利于项目实施任务的进行，并结合合同结构； （5）有利于项目目标的控制； （6）结合项目管理的组织结构
3	特别注意		（1）同一个项目可有不同的项目结构分解方法； （2）应和整个工程实施的部署相结合进行项目结构分解； （3）要结合将采用的合同结构进行项目结构分解

项目结构的编码

序号	项目	内容
1	含义	编码由一系列符号（如文字）和数字组成，编码工作是信息处理的一项重要的基础工作
2	类型	一个建设工程项目有不同类型和不同用途的信息，为了有组织地存储信息、方便信息的检索和信息的加工整理，必须对项目的信息进行编码，如： （1）项目的结构编码； （2）项目管理组织结构编码； （3）项目的政府主管部门和各参与单位编码（组织编码）； （4）项目实施的工作项编码（项目实施的工作过程的编码）； （5）项目的投资项编码（业主方）/成本项编码（施工方）； （6）项目的进度项（进度计划的工作项）编码； （7）项目进展报告和各类报表编码； （8）合同编码； （9）函件编码； （10）工程档案编码等

序号	项目	内容
3	用途	以上这些编码是因不同的用途而编制的，如：投资项编码（业主方）/成本项编码（施工方）服务于投资控制工作/成本控制工作；进度项编码服务于进度控制工作
4	方法	（1）项目结构的编码依据项目结构图，对项目结构的每一层的每一个组成部分进行编码； （2）项目结构的编码和用于投资控制、进度控制、质量控制、合同管理和信息管理等管理工作的编码有紧密的有机联系，但它们之间又有区别； （3）项目结构图和项目结构的编码是编制上述其他编码的基础

考点2　组织结构在项目管理中的应用

项目管理的组织结构图

序号	项目	项目管理的组织结构图方式		
		职能组织结构	线性组织结构	矩阵组织结构
1	特点	每个职能部门可对直接和非直接的下属部门下达指令。每个工作部门可能得到其直接和非直接的上级工作部门下达的工作指令，会有多个矛盾的指令源	每个工作部门只对其直接的下属部门下达工作指令，每一个工作部门也只有一个直接的上级部门，工作部门只有唯一的指令源	最高指挥者（部门）下设纵向和横向两种不同类型的工作部门，其指令源为两个。当纵向和横向工作部门的指令发生矛盾时，由该组织系统的最高指挥者（部门）进行协调或决策。采用以纵向指令为主或以横向指令为主来避免两者矛盾
2	应用	多数的企业、学校、事业单位	军事组织系统	大的组织系统
3	判别依据	上一层的多个矩形框有多个单向箭线指向下一层的多个矩形框，箭线相互交错	上一层的矩形框只对自己属下的矩形框发出单向箭线	矩形框分为纵列和横行，纵横交错构成工作的指令来源

注：线性组织结构指令来源是唯一的，在图示中也存在多个下级和共同上级的关系，要和职能组织结构区分开，职能组织结构反映的是多个指令源交叉。

矩阵组织结构的特点及其应用

序号	项目	内容
1	组成	（1）矩阵组织结构是一种较新型的组织结构模式。 （2）在矩阵组织结构最高指挥者（部门）下设纵向和横向两种不同类型的工作部门。 （3）纵向工作部门如人、财、物、产、供、销的职能管理部门，横向工作部门如生产车间等。 （4）一个施工企业，如采用矩阵组织结构模式，则纵向工作部门可以是计划管理、技术管理、合同管理、财务管理和人事管理部门等，而横向工作部门可以是项目部

序号	项目	内容
2	应用	(1) 矩阵组织结构适宜用于大的组织系统。 (2) 大型建设项目如采用矩阵组织结构模式，则纵向工作部门可以是投资控制、进度控制、质量控制、合同管理、信息管理、人事管理、财务管理和物资管理等部门，而横向工作部门可以是各子项目的项目管理部
3	运行	(1) 在矩阵组织结构中，每一项纵向和横向交汇的工作，指令来自于纵向和横向两个工作部门，因此其指令源为两个。当纵向和横向工作部门的指令发生矛盾时，由该组织系统的最高指挥者（部门）进行协调或决策。 (2) 在矩阵组织结构中为避免纵向和横向工作部门指令矛盾对工作的影响，可以采用以纵向工作部门指令为主或以横向工作部门指令为主的矩阵组织结构模式，这样也可减轻该组织系统的最高指挥者（部门）的协调工作量

项目结构图、组织结构图和合同结构图的区别

序号	类型	表达的含义	图中矩形框的含义	矩形框连接的表达	说明
1	项目结构图	反映组成该项目的所有工作任务	一个项目的组成部分	直线	无生命主体，无交互关系，用直线表示
2	组织结构图	反映组织系统中各组成部门（组成元素）之间的组织关系（指令关系）	一个组织系统中的组成部分（工作部门）	单向箭线	上下级关系，指令关系。因此是单向箭线
3	合同结构图	反映建设项目参与单位之间的合同关系	一个建设项目的参与单位	双向箭线	平等的合同主体，是交互存在的。因此是双向箭线

项目管理的组织结构图

序号	项目	内容
1	概念	(1) 对一个项目的组织结构进行分解，并用图的方式表示，就形成项目组织结构图，或称项目管理组织结构图。 (2) 项目组织结构图反映一个组织系统（如项目管理班子）中各子系统之间和各组织元素（如各工作部门）之间的组织关系，反映的是各工作单位、各工作部门和各工作人员之间的组织关系。 (3) 项目结构图描述的是工作对象之间的关系。对一个稍大一些的项目的组织结构应该进行编码，它不同于项目结构编码，但两者之间也会有一定的联系
2	特点	(1) 一个建设工程项目的实施除了业主方外，还有许多单位参加，如设计单位、施工单位、供货单位和工程管理咨询单位以及有关的政府行政管理部门等，项目组织结构图应尽可能表达业主方以及项目的参与单位有关的各工作部门之间的组织关系。 (2) 业主方、设计方、施工方、供货方和工程管理咨询方的项目管理的组织结构都可用各自的项目组织结构图予以描述。项目组织结构图应反映项目经理和费用（投资或成本）控制、进度控制、质量控制、合同管理、信息管理和组织与协调等主管工作部门或主管人员之间的组织关系

序号	项目	内容
3	示例	（1）一个线性组织结构的项目组织结构图，在线性组织结构中每一个工作部门只有唯一的上级工作部门，其指令来源是唯一的。 （2）总经理不允许对项目经理、设计方直接下达指令，总经理必须通过业主代表下达指令；而业主代表也不允许对设计方等直接下达指令，其必须通过项目经理下达指令，否则就会出现矛盾的指令。 （3）项目的实施方（如设计方、施工方和甲供物资方）的唯一指令来源是业主方的项目经理，这有利于项目的顺利进行

考点 3　工作任务分工在项目管理中的应用

施工管理的工作任务分工表编制

序号	项目	内容
1	编制主体	业主方和项目各参与方都应该编制各自的项目管理任务分工表
2	编制流程	（1）任务分解。对项目实施各阶段的"三控三管一协调"等管理任务进行详细分解。 （2）确定工作任务。在项目管理任务分解的基础上确定项目经理和"三控三管一协调"等主管工作部门或主管人员的工作任务。 （3）编制任务分工表
3	工作任务分工表的内容	（1）应明确各项工作任务由哪个工作部门（或个人）负责。 （2）明确哪些工作部门（或个人）配合或参与。 （3）确定负责、配合、参与的各主体，并用符号在工作任务分工表中表示

注：任务分工表有如下特点：
1. 任务分工表主要明确哪项任务由哪个工作部门（机构）负责主办，另明确协办部门和配合部门，主办、协办和配合在表中分别用三个不同的符号表示。
2. 在任务分工表的每一行中，即每一个任务，都有至少一个主办工作部门。
3. 运营部和物业开发部参与整个项目实施过程，而不是在工程竣工前才介入工作。

考点 4　管理职能分工在项目管理中的应用

施工管理的管理职能分工表编制

序号	项目	内容
1	含义	（1）用表的形式反映项目管理内部项目经理、各工作部门和各工作岗位对工作任务项目管理的职能分工。 （2）用拉丁字母表示管理职能。 （3）也可用于企业管理
2	编制主体	业主方和项目各参与方，如设计单位、施工单位、供货单位和工程管理咨询单位等都有各自的项目管理的任务和其管理职能分工，上述各方都应该编制各自的项目管理职能分工表
3	管理职能	管理职能是编制管理职能分工表的基础，示例如下： （1）提出问题——通过比较进度计划值和实际值，发现进度延误。 （2）筹划——加快进度存在多种方案：改两班工作制，增加夜班作业，增加施工设备和改变施工方法，比较方案。

序号	项目	内容
3	管理职能	(3) 决策——从可能方案中选择一个执行方案，如改变施工方法。 (4) 执行——通过改变施工方法来解决进度延误问题。 (5) 检查——检查决策是否被执行和执行的效果

注：1. 注意管理职能示例。另外注意：(1) 管理职能分工表不能完整表明每个工作部门的管理职能时，可用管理职能分工描述书来补充；(2) 管理职能分工表也可用于区分业主方、项目管理方和监理方等的管理职能。

2. 我国多数企业和建设项目的指挥或管理机构，习惯用岗位责任制的岗位责任描述书来描述每一个工作部门的工作任务（包括责任、权利和任务等）。工业发达国家在建设项目管理中广泛应用管理职能分工表，以使管理职能的分工更清晰、更严谨，并会暴露仅用岗位责任描述书时所掩盖的矛盾。如使用管理职能分工表还不足以明确每个工作部门的管理职能，则可辅以使用管理职能分工描述书。

考点 5　工作流程组织在项目管理中的应用

工作流程组织范围

1. 管理工作流程组织，如投资控制、进度控制、合同管理、付款和设计变更等流程。

2. 信息处理工作流程组织，如与生成月度进度报告有关的数据处理流程。

3. 物质流程组织，如钢结构深化设计工作流程、弱电工程物资采购工作流程、外立面施工工作流程等。

施工管理的工作流程图编制

序号	项目	内容
1	概念	(1) 用图的形式反映组织系统中各项工作之间的逻辑关系； (2) 可用以描述工作流程组织
2	编制主体	业主方和项目各参与方，如工程管理咨询单位、设计单位、施工单位和供货单位等都有各自的工作流程组织的任务
3	编制方法	(1) 用矩形框表示工作； (2) 箭线表示工作之间的逻辑关系； (3) 菱形框表示判别条件； (4) 也可用两个矩形框分别表示工作和工作的执行者
4	其他	(1) 工作流程组织的任务，即定义工作的流程； (2) 工作流程图根据需要逐层细化。工作流程图应视需要逐层细化，如投资控制工作流程可细化为初步设计阶段投资控制工作流程图、施工图阶段投资控制工作流程图和施工阶段投资控制工作流程图等

考点 6　合同结构在项目管理中的应用

合同结构图

1. 合同结构图反映业主方和项目各参与方之间，以及项目各参与方之间的合同关系。通过合同结构图可以非常清晰地了解一个项目有哪些，或将有哪些合同，以及了解项目各参与方的合同组织关系。

2. 如果两个单位之间有合同关系，在合同结构图中用双向箭线联系。而在项目管理的组织结构图中，如果两个单位之间有管理指令关系，则用单向箭线联系。

1Z201040 建设工程项目策划

【考点图谱】

建设工程项目策划
- 项目决策阶段策划的工作内容
  - 项目环境和条件的调查与分析
  - 项目定义和项目目标论证
  - 组织策划
  - 管理策划
  - 合同策划
  - 经济策划
  - 技术策划
- 项目实施阶段策划的工作内容
  - 项目实施的环境和条件的调查与分析
  - 项目目标的分析和再论证
  - 项目实施的组织策划
  - 项目实施的管理策划
  - 项目实施的合同策划
  - 项目实施的经济策划
  - 项目实施的技术策划
  - 项目实施的风险策划

【考点精析】

考点1 项目决策阶段策划的工作内容

建设工程项目决策阶段策划的基本内容

序号	项目	基本内容
1	项目环境和条件的调查与分析	环境和条件包括自然环境、宏观经济环境、政策环境、市场环境、建设环境（能源、基础设施等）等
2	项目定义和项目目标论证	（1）确定项目建设的目的、宗旨和指导思想； （2）项目的规模、组成、功能和标准的定义； （3）项目总投资规划和论证； （4）建设周期规划和论证

序号	项目	基本内容
3	组织策划	(1) 决策期的组织结构； (2) 决策期任务分工； (3) 决策期管理职能分工； (4) 决策期工作流程； (5) 实施期组织总体方案； (6) 项目编码体系分析
4	管理策划	(1) 项目实施期管理总体方案； (2) 生产运营期设施管理总体方案； (3) 生产运营期经营管理总体方案
5	合同策划	(1) 决策期的合同结构； (2) 决策期的合同内容和文本； (3) 实施期合同结构总体方案
6	经济策划	(1) 项目建设成本分析； (2) 项目效益分析； (3) 融资方案； (4) 编制资金需求量计划
7	技术策划	(1) 技术方案分析和论证； (2) 关键技术分析和论证； (3) 技术标准、规范的应用和制定

注：建设工程项目决策阶段策划的主要任务是定义项目开发或建设的任务和意义。

考点 2 项目实施阶段策划的工作内容

建设工程项目实施阶段策划的基本内容

序号	项目	基本内容
1	项目环境和条件的调查与分析	环境和条件包括自然环境、建设政策环境、建筑市场环境、建设环境（能源、基础设施等）、建筑环境（民用建筑的风格和主色调等）等
2	项目定义和项目目标论证	(1) 投资目标的分解和论证； (2) 编制项目投资总体规划； (3) 进度目标的分解和论证； (4) 编制项目建设总进度规划； (5) 项目功能分解； (6) 建筑面积分配； (7) 确定项目质量目标
3	组织策划	(1) 业主方项目管理的组织结构； (2) 任务分工和管理职能分工； (3) 项目管理工作流程； (4) 建立编码体系
4	管理策划	(1) 项目实施各阶段项目管理的工作内容； (2) 项目风险管理与工程保险方案
5	合同策划	(1) 方案设计竞赛的组织； (2) 项目管理委托、设计、施工、物资采购的合同结构方案； (3) 合同文本

序号	项目	基本内容
6	经济策划	(1) 资金需求量计划； (2) 融资方案的深化分析
7	技术策划	(1) 技术方案的深化分析和论证； (2) 关键技术的深化分析和论证； (3) 技术标准和规范的应用和制定等
8	风险策划	—

注：注意和决策阶段的策划主要任务对比。建设工程项目实施阶段策划是在建设项目立项之后，为了把项目决策付诸实施而形成的指导性的项目实施方案。实施阶段策划的主要任务是确定如何组织该项目的开发或建设。

1Z201050　建设工程项目采购的模式

【考点图谱】

考点 1　项目管理委托的模式

国际上业主方项目管理的方式

1. 业主方自行项目管理。

2. 业主方委托项目管理咨询公司承担全部业主方项目管理的任务。

3. 业主方委托项目管理咨询公司与业主方人员共同进行项目管理，业主方从事项目管理的人员在项目管理咨询公司委派的项目经理的领导下工作。

注：项目管理咨询公司（咨询事务所，或称顾问公司）可以接受业主方、设计方、施工方、供货方和建设项目工程总承包的委托，提供代表委托方利益的项目管理服务。项目管理咨询公司所提供的这类服务的工作性质属于工程咨询（工程顾问）服务。

考点 2　设计任务委托的模式

设计任务的委托模式

1. 业主方委托一个设计单位或由多个设计单位组成的设计联合体或设计合作体作为设计总负责单位，设计总负责单位视需要再委托其他设计单位配合设计。

2. 业主方不委托设计总负责单位，而平行委托多个设计单位进行设计。

注：我国业主方主要通过设计招标的方式选择设计方案和设计单位。

考点 3　项目总承包的模式

项目总承包的内涵

1. 建筑工程的发包单位可以将建筑工程的勘察、设计、施工、设备采购一并发包给一个工程总承包单位，也可以将建筑工程勘察、设计、施工、设备采购的一项或者多项发包给一个工程总承包单位；但是，不得将应当由一个承包单位完成的建筑工程肢解成若干部分发包给几个承包单位。

2. 工程总承包企业受业主委托，按照合同约定对工程建设项目的勘察、设计、采购、施工、试运行等实行全过程或若干阶段的承包。

3. 工程总承包企业按照合同约定对工程项目的质量、工期、造价等向业主负责。工程总承包企业可依法将所承包工程中的部分工作发包给具有相应资质的分包企业；分包企业按照分包合同的约定对总承包企业负责。

建设项目工程总承包方式

1. 设计—施工总承包（Design—Build）：指工程总承包企业按照合同约定，承担工程项目设计和施工，并对承包工程的质量、安全、工期、造价全面负责。

2. 设计采购施工总承包（EPC——Engineering-Procurement-Construction）：指工程总承包企业按照合同约定，承担工程项目的设计、采购、施工、试运行服务等工作，并对承包工程的质量、安全、工期、造价全面负责。

注：国际项目总承包的组织模式包括：（1）一个组织（企业）既具有设计力量，又具有施工力量，由它独立地承担建设项目工程总承包的任务。（2）由设计单位和施工单位为一个特定的项目组成联合体

或合作体，以承担项目总承包的任务。（3）由施工单位承接项目总承包的任务，设计单位受施工单位的委托承担其中的设计任务。（4）由设计单位承接项目总承包的任务，施工单位作为其分包承担其中的施工任务。

建设项目工程总承包的基本出发点

是借鉴工业生产组织的经验，实现建设生产过程的组织集成化，以克服由于设计与施工的分离致使投资增加，以及克服由于设计和施工的不协调而影响建设进度等弊病。

注：建设项目工程总承包的主要意义并不在于总价包干和"交钥匙"，核心是通过设计与施工过程的组织集成，促进设计与施工的紧密结合，以达到为项目建设增值的目的。

项目建设纲要或设计纲要内容

1. 项目定义；

2. 设计原则和设计要求；

3. 项目实施的技术大纲和技术要求；

4. 材料和设施的技术要求等。

注：项目建设纲要或设计纲要由业主方自行编制，或委托顾问工程师编制项目建设纲要或设计纲要，它是项目总承包方编制项目设计建议书的依据。

项目总承包方的工作程序

序号	工作程序	内容
1	项目启动	在工程总承包合同条件下，任命项目经理，组建项目部
2	项目初始阶段	（1）进行项目策划，编制项目计划，召开开工会议； （2）发表项目协调程序，发表设计基础数据； （3）编制计划，包括采购计划、施工计划、试运行计划、财务计划和安全管理计划，确定项目控制基准等
3	设计阶段	编制初步设计或基础工程设计文件，进行设计审查，编制施工图设计或详细工程设计文件
4	采购阶段	采买、催交、检验、运输、与施工办理交接手续
5	施工阶段	施工开工前的准备工作，现场施工，竣工试验，移交工程资料，办理管理权移交，进行竣工决算
6	试运行阶段	对试运行进行指导和服务
7	合同收尾	取得合同目标考核证书，办理决算手续，清理各种债权债务；缺陷通知期限满后取得履约证书
8	项目管理收尾	办理项目资料归档，进行项目总结，对项目部人员进行考核评价，解散项目部

考点4　施工任务委托的模式

施工任务的委托模式

1. 业主方委托一个施工单位或由多个施工单位组成的施工联合体或施工合作体作为施工总承包单位，施工总承包单位视需要再委托其他施工单位作为分包单位配合施工。

2. 业主方委托一个施工单位或由多个施工单位组成的施工联合体或施工合作体作为施工总承包管理单位，业主方另委托其他施工单位作为分包单位进行施工。

3. 业主方不委托施工总承包单位，也不委托施工总承包管理单位，而平行委托多个施工单位进行施工。

施工发承包方式的比较

序号	比较项目	施工总承包	施工总承包管理
1	含义	是指发包人将全部施工任务发包给一个施工单位或由多个施工单位组成的施工联合体或施工合作体，经发包人同意，施工总承包单位可以分包。施工总承包合同一般实行总价合同	业主方委托一个施工单位或由多个施工单位组成的施工联合体或施工合作体作为施工总承包管理单位，业主方另委托其他施工单位作为分包单位进行施工。一般情况下，施工总承包管理单位不参与具体工程的施工，但如施工总承包管理单位也想承担部分工程的施工，它也可以参加该部分工程的投标，通过竞争取得施工任务
2	投资控制特点	（1）一般以施工图设计为投标报价的基础，投标人的投标报价较有依据。 （2）在开工前就有较明确的合同价，有利于业主的总投资控制。 （3）若在施工过程中发生设计变更，可能会引发索赔	（1）一部分施工图完成后，业主就可单独或与施工总承包管理单位共同进行该部分工程的招标，分包合同的投标报价和合同价以施工图为依据。 （2）在对施工总承包管理单位进行招标时，只确定施工总承包管理费，而不确定工程总造价，这可能成为业主控制总投资的风险。 （3）多数情况下，由业主方与分包商直接签约，这样有可能增加业主的风险
3	进度控制特点	（1）一般要等施工图设计全部结束后，才能进行施工总承包单位的招标。 （2）开工日期较迟，建设周期势必较长，对进度控制不利	不需要等待施工图设计完成后再进行施工总承包管理的招标，分包合同的招标也可以提前，这样就有利于提前开工，有利于缩短建设周期
4	质量控制特点	（1）项目质量的好坏很大程度上取决于施工总承包单位的选择，取决于施工总承包单位的管理水平和技术水平。 （2）业主对施工总承包单位的依赖较大	（1）对分包人的质量控制由施工总承包管理单位进行。 （2）分包工程任务符合质量控制的"他人控制"原则，对质量控制有利。 （3）各分包之间的关系可由施工总承包管理单位负责，这样就可减轻业主方管理的工作量
5	合同管理特点	（1）业主只需要进行一次招标，与施工总承包单位签约，因此招标及合同管理工作量会减小。 （2）在很多工程实践中，采用的并不是真正意义上的施工总承包，而采用所谓的"费率招标"。"费率招标"实质上是开口合同，对业主方的合同管理和投资控制十分不利	（1）一般情况下，所有分包合同的招标投标、合同谈判以及签约工作均由业主负责，业主方的招标及合同管理工作量较大。 （2）对分包人的工程款支付可由施工总包管理单位支付或由业主直接支付，前者有利于施工总包管理单位对分包人的管理
6	组织与协调特点	业主只负责对施工总承包单位的管理及组织协调，工作量大大减小，对业主比较有利	由施工总承包管理单位负责对所有分包人的管理及组织协调，这样就大大减轻业主方的工作。这是采用施工总承包管理模式的基本出发点

注：注意对比记忆。施工总承包模式下，业主的投资控制难度减小，合同管理工作量减小，组织和协调工作量减小，协调比较容易。但建设周期可能比较长，对进度控制不利。

施工总承包管理与施工总承包模式的比较

序号	项目	内容
1	工作开展程序不同	（1）施工总承包模式的工作程序是：先进行建设项目的设计，待施工图设计结束后再进行施工总承包招标投标，然后再进行施工。 （2）如果采用施工总承包管理模式，施工总承包管理单位的招标可以不依赖完整的施工图，当完成一部分施工图就可对其进行招标，施工总承包管理模式可以在很大程度上缩短建设周期
2	合同关系	（1）施工总承包管理模式的合同关系有两种可能，即业主与分包单位直接签订合同或者由施工总承包管理单位与分包商签订合同。 （2）当采用施工总承包模式时，由施工总承包单位与分包单位直接签订合同
3	分包单位的选择和认可	（1）一般情况下，当采用施工总承包管理模式时，分包合同由业主与分包单位直接签订，但每一个分包人的选择和每一个分包合同的签订都要经过施工总承包管理单位的认可，因为施工总承包管理单位要承担施工总体管理和目标控制的任务和责任。如果施工总承包管理单位认为业主选定的某个分包人确实没有能力完成分包任务，而业主执意不肯更换分包人，施工总承包管理单位也可以拒绝认可该分包合同，并且不承担该分包人所负责工程的管理责任。 （2）当采用施工总承包模式时，分包单位由施工总承包单位选择，由业主方认可
4	对分包单位的付款	（1）施工总承包管理模式下，对各个分包单位的工程款项可以通过施工总承包管理单位支付，也可以由业主直接支付。如果由业主直接支付，需要经过施工总承包管理单位的认可。 （2）当采用施工总承包模式时，对各个分包单位的工程款项，一般由施工总承包单位负责支付
5	对分包单位的管理和服务	施工总承包管理单位和施工总承包单位一样，既要负责对现场施工的总体管理和协调，也要负责向分包人提供相应的配合施工的服务。对于施工总承包管理单位或施工总承包单位提供的某些设施和条件，如搭设的脚手架、临时用房等，如果分包人需要使用，则应由双方协商所支付的费用
6	施工总承包管理的合同价格	（1）施工总承包管理合同中一般只确定施工总承包管理费（通常是按工程建筑安装工程造价的一定百分比计取），而不需要确定建筑安装工程造价，这也是施工总承包管理模式的招标可以不依赖于施工图纸出齐的原因之一。分包合同一般采用单价合同或总价合同。施工总承包管理模式与施工总承包模式相比在合同价方面有以下优点： ① 合同总价不是一次确定，某一部分施工图设计完成以后，再进行该部分施工招标，确定该部分合同价，因此整个建设项目的合同总额的确定较有依据； ② 所有分包都通过招标获得有竞争力的投标报价，对业主方节约投资有利； ③ 在施工总承包管理模式下，分包合同价对业主是透明的。 （2）每一个分包合同都要经过施工总承包管理单位的确认，施工总承包管理单位有责任对分包人的质量和进度进行控制，并负责审核和控制分包合同的费用支付，负责协调各个分包的关系，负责各个分包合同的管理。因此，在组织结构和人员配备上，施工总承包管理单位仍然要有安全管理、费用控制、进度控制、质量控制、合同管理、信息管理和进行组织与协调的机构和人员

考点5 物资采购的模式

我国物资采购的规定

1.《中华人民共和国建筑法》对物资采购有这样的规定："按照合同约定，建筑材料、建筑构配件和设备由工程承包单位采购的，发包单位不得指定承包单位购入用于工程的建筑材料、建筑构配件和设备或者指定生产厂、供应商。"

2. 物资采购工作应符合有关合同和设计文件所规定的数量、技术要求和质量标准，并符合工程进度、安全、环境和成本管理等要求。采购管理应遵循下列程序：

（1）明确采购产品或服务的基本要求、采购分工及有关责任；

（2）进行采购策划，编制采购计划；

（3）进行市场调查，选择合格的产品供应或服务单位，建立名录；

（4）采用招标或协商等方式实施评审工作，确定供应或服务单位；

（5）签订采购合同；

（6）运输、验证、移交采购产品或服务；

（7）处置不合格产品或不符合要求的服务；

（8）采购资料归档。

注：国际上业主方工程建设物资采购有多种模式，如：（1）业主方自行采购；（2）与承包商约定某些物资为指定供货商；（3）承包商采购等。

1Z201060 建设工程项目管理规划的内容和编制方法

【考点图谱】

【考点精析】

考点1 项目管理规划的内容

项目管理规划的内容

1. 建设工程项目管理规划一般包括如下内容：

（1）项目概述；

（2）项目的目标分析和论证；

（3）项目管理的组织；

（4）项目采购和合同结构分析；

（5）投资控制的方法和手段；

（6）进度控制的方法和手段；

（7）质量控制的方法和手段；

（8）安全、健康与环境管理的策略；

（9）信息管理的方法和手段；

（10）技术路线和关键技术的分析；

（11）设计过程的管理；

（12）施工过程的管理；

（13）价值工程的应用；

（14）风险管理的策略等。

2. 建设工程项目管理规划内容涉及的范围和深度，在理论上和工程实践中并没有统一的规定，应视项目的特点而定。由于项目实施过程中主客观条件的变化是绝对的，不变则是相对的；在项目进展过程中平衡是暂时的，不平衡则是永恒的，因此，建设工程项目管理规划必须随着情况的变化而进行动态调整。

《建设工程项目管理规范》GB/T 50326—2017 对项目管理规划大纲和项目管理实施规划内容的规定

序号	主体	内容
1	项目管理规划大纲的内容	（1）项目概况； （2）项目范围管理； （3）项目管理目标； （4）项目管理组织； （5）项目采购与投标管理； （6）项目进度管理； （7）项目质量管理； （8）项目成本管理； （9）项目安全生产管理； （10）绿色建造与环境管理； （11）项目资源管理； （12）项目信息管理； （13）项目沟通与相关方管理； （14）项目风险管理； （15）项目收尾管理
2	项目管理实施规划的内容	（1）项目概况； （2）项目总体工作安排； （3）组织方案； （4）设计与技术措施； （5）进度计划； （6）质量计划；

续表

序号	主体	内容
2	项目管理实施规划的内容	(7) 成本计划； (8) 安全生产计划； (9) 绿色建造与环境管理计划； (10) 资源需求与采购计划； (11) 信息管理计划； (12) 沟通管理计划； (13) 风险管理计划； (14) 项目收尾计划； (15) 项目现场平面布置图； (16) 项目目标控制计划； (17) 技术经济指标

注：在《建设工程项目管理规范》GB/T 50326—2017中，组织是一个规范中的术语，指的是：为实现其目标而具有职责、权限和关系等自身职能的个人或群体；项目管理机构也是规范中的一个术语，指的是：根据组织授权，直接实施项目管理的单位，可以是项目管理公司、项目部、工程监理部等。

考点2 项目管理规划的编制方法

项目管理规划大纲和项目管理实施规划的区别

序号	项目	项目管理规划大纲	项目管理实施规划
1	编制依据	(1) 项目文件、相关法律法规和标准； (2) 类似项目经验资料； (3) 实施条件调查资料	(1) 适用的法律、法规和标准； (2) 项目合同及相关要求； (3) 项目管理规划大纲； (4) 项目设计文件； (5) 工程情况与特点； (6) 项目资源和条件； (7) 有价值的历史数据； (8) 项目团队的能力和水平
2	编制程序	(1) 明确项目需求和项目管理范围； (2) 确定项目管理目标； (3) 分析项目实施条件，进行项目工作结构分解； (4) 确定项目管理组织模式、组织结构和职责分工； (5) 规定项目管理措施； (6) 编制项目资源计划； (7) 报送审批	(1) 了解相关方的要求； (2) 分析项目具体特点和环境条件； (3) 熟悉相关的法规和文件； (4) 实施编制活动； (5) 履行报批手续

1Z201070　施工组织设计的内容和编制方法

【考点图谱】

【考点精析】

考点1　施工组织设计的内容

施工组织设计的基本内容

序号	基本内容	说明
1	工程概况	（1）项目的性质、规模、建设地点、结构特点、建设期限、分批交付使用的条件、合同条件； （2）本地区地形、地质、水文和气象情况； （3）施工力量，劳动力、机具、材料、构件等资源供应情况； （4）施工环境及施工条件等

序号	基本内容	说明
2	施工部署及施工方案	（1）根据工程情况，结合人力、材料、机械设备、资金、施工方法等条件，全面部署施工任务，合理安排施工顺序，确定主要工程的施工方案； （2）对拟建工程可能采用的几个施工方案进行定性、定量的分析，通过技术经济评价，选择最佳方案
3	施工进度计划	（1）施工进度计划反映了最佳施工方案在时间上的安排，采用计划的形式，使工期、成本、资源等方面，通过计算和调整达到优化配置，符合项目目标的要求； （2）使工序有序地进行，使工期、成本、资源等通过优化调整达到既定目标，在此基础上编制相应的人力和时间安排计划、资源需求计划和施工准备计划
4	施工平面图	施工平面图是施工方案及施工进度计划在空间上的全面安排。它把投入的各种资源、材料、构件、机械、道路、水电供应网络、生产和生活活动场地及各种临时工程设施合理地布置在施工现场，使整个现场能有组织地进行文明施工
5	主要技术经济指标	技术经济指标用以衡量组织施工的水平，它是对施工组织设计文件的技术经济效益进行全面评价

施工组织设计比较

序号	比较项目	施工组织总设计	单位工程施工组织设计	施工方案	施工管理规划
1	针对对象	以若干单位工程组成的群体工程或特大型项目为主要对象编制的施工组织设计	以单位（子单位）工程为主要对象编制的施工组织设计	以分部（分项）工程或专项工程为主要对象编制，也被称为分部（分项）工程或专项工程施工组织设计	作为管理和技术措施编制在施工组织设计中，这是施工组织设计必不可少的内容
2	内容	（1）工程概况； （2）总体施工部署； （3）施工总进度计划； （4）总体施工准备与主要资源配置计划； （5）主要施工方法； （6）施工总平面布置	（1）工程概况； （2）施工部署； （3）施工进度计划； （4）施工准备与资源配置计划； （5）主要施工方案； （6）施工现场平面布置	（1）工程概况； （2）施工安排； （3）施工进度计划； （4）施工准备与资源配置计划； （5）施工方法及工艺要求	（1）进度管理计划； （2）质量管理计划； （3）安全管理计划； （4）环境管理计划； （5）成本管理计划

大型房屋建筑工程标准

1. 25 层以上的房屋建筑工程；

2. 高度 100m 及以上的构筑物或建筑物工程；

3. 单体建筑面积 3 万 m^2 及以上的房屋建筑工程；

4. 单跨跨度 30m 及以上的房屋建筑工程；

5. 建筑面积 10 万 m^2 及以上的住宅小区或建筑群体工程；

6. 单项建安合同额 1 亿元及以上的房屋建筑工程。

考点 2 施工组织设计的编制方法

施工组织设计的编制原则与依据

序号	项目	内容
1	编制原则	（1）符合施工合同或招标文件中有关工程进度、质量、安全、环境保护、造价等方面的要求； （2）积极开发、使用新技术和新工艺，推广应用新材料和新设备（在目前市场经济条件下，企业应当积极利用工程特点、组织开发、创新施工技术和施工工艺）； （3）坚持科学的施工程序和合理的施工顺序，采用流水施工和网络计划等方法，科学配置资源，合理布置现场，采取季节性施工措施，实现均衡施工，达到合理的经济技术指标； （4）采取技术和管理措施，推广建筑节能和绿色施工； （5）与质量、环境和职业健康安全三个管理体系有效结合（为保证持续满足过程能力和质量保证的要求，国家鼓励企业进行质量、环境和职业健康安全管理体系的认证制度，且目前该三个管理体系的认证在我国建筑行业中已较普及，并且建立了企业内部管理体系文件，编制施工组织设计时，不应违背上述管理体系文件的要求）
2	编制依据	（1）与工程建设有关的法律、法规和文件； （2）国家现行有关标准和技术经济指标； （3）工程所在地区行政主管部门的批准文件，建设单位对施工的要求； （4）工程施工合同和招标投标文件； （5）工程设计文件； （6）工程施工范围内的现场条件，工程地质及水文地质、气象等自然条件； （7）与工程有关的资源供应情况； （8）施工企业的生产能力、机具设备状况、技术水平等

施工组织设计的编制和审批

序号	施工组织设计的类型	审批主体
1	施工组织总设计	总承包单位技术负责人审批
2	单位工程施工组织设计（包括规模较大的分部（分项）工程和专项工程的施工方案）	施工单位技术负责人或技术负责人授权的技术人员审批
3	施工方案	项目技术负责人审批
4	重点、难点分部（分项）工程和专项工程施工方案	施工单位技术部门组织相关专家评审，施工单位技术负责人批准
5	危险性较大的分部（分项）工程（基坑支护与降水工程；土方开挖工程；模板工程；起重吊装工程；脚手架工程；拆除爆破工程）	施工单位技术负责人、总监理工程师签字后实施
6	危险性较大涉及深基坑、地下暗挖工程、高大模板工程的专项施工方案	施工单位还应当组织专家进行论证、审查
7	由专业承包单位施工的分部（分项）工程或专项工程的施工方案	（1）由专业承包单位技术负责人或技术负责人授权的技术人员审批； （2）有总承包单位时，应由总承包单位项目技术负责人核准备案

注：施工组织设计应由项目负责人主持编制，可根据需要分阶段编制和审批。

施工组织设计的动态管理涉及的情形

序号	情形	说明
1	工程设计有重大修改	当工程设计图纸发生重大修改时，如地基基础或主体结构的形式发生变化、装修材料或做法发生重大变化、机电设备系统发生大的调整等，需要对施工组织设计进行修改；对工程设计图纸的一般性修改，视变化情况对施工组织设计进行补充；对工程设计图纸的细微修改或更正，施工组织设计则不需调整
2	有关法律、法规、规范和标准实施、修订和废止	当有关法律、法规、规范和标准开始实施或发生变更，并涉及工程的实施、检查或验收时，施工组织设计需要进行修改或补充
3	主要施工方法有重大调整	由于主客观条件的变化，施工方法有重大变更，原来的施工组织设计已不能正确地指导施工，需要对施工组织设计进行修改或补充
4	主要施工资源配置有重大调整	当施工资源的配置有重大变更，并且影响到施工方法的变化或对施工进度、质量、安全、环境、造价等造成潜在的重大影响，需对施工组织设计进行修改或补充
5	施工环境有重大改变	当施工环境发生重大改变，如施工延期造成季节性施工方法变化，施工场地变化造成现场布置和施工方式改变等，致使原来的施工组织设计已不能正确地指导施工。需对施工组织设计进行修改或补充

注：经修改或补充的施工组织设计应重新审批后实施；施工前应进行施工组织设计逐级交底，项目施工过程中，应对施工组织设计的执行情况进行检查、分析并适时调整。

1Z201080 建设工程项目目标的动态控制

【考点图谱】

考点1 项目目标动态控制的方法及其应用

项目目标的动态控制方法

注：注意区分动态控制的准备工作内容和实施阶段内容，考试时主要存在两种考试可能，一是问动态控制工作的第一步是什么，二是问动态跟踪与控制的第一步是什么，考生要注意区分。

项目目标动态控制的纠偏措施

序号	纠偏措施	内容	具体方法举例
1	组织措施	分析组织原因影响目标实现的问题，采取相应措施	调整项目组织结构、任务分工、管理职能分工、工作流程组织和项目管理班子人员
2	管理措施（包括合同措施）	分析管理原因影响目标实现的问题，采取相应措施	调整进度管理的方法和手段，改变施工管理和强化合同管理等
3	经济措施	分析经济原因影响目标实现的问题，采取相应措施	落实加快施工进度所需的资金
4	技术措施	分析技术（包括设计和施工的技术）原因影响目标实现的问题，采取相应措施	调整设计、改进施工方法和改变施工机具

注：特别注意组织是目标能否实现的决定性因素，高度重视组织措施对项目目标控制的作用。

项目目标动态控制的事前控制

序号	项目	内容
1	项目目标的事前控制（主动控制）	重视事前主动控制，即事前分析项目目标偏离的影响因素
2	项目目标的过程控制（动态控制）	定期分析比较计划值和目标值，目标偏离时纠偏

注：项目目标动态控制的核心是：项目实施中定期进行目标计划值和实际值比较，目标偏离时采取纠偏措施。

考点 2　动态控制在进度控制中的应用

运用动态控制原理控制进度的步骤

序号	项目	内容
1	工程进度目标的逐层分解	工程进度目标的逐层分解是从项目实施开始前和在项目实施过程中，逐步地由宏观到微观，由粗到细编制深度不同的进度计划的过程。对于大型建设工程项目，应通过编制工程总进度规划、工程总进度计划、项目各子系统和各子项目工程进度计划等进行项目工程进度目标的逐层分解
2	在项目实施过程中对工程进度目标进行动态跟踪和控制	（1）按照进度控制的要求，收集工程进度实际值。 （2）定期对工程进度的计划值和实际值进行比较。 ① 进度的控制周期应视项目的规模和特点而定，一般的项目控制周期为一个月，对于重要的项目，控制周期可定为一旬或一周等。 ② 比较工程进度的计划值和实际值时应注意，其对应的工程内容应一致，如以里程碑事件的进度目标值或再细化的进度目标值作为进度的计划值，则进度的实际值是相对于里程碑事件或再细化的分项工作的实际进度。进度的计划值和实际值的比较应是定量的数据比较，比较的成果是进度跟踪和控制报告，如编制进度控制的旬、月、季、半年和年度报告等。 （3）通过工程进度计划值和实际值的比较，如发现进度的偏差，则必须采取相应的纠偏措施进行纠偏，如：分析由于管理的原因而影响进度的问题，并采取相应的措施、调整进度管理的方法和手段、改变施工管理和强化合同管理、及时解决工程款支付和落实加快工程进度所需的资金、改进施工方法和改变施工机具等
3	调整目标	如有必要（即发现原定的工程进度目标不合理，或原定的工程进度目标无法实现等），则调整工程进度目标

考点 3　动态控制在投资控制中的应用

成本控制和质量控制的特殊说明

序号	项目	内容
1	控制周期	一个月
2	计划值和实际值比较的范围	在施工过程中投资的计划值和实际值的比较包括： （1）工程合同价与工程概算的比较； （2）工程合同价与工程预算的比较； （3）工程款支付与工程概算的比较； （4）工程款支付与工程预算的比较； （5）工程款支付与工程合同价的比较； （6）工程决算与工程概算、工程预算和工程合同价的比较

注：（1）施工成本的计划值和实际值是相对的；（2）相对于工程合同价而言，施工成本规划的成本值是实际值；相对于实际施工成本，施工成本规划的成本值是计划值；（3）两者比较应是定量的数据比较，比较的成果是成本跟踪和控制报告。

1Z201090 施工企业项目经理的工作性质、任务和责任

【考点图谱】

【考点精析】

考点1 施工企业项目经理的工作性质

项目经理与建造师的区别

1. 建筑施工企业项目经理（以下简称项目经理），是指受企业法定代表人委托，对工程项目施工过程全面负责的项目管理者，是建筑施工企业法定代表人在工程项目上的代表人。

2. 建造师是一种专业人士的名称，而项目经理是一个工作岗位的名称，应注意这两个概念的区别和关系。取得建造师执业资格的人员表示其知识和能力符合建造师执业的要求，但其在企业中的工作岗位则由企业视工作需要和安排而定

《建设工程施工合同（示范文本）》GF—2017—0201中的相关规定

1. （3.2.1）项目经理应为合同当事人所确认的人选，并在专用合同条款中明确项目经理的姓名、职称、注册执业证书编号、联系方式及授权范围等事项，项目经理经承包人授权后代表承包人负责履行合同。项目经理应是承包人正式聘用的员工，承包人应向发包人提交项目经理与承包人之间的劳动合同，以及承包人为项目经理缴纳社会保险的有效证明。承包人不提交上述文件的，项目经理无权履行职责，发包人有权要求更换项目经理，由此增加的费用和（或）延误的工期由承包人承担。项目经理应常驻施工现场，且每月在施工现场时间不得少于专用合同条款约定的天数。项目经理不得同时担任其他项目的项目经理。项目经理确需离开施工现场时，应事先通知监理人，并取得发包人的书面同意。项目经理的通知中应当载明临时代行其职责的人员的注册执业资格、管理经验等资料，该人员应具备履行相应职责的能力。

承包人违反上述约定的，应按照专用合同条款的约定，承担违约责任。

2. （3.2.2）项目经理按合同约定组织工程实施。在紧急情况下为确保施工安全和人员安全，在无法与发包人代表和总监理工程师及时取得联系时，项目经理有权采取必要的措施保证与工程有关的人身、财产和工程的安全，但应在48小时内向发包人代表和总监理工程师提交书面报告。

3. （3.2.3）承包人需要更换项目经理的，应提前14天书面通知发包人和监理人，并征得发包人书面同意。通知中应当载明继任项目经理的注册执业资格、管理经验等资料，继任项目经理继续履行第3.2.1项约定的职责。未经发包人书面同意，承包人不得擅自更换项目经理。承包人擅自更换项目经理的，应按照专用合同条款的约定承担违约责任。

4. （3.2.4）发包人有权书面通知承包人更换其认为不称职的项目经理，通知中应当载明要求更换的理由。承包人应在接到更换通知后14天内向发包人提出书面的改进报告。发包人收到改进报告后仍要求更换的，承包人应在接到第二次更换通知的28天内进行更换，并将新任命的项目经理的注册执业资格、管理经验等资料书面通知发包人。继任项目经理继续履行第3.2.1项约定的职责。承包人无正当理由拒绝更换项目经理的，应按照专用合同条款的约定承担违约责任。

5. （3.2.5）项目经理因特殊情况授权其下属人员履行其某项工作职责的，该下属人

员应具备履行相应职责的能力，并应提前 7 天将上述人员的姓名和授权范围书面通知监理人，并征得发包人书面同意。

国际上施工企业项目经理的地位、作用以及其特征

1. 项目经理是企业任命的一个项目的项目管理班子的负责人（领导人），但它并不一定是（多数不是）一个企业法定代表人在工程项目上的代表人，因为一个企业法定代表人在工程项目上的代表人在法律上赋予其的权限范围太大。

2. 项目经理的任务仅限于主持项目管理工作，其主要任务是项目目标的控制和组织协调。

3. 在有些文献中明确界定，项目经理不是一个技术岗位，而是一个管理岗位。

4. 随着项目管理理论的发展，国际上对项目经理提出了一些新的要求：在工程建设过程中，项目经理不仅要负责控制项目的质量目标、费用目标和进度目标等相关的传统项目管理工作，很重要的是要关注项目建成后实现期望的经济效益和社会效益，实现项目交付价值。

5. 项目经理是一个组织系统中的管理者，至于是否他有人权、财权和物资采购权等管理权限，则由其上级确定。

考点 2 　施工企业项目经理的任务

施工企业项目经理的职责、权力和任务

序号	项目	内容
1	项目经理职责	（1）贯彻执行国家和工程所在地政府的有关法律、法规和政策，执行企业的各项管理制度； （2）严格财务制度，加强财经管理，正确处理国家、企业和个人的利益关系； （3）执行项目承包合同中由项目经理负责履行的各项条款； （4）对工程项目施工进行有效控制，执行有关技术规范和标准，积极推广应用新技术，确保工程质量和工期，实现安全、文明生产，努力提高经济效益
2	项目经理权力	（1）组织项目管理班子； （2）以企业法定代表人的代表身份处理与所承担的工程项目有关的外部关系，受托签署有关合同； （3）指挥工程项目建设的生产经营活动，调配并管理进入工程项目的人力、资金、物资、机械设备等生产要素； （4）选择施工作业队伍； （5）进行合理的经济分配； （6）企业法定代表人授予的其他管理权力
3	项目经理项目管理任务（项目经理任务包括项目的行政管理和项目管理）	（1）施工安全管理； （2）施工成本控制； （3）施工进度控制； （4）施工质量控制； （5）工程合同管理； （6）工程信息管理； （7）工程组织与协调等

考点3 施工企业项目经理的责任

项目管理目标责任书的编制依据和内容

序号	项目	内容
1	项目管理目标责任书编制依据	（1）项目合同文件； （2）组织管理制度； （3）项目管理规划大纲； （4）组织经营方针和目标； （5）项目特点和实施条件与环境
2	项目管理目标责任书的内容	（1）项目管理实施目标； （2）组织和项目管理机构职责、权限和利益的划分； （3）项目现场质量、安全、环保、文明、职业健康和社会责任目标； （4）项目设计、采购、施工、试运行管理的内容和要求； （5）项目所需资源的获取和核算办法； （6）法定代表人向项目管理机构负责人委托的相关事项； （7）项目管理机构负责人和项目管理机构应承担的风险； （8）项目应急事项和突发事件处理的原则和方法； （9）项目管理效果和目标实现的评价原则、内容和方法； （10）项目实施过程中相关责任和问题的认定和处理原则； （11）项目完成后对项目管理机构负责人的奖惩依据、标准和办法； （12）项目管理机构负责人解职和项目管理机构解体的条件及办法； （13）缺陷责任期、质量保修期及之后对项目管理机构负责人的相关要求

项目管理机构负责人的职责和权限

序号	项目	内容
1	项目管理机构负责人的职责	（1）项目管理目标责任书中规定的职责； （2）工程质量安全责任承诺书中应履行的职责； （3）组织或参与编制项目管理规划大纲、项目管理实施规划，对项目目标进行系统管理； （4）主持制定并落实质量、安全技术措施和专项方案，负责相关的组织协调工作； （5）对各类资源进行质量管控和动态管理； （6）对进场的机械、设备、工器具的安全、质量使用进行监控； （7）建立各类专业管理制度并组织实施； （8）制定有效的安全、文明和环境保护措施并组织实施； （9）组织或参与评价项目管理绩效； （10）进行授权范围的任务分解和利益分配； （11）按规定完善工程资料，规范工程档案文件，准备工程结算和竣工资料，参与工程竣工验收； （12）接受审计，处理项目管理机构解体的善后工作； （13）协助和配合组织进行项目检查、鉴定和评奖申报； （14）配合组织完善缺陷责任期的相关工作

序号	项目	内容
2	项目管理机构负责人的权限	(1) 参与项目招标、投标和合同签订； (2) 参与组建项目管理机构； (3) 参与组织对项目各阶段的重大决策； (4) 主持项目管理机构工作； (5) 决定授权范围内的项目资源使用； (6) 在组织制度的框架下制定项目管理机构管理制度； (7) 参与选择并直接管理具有相应资质的分包人； (8) 参与选择大宗资源的供应单位； (9) 在授权范围内与项目相关方进行直接沟通； (10) 法定代表人和组织授予的其他权利

考点4　项目各参与方之间的沟通方法

沟通过程的要素

沟通过程包括五个要素，即：沟通主体、沟通客体、沟通介体、沟通环境和沟通渠道。

注：沟通主体处于主导地位。沟通客体包括个体沟通对象和团体沟通对象。沟通对象是沟通过程的出发点和落脚点，具有积极的能动作用。

沟 通 能 力

包含表达能力、争辩能力、倾听能力和设计能力（形象设计、动作设计、环境设计）。

构成沟通能力有两个因素，一是思维是否清晰，能否有效地收集信息，并作出逻辑的分析和判断。另一则是能否贴切地表达出（无论是口头还是书面）自己的思维过程和结果。而前者更重要。沟通有两个要素：思维与表达；沟通也有两个层面：思维的交流和语言的交流。

沟通障碍的表现

序号	障碍方面	具体表现
1	发送者的障碍	(1) 表达能力不佳； (2) 信息传送不全； (3) 信息传递不及时或不适时； (4) 知识经验的局限； (5) 对信息的过滤等
2	接受者的障碍	(1) 信息译码不准确； (2) 对信息的筛选； (3) 对信息的承受力； (4) 心理上的障碍； (5) 过早地评价情绪

序号	障碍方面	具体表现
3	沟通通道的障碍	(1) 选择沟通媒介不当； (2) 几种媒介相互冲突； (3) 沟通渠道过长； (4) 外部干扰

沟通障碍的形式

序号	沟通障碍形式	产生原因
1	组织的沟通障碍	自下而上的信息沟通，如果中间层次过多，同样也浪费时间，影响效率
2	个人的沟通障碍	(1) 个性因素所引起的障碍； (2) 知识、经验水平的差距所导致的障碍； (3) 个体记忆不佳所造成的障碍； (4) 对信息的态度不同所造成的障碍； (5) 相互不信任所产生的障碍； (6) 沟通者的畏惧感以及个人心理品质也会造成沟通障碍

考点5　施工企业人力资源管理的任务

项目人力资源管理相关内容

序号	项目	说明
1	人力资源管理的工作步骤	(1) 编制人力资源规划； (2) 通过招聘增补员工； (3) 通过解聘减少员工； (4) 进行人员甄选，经过以上四个步骤，可以确定和选聘到有能力的员工； (5) 员工的定向； (6) 员工的培训； (7) 形成能适应组织和不断更新技能与知识的能干的员工； (8) 员工的绩效考评； (9) 员工的业务提高和发展
2	项目人力资源管理	包括有效地使用涉及项目的人员所需要的过程
3	项目人力资源管理计划	(1) 人力资源需求计划； (2) 人力资源配置计划； (3) 人力资源培训计划
4	项目人力资源管理控制	(1) 人力资源的选择； (2) 订立劳务分包合同； (3) 教育培训和考核

序号	项目	说明
5	项目人力资源管理考核	应以有关管理目标或约定为依据，对人力资源管理方法、组织规划、制度建设、团队建设、使用效率和成本管理等进行分析和考核

注：资源管理包括人力资源管理、材料管理、机械设备管理、技术管理和资金管理。项目资源管理包括项目资源计划、配置、控制和处置。

施工企业劳动用工和工资支付管理

序号	项目	内容
1	施工企业劳动用工的种类	(1) 企业自有职工； (2) 劳务分包企业用工； (3) 施工企业直接雇佣的短期用工
2	劳动用工管理	(1) 建筑施工企业（包括施工总承包企业、专业承包企业和劳务分包企业，下同）应当按照相关规定办理用工手续，不得使用零散工，不得允许未与企业签订劳动合同的劳动者在施工现场从事施工活动。 (2) 建筑施工企业与劳动者建立劳动关系，应当自用工之日起按照劳动合同法规的规定订立书面劳动合同。劳动合同中必须明确规定劳动合同期限，工作内容，工资支付的标准、项目、周期和日期，劳动纪律，劳动保护和劳动条件以及违约责任。劳动合同应一式三份，双方当事人各持一份，劳动者所在工地保留一份备查。 (3) 施工总承包企业和专业承包企业应当加强对劳务分包企业与劳动者签订劳动合同的监督，不得允许劳务分包企业使用未签订劳动合同的劳动者。 (4) 建筑施工企业应当将每个工程项目中的施工管理、作业人员劳务档案中有关情况在当地建筑业企业信息管理系统中按规定如实填报。人员发生变更的，应当在变更后7个工作日内，在建筑业企业信息管理系统中做相应变更
3	工资支付管理	(1) 建筑施工企业应当按照当地的规定，根据劳动合同约定的工资标准、支付周期和日期，支付劳动者工资，不得以工程款被拖欠、结算纠纷、垫资施工等理由克扣劳动者工资。 (2) 建筑施工企业应当每月对劳动者应得的工资进行核算，并由劳动者本人签字。 (3) 建筑施工企业应当至少每月向劳动者支付一次工资，且支付部分不得低于当地最低工资标准，每季度末结清劳动者剩余应得的工资。 (4) 建筑施工企业应当将工资直接发放给劳动者本人，不得将工资发放给包工头或者不具备用工主体资格的其他组织或个人。 (5) 建筑施工企业应当对劳动者出勤情况进行记录，作为发放工资的依据，并按照工资支付周期编制工资支付表，不得伪造、变造、隐匿、销毁出勤记录和工资支付表。 (6) 建筑施工企业因暂时生产经营困难无法按劳动合同约定的日期支付工资的，应当向劳动者说明情况，并经与工会或职工代表协商一致后，可以延期支付工资，但最长不得超过30日。超过30日不支付劳动者工资的，属于无故拖欠工资行为。 (7) 建筑施工企业与劳动者终止或者依法解除劳动合同，应当在办理终止或解除合同手续的同时一次性付清劳动者工资

1Z201100　建设工程项目的风险和风险管理的工作流程

【考点图谱】

【考点精析】

考点1　项目的风险类型

《关于开展对标世界一流管理提升行动的通知》对风险管理的要求

序号	任务	内容
1	进一步强化风险防控意识	抓好各类风险的监测预警，识别评估和研判处置，坚决守住不发生重大风险的底线
2	加强内控体系建设	充分发挥内部审计规范运营和管控风险等作用，构建全面、全员、全过程、全体系的风险防控机制
3	推进法律管理与经营管理深度融合	突出抓好规章制度、经济合同、重大决策的法律审核把关，切实加强案件管理，着力打造法治国企
4	健全合规管理制度	加强对重点领域、重点环节和重点人员的管理，推进合规管理全面覆盖、有效运行
5	加强责任追究体系建设	加快形成职责明确、流程清晰、规范有序的工作机制，加大违规经营投资责任追究力度，充分发挥警示惩戒作用

风险等级评估说明

序号	项目	内容
1	风险含义	(1) 指损失的不确定性； (2) 建设工程项目管理中，风险是指可能出现的影响项目目标实现的不确定因素
2	风险量含义	风险量指的是不确定的损失程度和损失发生的概率
3	风险等级	风险等级由风险发生概率等级和风险损失等级间的关系矩阵确定

建设工程项目的风险类型

序号	风险类型	风险表现
1	组织风险	(1) 组织结构模式； (2) 工作流程组织； (3) 任务分工和管理职能分工； (4) 业主方（包括代表业主利益的项目管理方）人员的构成和能力； (5) 设计人员和监理工程师的能力； (6) 承包方管理人员和一般技工的能力； (7) 施工机械操作人员的能力和经验； (8) 损失控制和安全管理人员的资历和能力等
2	经济与管理风险	(1) 宏观和微观经济情况； (2) 工程资金供应的条件； (3) 合同风险； (4) 现场与公用防火设施的可用性及其数量； (5) 事故防范措施和计划； (6) 人身安全控制计划； (7) 信息安全控制计划等
3	工程环境风险	(1) 自然灾害； (2) 岩土地质条件和水文地质条件； (3) 气象条件； (4) 引起火灾和爆炸的因素等
4	技术风险	(1) 工程勘测资料和有关文件； (2) 工程设计文件； (3) 工程施工方案； (4) 工程物资； (5) 工程机械等

注：容易混淆的是经济与管理风险中的第（4）项和工程环境风险中的第（4）项，都涉及火灾的问题，注意区分。

考点 2　项目风险管理的工作流程

项目风险管理的工作流程

序号	项目	内容
1	项目风险识别	项目风险识别的任务是识别项目实施过程存在哪些风险，其工作程序包括： (1) 收集与项目风险有关的信息； (2) 确定风险因素； (3) 编制项目风险识别报告

序号	项目	内容
2	项目风险评估	项目风险评估包括以下工作： （1）利用已有数据资料（主要是类似项目有关风险的历史资料）和相关专业方法分析各种风险因素发生的概率； （2）分析各种风险的损失量，包括可能发生的工期损失、费用损失，以及对工程的质量、功能和使用效果等方面的影响； （3）根据各种风险发生的概率和损失量，确定各种风险的风险量和风险等级
3	项目风险应对	常用的风险对策包括风险规避、减轻、自留、转移及其组合等策略。对难以控制的风险，向保险公司投保是风险转移的一种措施。项目风险应对指的是针对项目风险而采取的相应对策
4	项目风险监控	在项目进展过程中应收集和分析与风险相关的各种信息，预测可能发生的风险，对其进行监控并提出预警

注：风险管理是为了达到一个组织的既定目标，而对组织所承担的各种风险进行管理的系统过程，其采取的方法应符合公众利益、人身安全、环境保护以及有关法规的要求。风险管理包括策划、组织、领导、协调和控制等方面的工作。风险管理过程包括项目实施全过程的项目风险识别、项目风险评估、项目风险应对和项目风险监控。

1Z201110 建设工程监理的工作性质、工作任务和工作方法

【考点图谱】

考点 1　监理的工作性质

建设工程监理工作性质的特点

序号	特点	说明
1	服务性	（1）受业主委托进行工程建设的监理活动，提供的是服务不是工程任务的承包； （2）不承担非其原因导致的项目目标失控的责任
2	科学性	监理工程师运用工程监理科学的思想、组织、方法和手段从事工程监理活动
3	独立性	不能与监理工作的对象（如承包商、材料和设备的供货商等）有影响监理工作的利害关系
4	公正性	以事实为依据，以法律和有关合同为准绳，在维护业主的合法权益的同时不损害承包商的合法权益来处理业主和承包商的矛盾

考点 2　监理的工作任务

监理的有关知识归纳

序号	项目	内容
1	监理依据	（1）法律、法规； （2）有关技术标准； （3）设计文件； （4）建设工程承包合同
2	监理内容与责任	书面通知被监理的建筑施工企业的内容：委托的工程监理单位；监理的内容；监理权限
3	监理工程师权利	未经监理工程师签字，建筑材料、建筑构配件和设备不得在工程上使用或者安装，施工单位不得进行下一道工序的施工
4	总监理工程师权利	未经总监理工程师签字，建设单位不拨付工程款，不进行竣工验收
5	监理方式	采取旁站、巡视和平行检验等形式
6	监理工作措施	（1）审查：工程监理单位应当审查施工组织设计中的安全技术措施或者专项施工方案是否符合工程建设强制性标准。 （2）现场监督 ① 工程监理单位在实施监理过程中，发现存在安全事故隐患的，应当要求施工单位整改； ② 情况严重的，应当要求施工单位暂时停止施工，并及时报告建设单位； ③ 施工单位拒不整改或者不停止施工的，工程监理单位应当及时向有关主管部门报告
7	监理的基本工作方法	（1）工程监理人员认为工程施工不符合工程设计要求、施工技术标准和合同约定的，有权要求建筑施工企业改正； （2）工程监理人员发现工程设计不符合建筑工程质量标准或者合同约定的质量要求的，应当报告建设单位要求设计单位改正

项目前期阶段监理工作的主要任务

序号	项目	内容
1	设计阶段建设监理工作的主要任务	(1) 编写设计要求文件； (2) 组织建设工程设计方案竞赛或设计招标，协助业主选择勘察设计单位； (3) 拟订和商谈设计委托合同； (4) 配合设计单位开展技术经济分析，参与设计方案的比选； (5) 参与设计协调工作； (6) 参与主要材料和设备的选型（视业主的需求而定）； (7) 审核或参与审核工程估算、概算和施工图预算； (8) 审核或参与审核主要材料和设备的清单； (9) 参与检查设计文件是否满足施工的需求； (10) 设计进度控制； (11) 参与组织设计文件的报批
2	施工招标阶段建设监理工作的主要任务	(1) 拟订或参与拟订建设工程施工招标方案； (2) 准备建设工程施工招标条件； (3) 协助业主办理招标申请； (4) 参与或协助编写施工招标文件； (5) 参与建设工程施工招标的组织工作； (6) 参与施工合同的商签
3	材料和设备采购供应阶段建设监理工作的主要任务	对于由业主负责采购的材料和设备物资，监理工程师应负责制定计划，监督合同的执行。具体内容包括： (1) 制定（或参与制定）材料和设备供应计划和相应的资金需求计划； (2) 通过材料和设备的质量、价格、供货期和售后服务等条件的分析和比选，协助业主确定材料和设备等物资的供应单位； (3) 起草并参与材料和设备的订货合同； (4) 监督合同的实施
4	施工准备阶段建设监理工作的主要任务	(1) 审查施工单位提交的施工组织设计中的质量安全技术措施、专项施工方案与工程建设强制性标准的符合性； (2) 参与设计单位向施工单位的设计交底； (3) 检查施工单位工程质量、安全生产管理制度及组织机构和人员资格； (4) 检查施工单位专职安全生产管理人员的配备情况； (5) 审核分包单位资质条件； (6) 检查施工单位的试验室； (7) 查验施工单位的施工测量放线成果； (8) 审查工程开工条件，签发开工令

工程施工阶段建设监理工作的主要任务

序号	项目	内容
1	施工阶段的质量控制	(1) 核验施工测量放线，验收隐蔽工程、分部分项工程，签署分项、分部工程和单位工程质量评定表； (2) 进行巡视、旁站和平行检验，对发现的质量问题应及时通知施工单位整改，并做监理记录； (3) 审查施工单位报送的工程材料、构配件、设备的质量证明资料，抽检进场的工程材料、构配件的质量；

序号	项目	内容
1	施工阶段的质量控制	（4）审查施工单位提交的采用新材料、新工艺、新技术、新设备的论证材料及相关验收标准； （5）检查施工单位的测量、检测仪器设备、度量衡定期检验的证明文件； （6）监督施工单位对各类土木和混凝土试件按规定进行检查和抽查； （7）监督施工单位认真处理施工中发生的一般质量事故，并认真做好记录； （8）对大和重大质量事故以及其他紧急情况报告业主
2	施工阶段的进度控制	（1）监督施工单位严格按照施工合同规定的工期组织施工； （2）审查施工单位提交的施工进度计划，核查施工单位对施工进度计划的调整； （3）建立工程进度台账，核对工程形象进度，按月、季和年度向业主报告工程执行情况、工程进度以及存在的问题
3	施工阶段的投资控制	（1）审核施工单位提交的工程款支付申请，签发或出具工程款支付证书，并报业主审核、批准； （2）建立计量支付签证台账，定期与施工单位核对清算； （3）审查施工单位提交的工程变更申请，协调处理施工费用索赔、合同争议等事项； （4）审查施工单位提交的竣工结算申请
4	施工阶段的安全生产管理	（1）依照法律法规和工程建设强制性标准，对施工单位安全生产管理进行监督； （2）编制安全生产事故的监理应急预案，并参加业主组织的应急预案的演练； （3）审查施工单位的工程项目安全生产规章制度、组织机构的建立及专职安全生产管理人员的配备情况； （4）督促施工单位进行安全自查工作，巡视检查施工现场安全生产情况，对实施监理过程中，发现存在安全事故隐患的，应签发监理工程师通知单，要求施工单位整改；情况严重的，总监理工程师应及时下达工程暂停指令，要求施工单位暂时停止施工，并及时报告业主。施工单位拒不整改或者不停止施工的，应通过业主及时向有关主管部门报告

其他方面的主要任务

序号	项目	内容
1	竣工验收阶段建设监理工作的主要任务	（1）督促和检查施工单位及时整理竣工文件和验收资料，并提出意见； （2）审查施工单位提交的竣工验收申请，编写工程质量评估报告； （3）组织工程预验收，参加业主组织的竣工验收，并签署竣工验收意见； （4）编制、整理工程监理归档文件并提交给业主
2	施工合同管理方面的工作	（1）拟订合同结构和合同管理制度，包括合同草案的拟订、会签、协商、修改、审批、签署和保管等工作制度及流程； （2）协助业主拟订工程的各类合同条款，并参与各类合同的商谈； （3）合同执行情况的分析和跟踪管理； （4）协助业主处理与工程有关的索赔事宜及合同争议事宜

考点3 监理的工作方法

监理的工作要求与工作程序

1. 实施建筑工程监理前，建设单位应当将委托的工程监理单位、监理的内容及监理权限，书面通知被监理的建筑施工企业。工程监理人员认为工程施工不符合工程设计要求、施工技术标准和合同约定的，有权要求建筑施工企业改正。工程监理人员发现工程设计不符合建筑工程质量标准或者合同约定的质量要求的，应当报告建设单位要求设计单位改正。

2. 工程建设监理一般应按下列程序进行：

（1）组成项目监理机构，配备满足项目监理工作的监理人员与设施；

（2）编制工程建设监理规划，根据需要编制监理实施细则；

（3）实施监理服务；

（4）组织工程竣工预验收，出具监理评估报告；

（5）参与工程竣工验收签署建设监理意见；

（6）建设监理业务完成后，向业主提交监理工作报告及工程监理档案文件。

工程建设监理规划的编制

序号	项目	内容
1	编制要求	工程建设监理规划的编制应针对项目的实际情况，明确项目监理机构的工作目标，确定具体的监理工作制度、内容、程序、方法和措施，并应具有可操作性
2	程序	（1）工程建设监理规划应在签订委托监理合同及收到设计文件后开始编制，完成后必须经监理单位技术负责人审核批准，并应在召开第一次工地会议前报送业主； （2）应由总监理工程师主持，专业监理工程师参加编制
3	依据	（1）建设工程的相关法律、法规及项目审批文件； （2）与建设工程项目有关的标准、设计文件和技术资料； （3）监理大纲、委托监理合同文件以及建设项目相关的合同文件
4	内容	（1）建设工程概况； （2）监理工作范围； （3）监理工作内容； （4）监理工作目标； （5）监理工作依据； （6）项目监理机构的组织形式； （7）项目监理机构的人员配备计划； （8）项目监理机构的人员岗位职责； （9）监理工作程序； （10）监理工作方法及措施； （11）监理工作制度； （12）监理设施

工程建设监理实施细则

序号	项目	内容
1	编制范围	对中型及中型以上或专业性较强的工程项目，项目监理机构应编制工程建设监理实施细则。它应符合工程建设监理规划的要求，并应结合工程项目的专业特点，做到详细具体，并具有可操作性。在监理工作实施过程中，工程建设监理实施细则应根据实际情况进行补充、修改和完善

序号	项目	内容
2	编制程序	（1）工程建设监理实施细则应在工程施工开始前编制完成，并必须经总监理工程师批准； （2）工程建设监理实施细则应由各有关专业的专业工程师参与编制
3	编制依据	（1）已批准的工程建设监理规划； （2）相关的专业工程的标准、设计文件和有关的技术资料； （3）施工组织设计
4	内容	（1）专业工程的特点； （2）监理工作的流程； （3）监理工作的控制要点及目标值； （4）.监理工作的方法和措施

1Z202000 建设工程项目成本管理

1Z202010 成本管理的任务、程序和措施

【考点图谱】

考点1　成本管理的任务和程序

施工成本组成

序号	施工成本组成	含义	内容
1	直接成本	指施工过程中耗费的构成工程实体或有助于工程实体形成的各项费用支出，是可以直接计入工程对象的费用	包括人工费、材料费和施工机具使用费等
2	间接成本	指准备施工、组织和管理施工生产的全部费用支出，是非直接用于也无法直接计入工程对象，但为进行工程施工所必须发生的费用	包括管理人员工资、办公费、差旅交通费等

注：施工成本是指在建设工程项目的施工过程中所发生的全部生产费用的总和，包括：所消耗的原材料、辅助材料、构配件等费用；周转材料的摊销费或租赁费；施工机械的使用费或租赁费；支付给生产工人的工资、奖金、工资性质的津贴以及进行施工组织与管理所发生的全部费用支出等。

成本管理的任务

序号	任务	含义	说明
1	成本计划编制	以货币形式编制施工项目在计划期内的生产费用、成本水平、成本降低率以及为降低成本所采取的主要措施和规划的书面方案	（1）是建立施工项目成本管理责任制、开展成本控制和核算的基础； （2）是项目降低成本的指导文件； （3）是设立目标成本的依据
2	成本控制	对影响施工成本的各种因素加强管理，采取有效措施，将施工中实际发生的各种消耗和支出严格控制在成本计划范围内	（1）成本控制贯穿于项目从投标阶段开始直至保证金返还的全过程； （2）可分为事先控制、事中控制（过程控制）和事后控制
3	成本核算	一是按照规定的成本开支范围对施工成本进行归集和分配，计算出施工成本的实际发生额；二是根据成本核算对象，采用适当的方法，计算出该施工项目的总成本和单位成本	（1）施工成本核算一般以单位工程为对象，但也可以按照承包工程项目的规模、工期、结构类型、施工组织和施工现场等情况，结合成本管理要求，灵活划分成本核算对象； （2）项目管理机构应按规定的会计周期进行项目成本核算； （3）项目管理机构应编制项目成本报告； （4）对竣工工程的成本核算，应区分为竣工工程现场成本和竣工工程完全成本，分别由项目管理机构和企业财务部门进行核算分析，其目的在于分别考核项目管理绩效和企业经营效益
4	成本分析	在成本核算的基础上，对成本的形成过程和影响成本升降的因素进行分析，以寻求进一步降低成本的途径	（1）成本分析贯穿于成本管理的全过程； （2）成本偏差的控制，分析是关键，纠偏是核心

序号	任务	含义	说明
5	成本考核	成本考核是指在项目完成后，对项目成本形成中的各责任者，按项目成本目标责任制的有关规定，将成本的实际指标与计划、定额、预算进行对比和考核，评定施工项目成本计划的完成情况和各责任者的业绩，并以此给予相应的奖励和处罚	通过成本考核，做到有奖有惩，赏罚分明，才能有效地调动每一位员工在各自施工岗位上努力完成目标成本的积极性，从而降低施工项目成本，提高企业的效益

注：成本管理的每一个环节都是相互联系和相互作用的。成本预测是成本决策的前提，成本计划是成本决策所确定目标的具体化。成本计划控制则是对成本计划的实施进行控制和监督，保证决策的成本目标的实现，而成本核算又是对成本计划是否实现的最后检验，它所提供的成本信息又将为下一个施工项目成本预测和决策提供基础资料。成本考核是实现成本目标责任制的保证和实现决策目标的重要手段。

成本计划编制原则

序号	原则	内容说明
1	从实际情况出发	（1）编制成本计划必须根据国家的方针政策，从企业的实际情况出发，充分挖掘企业内部潜力，使降低成本指标既积极可靠，又切实可行。 （2）施工项目管理部门降低成本的潜力在于正确选择施工方案，合理组织施工；提高劳动生产率；改善材料供应；降低材料消耗；提高机械利用率；节约施工管理费用等。 （3）但必须注意避免以下情况发生：①为了降低成本而偷工减料，忽视质量；②不顾机械的维护修理而过度、不合理使用机械；③片面增加劳动强度，加班加点；④忽视安全工作，未给职工办理相应的保险等
2	与其他计划相结合	（1）成本计划必须与施工项目的其他计划，如施工方案、生产进度计划、财务计划、材料供应及消耗计划等密切结合，保持平衡。 （2）一方面，成本计划要根据施工项目的生产、技术组织措施、劳动工资、材料供应和消耗等计划来编制。 （3）另一方面，其他各项计划指标又影响着成本计划，所以其他各项计划在编制时应考虑降低成本的要求，与成本计划密切配合，而不能单纯考虑单一计划本身的要求
3	采用先进技术经济指标	成本计划必须以各种先进的技术经济指标为依据，并结合工程的具体特点，采取切实可行的技术组织措施作保证
4	统一领导、分级管理	（1）编制成本计划时应采用统一领导、分级管理的原则，同时应树立全员进行成本控制的理念。 （2）在项目经理的领导下，以财务部门和计划部门为主体，发动全体职工共同进行，总结降低成本的经验，找出降低成本的正确途径，使成本计划的制定与执行更符合项目的实际情况

序号	原则	内容说明
5	适度弹性	成本计划应留有一定的余地，保持计划的弹性。在计划期内，项目管理机构的内部或外部环境都有可能发生变化，尤其是材料供应、市场价格等具有很大的不确定性，因此在编制计划时应充分考虑这些情况，使计划具有一定的适应环境变化的能力

注：项目成本计划一般由施工单位编制。施工单位应围绕施工组织设计或相关文件进行编制，以确保对施工项目成本控制的适宜性和有效性。具体可按成本组成（如人工费、材料费、施工机具使用费和企业管理费等）、项目结构（如各单位工程或单项工程）和工程实施阶段（如基础、主体、安装、装修等或月、季、年等）进行编制，也可以将几种方法结合使用。

项目成本管理程序

1. 掌握生产要素的价格信息；
2. 确定项目合同价；
3. 编制成本计划，确定成本实施目标；
4. 进行成本控制；
5. 进行项目过程成本分析；
6. 进行项目过程成本考核；
7. 编制项目成本报告；
8. 项目成本管理资料归档。

考点 2　成本管理的措施

施工成本管理的措施

序号	采取的措施	含义	说明
1	组织措施	（1）组织措施是从成本管理的组织方面采取的措施。 （2）组织措施的另一方面是编制成本管理工作计划、确定合理详细的工作流程	（1）成本管理是全员的活动，如实行项目经理责任制，落实成本管理的组织机构和人员，明确各级成本管理人员的任务和职能分工、权利和责任。成本管理不仅是专业成本管理人员的工作，各级项目管理人员都负有成本控制责任。 （2）要做好施工采购计划，通过生产要素的优化配置、合理使用、动态管理，有效控制实际成本；加强施工定额管理和施工任务单管理，控制活劳动和物化劳动的消耗；加强施工调度，避免因施工计划不周和盲目调度造成窝工损失、机械利用率降低、物料积压等问题。 （3）成本管理工作只有建立在科学管理的基础之上，具备合理的管理体制，完善的规章制度，稳定的作业秩序，完整准确的信息传递，才能取得成效。组织措施是其他各类措施的前提和保障，而且一般不需要增加额外的费用，运用得当可以取得良好的效果

序号	采取的措施	含义	说明
2	技术措施	施工过程中降低成本的技术措施，包括： （1）进行技术经济分析，确定最佳的施工方案。 （2）结合施工方法，进行材料使用的比选，在满足功能要求的前提下，通过代用、改变配合比、使用外加剂等方法降低材料消耗的费用。 （3）确定合适的施工机械、设备使用方案。 （4）结合项目的施工组织设计及自然地理条件，降低材料的库存成本和运输成本。 （5）应用先进的施工技术，运用新材料，使用先进的机械设备等	（1）在实践中，也要避免仅从技术角度选定方案而忽视对其经济效果的分析论证。 （2）技术措施不仅对解决成本管理过程中的技术问题是不可缺少的，而且对纠正成本管理目标偏差也有重要作用。因此，运用技术纠偏措施的关键，一是要能提出多个不同的技术方案；二是要对不同的技术方案进行技术经济分析比较，以选择最佳方案
3	经济措施	（1）管理人员应编制资金使用计划，确定、分解成本管理目标。 （2）对成本管理目标进行风险分析，并制定防范性对策。 （3）在施工中严格控制各项开支，及时准确地记录、收集、整理、核算实际支出的费用。 （4）对各种变更，应及时做好增减账、落实业主签证并结算工程款。 （5）通过偏差分析和对未完工工程预测，发现一些潜在的可能引起未完工程成本增加的问题，及时采取预防措施	经济措施是最易为人们所接受和采用的措施。因此，经济措施的运用绝不仅仅是财务人员的事情
4	合同措施	（1）对于分包项目，首先是选用合适的合同结构，对各种合同结构模式进行分析、比较，在合同谈判时，要争取选用适合于工程规模、性质和特点的合同结构模式。其次，在合同的条款中应仔细考虑一切影响成本和效益的因素，特别是潜在的风险因素。通过对引起成本变动的风险因素的识别和分析，采取必要的风险对策，如通过合理的风险分摊方式增加承担风险的个体数量以降低损失发生的比例，并最终将这些策略体现在合同的具体条款中。 （2）在合同执行期间，合同管理的措施既要密切注视对方合同执行的情况，以寻求合同索赔的机会；同时也要密切关注自己履行合同的情况，以防被对方索赔	采用合同措施控制成本，应贯穿整个合同周期，包括从合同谈判开始到合同终结的全过程

1Z202020 成本计划

考点 1 成本计划的类型

成本计划的类型

序号	类型	内容	编制依据	特点
1	竞争性成本计划	施工项目投标及签订合同阶段的估算成本计划	以招标文件中的合同条件、投标者须知、技术规范、设计图纸和工程量清单为依据，以有关价格条件说明为基础，结合调研、现场踏勘、答疑等情况，根据施工企业自身的工料消耗标准、水平、价格资料和费用指标等，对本企业完成投标工作所需要支出的全部费用进行估算	在投标报价过程中，虽也着重考虑降低成本的途径和措施，但总体上比较粗略
2	指导性成本计划	选派项目经理阶段的预算成本计划，是项目经理的责任成本目标	是以合同价为依据，按照企业的预算定额标准制定的施工图预算成本计划，且一般情况下以此确定责任总成本目标	—
3	实施性计划成本	项目施工准备阶段的施工预算成本计划	采用企业的施工定额通过施工预算的编制而形成的实施性成本计划	是以项目实施方案为依据，以落实项目经理责任目标为出发点

注：以上三类成本计划相互衔接、不断深化，构成了整个工程项目成本的计划过程。其中，竞争性成本计划带有成本战略的性质，是施工项目投标阶段商务标书的基础，而有竞争力的商务标书又是以其先进合理的技术标书为支撑的。因此，它奠定了成本的基本框架和水平。指导性成本计划和实施性成本计划，都是战略性成本计划的进一步开展和深化，是对战略性成本计划的战术安排。

施工预算编制的基础知识

序号	项目	内容
1	施工预算编制的性质	（1）施工预算是编制实施性成本计划的主要依据，是施工单位为了加强企业内部的经济核算，在施工图预算的控制下，依据企业内部的施工定额，以建筑安装单位工程为对象，根据施工图纸、施工定额、施工及验收规范、标准图集、施工组织设计（或施工方案）编制的单位工程（或分部分项工程）施工所需的人工、材料和施工机械台班用量的技术经济文件。 （2）它是施工企业的内部文件，同时也是施工企业进行劳动调配，物资技术供应，控制成本开支，进行成本分析和班组经济核算的依据。 （3）施工预算不仅规定了单位工程（或分部分项工程）所需人工、材料和施工机械台班用量，还规定了工种的类型，工程材料的规格、品种，所需各种机械的规格，以便有计划、有步骤地合理组织施工，从而达到节约人力、物力和财力的目的
2	施工预算编制的内容	（1）施工预算的内容是以单位工程为对象，进行人工、材料、机械台班数量及其费用总和的计算。 （2）它由编制说明和预算表格两部分组成

序号	项目	内容
3	施工预算编制时应注意的问题	（1）当定额中仅给出砌筑砂浆、混凝土标号（强度等级），而没有给出砂、石子、水泥用量时，必须根据砂浆或混凝土的标号（强度等级），按定额附录《砂浆配合比表》及《混凝土配合比表》的使用说明进行二次分析，计算出各原材料的用量。 （2）凡确定外加工的成品、半成品，如预制混凝土构件、钢木门窗制作等，不需进行工料分析，应与现场施工的项目区别开，便于基层施工班组的经济核算。 （3）人工分析中的其他用工是指各工种搭接和单位工程之间转移操作地点，临时停水停电，个别材料超运距以及其他细小，难以计算工程量的直接用工。下达班组施工任务单时不应包括这些用工

施工预算编制要求、依据和方法

序号	项目	内容
1	施工预算编制要求	（1）编制深度的要求 ① 施工预算的项目要能满足签发施工任务单和限额领料单的要求，以便加强管理、实行队组经济核算。 ② 施工预算要能反映出经济效果，以便为经济活动分析提供可靠的依据。 （2）编制要紧密结合现场实际 按照所承担的任务范围、现场实际情况及采取的施工技术措施，结合企业管理水平进行编制
2	施工预算编制依据	（1）会审后的施工图纸、设计说明书和有关的标准图； （2）施工组织设计或施工方案； （3）施工图预算书； （4）现行的施工定额、材料价格、人工工资标准、机械台班费用定额、工程造价指标指数及有关文件； （5）工程现场实际勘察与测量资料，如工程地质报告、地下水位标高等； （6）建筑材料手册等常用工具性资料
3	施工预算编制方法	（1）熟悉施工图纸、施工组织设计及现场资料； （2）熟悉施工定额及有关文件规定； （3）列出工程项目，计算工程量； （4）套用定额，计算人料机费并进行工料分析； （5）单位工程人料机费及人工、材料、机械台班消耗量汇总； （6）进行"两算"对比分析； （7）编写编制说明并填写封面，装订成册

施工预算内容

序号	项目	内容
1	编制说明部分	施工预算的编制说明应简明扼要地叙述以下几个方面的内容： （1）工程概况及建设地点； （2）编制的依据（如采用的定额、图纸、图集、施工组织设计等）； （3）对设计图纸和说明书的审查意见及编制中的处理方法； （4）所编工程的范围； （5）在编制时所考虑的新技术、新材料、新工艺、冬雨期施工措施、安全措施等； （6）工程中还存在需要进一步解决的其他问题

序号	项目	内容
2	预算表格部分	（1）工程量计算汇总表 工程量计算汇总表是按照施工定额的工程量计算规则做出的重要基础数据。为了便于生产、调度、计划、统计及分期材料供应，根据工程情况，可将工程量按分层、分段、分部位进行汇总，然后进行单位工程汇总。 （2）施工预算工料分析表 施工预算工料分析表与施工图预算的工料分析表编制方法基本相同，要注意按照工程量计算汇总表的划分，做出分层、分段、分部位的工料分析结果，为施工分期生产计划提供方便条件。 （3）人工汇总表 人工汇总表是将工料分析表中的人工按工种分层、分段、分部位进行汇总的表格，是编制劳动力计划、合理调配劳动力的依据。 （4）材料消耗量汇总表 将工料分析表中不同品种、规格的材料按层、段、部位进行汇总。材料消耗量汇总表是编制材料供应计划的依据。一般工程常见的汇总表有： ① 钢筋混凝土预制构件委托加工表； ② 金属构件委托加工表； ③ 钢木门窗委托加工表； ④ 门窗五金明细表； ⑤ 周转性材料需用量表； ⑥ 现场分规格、品种的钢材、木材、水泥需用量表； ⑦ 现场分规格、品种的地方性材料需用量表； ⑧ 各种其他成品、半成品需用量表。 （5）机械台班使用量汇总表 将工料分析表中各种施工机具及消耗台班数量按层、段、部位进行汇总。 （6）施工预算表 将已汇总的人工、材料、机械台班消耗数量分别乘以人工工资单价、材料价格、机械台班单价，计算出人料机费。 （7）"两算"对比表 指同一工程内容的施工预算与施工图预算的对比分析表。将计算出的人工、材料、机械台班消耗数量，以及人工费、材料费、施工机具使用费等与施工图预算进行对比，找出节约或超支的原因，作为开工之前的预测分析依据

施工预算与施工图预算（两算）的区别

序号	比较的项目	施工预算	施工图预算
1	编制的依据	以施工定额为主要依据	以预算定额为主要依据编制
2	适用的范围	施工预算是施工企业内部管理用的一种文件，与发包人无直接关系	施工图预算既适用于发包人，又适用于承包人
3	发挥的作用	施工预算是承包人组织生产、编制施工计划、准备现场材料、签发任务书、考核工效、进行经济核算的依据，它也是承包人改善经营管理、降低生产成本和推行内部经营承包责任制的重要手段	施工图预算则是投标报价的主要依据

注：在编制实施性计划成本时要进行施工预算和施工图预算的对比分析，通过"两算"对比，分析节约和超支的原因，以便制定解决问题的措施，防止工程亏损，为降低工程成本提供依据。"两算"对比的方法有实物对比法和金额对比法。

"两算"对比的内容

序号	项目	内容
1	人工量及人工费的对比分析	施工预算的人工数量及人工费比施工图预算一般要低6%左右。这是由于两者使用不同定额造成的。例如，砌砖墙项目中，砂子、标准砖和砂浆的场内水平运输距离，施工定额按50m考虑；而预算定额则包括了材料、半成品的超运距用工。同时，预算定额的人工消耗指标还考虑了在施工定额中未包括，而在一般正常施工条件下又不可避免发生的一些零星用工因素，如土建施工各工种之间的工序搭接所需停歇的时间；因工程质量检查和隐蔽工程验收而影响工人操作的时间；施工中不可避免的其他少数零星用工等。所以，施工定额的用工量一般都比预算定额低
2	材料消耗量及材料费的对比分析	施工定额的材料损耗率一般都低于预算定额，同时，编制施工预算时还要考虑扣除技术措施的材料节约量。所以，施工预算的材料消耗量及材料费一般低于施工图预算。有时，由于两种定额之间的水平不一致，个别项目也会出现施工预算的材料消耗量大于施工图预算的情况。不过，总的水平应该是施工预算低于施工图预算。如果出现反常情况，则应进行分析研究，找出原因，制定相应的措施
3	施工机具费的对比分析	施工预算机具费指施工作业所发生的施工机械、仪器仪表使用费或其租赁费。而施工图预算的施工机具是预算定额综合确定的，与实际情况可能不一致。因此，施工机具部分只能采用两种预算的机具费进行对比分析。如果施工预算的机具费大量超支而又无特殊原因，则应考虑改变原施工方案，尽量做到不亏损而略有盈余
4	周转材料使用费的对比分析	周转材料主要指脚手架和模板。施工预算的脚手架是根据施工方案确定的搭设方式和材料计算的，施工图预算则综合了脚手架搭设方式，按不同结构和高度，以建筑面积为基数计算的；施工预算模板是按混凝土与模板的接触面积计算，施工图预算的模板则按混凝土体积综合计算。因而，周转材料宜按其发生的费用进行对比分析

注：(1) 实物对比法：将施工预算和施工图预算计算出的人工、材料、机械消耗量，分别填入"两算"对比表进行对比分析，算出节约或超支的数量及百分比，并分析其原因。(2) 金额对比法：将施工预算和施工图预算计算出的人工费、材料费、施工机具使用费分别填入"两算"对比表进行对比分析，算出节约或超支的金额及百分比，并分析其原因。

考点2 成本计划的编制依据和编制程序

成本计划的编制依据和编制程序

序号	项目	内容
1	成本计划编制依据	(1) 合同文件； (2) 项目管理实施规划； (3) 相关设计文件； (4) 价格信息； (5) 相关定额； (6) 类似项目的成本资料
2	项目成本计划编制程序	(1) 预测项目成本； (2) 确定项目总体成本目标； (3) 编制项目总体成本计划； (4) 项目管理机构与组织的职能部门根据其责任成本范围，分别确定自己的成本目标，并编制相应的成本计划； (5) 针对成本计划制定相应的控制措施； (6) 由项目管理机构与组织的职能部门负责人分别审批相应的成本计划

注：项目管理机构应通过系统的成本策划，按成本组成、项目结构和工程实施阶段分别编制项目成本计划。成本计划编制应符合下列规定：由项目管理机构负责组织编制；项目成本计划对项目成本控制具有指导性；各成本项目指标和降低成本指标明确。

考点3 按成本组成编制成本计划的方法

按照成本构成要素划分编制成本计划的方法

```
                          ┌─ 计时工资或计件工资
                          ├─ 奖金
                  人工费 ──┼─ 津贴、补贴                              ┌─────────────┐
                          ├─ 加班加点工资                            │ 分部分项工程费│
                          └─ 特殊情况下支付的工资                     └─────────────┘

                          ┌─ 材料原价
                  材料费 ──┼─ 运杂费
                          ├─ 运输损耗费
                          └─ 采购及保管费          ┌─ 折旧费
                                                   ├─ 检修费
                                                   ├─ 维护费
              施工机具使用费 ── 施工机械使用费 ────┼─ 安拆费及场外运费
                                仪器仪表使用费      ├─ 人工费
                                                   ├─ 燃料动力费
                          ┌─ 管理人员工资          └─ 税费
                          ├─ 办公费
                          ├─ 差旅交通费
                          ├─ 固定资产使用费
                          ├─ 工具用具使用费
                          ├─ 劳动保险和职工福利费
  （按费用构成            ├─ 劳动保护费                               ┌─────────────┐
   要素划分）            ├─ 检验试验费                               │  措施项目费  │
 建筑安装工程费  企业管理费 ┼─ 工会经费                               └─────────────┘
                          ├─ 职工教育经费
                          ├─ 财产保险费
                          ├─ 财务费
                          ├─ 税金
                          ├─ 城市维护建设税
                          ├─ 教育费附加
                          ├─ 地方教育附加
                          └─ 其他

                   利润 ─────────────────────────────────────────── ┌─────────────┐
                                                                      │  其他项目费  │
                                          ┌─ 养老保险费               └─────────────┘
                                          ├─ 失业保险费
                   规费 ── 社会保险费 ─────┼─ 医疗保险费
                          住房公积金        ├─ 生育保险费
                                          └─ 工伤保险费
                   增值税
```

注：按照成本构成要素划分编制成本计划，建筑安装工程费由人工费、材料（包含工程设备）费、施工机具使用费、企业管理费、利润、规费和税金组成。其中人工费、材料费、施工机具使用费、企业管理费和利润包含在分部分项工程费、措施项目费、其他项目费中。

按成本组成分解

考点 4　按项目结构编制成本计划的方法

按项目结构编制成本计划的方法

注：在编制成本支出计划时，要在项目总体层面上考虑总的预备费，也要在主要的分项工程中安排适当的不可预见费。

考点 5　按工程实施阶段编制成本计划的方法

按工程实施阶段编制成本计划的编制方法

按工程实施阶段编制成本计划，可以按实施阶段，如基础、主体、安装、装修等或按月、季、年等实施进度进行编制。按实施进度编制成本计划，通常可在控制项目进度的网络图的基础上进一步扩充得到。即在建立网络图时，一方面确定完成各项工作所需花费的时间，另一方面确定完成这一工作合适的成本支出计划。通过对成本目标按时间进行分解，在网络计划基础上，可获得项目进度计划的横道图。并在此基础上编制成本计划。其表示方式有两种：一种是在时标网络图上按月编制的成本计划直方图；另一种是用时间—成本累积曲线（S形曲线）表示。

时间—成本累积曲线的绘制步骤如下：

（1）确定工程项目进度计划，编制进度计划的横道图。

（2）根据每单位时间内完成的实物工程量或投入的人力、物力和财力，计算单位时间（月或旬）的成本，在时标网络图上按时间编制成本支出计划。

（3）计算规定时间 t 计划累计支出的成本额：将各单位时间计划完成的成本额累加求和。

（4）按各规定时间的 Q_t 值，绘制 S 形曲线。

注：每一条 S 形曲线都对应某一特定的工程进度计划。S 形曲线必然包络在由全部工作都按最早开始时间开始和全部工作都按最迟必须开始时间开始的曲线所组成的"香蕉图"内。项目经理可根据编制的成本支出计划来合理安排资金，同时项目经理也可以根据筹措的资金来调整 S 形曲线，即通过调整非关键路线上的工序项目的最早或最迟开工时间，力争将实际的成本支出控制在计划的范围内。一般而言，所有工作都按最迟开始时间开始，对节约资金贷款利息是有利的。但同时也降低了项目按期竣工的保证率，因此项目经理必须合理地确定成本支出计划。

1Z202030 成本控制

【考点精析】

考点 1　成本控制的依据和程序

成本控制的依据

序号	依据	说明
1	合同文件	成本控制要以合同为依据，围绕降低工程成本这个目标，从预算收入和实际成本两方面，研究节约成本、增加收益的有效途径，以求获得最大的经济效益
2	成本计划	成本计划是根据项目的具体情况制定的成本控制方案，既包括预定的具体成本控制目标，又包括实现控制目标的措施和规划，是成本控制的指导文件
3	进度报告	(1) 进度报告提供了对应时间节点的工程实际完成量，工程成本实际支出情况等重要信息。 (2) 成本控制工作正是通过实际情况与成本计划相比较，找出两者之间的差别，分析偏差产生的原因，从而采取措施改进以后的工作。 (3) 此外，进度报告还有助于管理者及时发现工程实施中存在的隐患，并在可能造成重大损失之前采取有效措施，尽量避免损失
4	工程变更与索赔资料	(1) 在项目的实施过程中，由于各方面的原因，工程变更与索赔是很难避免的。 (2) 工程变更一般包括设计变更、进度计划变更、施工条件变更、技术规范与标准变更、施工次序变更、工程量变更等。 (3) 一旦出现变更，工程量、工期、成本都有可能发生变化，从而使得成本控制工作变得更加复杂和困难。 (4) 因此，成本管理人员应当通过对变更与索赔中各类数据的计算、分析，及时掌握变更情况，包括已发生工程量、将要发生工程量、工期是否拖延、支付情况等重要信息，判断变更与索赔可能带来的成本增减
5	各种资源的市场信息	根据各种资源的市场价格信息和项目的实施情况，计算项目的成本偏差，估计成本的发展趋势

管理行为控制程序

序号	程序	说明
1	建立项目成本管理体系的评审组织和评审程序	成本管理体系的建立不同于质量管理体系，质量管理体系反映的是企业的质量保证能力，由社会有关组织进行评审和认证；成本管理体系的建立是企业自身生存发展的需要，没有社会组织来评审和认证。因此企业必须建立项目成本管理体系的评审组织和评审程序，定期进行评审和总结，持续改进
2	建立项目成本管理体系运行的评审组织和评审程序	项目成本管理体系的运行有一个逐步推行的渐进过程。一个企业的各分公司、项目管理机构的运行质量往往是不平衡的。因此，必须建立专门的常设组织，依照程序定期地进行检查和评审。发现问题，总结经验，以保证成本管理体系的保持和持续改进
3	目标考核，定期检查	(1) 管理程序文件应明确每个岗位人员在成本管理中的职责，确定每个岗位人员的管理行为，如应提供的报表、提供的时间和原始数据的质量要求等。要把每个岗位人员是否按要求去履行职责作为一个目标来考核。为了方便检查，应将考核指标具体化，并设专人定期或不定期地检查。 (2) 应根据检查的内容编制相应的检查表，由项目经理或其委托人检查后填写检查表。检查表要由专人负责整理归档

序号	程序	说明
4	制定对策，纠正偏差	对管理工作进行检查的目的是保证管理工作按预定的程序和标准进行，从而保证项目成本管理能够达到预期的目的。因此，对检查中发现的问题，要及时进行分析，然后根据不同的情况，及时采取对策

注：管理行为控制的目的是确保每个岗位人员在成本管理过程中的管理行为符合事先确定的程序和方法的要求。从这个意义上讲，首先要清楚企业建立的成本管理体系是否能对成本形成的过程进行有效的控制，其次要考察体系是否处在有效的运行状态。管理行为控制程序就是为规范项目成本的管理行为而制定的约束和激励体系。

指标控制程序

序号	程序	说明
1	确定成本管理分层次目标	在项目开工之初，项目管理机构应根据公司与项目签订的《项目承包合同》确定项目的成本管理目标，并根据工程进度计划确定月度成本计划目标
2	采集成本数据，监测成本形成过程	在施工过程中要定期收集反映成本支出情况的数据，并将实际发生情况与目标计划进行对比，从而保证有效控制成本的整个形成过程
3	找出偏差，分析原因	施工过程是一个多工种、多方位立体交叉作业的复杂活动，成本的发生和形成是很难按预定的目标进行的，因此，需要及时分析偏差产生的原因，分清是客观因素（如市场调价）还是人为因素（如管理行为失控）
4	制定对策，纠正偏差	过程控制的目的就在于不断纠正成本形成过程中的偏差，保证成本项目的发生是在预定范围之内。针对产生偏差的原因及时制定对策并予以纠正
5	调整改进成本管理方法	用成本指标考核管理行为，用管理行为来保证成本指标。管理行为的控制程序和成本指标的控制程序是对项目成本进行过程控制的主要内容，这两个程序在实施过程中，是相互交叉、相互制约又相互联系的。只有把成本指标的控制程序和管理行为的控制程序相结合，才能保证成本管理工作有序地、富有成效地进行

考点 2　成本控制的方法

成本的过程控制方法

序号	项目	方法	内容	说明
1	人工费的控制	量价分离	加强劳动定额管理，提高劳动生产率，降低工程耗用人工工日，是控制人工费支出的主要手段	控制人工费的方法： （1）制定先进合理的企业内部劳动定额，严格执行劳动定额。 （2）提高生产工人的技术水平和作业队的组织管理水平。 （3）加快自有建筑工人队伍建设。 （4）完善职业技能培训体系。 （5）建立技能导向的激励机制。 （6）规范劳动用工制度

序号	项目	方法	内容	说明
2	材料费的控制	量价分离	材料用量的控制	（1）定额控制：对于有消耗定额的材料，以消耗定额为依据，实行限额领料制度。 （2）指标控制：没有消耗定额的材料，则实行计划管理和按指标控制的办法，超过指标的材料，要有审批手续方可领用。 （3）计量控制：收发计量检查和投料计量检查。 （4）包干控制：部分小型及零星材料（如钢钉、钢丝等），由作业者包干控制
			材料价格的控制	通过掌握市场信息，应用招标和询价等方式控制材料、设备的采购价格
3	施工机械使用费的控制	台班数量和台班单价两方面	台班数量	（1）根据施工方案和现场实际情况，选择适合项目施工特点的施工机械，制定设备需求计划，合理安排施工生产，充分利用现有机械设备，加强内部调配，提高机械设备的利用率。 （2）保证施工机械设备的作业时间，安排好生产工序的衔接，尽量避免停工、窝工，尽量减少施工中所消耗的机械台班数量。 （3）核定设备台班定额产量，实行超产奖励办法，加快施工生产进度，提高机械设备单位时间的生产效率和利用率。 （4）加强设备租赁计划管理，减少不必要的设备闲置和浪费，充分利用社会闲置机械资源
			台班单价	（1）加强现场设备的维修、保养工作。降低大修、经常性修理等各项费用的开支，提高机械设备的完好率，最大限度地提高机械设备的利用率，避免因使用不当造成机械设备的停置。 （2）加强机械操作人员的培训工作。不断提高操作技能，提高施工机械台班的生产效率。 （3）加强配件的管理。建立健全配件领发料制度，严格按油料消耗定额控制油料消耗，做到修理有记录，消耗有定额，统计有报表，损耗有分析。通过经常分析总结，提高修理质量，降低配件消耗，减少修理费用的支出。 （4）降低材料成本。做好施工机械配件和工程材料采购计划，降低材料成本。 （5）成立设备管理领导小组，负责设备调度、检查、维修、评估等具体事宜。对主要部件及其保养情况建立档案，分清责任，便于尽早发现问题，找到解决问题的办法
4	施工分包费用的控制	做好分包工程的询价、订立平等互利的分包合同、建立稳定的分包关系网络、加强施工验收和分包结算等工作		（1）施工项目成本控制的重要工作之一是对分包价格的控制。 （2）项目管理机构应在确定施工方案的初期就要确定需要分包的工程范围。 （3）决定分包范围的因素主要是施工项目的专业性和项目规模

人工费的影响因素及控制人工费方法的详细说明

序号	项目	内容
1	人工费的影响因素	（1）社会平均工资水平。社会平均工资水平取决于经济发展水平。由于我国改革开放以来经济迅速增长，社会平均工资也有大幅增长，从而导致人工单价的大幅提高。 （2）生产消费指数。生产消费指数的提高会导致人工单价的提高，以减少生活水平的下降，维持原来的生活水平。生活消费指数的变动取决于物价的变动，尤其取决于生活消费品物价的变动。 （3）劳动力市场供需变化。劳动力市场如果供不应求，人工单价就会提高；供过于求，人工单价就会下降。 （4）政府推行的社会保障和福利政策也会影响人工单价的变动。 （5）经会审的施工图、施工定额、施工组织设计等决定人工的消耗量
2	控制人工费的方法	（1）制定先进合理的企业内部劳动定额，严格执行劳动定额，并将安全生产、文明施工及零星用工下达到作业队进行控制。全面推行全额计件的劳动管理办法和单项工程集体承包的经济管理办法，以不超出施工图预算人工费指标为控制目标，实行工资包干制度。认真执行按劳分配的原则，使职工个人所得与劳动贡献相一致，充分调动广大职工的劳动积极性，以提高劳动效率。把工程项目的进度、安全、质量等指标与定额管理结合起来，提高劳动者的综合能力，实行奖励制度。 （2）提高生产工人的技术水平和作业队的组织管理水平，根据施工进度、技术要求，合理搭配各工种工人的数量，减少和避免无效劳动。不断地改善劳动组织，创造良好的工作环境，改善工人的劳动条件，提高劳动效率。合理调节各工序人数安排情况，安排劳动力时，尽量做到技术工不做普通工的工作，高级工不做低级工的工作，避免技术上的浪费，既要加快工程进度，又要节约人工费用。 （3）加强职工的技术培训和多种施工作业技能的培训，不断提高职工的业务技术水平和熟练操作程度，培养一专多能的技术工人，提高作业工效。提倡技术革新和推广新技术，提高技术装备水平和工厂化生产水平，提高企业的劳动生产率。 （4）实行弹性需求的劳务管理制度。对施工生产各环节上的业务骨干和基本的施工力量，要保持相对稳定。对短期需要的施工力量，要做好预测、计划管理，通过企业内部的劳务市场及外部协作队伍进行调剂。严格做到项目部的定员随工程进度要求及时进行调整，进行弹性管理。要打破行业、工种界限，提倡一专多能，提高劳动力的利用效率

材料用量定额控制的要求

序号	项目	内容
1	限额领料的形式	（1）按分项工程实行限额领料。按分项工程实行限额领料，就是按照分项工程进行限额，如钢筋绑扎、混凝土浇筑、砌筑、抹灰等，它是以施工班组为对象进行的限额领料。 （2）按工程部位实行限额领料。按工程部位实行限额领料，就是按工程施工工序分为基础工程、结构工程和装饰工程，它是以施工专业队为对象进行的限额领料。 （3）按单位工程实行限额领料。按单位工程实行限额领料，就是对一个单位工程从开工到竣工全过程的建设工程项目的用料实行的限额领料，它是以项目管理机构或分包单位为对象开展的限额领料

序号	项目	内容
2	限额领料的依据	（1）准确的工程量。它是按工程施工图纸计算的正常施工条件下的数量，是计算限额领料量的基础。 （2）现行的施工预算定额或企业内部消耗定额，是制定限额用量的标准。 （3）施工组织设计，是计算和调整非实体性消耗材料的基础。 （4）施工过程中发包人认可的变更洽商单，它是调整限额量的依据
3	限额领料的实施	（1）确定限额领料的形式。施工前，根据工程的分包形式，与使用单位确定限额领料的形式。 （2）签发限额领料单。根据双方确定的限额领料形式，根据有关部门编制的施工预算和施工组织设计，将所需材料数量汇总后编制材料限额数量，经双方确认后下发。 （3）限额领料单的应用。限额领料单一式三份，一份交保管员作为控制发料的依据；一份交使用单位，作为领料的依据；一份由签发单位留存，作为考核的依据。 （4）限额量的调整。在限额领料的执行过程中，会有许多因素影响材料的使用，如：工程量的变更、设计更改、环境因素等。限额领料的主管部门在限额领料的执行过程中要深入施工现场，了解用料情况，根据实际情况及时调整限额数量，以保证施工生产的顺利进行和限额领料制度的连续性、完整性。 （5）限额领料的核算。根据限额领料形式，工程完工后，双方应及时办理结算手续，检查限额领料的执行情况，对用料情况进行分析，按双方约定的合同，对用料节超进行奖罚兑现

赢得值法的三个基本参数

序号	项目	内容	公式
1	已完工作预算费用	已完工作预算费用为 $BCWP$（Budgeted Cost for Work Performed），是指在某一时间已经完成的工作（或部分工作），以批准认可的预算为标准所需要的资金总额，由于发包人正是根据这个值为承包人完成的工作量支付相应的费用，也就是承包人获得（挣得）的金额，故称赢得值或挣值	已完工作预算费用（$BCWP$）$=\Sigma$（已完成工作量×预算单价）
2	计划工作预算费用	计划工作预算费用，简称 $BCWS$（Budgeted Cost for Work Scheduled），即根据进度计划，在某一时刻应当完成的工作（或部分工作），以预算为标准所需要的资金总额。一般来说，除非合同有变更，$BCWS$ 在工程实施过程中应保持不变	计划工作预算费用（$BCWS$）$=\Sigma$（计划工作量×预算单价）
3	已完工作实际费用	已完工作实际费用，简称 $ACWP$（Actual Cost for Work Performed），即到某一时刻为止，已完成的工作（或部分工作）所实际花费的总金额	已完工作实际费用（$ACWP$）$=\Sigma$（已完成工作量×实际单价）

赢得值（挣值）法知识总结——四个评价指标

序号	评价指标	公式	含义
1	费用偏差（CV）	费用偏差（CV）=已完工作预算费用（$BCWP$）－已完工作实际费用（$ACWP$）	（1）当费用偏差（CV）为负值时，即表示项目运行超出预算费用； （2）当费用偏差（CV）为正值时，表示项目运行节支，实际费用没有超出预算费用

序号	评价指标	公式	含义
2	进度偏差（SV）	进度偏差（SV）＝已完工作预算费用（BCWP）－计划工作预算费用（BCWS）	（1）当进度偏差（SV）为负值时，表示进度延误，即实际进度落后于计划进度； （2）当进度偏差（SV）为正值时，表示进度提前，即实际进度快于计划进度
3	费用绩效指数（CPI）	费用绩效指数（CPI）＝已完工作预算费用（BCWP）/已完工作实际费用（ACWP）	（1）当费用绩效指数CPI＜1时，表示超支，即实际费用高于预算费用； （2）当费用绩效指数CPI＞1时，表示节支，即实际费用低于预算费用
4	进度绩效指数（SPI）	进度绩效指数（SPI）＝已完工作预算费用（BCWP）/计划工作预算费用（BCWS）	（1）当进度绩效指数SPI＜1时，表示进度延误，即实际进度比计划进度慢； （2）当进度绩效指数SPI＞1时，表示进度提前，即实际进度比计划进度快

注：费用（进度）偏差反映的是绝对偏差，结果很直观。但是，绝对偏差有其不容忽视的局限性。费用（进度）绩效指数反映的是相对偏差，它不受项目层次的限制，也不受项目实施时间的限制，因而在同一项目和不同项目比较中均可采用。

赢得值（挣值）法知识总结——偏差分析的方法

序号	方法	含义	说明
1	横道图法	用横道图法进行费用偏差分析，是用不同的横道标识已完工作预算费用（BCWP）、计划工作预算费用（BCWS）和已完工作实际费用（ACWP），横道的长度与其金额成正比例	（1）横道图法具有形象、直观、一目了然等优点，它能够准确表达出费用的绝对偏差，而且能直观地表明偏差的严重性； （2）这种方法反映的信息量少，一般在项目的较高管理层应用
2	表格法	表格法将项目编号、名称、各费用参数以及费用偏差数综合归纳入一张表格中，并且直接在表格中进行比较。由于各偏差参数都在表中列出，使得费用管理者能够综合地了解并处理这些数据	用表格法进行偏差分析具有如下优点： （1）灵活、适用性强。可根据实际需要设计表格，进行增减项； （2）信息量大。可以反映偏差分析所需的资料，从而有利于费用控制人员及时采取针对性措施，加强控制； （3）表格处理可借助于计算机，从而节约大量数据处理所需的人力，并大大提高速度
3	曲线法	在项目实施过程中，以上三个参数可以形成三条曲线，即计划工作预算费用（BCWS）、已完工作预算费用（BCWP）、已完工作实际费用（ACWP）曲线	（1）费用偏差（CV）＝BCWP－ACWP，由于两项参数均以已完工作为计算基准，所以两项参数之差，反映项目进展的费用偏差； （2）进度偏差（SV）＝BCWP－BCWS，由于两项参数均以预算值（计划值）作为计算基准，所以两者之差，反映项目进展的进度偏差

注：采用赢得值法进行费用、进度综合控制，还可以根据当前的进度、费用偏差情况，通过原因分析，对趋势进行预测，预测项目结束时的进度、费用情况。BAC（Budget at Completion）——项目完工预算，指编计划时预计的项目完工费用。EAC（Estimate at Completion）——预测的项目完工估算，指计划执行过程中根据当前的进度、费用偏差情况预测的项目完工总费用。VAC（Varianceat Completion）——预测项目完工时的费用偏差。VAC＝BAC－EAC。

注：通常要压缩已经超支的费用，而不影响其他目标是十分困难的，一般只有当给出的措施比原计划已选定的措施更为有利，比如使工程范围减少或生产效率提高等，费用才能降低。纠偏措施主要有：(1) 寻找新的、效率更高的设计方案；(2) 购买部分产品，而不是采用完全由自己生产的产品；(3) 重新选择供应商，但会产生供应风险，选择需要时间；(4) 改变实施过程；(5) 变更工程范围；(6) 索赔，例如向业主、承（分）包商、供应商索赔以弥补费用超支。

赢得值法参数分析与对应措施

序号	图形	三参数关系	分析	措施
1		$ACWP>BCWS>BCWP$ $SV<0$；$CV<0$	效率低进度较慢	用工作效率高的人员更换一批工作效率低的人员
2		$BCWP>BCWS>ACWP$ $SV>0$；$CV>0$	效率高进度较快	若偏离不大，维持现状
3		$BCWP>ACWP>BCWS$ $SV>0$；$CV>0$	效率较高进度快	抽出部分人员，放慢进度
4		$ACWP>BCWP>BCWS$ $SV>0$；$CV<0$	效率较低进度较快	抽出部分人员，增加少量骨干人员
5		$BCWS>ACWP>BCWP$ $SV<0$；$CV<0$	效率较低进度慢	增加高效人员投入

序号	图形	三参数关系	分析	措施
6		$BCWS>BCWP>ACWP$ $SV<0；CV>0$	效率较高进度较慢	迅速增加人员投入

1Z202040　成本核算

【考点图谱】

【考点精析】

考点1 成本核算的原则、依据、范围和程序

成本核算的原则

成本核算应按照企业会计准则要求，结合工程成本核算的特点进行。应遵循的主要原则有：

1. 分期核算原则。成本核算的分期应与会计核算的分期相一致，这样便于财务成果的确定。

2. 相关性原则。会计信息应当符合国家宏观经济管理的要求，满足有关方面了解企业财务状况和经营成果的需要，满足企业加强内部经营管理的需要。

3. 一贯性原则。成本核算所采用的方法应前后一致。只有这样，才能使企业各期成本核算资料口径统一，前后连贯，相互可比。

4. 实际成本核算原则。企业应当按实际发生额核算费用和成本。采用定额成本或者计划成本方法的，应当合理计算成本差异，月终编制会计报表时，调整为实际成本，即必须根据计算期内实际产量（已完工程量）以及实际消耗和实际价格计算实际成本。

5. 及时性原则，是指企业（项目）成本的核算，结转和成本信息的提供应当在要求时期内完成。

6. 配比原则，是指营业收入与其相对应的成本，费用应当相互配合。为取得本期收入而发生的成本和费用，应与本期实现的收入在同一时期内确认入账。

7. 权责发生制原则。其核心是根据权责关系的实际发生和影响期间来确认企业的支出和收益。

8. 谨慎原则，是指在市场经济条件下，在成本、会计核算中应当对可能发生的损失和费用，作出合理预计，以增强抵御风险的能力。

9. 划分收益性支出与资本性支出原则，是指成本，会计核算应当严格区分收益性支出与资本性支出界限，以正确地计算当期损益。

10. 重要性原则，是指对于成本有重大影响的业务内容，应作为核算的重点，力求精确，而对于那些不太重要的琐碎的经济业务内容，可以相对从简处理。

成本核算的范围

序号	项目	内容
1	直接费用	（1）直接人工费，是指按照国家规定支付给施工过程中直接从事建筑安装工程施工的工人以及在施工现场直接为工程制作构件和运料、配料等工人的职工薪酬
		（2）直接材料费，是指在施工过程中所耗用的、构成工程实体的材料、结构件、机械配件和有助于工程形成的其他材料以及周转材料的租赁费和摊销等
		（3）机械使用费，是指施工过程中使用自有施工机械所发生的机械使用费，使用外单位施工机械的租赁费，以及按照规定支付的施工机械进出场费等
		（4）其他直接费用，是指施工过程中发生的材料搬运费、材料装卸保管费、燃料动力费、临时设施摊销、生产工具用具使用费、检验试验费、工程定位复测费、工程点交费、场地清理费，以及能够单独区分和可靠计量的为订立建造承包合同而发生的差旅费、投标费等费用

序号	项目	内容
2	间接费用	是指企业各施工单位为组织和管理工程施工所发生的费用
3	分包成本	是指按照国家规定开展分包，支付给分包单位的工程价款

注：属于人工费、材料费、机械使用费和其他直接费等直接成本费用，直接计入有关工程成本。间接费用可先通过费用明细科目进行归集，期末再按确定的方法分配计入有关工程成本核算对象的成本。

成本核算的程序

根据会计核算程序，结合工程成本发生的特点和核算的要求，工程成本的核算程序为：

1. 对所发生的费用进行审核，以确定应计入工程成本的费用和计入各项期间费用的数额。

2. 将应计入工程成本的各项费用，区分为哪些应当计入本月的工程成本，哪些应由其他月份的工程成本负担。

3. 将每个月应计入工程成本的生产费用，在各个成本对象之间进行分配和归集，计算各工程成本。

4. 对未完工程进行盘点，以确定本期已完工程实际成本。

5. 将已完工程成本转入工程结算成本；核算竣工工程实际成本。

考点 2　成本核算的方法

成本核算的两种方法

序号	方法	含义	优点	缺点
1	表格核算法	通过对施工项目内部各项环节进行成本核算，以此为基础，核算单位和各部门定期采集信息，按照有关规定填制一系列的表格，完成数据比较、考核和简单的核算，形成工程项目成本的核算体系，作为支撑工程项目成本核算的平台	简便易懂，方便操作，实用性较好	难以实现较为科学严密的审核制度，精度不高，覆盖面较小
2	会计核算法	是建立在会计对工程项目进行全面核算的基础上，再利用收支全面核实和借贷记账法的综合特点，按照施工项目成本的收支范围和内容，进行施工项目成本核算。不仅核算工程项目施工的直接成本，而且还要核算工程项目在施工过程中出现的债权债务、为施工生产而自购的工具、器具摊销、向发包单位的报量和收款、分包完成和分包付款等（项目财务部门一般采用此种方法）	科学严密，人为控制的因素较小而且核算的覆盖面较大	对核算工作人员的专业水平和工作经验都要求较高

注：表格核算对工程项目内各岗位成本的责任核算比较实用。施工单位除对整个企业的生产经营进行会计核算外，还应在工程项目上设成本会计，进行工程项目成本核算。用表格核算法进行工程项目施工各岗位成本的责任核算和控制，用会计核算法进行工程项目成本核算。

1Z202050 成本分析和成本考核

考点1 成本分析的依据、内容和步骤

成本分析的依据

序号	项目	内容
1	会计核算	(1) 会计核算主要是价值核算。 (2) 会计是对一定单位的经济业务进行计量、记录、分析和检查，作出预测、参与决策、实行监督，旨在实现最优经济效益的一种管理活动。 (3) 它通过设置账户、复式记账、填制和审核凭证、登记账簿、成本计算、财产清查和编制会计报表等一系列有组织有系统的方法，来记录企业的一切生产经营活动，然后据此提出一些用货币来反映的有关各种综合性经济指标的数据，如资产、负债、所有者权益、收入、费用和利润等。 (4) 由于会计记录具有连续性、系统性、综合性等特点，所以它是成本分析的重要依据
2	业务核算	(1) 业务核算是各业务部门根据业务工作的需要建立的核算制度，它包括原始记录和计算登记表，如单位工程及分部分项工程进度登记，质量登记，工效、定额计算登记，物资消耗定额记录，测试记录等。 (2) 业务核算的范围比会计、统计核算要广。 (3) 会计和统计核算一般是对已经发生的经济活动进行核算，而业务核算不但可以核算已经完成的项目是否达到原定的目的、取得预期的效果，而且可以对尚未发生或正在发生的经济活动进行核算，以确定该项经济活动是否有经济效果，是否有执行的必要。 (4) 它的特点是对个别的经济业务进行单项核算，例如各种技术措施、新工艺等项目。 (5) 业务核算的目的在于迅速取得资料，以便在经济活动中及时采取措施进行调整
3	统计核算	(1) 统计核算是利用会计核算资料和业务核算资料，把企业生产经营活动客观现状的大量数据，按统计方法加以系统整理，以发现其规律性。 (2) 它的计量尺度比会计宽，可以用货币计算，也可以用实物或劳动量计量。 (3) 它通过全面调查和抽样调查等特有的方法，不仅能提供绝对数指标，还能提供相对数和平均数指标，可以计算当前的实际水平，还可以确定变动速度以预测发展的趋势

注：项目成本分析的依据包括：项目成本计划；项目成本核算资料；项目的会计核算、统计核算和业务核算的资料。成本分析的主要依据是会计核算、业务核算和统计核算所提供的资料。

成本分析的内容和步骤

序号	项目	内容
1	成本分析的内容	(1) 时间节点成本分析； (2) 工作任务分解单元成本分析； (3) 组织单元成本分析； (4) 单项指标成本分析； (5) 综合项目成本分析
2	成本分析的步骤	(1) 选择成本分析方法； (2) 收集成本信息； (3) 进行成本数据处理； (4) 分析成本形成原因； (5) 确定成本结果

考点 2　成本分析的方法

成本分析的基本方法

序号	方法	含义	说明
1	比较法	比较法又称"指标对比分析法",是指对比技术经济指标,检查目标的完成情况,分析产生差异的原因,进而挖掘降低成本的方法。这种方法通俗易懂、简单易行、便于掌握,因而得到了广泛的应用,但在应用时必须注意各技术经济指标的可比性	(1) 将实际指标与目标指标对比。以此检查目标完成情况,分析影响目标完成的积极因素和消极因素,以便及时采取措施,保证成本目标的实现。在进行实际指标与目标指标对比时,还应注意目标本身有无问题,如果目标本身出现问题,则应调整目标,重新评价实际工作。 (2) 本期实际指标与上期实际指标对比。通过本期实际指标与上期实际指标对比,可以看出各项技术经济指标的变动情况,反映施工管理水平的提高程度。 (3) 与本行业平均水平、先进水平对比。通过这种对比,可以反映本项目的技术和经济管理水平与行业的平均及先进水平的差距,进而采取措施提高本项目管理水平
2	因素分析法	因素分析法又称连环置换法,可用来分析各种因素对成本的影响程度。在进行分析时,假定众多因素中的一个因素发生了变化,而其他因素则不变,然后逐个替换,分别比较其计算结果,以确定各个因素的变化对成本的影响程度	因素分析法的计算步骤如下。 (1) 确定分析对象,计算实际与目标数的差异。 (2) 确定该指标是由哪几个因素组成的,并按其相互关系进行排序(排序规则是:先实物量,后价值量;先绝对值,后相对值)。 (3) 以目标数为基础,将各因素的目标数相乘,作为分析替代的基数。 (4) 将各个因素的实际数按照已确定的排列顺序进行替换计算,并将替换后的实际数保留下来。 (5) 将每次替换计算所得的结果,与前一次的计算结果相比较,两者的差异即为该因素对成本的影响程度。 (6) 各个因素的影响程度之和,应与分析对象的总差异相等
3	差额计算法	差额计算法是因素分析法的一种简化形式,它利用各个因素的目标值与实际值的差额来计算其对成本的影响程度	—
4	比率法	比率法是指用两个以上的指标的比例进行分析的方法。它的基本特点是:先把对比分析的数值变成相对数,再观察其相互之间的关系	常用的比率法有以下几种: (1) 相关比率法。由于项目经济活动的各个方面是相互联系、相互依存、相互影响的,因而可以将两个性质不同且相关的指标加以对比,求出比率,并以此来考察经营成果的好坏。例如:产值和工资是两个不同的概念,但它们是投入与产出的关系。在一般情况下,都希望以最少的工资支出完成最大的产值。因此,用产值工资率指标来考核人工费的支出水平,可以很好地分析人工成本。 (2) 构成比率法。又称比重分析法或结构对比分析法。通过构成比率,可以考察成本总量的构成情况及各成本项目占总成本的比重,同时也可看出预算成本、实际成本和降低成本的比例关系,从而寻求降低成本的途径。 (3) 动态比率法。动态比率法是将同类指标不同时期的数值进行对比,求出比率,以分析该项指标的发展方向和发展速度。动态比率的计算,通常采用基期指数和环比指数两种方法

综合成本的分析方法

序号	分析项目	分析内容/对象	分析依据	分析方法
1	分部分项工程成本分析	分部分项工程成本分析是施工项目成本分析的基础。分部分项工程成本分析的对象为已完成分部分项工程	(1) 预算成本来自投标报价成本。 (2) 目标成本来自施工预算。 (3) 实际成本来自施工任务单的实际工程量、实耗人工和限额领料单的实耗材料	(1) 分析的方法是：进行预算成本、目标成本和实际成本的"三算"对比，分别计算实际偏差和目标偏差，分析偏差产生的原因，为今后的分部分项工程成本寻求节约途径。 (2) 由于施工项目包括很多分部分项工程，无法也没有必要对每一个分部分项工程都进行成本分析。特别是一些工程量小、成本费用少的零星工程。但是，对于那些主要分部分项工程必须进行成本分析，而且要做到从开工到竣工进行系统的成本分析。因为通过主要分部分项工程成本的系统分析，可以基本上了解项目成本形成的全过程，为竣工成本分析和今后的项目成本管理提供参考资料
2	月（季）度成本分析	月（季）度成本分析，是施工项目定期的、经常性的中间成本分析，通过月（季）度成本分析，可以及时发现问题，以便按照成本目标指定的方向进行监督和控制，保证项目成本目标的实现	当月（季）的成本报表	(1) 通过实际成本与预算成本的对比，分析当月（季）的成本降低水平；通过累计实际成本与累计预算成本的对比，分析累计的成本降低水平，预测实现项目成本目标的前景。 (2) 通过实际成本与目标成本的对比，分析目标成本的落实情况以及目标管理中的问题和不足，进而采取措施，加强成本管理，保证成本目标的实现。 (3) 通过对各成本项目的成本分析，可以了解成本总量的构成比例和成本管理的薄弱环节。 (4) 通过主要技术经济指标的实际与目标对比，分析产量、工期、质量、"三材"节约率、机械利用率等对成本的影响。 (5) 通过对技术组织措施执行效果的分析，寻求更加有效的节约途径。 (6) 分析其他有利条件和不利条件对成本的影响
3	年度成本分析	通过年度成本的综合分析，可以总结一年来成本管理的成绩和不足，为今后的成本管理提供经验和教训，从而可对项目成本进行更有效的管理	年度成本报表	年度成本分析的内容，除了月（季）度成本分析的六个方面以外，重点是针对下一年度的施工进展情况制定切实可行的成本管理措施，以保证施工项目成本目标的实现

序号	分析项目	分析内容/对象	分析依据	分析方法
4	竣工成本的综合分析	凡是有几个单位工程且单独进行成本核算（即成本核算对象）的施工项目，其竣工成本分析应以各单位工程竣工成本分析资料为基础，再加上项目管理层的经营效益（如资金调度、对外分包等所产生的效益）进行综合分析	如果施工项目只有一个成本核算对象（单位工程），就以该成本核算对象的竣工成本资料作为成本分析的依据	单位工程竣工成本分析，应包括以下三方面内容： （1）竣工成本分析。 （2）主要资源节超对比分析。 （3）主要技术节约措施及经济效果分析

注：综合成本是指涉及多种生产要素，并受多种因素影响的成本费用，如分部分项工程成本，月（季）度成本、年度成本等。由于这些成本都是随着项目施工的进展而逐步形成的，与生产经营有着密切的关系，因此，做好上述成本的分析工作，无疑将促进项目的生产经营管理，提高项目的经济效益。

成本项目的分析方法

序号	项目	内容
1	人工费分析	项目施工需要的人工和人工费，由项目管理机构与作业队签订专业作业分包合同，明确承包范围、承包金额和双方的权利、义务。除了按合同规定支付劳务费以外，还可能发生一些其他人工费支出，主要有： （1）因实物工程量增减而调整的人工和人工费。 （2）定额人工以外的计日工工资（如果已按定额人工的一定比例由作业队包干，并已列入承包合同的，不再另行支付）。 （3）对在进度、质量、节约、文明施工等方面作出贡献的班组和个人进行奖励的费用。 注：项目管理层应根据上述人工费的增减，结合专业作业分包合同的管理进行分析
2	材料费分析	材料费分析包括主要材料、结构件和周转材料使用费的分析以及材料储备的分析。 （1）主要材料和结构件费用的分析。主要材料和结构件费用的高低，主要受价格和消耗数量的影响。而材料价格的变动，受采购价格、运输费用、途中损耗、供应不足等因素的影响；材料消耗数量的变动，则受操作损耗、管理损耗和返工损失等因素的影响。因此，可在价格变动较大和数量超用异常的时候再作深入分析。为了分析材料价格和消耗数量的变化对材料和结构件费用的影响程度，可按下列公式计算： ① 因材料价格变动对材料费的影响＝（计划单价－实际单价）×实际数量 ② 因消耗数量变动对材料费的影响＝（计划用量－实际用量）×实际价格 （2）周转材料使用费分析。在实行周转材料内部租赁制的情况下，项目周转材料费的节约或超支，取决于材料周转率和损耗率，周转减慢，则材料周转的时间增长，租赁费支出就增加；而超过规定的损耗，则要照价赔偿。

序号	项目	内容
2	材料费分析	（3）采购保管费分析。材料采购保管费属于材料的采购成本，包括：材料采购保管人员的工资、工资附加费、劳动保护费、办公费、差旅费，以及材料采购保管过程中发生的固定资产使用费、工具用具使用费、检验试验费、材料整理及零星运费和材料物资的盘亏及毁损等。材料采购保管费一般应与材料采购数量同步，即材料采购多，采购保管费也会相应增加。因此，应根据每月实际采购的材料数量（金额）和实际发生的材料采购保管费，分析保管费率的变化。 （4）材料储备资金分析。材料的储备资金是根据日平均用量、材料单价和储备天数（即从采购到进场所需要的时间）计算的。上述任何一个因素变动，都会影响储备资金的占用量。材料储备资金的分析，可以应用"因素分析法"
3	机械使用费分析	（1）由于项目施工具有一次性，项目管理机构不可能拥有自己的机械设备，而是随着施工的需要，向企业动力部门或外单位租用。在机械设备的租用过程中，存在两种情况：一种是按产量进行承包，并按完成产量计算费用，如土方工程。项目管理机构只要按实际挖掘的土方工程量结算挖土费用，而不必考虑挖土机械的完好程度和利用程度。另一种是按使用时间（台班）计算机械费用的，如塔式起重机、搅拌机、砂浆机等，如果机械完好率低或在使用中调度不当，必然会影响机械的利用率，从而延长使用时间，增加使用费。因此，项目管理机构应该给予一定的重视。 （2）由于建筑施工的特点，在流水作业和工序搭接上往往会出现某些必然或偶然的施工间隙，影响机械的连续作业；有时，又因为加快施工进度和工种配合，需要机械日夜不停地运转。这样便造成机械综合利用效率不高，比如机械停工，则需要支付停班费。因此，在机械设备的使用过程中，应以满足施工需要为前提，加强机械设备的平衡调度，充分发挥机械的效用；同时，还要加强平时的机械设备的维修保养工作，提高机械的完好率，保证机械的正常运转
4	管理费分析	管理费分析，也应通过预算（或计划）数与实际数的比较来进行

专项成本分析方法

序号	项目	内容
1	成本盈亏异常分析	（1）施工项目出现成本盈亏异常情况，必须引起高度重视，必须彻底查明原因并及时纠正。 （2）检查成本盈亏异常的原因，应从经济核算的"三同步"入手。因为项目经济核算的基本规律是：在完成多少产值、消耗多少资源、发生多少成本之间，有着必然的同步关系。如果违背这个规律，就会发生成本的盈亏异常。 （3）"三同步"检查是提高项目经济核算水平的有效手段，不仅适用于成本盈亏异常的检查，也可用于月度成本的检查。"三同步"检查可以通过以下五个方面的对比分析来实现。 ① 产值与施工任务单的实际工程量和形象进度是否同步。 ② 资源消耗与施工任务单的实耗人工、限额领料单的实耗材料、当期租用的周转材料和施工机械是否同步。 ③ 其他费用（如材料价、超高费和台班费等）的产值统计与实际支付是否同步。 ④ 预算成本与产值统计是否同步。 ⑤ 实际成本与资源消耗是否同步

序号	项目	内容
2	工期成本分析	（1）工期成本分析是计划工期成本与实际工期成本的比较分析。计划工期成本是指在假定完成预期利润的前提下计划工期内所耗用的计划成本；而实际成本是在实际工期中耗用的实际成本。 （2）工期成本分析一般采用比较法，即将计划工期成本与实际工期成本进行比较，然后应用"因素分析法"分析各种因素的变动对工期成本差异的影响程度
3	资金成本分析	（1）资金与成本的关系是指工程收入与成本支出的关系。根据工程成本核算的特点，工程收入与成本支出有很强的相关性。进行资金成本分析通常应用"成本支出率"指标，即成本支出占工程款收入的比例，计算公式如下： $$成本支出率 = \frac{计算期实际成本支出}{计算期实际工程款收入} \times 100\%$$ （2）通过对"成本支出率"的分析，可以看出资金收入中用于成本支出的比重。结合储备金和结存资金的比重，分析资金使用的合理性

考点 3 成本考核的依据和方法

成本考核的依据和方法

序号	项目	内容
1	成本考核的含义	成本考核是衡量成本降低的实际成果，也是对成本指标完成情况的总结和评价。组织应根据项目成本管理制度，确定项目成本考核目的、时间、范围、对象、方式、依据、指标、组织领导、评价与奖惩原则
2	成本考核的依据	成本考核的依据包括成本计划、成本控制、成本核算和成本分析的资料。成本考核的主要依据是成本计划确定的各类指标
3	成本计划的指标	成本计划一般包括以下三类指标： （1）成本计划的数量指标，如： ① 按子项汇总的工程项目计划总成本指标。 ② 按分部汇总的各单位工程（或子项目）计划成本指标。 ③ 按人工、材料、机具等各主要生产要素划分的计划成本指标。 （2）成本计划的质量指标，如项目总成本降低率： ① 设计预算成本计划降低率=设计预算总成本计划降低额/设计预算总成本 ② 责任目标成本计划降低率=责任目标总成本计划降低额/责任目标总成本 （3）成本计划的效益指标，如项目成本降低额： ① 设计预算成本计划降低额=设计预算总成本－计划总成本 ② 责任目标总成本计划降低额=责任目标总成本－计划总成本
4	成本考核的方法	（1）公司应以项目成本降低额、项目成本降低率作为对项目管理机构成本考核主要指标。 （2）要加强公司层对项目管理机构的指导，并充分依靠管理人员、技术人员和作业人员的经验和智慧，防止项目管理在企业内部异化为靠少数人承担风险的以包代管模式。成本考核也可分别考核公司层和项目管理机构。 （3）公司应对项目管理机构的成本和效益进行全面评价、考核与奖惩。公司层对项目管理机构进行考核与奖惩时，既要防止虚盈实亏，也要避免实际成本归集差错等的影响，使成本考核真正做到公平、公正、公开，在此基础上落实成本管理责任制的奖惩措施。项目管理机构应根据成本考核结果对相关人员进行奖惩

1Z203000　建设工程项目进度控制

1Z203010　建设工程项目进度控制与进度计划系统

【考点图谱】

【考点精析】

考点 1　项目进度控制的目的

建设工程项目管理及进度控制的目的

1. 建设工程项目管理有多种类型，代表不同利益方的项目管理（业主方和项目参与各方）都有进度控制的任务，但是，其控制的目标和时间范畴并不相同。

2. 建设工程项目是在动态条件下实施的，因此进度控制也就必须是一个动态的管理过程。它包括：

（1）进度目标的分析和论证，其目的是论证进度目标是否合理，进度目标有否可能实现。如果经过科学的论证，目标不可能实现，则必须调整目标；

（2）在收集资料和调查研究的基础上编制进度计划；

（3）进度计划的跟踪检查与调整，它包括定期跟踪检查所编制进度计划的执行情况，若其执行有偏差，则采取纠偏措施，并视必要调整进度计划。

3. 进度控制的目的。是通过控制以实现工程的进度目标。如只重视进度计划的编制，而不重视进度计划必要的调整，则进度无法得到控制。为了实现进度目标，进度控制的过程也就是随着项目的进展，进度计划不断调整的过程。

考点 2　项目进度控制的任务

各主体项目进度控制的任务

序号	主体	任务
1	业主方	（1）业主方进度控制的任务是控制整个项目实施阶段的进度。 （2）包括控制设计准备阶段的工作进度、设计工作进度、施工进度、物资采购工作进度，以及项目动用前准备阶段的工作进度
2	设计方	（1）设计方进度控制的任务是依据设计任务委托合同对设计工作进度的要求控制设计工作进度，这是设计方履行合同的义务。 （2）设计方应尽可能使设计工作的进度与招标、施工和物资采购等工作进度相协调。 （3）在国际上，设计进度计划主要是各设计阶段的设计图纸（包括有关的说明）的出图计划，在出图计划中标明每张图纸的名称、图纸规格、负责人和出图日期。出图计划是设计方进度控制的依据，也是业主方控制设计进度的依据
3	施工方	（1）施工方进度控制的任务是依据施工任务委托合同对施工进度的要求控制施工进度，这是施工方履行合同的义务。 （2）在进度计划编制方面，施工方应视项目的特点和施工进度控制的需要，编制深度不同的控制性、指导性和实施性施工的进度计划，以及按不同计划周期（年度、季度、月度和旬）的施工计划等
4	供货方	（1）供货方进度控制的任务是依据供货合同对供货的要求控制供货进度，这是供货方履行合同的义务。 （2）供货进度计划应包括供货的所有环节，如采购、加工制造、运输等

考点 3　项目进度计划系统的建立

建设工程项目进度计划系统中的内部关系

1. 建设工程项目进度计划系统是由多个相互关联的进度计划组成的系统，它是项目进度控制的依据。由于各种进度计划编制所需要的必要资料是在项目进展过程中逐步形成的，因此项目进度计划系统的建立和完善也有一个过程，它是逐步形成的。

2. 在建设工程项目进度计划系统中各进度计划或各子系统进度计划编制和调整时必须注意其相互间的联系和协调，如：

（1）总进度规划（计划）、项目子系统进度规划（计划）与项目子系统中的单项工程进度计划之间的联系和协调；

（2）控制性进度规划（计划）、指导性进度规划（计划）与实施性（操作性）进度计划之间的联系和协调；

（3）业主方编制的整个项目实施的进度计划、设计方编制的进度计划、施工和设备安装方编制的进度计划与采购和供货方编制的进度计划之间的联系和协调等。

建设工程项目进度计划系统的分类

序号	划分标准或依据	计划系统的分类
1	由不同深度的计划构成的进度计划系统	（1）总进度规划（计划）； （2）项目子系统进度规划（计划）； （3）项目子系统中的单项工程进度计划等
2	由不同功能的计划构成的进度计划系统	（1）控制性进度规划（计划）； （2）指导性进度规划（计划）； （3）实施性（操作性）进度计划等
3	由不同项目参与方的计划构成的进度计划系统	（1）业主方编制的整个项目实施的进度计划； （2）设计进度计划； （3）施工和设备安装进度计划； （4）采购和供货进度计划等

序号	划分标准或依据	计划系统的分类
4	由不同周期的计划构成的进度计划系统	(1) 5年建设进度计划； (2) 年度、季度、月度和旬计划等

考点4　计算机辅助建设工程项目进度控制

计算机辅助工程网络计划编制的意义

1. 解决当工程网络计划计算量大，而手工计算难以承担的困难；

2. 确保工程网络计划计算的准确性；

3. 有利于工程网络计划及时调整；

4. 有利于编制资源需求计划等。

进度控制是一个动态编制和调整计划的过程，初始的进度计划和在项目实施过程中不断调整的计划，以及与进度控制有关的信息应尽可能对项目各参与方透明，以便各方为实现项目的进度目标协同工作。

1Z203020　建设工程项目总进度目标的论证

【考点图谱】

【考点精析】

考点1　项目总进度目标论证的工作内容

建设工程项目的总进度目标内涵

序号		内容
1	原则	在确保工程质量的前提下控制工程进度
2	确定时间	是整个工程项目的进度目标，是在项目决策阶段项目定义时确定的

序号		内容
3	项目管理的主要任务	是在项目的实施阶段对项目的目标进行控制
4	组成	在项目的实施阶段，项目总进度应包括： （1）设计前准备阶段的工作进度； （2）设计工作进度； （3）招标工作进度； （4）施工前准备工作进度； （5）工程施工和设备安装进度； （6）工程物资采购工作进度； （7）项目动用前的准备工作进度等

注：进行总进度目标控制前，首先应分析和论证目标实现的可能性。

建设工程项目总进度目标的论证

序号	项目	内容
1	论证核心	是通过编制总进度纲要论证总进度目标实现的可能性
2	总进度纲要的 主要内容	（1）项目实施的总体部署； （2）总进度规划； （3）各子系统进度规划； （4）确定里程碑事件的计划进度目标； （5）总进度目标实现的条件和应采取的措施等

考点 2 项目总进度目标论证的工作步骤

建设工程项目总进度目标论证的工作步骤

序号	项目	内容
1	论证的工作步骤	（1）调查研究和收集资料； （2）项目结构分析； （3）进度计划系统的结构分析； （4）项目的工作编码； （5）编制各层进度计划； （6）协调各层进度计划的关系，编制总进度计划； （7）若所编制的总进度计划不符合项目的进度目标，则设法调整； （8）若经过多次调整，进度目标无法实现，则报告项目决策者
2	调查研究和收集资 料工作内容	（1）了解和收集项目决策阶段有关项目进度目标确定的情况和资料； （2）收集与进度有关的该项目组织、管理、经济和技术资料； （3）收集类似项目的进度资料； （4）了解和调查该项目的总体部署； （5）了解和调查该项目实施的主客观条件等
3	项目工作编码时考 虑的因素	（1）对不同计划层的标识； （2）对不同计划对象的标识（如不同子项目）； （3）对不同工作的标识（如设计工作、招标工作和施工工作等）
4	大型建设工程项目 的结构分析	大型建设工程项目的结构分析是根据编制总进度纲要的需要，将整个项目进行逐层分解，并确立相应的工作目录，如： （1）一级工作任务目录，将整个项目划分成若干个子系统； （2）二级工作任务目录，将每一个子系统分解为若干个子项目； （3）三级工作任务目录，将每一个子项目分解为若干个工作项。 注：整个项目划分成多少结构层，应根据项目的规模和特点而定
5	大型建设工程项目 的计划系统	大型建设工程项目的计划系统一般由多层计划构成，如： （1）第一层进度计划，将整个项目划分成若干个进度计划子系统； （2）第二层进度计划，将每一个进度计划子系统分解为若干个子项目进度计划； （3）第三层进度计划，将每一个子项目进度计划分解为若干个工作项的进度计划。 注：整个项目划分成多少计划层，应根据项目的规模和特点而定

1Z203030 建设工程项目进度计划的编制和调整方法

【考点图谱】

考点 1   横道图进度计划的编制方法

横道图的优缺点

序号	项目	内容
1	缺点	(1) 工序（工作）之间的逻辑关系可以设法表达，但不易表达清楚； (2) 适用于手工编制计划； (3) 没有通过严谨的进度计划时间参数计算，不能确定计划的关键工作、关键路线与时差； (4) 计划调整只能用手工方式进行，其工作量较大； (5) 难以适应大的进度计划系统
2	优点	(1) 是一种最简单并运用最广的传统的计划方法； (2) 横道图用于小型项目或大型项目子项目上，或用于计算资源需要量、概要预示进度，也可用于其他计划技术的表示结果； (3) 横道图计划表中的进度线（横道）与时间坐标相对应，这种表达方式较直观，易看懂计划编制的意图

考点 2   工程网络计划的编制方法

工程网络计划的类型

按工作持续时间的特点划分
- 1. 肯定型问题的网络计划
- 2. 非肯定问题的网络计划
- 3. 随机网络计划

按工作和事件在网络图中的表示方法
- 1. 事件网络—以节点表示事件的网络计划
- 2. 工作网络
  - 以箭线表示工作的网络计划
  - 以节点表示工作的网络计划

按计划平面的个数划分为
- 1. 单平面网络计划
- 2. 多平面网络计划（多阶网络计划，分级网络计划）

双代号网络计划的基本概念

序号	项目	子项目	内容
1	箭线	箭线的概念	(1) 每条箭线表示一项工作。箭线的箭尾节点 i 表示该工作的开始，箭线的箭头节点 j 表示该工作的完成； (2) 工作名称标注在箭线的上方，完成该项工作所需的持续时间标注在箭线的下方； (3) 一项工作需用一条箭线和其箭尾和箭头处两个圆圈中的号码来表示，故称为双代号表示法； (4) 箭线分为实箭线和虚箭线
		实箭线	(1) 任意一条实箭线都要占用时间、消耗资源（有时只占时间，不消耗资源）； (2) 一条箭线表示项目中的一个施工过程，可以是工序、分项工程、分部工程或单位工程，其粗细程度、大小范围的划分根据计划任务的需要来确定
		虚箭线	虚箭线不占用时间，也不消耗资源，起工作之间的联系、区分和断路三个作用： (1) 联系作用：表达工作之间相互依存的关系； (2) 区分作用：两项工作相同时，使用虚工作加以区分； (3) 断路作用：无联系的工作连接上时，加上虚工作将其断开

序号	项目	子项目	内容
1	箭线	箭线绘制	(1) 无时间坐标限制的网络图中，箭线的长度可以任意画，占用的时间以下方标注的时间参数为准； (2) 有时间坐标限制的网络图中，箭线的长度必须根据持续时间的大小按比例绘制； (3) 箭线可以为直线、折线或斜线，方向应从左向右
		箭线表示的工作类型	(1) 在双代号网络图中，通常将被研究的工作用 $i-j$ 工作表示； (2) 紧排在本工作之前的工作称为紧前工作； (3) 紧排在本工作之后的工作称为紧后工作； (4) 与之平行进行的工作称为平行工作
2	节点	节点概念	(1) 是网络图中箭线之间的连接点； (2) 在时间上节点反映前后工作的交接点
		节点类型	(1) 起点节点：网络图的第一个节点，它只有外向箭线，一般表示一项任务或一个项目的开始； (2) 终点节点：网络图的最后一个节点，它只有内向箭线，一般表示一项任务或一个项目的完成； (3) 中间节点：网络图中既有内向箭线，又有外向箭线的节点
		节点绘制方法	(1) 双代号网络图中，节点应用圆圈表示，并在圆圈内编号； (2) 一项工作应当只有唯一的一条箭线和相应的一对节点； (3) 箭尾节点的编号小于其箭头节点的编号，即 $i<j$； (4) 节点的编号顺序应从小到大，可不连续，但不允许重复
3	线路	线路概念	(1) 从起始节点开始，沿箭头方向经过一系列箭线与节点，最后到达终点节点的通路称为线路； (2) 一个网络图中可能有很多条线路； (3) 线路中各项工作持续时间之和就是该线路的长度，即线路所需的时间
		关键线路	(1) 在各条线路中，总时间最长的线路，称为关键线路； (2) 线路长度小于关键线路的为非关键线路； (3) 关键线路有一条或几条
4	逻辑关系	概念	工作之间相互制约或相互依赖的关系称为逻辑关系
		表达形式	(1) 工艺关系：生产性工作之间由工艺过程决定的、非生产性工作之间由工作程序决定的先后顺序； (2) 组织关系：工作之间由于组织安排需要或资源（人力、材料、机械设备和资金等）调配需要而规定的先后顺序关系

双代号网络计划的绘图规则

序号	内容
1	必须正确表达已定的逻辑关系
2	(1) 双代号网络图中，严禁出现循环回路； (2) 循环回路是指从网络图中的某一个节点出发，顺着箭线方向又回到了原来出发点的线路
3	在节点之间严禁出现带双向箭头或无箭头的连线
4	严禁出现没有箭头节点或没有箭尾节点的箭线
5	某些节点有多条外向箭线或多条内向箭线时，可使用母线法绘制（但应满足一项工作用一条箭线和相应的一对节点表示）

序号	内容
6	(1) 绘制网络图时，箭线不宜交叉； (2) 交叉不可避免时，可用过桥法或指向法
7	应只有一个起点节点和一个终点节点（多目标网络计划除外），其他所有节点均是中间节点
8	双代号网络图应条理清楚，布局合理

单代号网络的知识归纳

序号	项目	内容
1	概念	以节点及其编号表示工作，以箭线表示工作之间逻辑关系的网络图，并在节点中加注工作代号、名称和持续时间
2	特点	(1) 工作之间的逻辑关系容易表达，不用虚箭线，绘图较简单； (2) 便于检查和修改； (3) 工作持续时间表示在节点之中，没有长度，不够直观； (4) 箭线可能产生较多的纵横交叉现象
3	绘图规则	(1) 必须正确表达已定的逻辑关系； (2) 严禁出现循环回路； (3) 严禁出现双向箭头或无箭头的连线； (4) 严禁出现没有箭尾节点的箭线和没有箭头节点的箭线； (5) 箭线不宜交叉，当交叉不可避免时，可采用过桥或指向法绘制； (6) 只应有一个起点节点和一个终点节点

单代号搭接网络计划

序号	项目	内容
1	概念	(1) 单代号搭接网络图中每一个节点表示一项工作，宜用圆圈或矩形表示。节点所表示的工作名称、持续时间和工作代号等应标注在节点内。 (2) 单代号搭接网络图中，箭线及其上面的时距符号表示相邻工作间的逻辑关系，箭线应画成水平直线、折线或斜线。箭线水平投影的方向应自左向右，表示工作的进行方向。 (3) 工作的搭接顺序关系是用前项工作的开始或完成时间与其紧后工作的开始或完成时间之间的间距来表示，具体有四类： $FTS_{i,j}$——工作 i 完成时间与其紧后工作 j 开始时间的时间间距； $FTF_{i,j}$——工作 i 完成时间与其紧后工作 j 完成时间的时间间距； $STS_{i,j}$——工作 i 开始时间与其紧后工作 j 开始时间的时间间距； $STF_{i,j}$——工作 i 开始时间与其紧后工作 j 完成时间的时间间距。 (4) 单代号网络图中的节点必须编号，编号标注在节点内，其号码可间断，但不允许重复。箭线的箭尾节点编号应小于箭头节点编号。一项工作必须有唯一的一个节点及相应的一个编号。 (5) 工作之间的逻辑关系包括工艺关系和组织关系，在网络图中均表现为工作之间的先后顺序。 (6) 单代号搭接网络图中，各条线路应用该线路上的节点编号自小到大依次表述，也可用工作名称依次表述。 (7) 单代号搭接网络计划中的时间参数基本内容和形式标注。工作名称和工作持续时间标注在节点圆圈内，工作的时间参数（如 ES、EF、LS、LF、TF、FF）标注在圆圈的上下。而工作之间的时间参数（如 STS、FTF、STF、FTS 和时间间隔 $LAG_{i,j}$）标注在联系箭线的上下方

序号	项目	内容
2	绘图规则	(1) 单代号搭接网络图必须正确表述已定的逻辑关系； (2) 单代号搭接网络图中，不允许出现循环回路； (3) 单代号搭接网络图中，不能出现双向箭头或无箭头的连线； (4) 单代号搭接网络图中，不能出现没有箭尾节点的箭线和没有箭头节点的箭线； (5) 绘制网络图时，箭线不宜交叉。当交叉不可避免时，可采用过桥法和指向法绘制； (6) 单代号搭接网络图只应有一个起点节点和一个终点节点。当网络图中有多项起点节点或多项终点节点时，应在网络图的相应端分别设置一项虚工作，作为该网络图的起点节点（St）和终点节点（Fin）

考点3 工程网络计划有关时间参数的计算

双代号网络计划时间参数的计算

序号	项目	内容	说明
1	工作持续时间（D_{i-j}）	是一项工作从开始到完成的时间	
2	工期（T）	工期的三种分类	(1) 计算工期：根据网络计划时间参数计算出来的工期，用 T_c 表示； (2) 要求工期：任务委托人所要求的工期，用 T_r 表示； (3) 计划工期：根据要求工期和计算工期所确定的作为实施目标的工期，用 T_p 表示
		计划工期 T_p 的确定	(1) 当已规定了要求工期 T_r 时：$T_p \leqslant T_r$； (2) 当未规定要求工期时，可令计划工期等于计算工期：$T_p = T_c$
3	网络计划中工作的六个时间参数	最早开始时间（ES_{i-j}）	(1) 概念：是指在各紧前工作全部完成后，工作 $i-j$ 有可能开始的最早时刻； (2) 计算：以网络计划的起点节点为开始节点的工作最早开始时间为零。最早开始时间等于各紧前工作的最早完成时间的最大值
		最早完成时间（EF_{i-j}）	(1) 概念：是指在各紧前工作全部完成后，工作 $i-j$ 有可能完成的最早时刻； (2) 计算：最早完成时间等于最早开始时间加上其持续时间
		最迟开始时间（LS_{i-j}）	(1) 概念：是指在不影响整个任务按期完成的前提下，工作 $i-j$ 必须开始的最迟时刻； (2) 计算：最迟开始时间等于最迟完成时间减去其持续时间
		最迟完成时间（LF_{i-j}）	(1) 概念：是指在不影响整个任务按期完成的前提下，工作 $i-j$ 必须完成的最迟时刻； (2) 计算：最迟完成时间等于各紧后工作的最迟开始时间的最小值
		总时差（TF_{i-j}）	(1) 概念：是指在不影响总工期的前提下，工作 $i-j$ 可以利用的机动时间； (2) 计算：总时差等于其最迟开始时间减去最早开始时间，或等于最迟完成时间减去最早完成时间
		自由时差（FF_{i-j}）	(1) 概念：是指在不影响其紧后工作最早开始的前提下，工作 $i-j$ 可以利用的机动时间； (2) 计算：自由时差等于紧后工作的最早开始时间减去本工作的最早完成时间

单代号网络计划时间参数的计算

序号	项目	内容	说明
1	最早开始时间	工作最早开始时间等于该工作的各个紧前工作的最早完成时间的最大值，如工作 j 的紧前工作的代号为 i，则：$ES_j = \max\{EF_i\}$ 或 $ES_j = \max\{ES_i + D_i\}$，$ES_i$——工作 j 的各项紧前工作的最早开始时间	网络计划的起点节点的最早开始时间为零，即 $ES_i = 0$ $(i=1)$
2	最早完成时间	工作最早完成时间等于该工作最早开始时间加上其持续时间，即：$EF_i = ES_i + D_i$	—
3	最迟开始时间	工作 i 的最迟开始时间 LS_i 等于该工作的最早开始时间 ES_i 与其总时差 TF_i 之和，即：$LS_i = ES_i + TF_i$	—
4	最迟完成时间	工作 i 的最迟完成时间 LF_i 等于该工作的最早完成时间 EF_i 与其总时差 TF_i 之和，即：$LF_i = EF_i + TF_i$	—
5	工作总时差 TF_i	工作 i 的总时差 TF_i 应从网络计划的终点节点开始，逆着箭线方向依次逐项计算。工作 i 的总时差 TF_i 等于该工作的各个紧后工作 j 的总时差 TF_j 加该工作与其紧后工作之间的时间间隔 $LAG_{i,j}$ 之和的最小值，即：$TF_i = \min\{TF_j + LAG_{i,j}\}$	网络计划终点节点的总时差 TF_n，如计划工期等于计算工期，其值为零，即：$TF_n = 0$
6	工作自由时差	工作 i 有紧后工作 j，自由时差 FF_i 等于该工作与其紧后工作 j 之间的时间间隔 $LAG_{i,j}$ 的最小值，即：$FF_i = \min\{LAG_{i,j}\}$	工作 i 无紧后工作，自由时差 FF_i 等于计划工期 T_p 减该工作的最早完成时间 EF_n，即：$FF_n = T_p - EF_n$
7	关键工作	总时差最小的工作是关键工作	—
8	关键线路	从起点节点开始到终点节点均为关键工作，且所有工作的时间间隔为零的线路为关键线路	—
9	网络计划的计算工期 T_c	T_c 等于网络计划的终点节点 n 的最早完成时间 EF_n，即：$T_c = EF_n$	—
10	相邻两项工作之间的时间间隔 $LAG_{i,j}$	$LAG_{i,j}$ 等于紧后工作 j 的最早开始时间 ES_j 和本工作的最早完成时间 EF_i 之差，即：$LAG_{i,j} = ES_j - EF_i$	—

单代号搭接网络计划的时间参数计算

序号	项目	内容	说明
1	计算工作最早时间	（1）工作 j 的最早完成时间 EF_j 应按下式计算：$EF_j = ES_j + D_j$； （2）当出现最早开始时间为负值时，应将该工作 j 与起点节点用虚箭线相连接，并确定其时距为：$STS_{起点节点,j} = 0$； （3）有两种以上的时距（有两项工作或两项以上紧前工作）限制工作间的逻辑关系时，应分别进行计算其最早时间，取其最大值； （4）全部工作的最早完成时间的最大值若在中间工作 k，则该中间工作 k 应与终点节点用虚箭线相连接，并确定其时距为：$FTF_{k,终点节点} = 0$	（1）计算最早时间参数必须从起点节点开始依次进行； （2）起点节点的工作最早开始时间都应为零，即：$ES_i = 0$ $(i=起点节点编号)$； （3）其他工作 j 的最早开始时间 (ES_j) 根据时距应按下列公式计算：相邻时距为 $STS_{i,j}$ 时，$ES_j = ES_i + STS_{i,j}$；相邻时距为 $FTF_{i,j}$ 时，$ES_j = ES_i + D_i + FTF_{i,j} - D_j$；相邻时距为 $STF_{i,j}$ 时，$ES_j = ES_i + STF_{i,j} - D_j$；相邻时距为 $FTS_{i,j}$ 时，$ES_j = ES_i + D_i + FTS_{i,j}$

序号	项目	内容	说明
2	计算工期 T_c	由与终点相联系的工作的最早完成时间的最大值决定	—
3	计划工期 T_p	当已规定了要求工期 T_r 时，$T_p \leqslant T_r$； 当未规定要求工期时，$T_p = T_c$	—
4	计算时间间隔 $LAG_{i,j}$	相邻两项工作 i 和 j 之间在满足时距之外，还有多余的时间间隔 $LAG_{i,j}$，应按下式计算： $$LAG_{i,j} = \min \begin{bmatrix} ES_j - EF_i - FTS_{i,j} \\ ES_j - ES_i - STS_{i,j} \\ EF_j - EF_i - FTF_{i,j} \\ EF_j - ES_i - STF_{i,j} \end{bmatrix}$$	—
5	计算工作总时差	工作 i 的总时差 TF_i 应从网络计划的终点节点开始，逆着箭线方向依次逐项计算。当部分工作分期完成时，有关工作的总时差必须从分期完成的节点开始逆向逐项计算。工作 i 的总时差 TF_i 应为： $TF_i = \min \{TF_j + LAG_{i,j}\}$	终点节点所代表工作 n 的总时差 TF_n 值应为：$TF_n = T_p - EF_n$
6	计算工作自由时差	工作 i 的自由时差 FF_i 应为：$FF_i = \min \{LAG_{i,j}\}$	终点节点所代表工作 n 的自由时差 FF_n 应为：$FF_n = T_p - EF_n$
7	计算工作最迟完成时间	工作 i 的最迟完成时间 LF_i 应从网络计划的终点节点开始，逆着箭线方向依次逐项计算。当部分工作分期完成时，有关工作的最迟完成时间应从分期完成的节点开始逆向逐项计算。工作 i 的最迟完成时间 LF_i 应为： $LF_i = EF_i + TF_i$ 或 $$LF_i = \min \begin{bmatrix} LS_j - FTS_{i,j} \\ LS_j - STS_{i,j} + D_i \\ LF_j - FTF_{i,j} \\ LF_j - STF_{i,j} + D_i \end{bmatrix}$$	终点节点所代表的工作 n 的最迟完成时间 LF_n，应按网络计划的计划工期 T_p 确定，即：$LF_n = T_p$
8	计算工作最迟开始时间	工作 i 的最迟开始时间 $LS_i = LF_i - D_i$ 或 $LS_i = ES_i + TF_i$	
9	关键工作	关键工作是总时差为最小的工作。搭接网络计划中工作总时差最小的工作，也即是其具有的机动时间最小的为关键工作	当计划工期等于计算工期时，工作的总时差为零是最小的总时差。当有要求工期，且要求工期小于计算工期时，总时差最小的为负值，当要求工期大于计算工期时，总时差最小的为正值
10	关键线路	从起点节点开始到终点节点均为关键工作，且所有工作的时间间隔均为零的线路	关键线路是自始至终全部由关键工作组成的线路或线路上总的工作持续时间最长的线路。该线路在网络图上应用粗线、双线或彩色线标注

考点 4　关键工作、关键路线和时差的确定

关键工作与关键路线总结

序号	项目	内容	说明
1	关键工作	是网络计划中总时差最小的工作	计划工期等于计算工期时，总时差为零的工作是关键工作
2	关键路线	（1）总的工作持续时间最长的线路； （2）关键路线有可能转移	当计算工期不能满足要求工期时，可通过压缩关键工作的持续时间以满足工期要求，压缩时要注意： （1）缩短持续时间而不影响质量和安全的工作； （2）有充足备用资源的工作； （3）缩短持续时间所需增加的费用相对较少的工作等

总时差与自由时差

序号	项目	内容
1	总时差	是在不影响总工期的前提下，本工作可以利用的机动时间
2	自由时差	是在不影响其紧后工作最早开始时间的前提下，本工作可以利用的机动时间

考点 5　进度计划调整的方法

进度计划的检查

序号	项目	内容	说明
1	进度计划的检查方法	（1）计划执行中的跟踪检查	建立相应的检查制度，定时定期地对计划的实际执行情况进行跟踪检查，收集反映实际进度的有关数据
		（2）收集数据的加工处理	根据记录的结果可以分析判断进度的实际状况，及时发现进度偏差，为网络图的调整提供信息
		（3）实际进度检查记录的方式	① 时标网络计划时，可采用实际进度前锋线记录计划实际执行状况，进行实际进度与计划进度的比较； ② 无时标网络计划时，可在图上直接用文字、数字、适当符号或列表记录计划的实际执行状况，进行实际进度与计划进度的比较
2	网络计划检查的主要内容	（1）关键工作进度； （2）非关键工作的进度及时差利用情况； （3）实际进度对各项工作之间逻辑关系的影响； （4）资源状况； （5）成本状况； （6）存在的其他问题	

序号	项目	内容	说明
3	对检查结果进行分析判断	(1) 时标网络计划	宜利用绘制的实际进度前锋线，分析计划的执行情况及其发展趋势，对未来的进度作出预测、判断，找出偏离计划目标的原因及可供挖掘的潜力所在
		(2) 无时标网络计划	宜按记录的情况对计划中未完成的工作进行分析判断

进度调整的方法

序号	调整内容	调整方法
1	调整关键线路	(1) 当关键线路的实际进度比计划进度拖后时，在尚未完成的关键工作中，选择资源强度小或费用低的工作缩短持续时间，并重新计算未完成部分的时间参数，将其作为一个新计划实施； (2) 当关键线路的实际进度比计划进度提前时，若不拟提前工期，应选用资源占用量大或直接费用高的后续关键工作，适当延长其持续时间，以降低其资源强度或费用；当要提前完成计划时，应将计划尚未完成的部分作为一个新计划，重新确定关键工作的持续时间，按新计划实施
2	非关键工作时差	非关键工作时差的调整应在其时差的范围内进行，以便更充分地利用资源、降低成本或满足施工的需要。每一次调整后都必须重新计算时间参数，观察该调整对计划全局的影响。可采用以下几种调整方法： (1) 将工作在其最早开始时间与最迟完成时间范围内移动； (2) 延长工作的持续时间； (3) 缩短工作的持续时间
3	增、减工作项目	(1) 不打乱原网络计划总的逻辑关系，只对局部逻辑关系进行调整； (2) 在增减工作后应重新计算时间参数，分析对原网络计划的影响；当对工期有影响时，应采取调整措施，以保证计划工期不变
4	逻辑关系	只有当实际情况要求改变施工方法或组织方法时才可进行。调整时应避免影响原定计划工期和其他工作的顺利进行
5	工作的持续时间	当发现某些工作的原持续时间估计有误或实现条件不充分时，应重新估算其持续时间，并重新计算时间参数，尽量使原计划工期不受影响
6	资源的投入	当资源供应发生异常时，应采用资源优化方法对计划进行调整，或采取应急措施，使其对工期的影响最小

注：网络计划的调整，可以定期进行，亦可根据计划检查的结果在必要时进行。

1Z203040 建设工程项目进度控制的措施

【考点图谱】

【考点精析】

考点1 项目进度控制的组织措施

施工方进度控制措施——组织措施

序号	措施	说明
1	重视健全项目管理组织体系	—
2	专门部门和专人负责进度控制工作	在项目组织结构中应有专门的工作部门和符合进度控制岗位资格的专人负责进度控制工作
3	包括进度目标的分析和论证、编制进度计划、定期跟踪进度计划的执行情况、采取纠偏措施以及调整进度计划	这些工作任务和相应的管理职能应在项目管理组织设计的任务分工表和管理职能分工表中标示并落实
4	编制施工进度控制的工作流程	(1) 定义项目进度计划系统的组成; (2) 各类进度计划的编制程序、审批程序和计划调整程序等
5	进行有关进度控制会议的组织设计	会议是组织和协调的重要手段,应进行有关进度控制会议的组织设计,以明确: (1) 会议的类型; (2) 各类会议的主持人及参加单位和人员; (3) 各类会议的召开时间; (4) 各类会议文件的整理、分发和确认等

考点 2　项目进度控制的管理措施

施工方进度控制措施——管理措施

序号	措施	说明
1	涉及管理的思想、方法、手段、承发包模式、合同管理和风险管理	在理顺组织的前提下，进行科学和严谨的管理。建设工程项目进度控制在管理观念方面存在的主要问题是： （1）缺乏进度计划系统的观念——分别编制各种独立而互不联系的计划，形成不了计划系统； （2）缺乏动态控制的观念——只重视计划的编制，而不重视及时地进行计划的动态调整； （3）缺乏进度计划多方案比较和选优的观念——合理的进度计划应体现资源的合理使用、工作面的合理安排、有利于提高建设质量、有利于文明施工和有利于合理地缩短建设周期
2	严谨地分析和考虑工作之间的逻辑关系，明确关键工作和关键路线和时差	通过工程网络的计算可发现关键工作和关键线路，也可知道非关键工作可使用的时差，工程网络计划的方法有利于实现进度控制的科学化
3	承发包模式的选择	为了实现进度目标，应选择合理的合同结构，以避免过多的合同交界面而影响工程的进展。工程物资的采购模式对进度也有直接的影响，对此应作比较分析
4	注意分析影响工程进度的风险，采取风险管理措施	常见的影响工程进度的风险： （1）组织风险； （2）管理风险； （3）合同风险； （4）资源（人力、物力和财力）风险； （5）技术风险等
5	重视信息技术应用	它的应用有利于提高进度信息处理的效率、有利于提高进度信息的透明度、有利于促进进度信息的交流和项目各参与方的协同工作

考点 3　项目进度控制的经济措施

施工方进度控制措施——经济措施

序号	措施	说明
1	编制与进度计划相适应的资源需求计划（资源进度计划）	包括资金需求计划和其他资源（人力和物力资源）需求计划。通过资源需求的分析，可发现所编制的进度计划实现的可能性，若资源条件不具备，则应调整进度计划。资金需求计划也是工程融资的重要依据
2	考虑加快工程进度所需要的资金	资金供应条件包括可能的资金总供应量、资金来源（自有资金和外来资金）以及资金供应的时间。在工程预算中应考虑加快工程进度所需要的资金，其中包括为实现进度目标将要采取的经济激励措施所需的费用

考点 4 项目进度控制的技术措施

施工方进度控制措施——技术措施

序号	措施	说明
1	分析设计技术的影响，确定有无必要和可能进行设计变更	不同的设计理念、设计技术路线、设计方案会对工程进度产生不同的影响，在设计工作的前期，特别是在设计方案评审和选用时，应对设计技术与工程进度的关系作分析比较。在工程进度受阻时，应分析是否存在设计技术的影响因素，为实现进度目标有无设计变更的可能性
2	分析施工技术的影响，确定有无可能进行施工技术、施工方法和施工机械变更	施工方案对工程进度有直接的影响，在决策其是否选用时，不仅应分析技术的先进性和经济合理性，还应考虑其对进度的影响。在工程进度受阻时，应分析是否存在施工技术的影响因素，为实现进度目标有无改变施工技术、施工方法和施工机械的可能性

1Z204000 建设工程项目质量控制

1Z204010 建设工程项目质量控制的内涵

【考点图谱】

【考点精析】

考点 1　项目质量控制的目标、任务与责任

项目质量控制相关概念

序号	项目	内容
1	质量	客体的一组固有特性满足要求的程度
2	建设工程项目质量	建设工程项目质量是指通过项目实施形成的工程实体的质量，是反映建筑工程满足法律、法规的强制性要求和合同约定的要求，包括在安全、使用功能以及在耐久性能、环境保护等方面满足要求的明显和隐含能力的特性总和。其质量特性主要体现在适用性、安全性、耐久性、可靠性、经济性及与环境的协调性等六个方面
3	质量管理	质量管理就是关于质量的管理，是在质量方面指挥和控制组织的协调活动，包括建立和确定质量方针和质量目标，并在质量管理体系中通过质量策划、质量保证、质量控制和质量改进等手段来实施全部质量管理职能，从而实现质量目标的所有活动
4	工程项目质量管理	工程项目质量管理是指在工程项目实施过程中，指挥和控制项目参与各方关于质量的相互协调的活动，是围绕着使工程项目满足质量要求，而开展的策划、组织、计划、实施、检查、监督和审核等所有管理活动的总和。它是工程项目的建设、勘察、设计、施工、监理等单位的共同职责。项目参与各方的项目经理必须调动与项目质量有关的所有人员的积极性，共同做好本职工作，才能完成项目质量管理的任务
5	质量控制	(1) 质量控制是质量管理的一部分，是致力于满足质量要求的一系列相关活动。这些活动主要包括： ① 设定目标：按照质量要求，确定需要达到的标准和控制的区间、范围、区域； ② 测量检查：测量实际成果满足所设定目标的程度； ③ 评价分析：评价控制的能力和效果，分析偏差产生的原因； ④ 纠正偏差：对不满足设定目标的偏差，及时采取针对性措施尽量纠正偏差。 　　(2) 质量控制是在具体的条件下围绕着明确的质量目标，通过行动方案和资源配置的计划、实施、检查和监督，进行事前预控、事中控制和事后控制，致力于实现预期质量目标的系统过程
6	工程项目质量控制	(1) 工程项目质量控制，就是在项目实施整个过程中，包括项目的勘察设计、招标采购、施工安装、竣工验收等各个阶段，项目参与各方致力于实现项目质量总目标的一系列活动。 　　(2) 工程项目质量控制包括项目的建设、勘察、设计、施工、监理各方的质量控制活动。 　　(3) 工程项目的质量要求主要是由业主方提出的。项目的质量目标，是业主的建设意图通过项目策划，包括项目的定义及建设规模、系统构成、使用功能和价值、规格、档次、标准等的定位策划和目标决策来确定的。项目承包方为了实现较高的顾客满意，也可以提出更高的质量目标，满足业主方既没有明示，也不是通常隐含或必需履行的期望

项目质量控制的目标与任务

序号	项目	内容
1	建设工程项目质量控制的目标	（1）建设工程项目质量控制的目标，就是实现由项目决策所决定的项目质量目标，使项目的适用性、安全性、耐久性、可靠性、经济性及与环境的协调性等方面满足业主需要并符合国家法律、行政法规和技术标准、规范的要求。 （2）项目的质量涵盖设计质量、材料质量、设备质量、施工质量和影响项目运行或运营的环境质量等，各项质量均应符合相关的技术规范和标准的规定，满足业主方的质量要求
2	工程项目质量控制的任务	（1）是对项目的建设、勘察、设计、施工、监理单位的工程质量行为，以及涉及项目工程实体质量的设计质量、材料质量、设备质量、施工安装质量进行控制。 （2）由于项目的质量目标最终是由项目工程实体的质量来体现，而项目工程实体的质量最终是通过施工作业过程直接形成的，设计质量、材料质量、设备质量往往也要在施工过程中进行检验，因此，施工质量控制是项目质量控制的重点

项目质量控制的责任和义务

序号	主体	责任和义务
1	建设单位	（1）建设单位应当将工程发包给具有相应资质等级的单位，并不得将建设工程肢解发包。 （2）建设单位应当依法对工程建设项目的勘察、设计、施工、监理以及与工程建设有关的重要设备、材料等的采购进行招标。 （3）建设单位必须向有关的勘察、设计、施工、工程监理等单位提供与建设工程有关的原始资料。原始资料必须真实、准确、齐全。 （4）建设工程发包单位不得迫使承包方以低于成本的价格竞标，不得任意压缩合理工期；不得明示或者暗示设计单位或者施工单位违反工程建设强制性标准，降低建设工程质量。 （5）施工图设计文件审查的具体办法，由国务院建设行政主管部门、国务院其他有关部门制定。施工图设计文件未经审查批准的，不得使用。 （6）实行监理的建设工程，建设单位应当委托具有相应资质等级的工程监理单位进行监理，也可以委托具有工程监理相应资质等级并与被监理工程的施工承包单位没有隶属关系或者其他利害关系的该工程的设计单位进行监理。 （7）建设单位在开工前，应当按照国家有关规定办理工程质量监督手续，工程质量监督手续可以与施工许可证或者开工报告合并办理。 （8）按照合同约定，由建设单位采购建筑材料、建筑构配件和设备的，建设单位应当保证建筑材料、建筑构配件和设备符合设计文件和合同要求。建设单位不得明示或者暗示施工单位使用不合格的建筑材料、建筑构配件和设备。 （9）涉及建筑主体和承重结构变动的装修工程，建设单位应当在施工前委托原设计单位或者具有相应资质等级的设计单位提出设计方案；没有设计方案的，不得施工。房屋建筑使用者在装修过程中，不得擅自变动房屋建筑主体和承重结构。 （10）建设单位收到建设工程竣工报告后，应当组织设计、施工、工程监理等有关单位进行竣工验收。建设工程经验收合格的，方可交付使用。 （11）建设单位应当严格按照国家有关档案管理的规定，及时收集、整理建设项目各环节的文件资料，建立、健全建设项目档案，并在建设工程竣工验收后，及时向建设行政主管部门或者其他有关部门移交建设项目档案

序号	主体	责任和义务
2	勘察、设计单位	（1）从事建设工程勘察、设计的单位应当依法取得相应等级的资质证书，在其资质等级许可的范围内承揽工程，并不得转包或者违法分包所承揽的工程。 （2）勘察、设计单位必须按照工程建设强制性标准进行勘察、设计，并对其勘察、设计的质量负责。注册建筑师、注册结构工程师等注册执业人员应当在设计文件上签字，对设计文件负责。 （3）勘察单位提供的地质、测量、水文等勘察成果必须真实、准确。 （4）设计单位应当根据勘察成果文件进行建设工程设计。设计文件应当符合国家规定的设计深度要求，注明工程合理使用年限。 （5）设计单位在设计文件中选用的建筑材料、建筑构配件和设备，应当注明规格、型号、性能等技术指标，其质量要求必须符合国家规定的标准。除有特殊要求的建筑材料、专用设备、工艺生产线等外，设计单位不得指定生产、供应商。 （6）设计单位应当就审查合格的施工图设计文件向施工单位作出详细说明。 （7）设计单位应当参与建设工程质量事故分析，并对因设计造成的质量事故，提出相应的技术处理方案
3	施工单位	（1）施工单位应当依法取得相应等级的资质证书，并在其资质等级许可的范围内承揽工程，不得转包或者违法分包工程。 （2）施工单位对建设工程的施工质量负责。施工单位应当建立质量责任制，确定工程项目的项目经理、技术负责人和施工管理负责人。建设工程实行总承包的，总承包单位应当对全部建设工程质量负责；建设工程勘察、设计、施工、设备采购的一项或者多项实行总承包的，总承包单位应当对其承包的建设工程或者采购的设备的质量负责。 （3）总承包单位依法将建设工程分包给其他单位的，分包单位应当按照分包合同的约定对其分包工程的质量向总承包单位负责，总承包单位与分包单位对分包工程的质量承担连带责任。 （4）施工单位必须按照工程设计图纸和施工技术标准施工，不得擅自修改工程设计，不得偷工减料。施工单位在施工过程中发现设计文件和图纸有差错的，应当及时提出意见和建议。 （5）施工单位必须按照工程设计要求、施工技术标准和合同约定，对建筑材料、建筑构配件、设备和商品混凝土进行检验，检验应当有书面记录和专人签字；未经检验或者检验不合格的，不得使用。 （6）施工单位必须建立、健全施工质量的检验制度，严格工序管理，作好隐蔽工程的质量检查和记录。隐蔽工程在隐蔽前，施工单位应当通知建设单位和建设工程质量监督机构。 （7）施工人员对涉及结构安全的试块、试件以及有关材料，应当在建设单位或者工程监理单位监督下现场取样，并送具有相应资质等级的质量检测单位进行检测。 （8）施工单位对施工中出现质量问题的建设工程或者竣工验收不合格的建设工程，应当负责返修。 （9）施工单位应当建立健全教育培训制度，加强对职工的教育培训；未经教育培训或者考核不合格的人员，不得上岗作业
4	工程监理单位	（1）工程监理单位应当依法取得相应等级的资质证书，在其资质等级许可的范围内承担工程监理业务，并不得转让工程监理业务。 （2）工程监理单位与被监理工程的施工承包单位以及建筑材料、建筑构配件和设备供应单位有隶属关系或者其他利害关系的，不得承担该项建设工程的监理业务。

序号	主体	责任和义务
4	工程监理单位	（3）工程监理单位应当依照法律、法规以及有关技术标准、设计文件和建设工程承包合同，代表建设单位对施工质量实施监理，并对施工质量承担监理责任。 （4）工程监理单位应当选派具备相应资格的总监理工程师和监理工程师进驻施工现场。未经监理工程师签字，建筑材料、建筑构配件和设备不得在工程上使用或者安装，施工单位不得进行下一道工序的施工。未经总监理工程师签字，建设单位不拨付工程款，不得进行竣工验收。 （5）监理工程师应当按照工程监理规范的要求，采取旁站、巡视和平行检验等形式，对建设工程实施监理
5	建筑工程五方责任	《建筑工程五方责任主体项目负责人质量终身责任追究暂行办法》（建质〔2014〕124号）规定： （1）建筑工程五方责任主体项目负责人是指承担建筑工程项目建设的建设单位项目负责人、勘察单位项目负责人、设计单位项目负责人、施工单位项目经理、监理单位总监理工程师。 （2）建筑工程五方责任主体项目负责人质量终身责任，是指参与新建、扩建、改建的建筑工程项目负责人按照国家法律法规和有关规定，在工程设计使用年限内对工程质量承担相应责任。 （3）符合下列情形之一的，县级以上地方人民政府住房和城乡建设主管部门应当依法追究项目负责人的质量终身责任： ① 发生工程质量事故； ② 发生投诉、举报、群体性事件、媒体报道并造成恶劣社会影响的严重工程质量问题； ③ 由于勘察、设计或施工原因造成尚在设计使用年限内的建筑工程不能正常使用； ④ 存在其他需追究责任的违法违规行为。 （4）工程质量终身责任实行书面承诺和竣工后永久性标牌等制度。 违反法律法规规定，造成工程质量事故或严重质量问题的，除依照本办法规定追究项目负责人终身责任外，还应依法追究相关责任单位和责任人员的责任

考点2　项目质量的形成过程和影响因素分析

建设工程项目的基本质量特性

序号	基本特性	内容
1	有关使用功能的质量特性	工程项目的功能性质量，主要表现为反映项目使用功能需求的一系列特性指标，如房屋建筑工程的平面空间布局、通风采光性能；工业建筑工程的生产能力和工艺流程；道路交通工程的路面等级、通行能力等。按照现代质量管理理念，功能性质量必须以顾客关注为焦点，满足顾客的需求或期望
2	有关安全可靠的质量特性	建筑产品不仅要满足使用功能和用途的要求，而且在正常的使用条件下应能达到安全可靠的标准，如建筑结构自身安全可靠、使用过程防腐蚀、防坠、防火、防盗、防辐射，以及设备系统运行与使用安全等。可靠性质量必须在满足功能性质量需求的基础上，结合技术标准、规范（特别是强制性条文）的要求进行确定与实施

序号	基本特性	内容
3	有关文化艺术的质量特性	建筑产品具有深刻的社会文化背景，历来人们都把具有某种特定历史文化内涵的建筑产品视同艺术品。其个性的艺术效果，包括建筑造型、立面外观、文化内涵、时代表征以及装修装饰、色彩视觉等，不仅使用者关注，而且社会也关注；不仅现在关注，而且未来的人们也会关注和评价。工程项目艺术文化特性的质量来自于设计者的设计理念、创意和创新，以及施工者对设计意图的领会与精益施工
4	有关环境的质量特性	建设工程环境质量主要是指在项目建设与使用过程中对周边环境的影响，包括项目的规划布局、交通组织、绿化景观、节能环保，及其与周边环境的协调性或适宜性

注：建设工程项目从本质上说是一项拟建或在建的建筑产品，它和一般产品具有同样的质量内涵，即其固有特性满足需要的程度。这些特性是指产品的适用性、安全性、耐久性、可靠性、经济性及与环境的协调性等。由于建筑产品一般是采用单件性筹划、设计和施工的生产组织方式，因此，其具体的质量特性指标是在各建设工程项目的策划、决策和设计过程中进行定义的。

项目质量的影响因素

序号	项目	内容
1	人的因素	（1）在工程项目质量管理中，人的因素起决定性的作用。项目质量控制应以控制人的因素为基本出发点。 （2）影响项目质量的人的因素，包括两个方面：一是指直接履行项目质量职能的决策者、管理者和作业者个人的质量意识及质量活动能力；二是指承担项目策划、决策或实施的建设单位、勘察设计单位、咨询服务机构、工程承包企业等实体组织的质量管理体系及其管理能力。前者是个体的人，后者是群体的人。 （3）我国实行建筑业企业经营资质管理制度、市场准入制度、执业资格注册和作业人员持证上岗等制度，从本质上说，都是对从事建设工程活动的人的素质和能力进行必要的控制。 （4）人，作为控制对象，人的工作应避免失误；作为控制动力，应充分调动人的积极性，发挥人的主导作用。因此，必须有效控制项目参与各方的人员素质，不断提高人的质量活动能力，才能保证项目质量
2	机械的因素	（1）机械主要是指施工机械和各类工器具，包括施工过程中使用的运输设备、吊装设备、操作工具、测量仪器、计量器具以及施工安全设施等。 （2）施工机械设备是所有施工方案和工法得以实施的重要物质基础，合理选择和正确使用施工机械设备是保证项目施工质量和安全的重要条件
3	材料（含设备）的因素	（1）材料包括工程材料和施工用料，又包括原材料、半成品、成品、构配件和周转材料等。 （2）各类材料是工程施工的基本物质条件，材料质量不符合要求，工程质量就不可能达到标准。 （3）设备是指工程设备，是组成工程实体的工艺设备和各类机具，如各类生产设备、装置和辅助配套的电梯、泵机，以及通风空调、消防、环保设备等等，它们是工程项目的重要组成部分，其质量的优劣，直接影响到工程使用功能的发挥。 （4）加强对材料设备的质量控制，是保证工程质量的基础
4	方法的因素	（1）方法的因素也可以称为技术因素，包括勘察、设计、施工所采用的技术和方法，以及工程检测、试验的技术和方法等。

序号	项目	内容
4	方法的因素	（2）从某种程度上说，技术方案和工艺水平的高低，决定了项目质量的优劣。 （3）依据科学的理论，采用先进合理的技术方案和措施，按照规范进行勘察、设计、施工，必将对保证项目的结构安全和满足使用功能，对组成质量因素的产品精度、强度、平整度、清洁度、耐久性等物理、化学特性等方面起到良好的推进作用
5	环境的因素	影响项目质量的环境因素，又包括项目的自然环境因素、社会环境因素、管理环境因素和作业环境因素。 （1）自然环境因素 主要指工程地质、水文、气象条件和地下障碍物以及其他不可抗力等影响项目质量的因素。例如，复杂的地质条件必然对建设工程的地基处理和基础设计提出更高的要求，处理不当就会对结构安全造成不利影响；在地下水位高的地区，若在雨期进行基坑开挖，遇到连续降雨或排水困难，就会引起基坑塌方或地基受水浸泡影响承载力等；在寒冷地区冬期施工措施不当，工程会因受到冻融而影响质量；在基层未干燥或大风天进行卷材屋面防水层的施工，就会导致粘贴不牢及空鼓等质量问题等。 （2）社会环境因素 主要是指会对项目质量造成影响的各种社会环境因素，包括国家建设法律法规的健全程度及其执法力度；建设工程项目法人决策的理性化程度以及经营者的经营管理理念；建筑市场（包括建设工程交易市场和建筑生产要素市场）的发育程度及交易行为的规范程度；政府的工程质量监督及行业管理成熟程度；建设咨询服务业的发展程度及其服务水准的高低；廉政管理及行风建设的状况等。 （3）管理环境因素 主要是指项目参建单位的质量管理体系、质量管理制度和各参建单位之间的协调等因素。比如，参建单位的质量管理体系是否健全，运行是否有效，决定了该单位的质量管理能力；在项目施工中根据承发包的合同结构，理顺管理关系，建立统一的现场施工组织系统和质量管理的综合运行机制，确保工程项目质量保证体系处于良好的状态，创造良好的质量管理环境和氛围，则是施工顺利进行，提高施工质量的保证。 （4）作业环境因素 主要指项目实施现场平面和空间环境条件，各种能源介质供应，施工照明、通风、安全防护设施，施工场地给水排水，以及交通运输和道路条件等因素。这些条件是否良好，都直接影响到施工能否顺利进行，以及施工质量能否得到保证

注：即4M1E：人的因素（Man）、材料（含设备）的因素（Material）、机械的因素（Machine）、方法的因素（Method）、环境的因素（Environment）。

考点3 项目质量风险分析和控制

质量风险识别

序号	项目	内容
1	项目实施过程中常见的质量风险	从风险产生的原因分析，常见的质量风险有如下几类： （1）自然风险 自然风险包括客观自然条件对项目质量的不利影响和突发自然灾害对项目质量造成的损害。软弱、不均匀的岩土地基，恶劣的水文、气象条件，是长期存在的可能损害项目质量的隐患；地震、暴风、雷电、暴雨以及由此派生的洪水、滑坡、泥石流等突然发生的自然灾害都可能对项目质量造成严重破坏。

序号	项目	内容
1	项目实施过程中常见的质量风险	（2）技术风险 技术风险包括现有技术水平的局限和项目实施人员对工程技术的掌握、应用不当对项目质量造成的不利影响。人类对自然规律的认识有一定的局限性，现有的科学技术水平不一定能够完全解决和正确处理工程实践中的所有问题；项目实施人员自身技术水平的局限，在项目决策和设计、施工、监理过程中，可能发生技术上的错误。这两方面的问题都可能对项目质量造成不利影响，特别是在不够成熟的新结构、新技术、新工艺、新材料的应用上可能存在的风险更大。 （3）管理风险 工程项目的建设、设计、施工、监理等工程质量责任单位的质量管理体系存在缺陷，组织结构不合理，工作流程组织不科学，任务分工和职能划分不恰当，管理制度不健全，或者各级管理者的管理能力不足和责任心不强，这些因素都可能对项目质量造成损害。 （4）环境风险 环境风险包括项目实施的社会环境和项目实施现场的工作环境可能对项目质量造成的不利影响。社会上的种种腐败现象和违法行为，都会给项目质量带来严重的隐患；项目现场的空气污染、水污染、光污染和噪声、固体废弃物等都可能对项目实施人员的工作质量和项目实体质量造成不利影响 从风险损失责任承担的角度，项目质量风险可以分为： （1）业主方的风险 项目决策的失误，设计、施工、监理单位选择错误，向设计、施工单位提供的基础资料不准确，项目实施过程中对项目参与各方的关系协调不当，对项目的竣工验收有疏忽等，由此对项目质量造成的不利影响都是业主方的风险。 （2）勘察设计方的风险 水文地质勘察的疏漏，设计的错误，造成项目的结构安全和主要使用功能方面不满足要求，是勘察设计方的风险。 （3）施工方的风险 在项目实施过程中，由于施工方管理松懈、混乱，施工技术错误，方法不对，或者材料、机械使用不当，导致发生安全、质量事故，是施工方的风险。 （4）监理方的风险 在项目实施过程中，由于监理方没有依法履行在工程质量和安全方面的监理责任，因而留下质量隐患，或发生安全、质量事故，是监理方的风险
2	质量风险识别的方法	项目质量风险具有广泛性，影响质量的各方面因素都可能存在风险，项目实施的各个阶段都有不同的风险。进行风险识别应在广泛收集质量风险相关信息的基础上，集合从事项目实施的各方面工作和具有各方面知识的人员参加。风险识别可按风险责任单位和项目实施阶段分别进行，如设计单位在设计阶段或施工阶段的质量风险识别、施工单位在施工阶段或保修阶段的质量风险识别等。识别可分三步进行： （1）采用层次分析法画出质量风险结构层次图。可以按风险的种类列出各类风险因素可能造成的质量风险；也可以按项目结构图列出各个子项目可能存在的质量风险；还可以按工作流程图列出各个实施步骤（或工序）可能存在的质量风险。不要轻易否定或排除某些风险，对于不能排除但又不能确认存在的风险，宁可信其有不可信其无。 （2）分析每种风险的促发因素。分析的方法可以采用头脑风暴法、专家调查（访谈）法、经验判断法和因果分析图等。 （3）将风险识别的结果汇总成为质量风险识别报告。报告没有固定格式，通常可以采用列表的形式，内容包括：风险编号、风险的种类、促发风险的因素、可能发生的风险事故的简单描述以及风险承担的责任方等

质量风险评估

序号	项目	内容
1	评估内容	一是评估各种质量风险发生的概率，二是评估各种质量风险可能造成的损失量
2	评估方法	质量风险评估应采取定性与定量相结合的方法进行。通常可以采用经验判断法或德尔菲法，对各个风险事件发生的概率和事件后果对项目的结构安全和主要使用功能影响的严重性进行专家打分，然后进行汇总分析，以估算每一个风险事件的风险水平，进而确定其风险等级

质量风险响应

序号	项目	内容
1	含义	质量风险响应就是根据风险评估的结果，针对各种质量风险制定应对策略和编制风险管理计划
2	质量风险应对策略	常用的质量风险对策包括风险规避、减轻、转移、自留及其组合等策略。 （1）规避 采取恰当的措施避免质量风险的发生。例如：依法进行招标投标，慎重选择有资质、有能力的项目设计、施工、监理单位，避免因这些质量责任单位选择不当而发生质量风险；正确进行项目的规划选址，避开不良地基或容易发生地质灾害的区域；不选用不成熟、不可靠的设计、施工技术方案；合理安排施工工期和进度计划，避开可能发生的水灾、风灾、冻害对工程质量的损害等。以上都是规避质量风险的办法。 （2）减轻 针对无法规避的质量风险，研究制定有效的应对方案，尽量把风险发生的概率和损失量降到最低程度，从而降低风险量和风险等级。例如，在施工中有针对性地制定和落实有效的施工质量保证措施和质量事故应急预案，可以降低质量事故发生的概率和减少事故损失量。 （3）转移 依法采用正确的方法把质量风险转移给其他方承担。转移的方法有： ① 分包转移——例如，施工总承包单位依法把自己缺乏经验、没有足够把握的部分工程，通过签订分包合同，分包给有经验、有能力的单位施工；承包单位依法实行联合承包，也是分担风险的办法。 ② 担保转移——例如，建设单位在工程发包时，要求承包单位提供履约担保；工程竣工结算时，扣留一定比例的质量保证金等。 ③ 保险转移——质量责任单位向保险公司投保适当的险种，把质量风险全部或部分转移给保险公司等。 （4）自留 又称风险承担。当质量风险无法避免，或者估计可能造成的质量损害不会很严重而预防的成本很高时，风险自留也常常是一种有效的风险响应策略。风险自留有两种：无计划自留和有计划自留。无计划自留是指不知风险存在或虽预知有风险而未预作处理，一旦风险事件发生，再视造成的质量缺陷情况进行处理。有计划自留指明知有一定风险，经分析由自己承担风险更为合理，预先做好处理可能造成的质量缺陷和承担损失的准备。可以采取设立风险基金的办法，在损失发生后用基金弥补；在建筑工程预算价格中通常预留一定比例的不可预见费，一旦发生风险损失，由不可预见费支付
3	质量风险管理计划	质量风险应对策略应形成项目质量风险管理计划。其内容一般包括： （1）项目质量风险管理方针、目标； （2）质量风险识别和评估结果； （3）质量风险应对策略和具体措施； （4）质量风险控制的责任分工； （5）相应的资源准备计划。 注：为便于管理，项目质量风险管理计划的具体内容也可以采用一览表的形式表示

质量风险控制

序号	主体	内容
1	建设单位	（1）确定工程项目质量风险控制方针、目标和策略；根据相关法律法规和工程合同的约定，明确项目参与各方的质量风险控制职责。 （2）对项目实施过程中业主方的质量风险进行识别、评估，确定相应的应对策略，制定质量风险控制计划和工作实施办法，明确项目管理机构各部门质量风险控制职责，落实风险控制的具体责任。 （3）在工程项目实施期间，对建设工程项目质量风险控制实施动态管理，通过合同约束，对参建单位质量风险管理工作进行督导、检查和考核
2	设计单位	（1）设计阶段，做好方案比选工作，选择最优设计方案，有效降低工程项目实施期间和运营期间的质量风险。在设计文件中，明确高风险施工项目质量风险控制的工程措施，并就施工阶段必要的预控措施和注意事项，提出防范质量风险的指导性建议。 （2）将施工图审查工作纳入风险管理体系，保证其公正独立性，摆脱业主方、设计方和施工方的干扰，提高设计产品的质量。 （3）项目开工前，由建设单位组织设计、施工、监理单位进行设计交底，明确存在重大质量风险源的关键部位或工序，提出风险控制要求或工作建议，并对参建方的疑问进行解答、说明。 （4）工程实施中，及时处理新发现的不良地质条件等潜在风险因素或风险事件，必要时进行重新验算或变更设计
3	施工单位	（1）制定施工阶段质量风险控制计划和工作实施细则，并严格贯彻执行。 （2）开展与工程质量相关的施工环境、社会环境风险调查，按承包合同约定办理施工质量保险。 （3）严格进行施工图审查和现场地质核对，结合设计交底及质量风险控制要求，编制高风险分部分项工程专项施工方案，并按规定进行论证审批后实施。 （4）按照现场施工特点和实际需要，对施工人员进行针对性的岗前质量风险教育培训；关键项目的质量管理人员、技术人员及特殊作业人员，必须持证上岗。 （5）加强对建筑构件、材料的质量控制，优选构件、材料的合格分供方，构件、材料进场要进行质量复验，确保不将不合格的构件、材料用到项目上。 （6）在项目施工过程中，对质量风险进行实时跟踪监控，预测风险变化趋势，对新发现的风险事件和潜在的风险因素提出预警，并及时进行风险识别评估，制定相应对策
4	监理单位	（1）编制质量风险管理监理实施细则，并贯彻执行。 （2）组织并参与质量风险源调查与识别、风险分析与评估等工作。 （3）对施工单位上报的专项方案进行审核，重点审查风险控制对策中的保障措施。 （4）对施工现场各种资源配置情况、各风险要素发展变化情况进行跟踪检查，尤其是对专项方案中的质量风险防范措施落实情况进行检查确认，发现问题及时处理。 （5）对关键部位、关键工序的施工质量派专人进行旁站监理；对重要的建筑构件、材料进行平行检验

注：项目质量风险控制是在对质量风险进行识别、评估的基础上，按照风险管理计划对各种质量风险进行监控，包括对风险的预测、预警。项目质量风险控制需要项目的建设单位、设计单位、施工单位和监理单位共同参与。

1Z204020 建设工程项目质量控制体系

考点1 全面质量管理思想和方法的应用

全面质量管理思想

序号	项目	内容
1	全面质量管理（TQC）的思想	（1）全面质量管理 建设工程项目的全面质量管理，是指项目参与各方所进行的工程项目质量管理的总称，其中包括工程（产品）质量和工作质量的全面管理。工作质量是产品质量的保证，工作质量直接影响产品质量的形成。建设单位、监理单位、勘察单位、设计单位、施工总承包单位、施工分包单位、材料设备供应商等，任何一方、任何环节的怠慢疏忽或质量责任不落实都会对建设工程质量造成不利影响。 （2）全过程质量管理 全过程质量管理，是指根据工程质量的形成规律，从源头抓起，全过程推进。我国质量管理体系标准强调质量管理的"过程方法"原则，要求应用"过程方法"进行全过程质量控制。要控制的主要过程有：项目策划与决策过程；勘察设计过程；设备材料采购过程；施工组织与实施过程；检测设施控制与计量过程；施工生产的检验试验过程；工程质量的评定过程；工程竣工验收与交付过程；工程回访维修服务过程等。 （3）全员参与质量管理 按照全面质量管理的思想，组织内部的每个部门和工作岗位都承担着相应的质量职能，组织的最高管理者确定了质量方针和目标，就应组织和动员全体员工参与到实施质量方针的系统活动中去，发挥自己的角色作用。开展全员参与质量管理的重要手段就是运用目标管理方法，将组织的质量总目标逐级进行分解，使之形成自上而下的质量目标分解体系和自下而上的质量目标保证体系，发挥组织系统内部每个工作岗位、部门或团队在实现质量总目标过程中的作用
2	质量管理的PDCA循环	（1）计划P（Plan）：质量管理的计划职能，包括确定质量目标和制定实现质量目标的行动方案两方面。建设单位的工程项目质量计划，包括确定和论证项目总体的质量目标，提出项目质量管理的组织、制度、工作程序、方法和要求。 （2）实施D（Do）：实施职能在于将质量的目标值，通过生产要素的投入、作业技术活动和产出过程，转化为质量的实际值。要根据质量管理计划进行行动方案的部署和交底。 （3）检查C（Check）：包括作业者的自检、互检和专职管理者专检。各类检查也都包含两大方面：一是检查是否严格执行了计划的行动方案，二是检查计划执行的结果。 （4）处置A（Action）：对于质量检查所发现的质量问题或质量不合格，及时进行原因分析，采取必要的措施，予以纠正，保持工程质量形成过程的受控状态。处置分纠偏和预防改进两个方面。前者是采取有效措施，解决当前的质量偏差、问题或事故；后者是将目前质量状况信息反馈到管理部门，反思问题症结或计划时的不周，确定改进目标和措施，为今后类似质量问题的预防提供借鉴

考点2 项目质量控制体系的建立和运行

项目质量控制体系的特点和构成

序号	项目	内容
1	特点	与质量管理体系的不同： （1）建立的目的不同：项目质量控制体系以项目为对象，只用于特定的项目质量控制，而不是用于建筑企业或组织的质量管理。

序号	项目	内容
1	特点	（2）服务的范围不同：项目质量控制体系涉及项目实施过程所有的质量责任主体，而不只是针对某一个承包企业或组织机构。 （3）控制的目标不同：项目质量控制体系的控制目标是项目的质量目标，并非某一具体建筑企业或组织的质量管理目标。 （4）作用的时效不同：项目质量控制体系与项目投资控制、进度控制、职业健康安全与环境管理等目标控制体系，共同依托于同一项目管理的组织机构，是一次性的质量工作体系，随着项目的完成和项目管理组织的解体而消失，并非永久性的质量管理体系，其作用的时效不同。 （5）评价的方式不同：项目质量控制体系的有效性一般由项目管理的组织者进行自我评价与诊断，不需进行第三方认证
2	结构	（1）多层次结构：多层次结构是对应于项目工程系统纵向垂直分解的单项、单位工程项目的质量控制体系。在大中型工程项目尤其是群体工程项目中，第一层次的质量控制体系应由建设单位的工程项目管理机构负责建立；在委托代建、委托项目管理或实行交钥匙式工程总承包的情况下，应由相应的代建方项目管理机构、受托项目管理机构或工程总承包企业项目管理机构负责建立。第二层次的质量控制体系，通常是指分别由项目的设计总负责单位、施工总承包单位等建立的相应管理范围内的质量控制体系。第三层次及其以下，是承担工程设计、施工安装、材料设备供应等各承包单位的现场质量自控体系，或称各自的施工质量保证体系。系统纵向层次结构的合理性是项目质量目标、控制责任和措施分解落实的重要保证。 （2）多单元结构：多单元结构是指在项目质量控制总体系下，第二层次的质量控制体系及其以下的质量自控或保证体系可能有多个。这是项目质量目标、责任和措施分解的必然结果

项目质量控制体系的建立

序号	项目	内容
1	建立的原则	（1）分层次规划原则：指项目管理的总组织者（建设单位或代建制项目管理企业）和承担项目实施任务的各参与单位，分别进行不同层次和范围的建设工程项目质量控制体系规划。 （2）目标分解原则：根据控制系统内工程项目的分解结构，将工程项目的建设标准和质量总体目标分解到各个责任主体，明示于合同条件，由各责任主体制定出相应的质量计划。 （3）质量责任制原则：按照《中华人民共和国建筑法》和《建设工程质量管理条例》有关工程质量责任的规定，界定各方的质量责任范围和控制要求
2	建立的程序	项目质量控制体系的建立过程，一般可按以下环节依次展开工作： （1）建立系统质量控制网络：首先明确系统各层面的工程质量控制负责人。一般应包括承担项目实施任务的项目经理（或工程负责人）、总工程师，项目监理机构的总监理工程师、专业监理工程师等，以形成明确的项目质量控制责任者的关系网络架构。 （2）制定质量控制制度：包括质量控制例会制度、协调制度、报告审批制度、质量验收制度和质量信息管理制度等，形成建设工程项目质量控制体系的管理文件或手册，作为承担建设工程项目实施任务各方主体共同遵循的管理依据。 （3）分析质量控制界面：项目质量控制体系的质量责任界面，包括静态界面和动态界面。一般说静态界面根据法律法规、合同条件、组织内部职能分工来确定。动态界面主要是指项目实施过程中设计单位之间、施工单位之间、设计与施工单位之间的衔接配合关系及其责任划分，必须通过分析研究，确定管理原则与协调方式。 （4）编制质量控制计划：项目管理总组织者，负责主持编制建设工程项目总质量计划，并根据质量控制体系的要求，布置各质量责任主体分别编制与其承担任务范围相符合的质量计划，并按规定程序完成质量计划的审批，作为其实施自身工程质量控制的依据

项目质量控制体系的运行

序号	项目	内容
1	运行环境	（1）项目的合同结构：建设工程合同是联系建设工程项目各参与方的纽带，只有在项目合同结构合理，质量标准和责任条款明确，并严格进行履约管理的条件下，质量控制体系的运行才能成为各方的自觉行动。 （2）质量管理的资源配置：质量管理的资源配置，包括专职的工程技术人员和质量管理人员的配置；实施技术管理和质量管理所必需的设备、设施、器具、软件等物质资源的配置。人员和资源的合理配置是质量控制体系得以运行的基础条件。 （3）质量管理的组织制度：项目质量控制体系内部的各项管理制度和程序性文件的建立，为质量控制系统各个环节的运行，提供必要的行动指南、行为准则和评价基准的依据，是系统有序运行的基本保证
2	运行机制	项目质量控制体系的运行机制，是质量控制体系的生命，机制缺陷是造成系统运行无序、失效和失控的重要原因。因此，在系统内部的管理制度设计时，必须防止重要管理制度的缺失、制度本身的缺陷、制度之间的矛盾等现象出现，才能为系统的运行注入有效的动力机制、约束机制、反馈机制和持续改进机制。 （1）动力机制：动力机制是项目质量控制体系运行的核心机制，它是基于对项目参与各方及其各层次管理人员公正、公开、公平的责、权、利分配，以及适当的竞争机制而形成的内在动力。 （2）约束机制：约束机制取决于各质量责任主体内部的自我约束能力和外部的监控效力。约束能力表现为组织及个人的经营理念、质量意识、职业道德及技术能力的发挥；监控效力取决于项目实施主体外部对质量工作的推动和检查监督。两者相辅相成，构成了质量控制过程的制衡关系。 （3）反馈机制：运行状态和结果的信息反馈，是对质量控制系统的能力和运行效果进行评价，并为及时作出处置提供决策依据。因此，必须有相关的制度安排，保证质量信息反馈的及时和准确。 （4）持续改进机制：在项目实施的各个阶段，不同的层面、不同的范围和不同的质量责任主体之间，应用PDCA循环原理，即计划、实施、检查和处置不断循环的方式展开质量控制，并不断寻求改进机会、研究改进措施，才能保证建设工程项目质量控制系统的不断完善和持续改进，不断提高质量控制能力和控制水平

考点3 施工企业质量管理体系的建立与认证

质量管理原则

序号	原则名称	原则含义
1	以顾客为关注焦点	质量管理的首要关注点是满足顾客要求并且努力超越顾客期望
2	领导作用	各级领导建立统一的宗旨和方向，并创造全员积极参与实现组织的质量目标的条件
3	全员积极参与	整个组织内各级胜任、经授权并积极参与的人员，是提高组织创造和提供价值能力的必要条件
4	过程方法	将活动作为相互关联、功能连贯的过程组成的体系来理解和管理时，可以更加有效和高效地得到一致的、可预知的结果
5	改进	成功的组织持续关注改进
6	循证决策	基于数据和信息的分析和评价的决策，更有可能产生期望的结果
7	关系管理	为了持续成功，组织需要管理与有关相关方（如供方）的关系

施工质量保证体系的内容

序号	构成项目	说明	内容
1	质量手册	质量手册是质量管理体系的规范，是阐明一个企业的质量政策、质量体系和质量实践的文件，是实施和保持质量体系过程中长期遵循的纲领性文件	质量手册的主要内容包括：企业的质量方针、质量目标；组织机构和质量职责；各项质量活动的基本控制程序或体系要素；质量评审、修改和控制管理办法
2	程序文件	各种生产、工作和管理的程序文件是质量手册的支持性文件，是企业各职能部门为落实质量手册要求而规定的细则。企业为落实质量管理工作而建立的各项管理标准、规章制度都属程序文件范畴。各企业程序文件的内容及详略可视企业情况而定	一般有以下六个方面的程序为通用性管理程序，适用于各类企业： （1）文件控制程序； （2）质量记录管理程序； （3）不合格品控制程序； （4）内部审核程序； （5）预防措施控制程序； （6）纠正措施控制程序。 注：除以上六个程序以外，涉及产品质量形成过程各环节控制的程序文件，如生产过程、服务过程、管理过程、监督过程等管理程序文件，可视企业质量控制的需要而制定，不作统一规定
3	质量计划	质量计划是为了确保过程的有效运行和控制，在程序文件的指导下，针对特定的项目、产品、过程或合同，而制定的专门质量措施和活动顺序的文件	内容包括：应达到的质量目标；该项目各阶段的责任和权限；应采用的特定程序、方法和作业指导书；有关阶段的实验、检验和审核大纲；随项目的进展而修改和完善质量计划的方法；为达到质量目标必须采取的其他措施等。其中可引用质量手册的部分内容或程序文件中适用于特定情况的部分
4	质量记录	（1）质量记录是产品质量水平和质量体系中各项质量活动进行及结果的客观反映，对质量体系程序文件所规定的运行过程及控制测量检查的内容如实加以记录，用以证明产品质量达到合同要求及质量保证的满足程度。如在控制体系中出现偏差，则质量记录不仅需反映偏差情况，而且应反映出针对不足之处所采取的纠正措施及纠正效果。 （2）质量记录应完整地反映质量活动实施、验证和评审的情况，并记载关键活动的过程参数，具有可追溯性的特点。质量记录以规定的形式和程序进行，并应有实施、验证、审核等相关人员签署意见	

企业质量管理体系的建立和运行

序号	项目	内容
1	企业质量管理体系的建立	（1）企业质量管理体系的建立，是在确定市场及顾客需求的前提下，按照质量管理7项原则制定企业的质量方针、质量目标、质量手册、程序文件及质量记录等体系文件，并将质量目标分解落实到相关层次、相关岗位的职能和职责中，形成企业质量管理体系的执行系统。 （2）企业质量管理体系的建立，还包含组织企业不同层次的员工进行培训，使体系的工作内容和执行要求为员工所了解，为全员参与企业质量管理体系的运行打下基础。 （3）企业质量管理体系的建立，需识别并提供实现质量目标和持续改进所需的资源，包括人员、基础设施、环境、信息等

序号	项目	内容
2	企业质量管理体系的运行	（1）企业质量管理体系的运行是在生产及服务的全过程，按质量管理体系文件所制定的程序、标准、工作要求及目标分解的岗位职责进行运作。 （2）在企业质量管理体系运行的过程中，按各类体系文件的要求，监视、测量和分析过程的有效性和效率，做好文件规定的质量记录，持续收集、记录并分析过程的数据和信息，全面反映产品质量和过程符合要求，并具有可追溯的效能。 （3）按文件规定的办法进行质量管理评审和考核。对过程运行的评审考核工作，应针对发现的主要问题，采取必要的改进措施，使这些过程达到所策划的结果并实现对过程的持续改进。 （4）落实质量体系的内部审核程序，有组织有计划开展内部质量审核活动，其主要目的是： ① 评价质量管理程序的执行情况及适用性； ② 揭露过程中存在的问题，为质量改进提供依据； ③ 检查质量体系运行的信息； ④ 向外部审核单位提供体系有效的证据。 注：为确保系统内部审核的效果，企业领导应发挥决策领导作用，制定审核政策和计划，组织内审人员队伍，落实内审条件，并对审核发现的问题采取纠正措施和提供人、财、物等方面的支持

企业质量管理体系的认证和维持

序号	项目	内容
1	企业质量管理体系认证的程序	（1）申请和受理：具有法人资格，并已按 GB/T 19000/ISO9000 族标准或其他国际公认的质量体系规范建立了文件化的质量管理体系，并在生产经营全过程贯彻执行的企业可提出申请。申请单位须按要求填写申请书。认证机构经审查符合要求后接受申请，如不符合要求则不接受申请，接受或不接受均予发出书面通知书。 （2）审核：认证机构派出审核组对申请方质量管理体系进行检查和评定，包括文件审查、现场审核，并提出审核报告。 （3）审批与注册发证：认证机构对审核组提出的审核报告进行全面审查，对符合标准者予以批准并注册，发给认证证书（内容包括证书号、注册企业名称地址、认证和质量管理体系覆盖产品的范围、评价依据及质量保证模式标准及说明、发证机构、签发人和签发日期）
2	获准认证后的维持与监督管理	企业质量管理体系获准认证的有效期为 3 年。获准认证后，企业应通过经常性的内部审核，维持质量管理体系的有效性，并接受认证机构对企业质量管理体系实施监督管理。获准认证后的质量管理体系维持与监督管理内容如下： （1）企业通报：认证合格的企业质量管理体系在运行中出现较大变化时，需向认证机构通报。认证机构接到通报后，视情况采取必要的监督检查措施。 （2）监督检查：认证机构对认证合格单位质量管理体系维持情况进行监督性现场检查，包括定期和不定期的监督检查。定期检查通常是每年一次，不定期检查视需要临时安排。 （3）认证注销：注销是企业的自愿行为。在企业质量管理体系发生变化或证书有效期届满未提出重新申请等情况下，认证持证者提出注销的，认证机构予以注销，收回该体系认证证书。 （4）认证暂停：认证暂停是认证机构对获证企业质量管理体系发生不符合认证要求情况时采取的警告措施。认证暂停期间，企业不得使用质量管理体系认证证书做宣传。企业在规定期间采取纠正措施满足规定条件后，认证机构撤销认证暂停；否则将撤销认证注册，收回合格证书。 （5）认证撤销：当获证企业发生质量管理体系存在严重不符合规定，或在认证暂停的规定期限末予以整改，或发生其他构成撤销体系认证资格情况时，认证机构作出撤销认证的决定。企业不服可提出申诉。撤销认证的企业一年后可重新提出认证申请。 （6）复评：认证合格有效期满前，如企业愿继续延长，可向认证机构提出复评申请。 （7）重新换证：在认证证书有效期内，出现体系认证标准变更、体系认证范围变更、体系认证证书持有者变更，可按规定重新换证

1Z204030　建设工程项目施工质量控制

【考点图谱】

【考点精析】

考点 1 施工质量控制的依据与基本环节

施工质量合格标准和控制依据

序号	项目	内容
1	建筑工程施工质量验收合格规定	（1）符合工程勘察、设计文件的要求。工程勘察、设计单位针对本工程的水文地质条件，根据建设单位的要求，从技术和经济结合的角度，为满足工程的使用功能和安全性、经济性、与环境的协调性等要求，以图纸、文件的形式对施工提出要求，是针对每个工程项目的个性化要求。 （2）符合现行的《建筑工程施工质量验收统一标准》GB 50300—2013 和相关专业验收规范的规定。国家建设行政主管部门为了加强建筑工程质量管理，规范建筑工程施工质量的验收，保证工程质量，制定相应的标准和规范。这些标准、规范是主要从技术的角度，为保证房屋建筑各专业工程的安全性、可靠性、耐久性而提出的一般性要求。 （3）符合施工承包合同的约定。施工质量在合格的前提下，还应符合施工承包合同约定的要求。施工承包合同的约定具体体现了建设单位的要求和施工单位的承诺，全面反映了对施工形成的工程实体的适用性、安全性、耐久性、可靠性、经济性和与环境的协调性等六个方面质量特性的要求

序号	项目	内容
2	施工质量控制的依据	(1) 共同性依据。指与施工质量管理有关的、通用的、具有普遍意义和必须遵守的法规性文件。如《中华人民共和国建筑法》《建设工程质量管理条例》《建设工程施工质量验收统一标准》等。 (2) 专业技术性依据。指针对不同的行业、不同质量控制对象制定的专业技术规范文件，包括规范、规程、标准、规定等，如：工程建设项目质量检验评定标准，有关建筑材料、半成品和构配件质量方面的专门技术法规性文件，有关材料验收、包装和标志等方面的技术标准和规定，施工工艺质量等方面的技术法规性文件，有关新工艺、新技术、新材料、新设备的质量规定和鉴定意见等。 (3) 项目专用性依据。指本项目的工程建设合同、勘察设计文件、设计交底及图纸会审记录、设计修改和技术变更通知，以及相关会议记录和工程联系单等

施工质量控制的基本环节

序号	基本环节	内容
1	事前质量控制	(1) 即在正式施工前进行的事前主动质量控制，通过编制施工质量计划，明确质量目标，制订施工方案，设置质量管理点，落实质量责任，分析可能导致质量目标偏离的各种影响因素，针对这些影响因素制订有效的预防措施，防患于未然。 (2) 事前质量预控要求针对质量控制对象的控制目标、活动条件、影响因素进行周密分析，找出薄弱环节，制定有效的控制措施和对策
2	事中质量控制	(1) 指在施工质量形成过程中，对影响施工质量的各种因素进行全面的动态控制。事中质量控制也称作业活动过程质量控制，包括质量活动主体的自我控制和他人监控的控制方式。自我控制是第一位的，即作业者在作业过程对自己质量活动行为的约束和技术能力的发挥，以完成符合预定质量目标的作业任务；他人监控是对作业者的质量活动过程和结果，由来自企业内部管理者和企业外部有关方面进行监督检查，如工程监理机构、政府质量监督部门等的监控。 (2) 施工质量的自控和监控是相辅相成的系统过程。自控主体的质量意识和能力是关键，是施工质量的决定因素；各监控主体所进行的施工质量监控是对自控行为的推动和约束。因此，自控主体必须正确处理自控和监控的关系，在致力于施工质量自控的同时，还必须接受来自业主、监理等方面对其质量行为和结果所进行的监督管理，包括质量检查、评价和验收。自控主体不能因为监控主体的存在和监控职能的实施而减轻或免除其质量责任。 (3) 事中质量控制的目标是确保工序质量合格，杜绝质量事故发生；控制的关键是坚持质量标准；控制的重点是工序质量、工作质量和质量控制点的控制
3	事后质量控制	(1) 事后质量控制也称为事后质量把关，以使不合格的工序或最终产品（包括单位工程或整个工程项目）不流入下道工序、不进入市场。 (2) 事后控制包括对质量活动结果的评价、认定；对工序质量偏差的纠正；对不合格产品进行整改和处理。 (3) 控制的重点是发现施工质量方面的缺陷，并通过分析提出施工质量改进的措施，保持质量处于受控状态

考点 2　施 工 质 量 计 划

施工质量计划的形式和内容

序号	项目	内容
1	施工质量计划的形式	（1）我国除了已经建立质量管理体系的施工企业采用将施工质量计划作为一个独立文件的形式外，通常还采用在工程项目施工组织设计或施工项目管理实施规划中包含质量计划内容的形式。 （2）施工组织设计或施工项目管理实施规划之所以能发挥施工质量计划的作用，这是因为根据建筑生产的技术经济特点，每个工程项目都需要进行施工生产过程的组织与计划，包括施工质量、进度、成本、安全等目标的设定，实现目标的步骤和技术措施的安排等。因此，施工质量计划所要求的内容，理所当然地被包含于施工组织设计或项目管理实施规划中，而且能够充分体现施工项目管理目标（质量、工期、成本、安全）的关联性、制约性和整体性，这也和全面质量管理的思想方法相一致
2	施工质量计划的基本内容	施工质量计划的基本内容一般应包括： （1）工程特点及施工条件（合同条件、法规条件和现场条件等）分析； （2）质量总目标及其分解目标； （3）质量管理组织机构和职责，人员及资源配置计划； （4）确定施工工艺与操作方法的技术方案和施工组织方案； （5）施工材料、设备等物资的质量管理及控制措施； （6）施工质量检验、检测、试验工作的计划安排及其实施方法与检测标准； （7）施工质量控制点及其跟踪控制的方式与要求； （8）质量记录的要求等

质 量 控 制 点

序号	项目	内容
1	质量控制点的设置范围	（1）对工程质量形成过程产生直接影响的关键部位、工序、环节及隐蔽工程。 （2）施工过程中的薄弱环节，或者质量不稳定的工序、部位或对象。 （3）对下道工序有较大影响的上道工序。 （4）采用新技术、新工艺、新材料的部位或环节。 （5）施工质量无把握的、施工条件困难的或技术难度大的工序或环节。 （6）用户反馈指出的和过去有过返工的不良工序
2	质量控制点的重点控制对象	设定了质量控制点，还要根据对重要质量特性进行重点控制的要求，选择质量控制点的重点部位、重点工序和重点的质量因素作为质量控制点的重点控制对象，进行重点预控和监控。质量控制点的重点控制对象主要包括以下几个方面： （1）人的行为：某些操作或工序，应以人为重点控制对象，如高空、高温、水下、易燃易爆、重型构件吊装作业以及操作要求高的工序和技术难度大的工序等，都应从人的生理、心理、技术能力等方面进行控制。 （2）材料的质量与性能：这是直接影响工程质量的重要因素，在某些工程中应作为控制的重点。如钢结构工程中使用的高强度螺栓、某些特殊焊接使用的焊条，都应重点控制其材质与性能；又如水泥的质量是直接影响混凝土工程质量的关键因素，施工中就应对进场的水泥质量进行重点控制，必须检查核对其出厂合格证，并按要求进行强度、凝结时间和安定性的复验等。

序号	项目	内容
2	质量控制点的重点控制对象	（3）施工方法与关键操作：某些直接影响工程质量的关键操作应作为控制的重点，如预应力钢筋的张拉工艺操作过程及张拉力的控制，是可靠地建立预应力值和保证预应力构件质量的关键。同时，那些易对工程质量产生重大影响的施工方法，也应列为控制的重点，如大模板施工中模板的稳定和组装问题、液压滑模施工时支撑杆稳定问题、装配式混凝土结构件吊运、吊装过程中吊具、吊点、吊索的选择与设置问题等。 （4）施工技术参数：如混凝土的水胶比和外加剂掺量、坍落度、抗压强度，回填土的含水量，砌体的砂浆饱满度，防水混凝土的抗渗等级，建筑物沉降与基坑边坡稳定监测数据，大体积混凝土内外温差及混凝土冬期施工受冻临界强度，装配式混凝土预制构件出厂时的强度等技术参数都是应重点控制的质量参数与指标。 （5）技术间歇：有些工序之间必须留有必要的技术间歇时间，如砌筑与抹灰之间，应在墙体砌筑后留6～10日时间，让墙体充分沉陷、稳定、干燥，然后再抹灰，抹灰层干燥后，才能喷白、刷浆；混凝土浇筑与模板拆除之间，应保证混凝土有一定的硬化时间，达到规定拆模强度后方可拆除等。 （6）施工顺序：某些工序之间必须严格控制先后的施工顺序，如对冷拉的钢筋应当先焊接后冷拉，否则会失去冷强；屋架的安装固定，应采取对角同时施焊方法，否则会由于焊接应力导致校正好的屋架发生倾斜。 （7）易发生或常见的质量通病：如基础不均匀沉陷，墙体开裂，混凝土工程出现蜂窝、麻面、露筋，住宅室外迎水面渗水，室内房间渗漏，建筑面层开裂、空鼓，房屋外保温系统脱落等，都与工序操作有关，均应事先制定预防措施，加强质量管控。 （8）新技术、新材料及新工艺的应用：由于缺乏经验，施工时应将其作为重点进行控制。 （9）产品质量不稳定和不合格率较高的工序应列为重点，认真分析，严格控制。 （10）特殊地基或特种结构：对于湿陷性黄土、膨胀土、红黏土等特殊土地基的处理，以及大跨度结构、高耸结构等技术难度较大的施工环节和重要部位，均应予以特别的重视
3	质量控制点的管理	（1）首先要做好质量控制点的事前质量预控工作，包括：明确质量控制的目标与控制参数；编制作业指导书和质量控制措施；确定质量检查检验方式及抽样的数量与方法；明确检查结果的判断标准及质量记录与信息反馈要求等。 （2）其次要向施工作业班组进行认真交底，使每一个控制点上的作业人员明白施工作业规程及质量检验评定标准，掌握施工操作要领；在施工过程中，相关技术管理和质量控制人员要在现场进行重点指导和检查验收。 （3）同时还要做好施工质量控制点的动态设置和动态跟踪管理。所谓动态设置，是指在工程开工前、设计交底和图纸会审时，可确定项目的一批质量控制点，随着工程的展开、施工条件的变化，随时或定期进行控制点的调整和更新。动态跟踪是应用动态控制原理，落实专人负责跟踪和记录控制点质量控制的状态和效果，并及时向项目管理组织的高层管理者反馈质量控制信息，保持施工质量控制点的受控状态。 （4）对于危险性较大的分部分项工程或特殊施工过程，除按一般过程质量控制的规定执行外，还应由专业技术人员编制专项施工方案或作业指导书，经施工单位技术负责人、项目总监理工程师、建设单位项目负责人审阅签字后执行。超过一定规模的危险性较大的分部分项工程，还要组织专家对专项方案进行论证。作业前施工员、技术员做好交底和记录，使操作人员在明确工艺标准、质量要求的基础上进行作业。为保证质量控制点的目标实现，应严格按照三级检查制度进行检查控制。在施工中发现质量控制点有异常时，应立即停止施工，召开分析会，查找原因采取对策予以解决。

序号	项目	内容
3	质量控制点的管理	（5）施工单位应积极主动地支持、配合监理工程师的工作，应根据现场工程监理机构的要求，对施工作业质量控制点，按照不同的性质和管理要求，细分为"见证点"和"待检点"进行施工质量的监督和检查。凡属"见证点"的施工作业，如重要部位、特种作业、专门工艺等，施工方必须在该项作业开始前，书面通知现场监理机构到位旁站，见证施工作业过程；凡属"待检点"的施工作业，如隐蔽工程等，施工方必须在完成施工质量自检的基础上，提前通知项目监理机构进行检查验收，然后才能进行工程隐蔽或下道工序的施工。未经过项目监理机构检查验收合格，不得进行工程隐蔽或下道工序的施工

质量控制点的设置

序号	分项工程	质量控制点
1	工程测量定位	标准轴线桩、水平桩、龙门板、定位轴线、标高
2	地基、基础（含设备基础）	基坑（槽）尺寸、标高、土质、地基承载力，基础垫层标高，基础位置、尺寸、标高，预埋件、预留洞孔的位置、标高、规格、数量，基础杯口弹线
3	砌体	砌体轴线、皮数杆、砂浆配合比、预留洞孔、预埋件的位置、数量，砌块排列
4	模板	位置、标高、尺寸，预留洞孔位置、尺寸，预埋件的位置，模板的承载力、刚度和稳定性，模板内部清理及隔离剂情况
5	钢筋混凝土	水泥品种、强度等级，砂石质量，混凝土配合比，外加剂掺量，混凝土振捣，钢筋品种、规格、尺寸、搭接长度，钢筋焊接、机械连接，预留洞、孔及预埋件规格、位置、尺寸、数量，预制构件吊装或出厂（脱模）强度，吊装位置、标高、支承长度、焊缝长度
6	吊装	吊装设备的起重能力、吊具、索具、地锚
7	钢结构	翻样图、放大样
8	焊接	焊接条件、焊接工艺
9	装修	视具体情况而定

考点3 施工生产要素的质量控制

施工生产要素的质量控制

序号	项目	内容
1	施工人员的质量控制	（1）施工人员的质量包括参与工程施工各类人员的施工技能、文化素养、生理体能、心理行为等方面的个体素质，以及经过合理组织和激励发挥个体潜能综合形成的群体素质。因此，施工企业应加强自有建筑工人队伍建设，建立相对稳定的核心技术工人队伍，合理组织、严格考核，并辅以必要的激励机制，使企业员工的潜在能力得到充分的发挥和最好的组合，使施工人员在质量控制系统中发挥自控主体作用。 （2）施工企业必须坚持执业资格注册制度和作业人员持证上岗制度；对所选派的施工项目领导者、组织者进行教育和培训，使其质量意识和组织管理能力能满足施工质量控制的要求；对所属施工队伍进行全员培训，加强质量意识的教育和技术训练，提高每个作业者的质量活动能力和自控能力；对分包单位进行严格的资质考核和施工人员的资格考核，其资质、资格必须符合相关法规的规定，与其分包的工程相适应

序号	项目	内容
2	施工机械的质量控制	(1) 对施工所用的机械设备，应根据工程需要从设备选型、主要性能参数及使用操作要求等方面加以控制，符合安全、适用、经济、可靠和节能、环保等方面的要求。 (2) 对施工中使用的模具、脚手架等施工设备，除可按适用的标准定型选用之外，一般需按设计及施工要求进行专项设计，对其设计方案及制作质量的控制及验收应作为重点进行控制。 (3) 混凝土预制构件吊运应根据预制构件的形状、尺寸、重量和作业半径等要求选择吊具和起重设备，预制柱的吊点数量、位置应经计算确定，吊索水平夹角不宜小于60°，不应小于45°。 (4) 按现行施工管理制度要求，工程所用的施工机械、模板、脚手架，特别是危险性较大的现场安装的起重机械设备，在安装前要编制专项安装方案并经过审批后实施，安装完毕不仅必须经过自检和专业检测机构检测，而且要经过相关管理部门验收合格后方可使用。同时，在使用过程中尚需落实相应的管理制度，以确保其安全正常使用
3	材料设备的质量控制	(1) 对原材料、半成品及工程设备进行质量控制的主要内容为：控制材料设备的性能、标准、技术参数与设计文件的相符性；控制材料、设备各项技术性能指标、检验测试指标与标准规范要求的相符性；控制材料、设备进场验收程序的正确性及质量文件资料的完备性；优先采用节能低碳的新型建筑材料和设备，禁止使用国家明令禁止或淘汰的建筑材料和设备等。 (2) 施工单位应按照现行的《建筑工程检测试验技术管理规范》JGJ 190—2010，在施工过程中贯彻执行企业质量程序文件中关于材料和设备封样、采购、进场检验、抽样检测及质保资料提交等方面明确规定的一系列控制程序和标准。 (3) 装配式建筑的混凝土预制构件的原材料质量、钢筋加工和连接的力学性能、混凝土强度、构件结构性能、装饰材料、保温材料及拉结件的质量等均应根据国家现行有关标准进行检查和检验，并应严格遵守操作规程和做好质量检验记录。企业应建立装配式建筑部品部件生产和施工安装全过程质量控制体系，对装配式建筑部品部件实行驻厂监造制度。混凝土预制构件出厂时的混凝土强度不宜低于设计混凝土强度等级值的75%
4	施工工艺技术方案的质量控制	(1) 深入正确地分析工程特征、技术关键及环境条件等资料，明确质量目标、验收标准、控制的重点和难点。 (2) 制定合理有效的有针对性的施工技术方案和组织方案，前者包括施工工艺、施工方法，后者包括施工区段划分、施工流向及劳动组织等。 (3) 合理选用施工机械设备和设置施工临时设施，合理布置施工总平面图和各阶段施工平面图。 (4) 根据施工工艺技术方案选用和设计保证质量和安全的模具、脚手架等施工设备；成批生产的混凝土预制构件模具应具有足够的强度、刚度和整体稳固性。 (5) 编制工程所采用的新材料、新技术、新工艺的专项技术方案和质量管理方案。 (6) 针对工程具体情况，分析气象、地质等环境因素对施工的影响，制定应对措施
5	施工环境因素的控制	(1) 对施工现场自然环境因素的控制。对地质、水文等方面影响因素，应根据设计要求，分析工程岩土地质资料，预测不利因素，并会同设计等方面制定相应的措施，采取如基坑降水、排水、加固围护等技术控制方案。对天气气象方面的影响因素，应在施工方案中制定专项紧急预案，明确在不利条件下的施工措施，落实人员、器材等方面的准备，加强施工过程中的预警与监控。 (2) 对施工质量管理环境因素的控制。要根据工程承发包的合同结构，理顺管理关系，建立统一的现场施工组织系统和质量管理的综合运行机制，确保质量保证体系处于良好的状态，创造良好的质量管理环境和氛围，使施工顺利进行，保证施工质量。 (3) 对施工作业环境因素的控制。要认真实施经过审批的施工组织设计和施工方案，落实相关管理制度，严格执行施工平面规划和施工纪律，保证各种施工条件良好，制定应对停水、停电、火灾、食物中毒等方面的应急预案

考点 4 施工准备的质量控制

施工技术准备工作的质量控制

1. 施工技术准备是指在正式开展施工作业活动前进行的技术准备工作。这类工作内容繁多，主要在室内进行，例如：熟悉施工图纸，组织设计交底和图纸审查；进行工程项目检查验收的项目划分和编号；审核相关质量文件，细化施工技术方案和施工人员、机具的配置方案，编制施工作业技术指导书，绘制各种施工详图（如测量放线图、大样图及配筋、配板、配线图表等），进行必要的技术交底和技术培训。如果施工准备工作出错，必然影响施工进度和作业质量，甚至直接导致质量事故的发生。

2. 技术准备工作的质量控制，包括对上述技术准备工作成果的复核审查，检查这些成果是否符合设计图纸和施工技术标准的要求；依据经过审批的质量计划审查、完善施工质量控制措施；针对质量控制点，明确质量控制的重点对象和控制方法；尽可能地提高上述工作成果对施工质量的保证程度等。

现场施工准备工作的质量控制

序号	项目	内容
1	计量控制	（1）计量控制是施工质量控制的一项重要基础工作。 （2）施工过程中的计量，包括施工生产时的投料计量、施工测量、监测计量以及对项目、产品或过程的测试、检验、分析计量等。 （3）开工前要建立和完善施工现场计量管理的规章制度；明确计量控制责任者和配置必要的计量人员；严格按规定对计量器具进行维修和校验，统一计量单位，组织量值传递，保证量值统一，从而保证施工过程中计量的准确
2	测量控制	（1）工程测量放线是建设工程产品由设计转化为实物的第一步。 （2）施工测量质量的好坏，直接决定工程的定位和标高是否正确，并且制约施工过程有关工序的质量。 （3）施工单位在开工前应编制测量控制方案，经项目技术负责人批准后实施。 （4）要对建设单位提供的原始坐标点、基准线和水准点等测量控制点、线进行复核，并将复测结果上报监理工程师审核，批准后施工单位才能建立施工测量控制网，进行工程定位和标高基准的控制
3	施工平面图控制	（1）建设单位应按照合同约定并充分考虑施工的实际需要，事先划定并提供施工用地和现场临时设施用地的范围，协调平衡和审查批准各施工单位的施工平面设计。 （2）施工单位要严格按照批准的施工平面布置图，科学合理地使用施工场地，正确安装设置施工机械设备和其他临时设施，维护现场施工道路畅通无阻和通信设施完好，合理控制材料的进场与堆放，保持良好的防洪排水能力，保证充分的给水和供电。 （3）建设（监理）单位应会同施工单位制定严格的施工场地管理制度、施工纪律和相应的奖惩措施，严禁乱占场地和擅自断水、断电、断路，及时制止和处理各种违纪行为，并做好施工现场的质量检查记录

工程质量检查验收的项目划分

序号	项目	划分原则
1	单位工程	（1）具备独立施工条件并能形成独立使用功能的建筑物及构筑物为一个单位工程。 （2）对于建筑规模较大的单位工程，可将其能形成独立使用功能的部分划分为一个子单位工程
2	分部工程	（1）可按专业性质、工程部位确定，例如，一般的建筑工程可划分为地基与基础、主体结构、建筑装饰装修、建筑屋面、建筑给水排水及供暖、建筑电气、智能建筑、通风与空调、建筑节能、电梯等分部工程。 （2）当分部工程较大或较复杂时，可按材料种类、施工特点、施工程序、专业系统及类别等划分为若干子分部工程

序号	项目	划分原则
3	分项工程	可按主要工种、材料、施工工艺、设备类别等进行划分
4	检验批	可根据施工质量控制和专业验收需要,按工程量、楼层、施工段、变形缝等进行划分
5	其他	(1) 建筑工程的分部、分项工程划分宜按《建筑工程施工质量验收统一标准》GB 50300—2013 附录 B 采用。 (2) 室外工程可根据专业类别和工程规模按《建筑工程施工质量验收统一标准》GB 50300—2013 附录 C 的规定划分单位工程、分部工程

考点 5　施工过程的作业质量控制

工序施工质量控制

序号	项目	内容
1	概述	(1) 工序是人、机械、材料设备、施工方法和环境因素对工程质量综合起作用的过程,所以对施工过程的质量控制,必须以工序作业质量控制为基础和核心。 (2) 工序的质量控制是施工阶段质量控制的重点。只有严格控制工序质量,才能确保施工项目的实体质量。 (3) 工序施工质量控制主要包括工序施工条件质量控制和工序施工效果质量控制
2	工序施工条件控制	(1) 工序施工条件是指从事工序活动的各生产要素质量及生产环境条件。 (2) 工序施工条件控制就是控制工序活动的各种投入要素质量和环境条件质量。 (3) 控制的手段主要有:检查、测试、试验、跟踪监督等。 (4) 控制的依据主要是:设计质量标准、材料质量标准、机械设备技术性能标准、施工工艺标准以及操作规程等
3	工序施工效果控制	(1) 工序施工效果是工序产品的质量特征和特性指标的反映。 (2) 对工序施工效果的控制就是控制工序产品的质量特征和特性指标能否达到设计质量标准以及施工质量验收标准的要求。 (3) 工序施工效果控制属于事后质量控制,其控制的主要途径是:实测获取数据、统计分析所获取的数据、判断认定质量等级和纠正质量偏差

施工过程质量检测试验主要内容

序号	类别	检测试验项目	主要检测试验参数	备注
1	土方回填	土工击实	最大干密度	
			最优含水量	
		压实程度	压实系数	
2	地基与基础	换填地基	压实系数/承载力	
		加固地基、复合地基	承载力	
		桩基	承载力	
			桩身完整性	钢桩除外
3	基坑支护	土钉墙	土钉抗拔力	
		水泥土墙	墙身完整性	
			墙体强度	设计有要求时
		锚杆、锚索	锁定力	
4	钢筋连接	机械连接现场检验	抗拉强度	
		钢筋焊接工艺检验、闪光对焊、气压焊	抗拉强度	
			弯曲	适用于闪光对焊、气压焊接头,适用于气压焊水平连接筋
		电弧焊、电渣压力焊、预埋件钢筋 T 形接头	抗拉强度	
		网片焊接	抗剪力	热轧带肋钢筋
			抗拉强度	冷轧带肋钢筋
			抗剪力	

序号	类别	检测试验项目	主要检测试验参数	备注
5	混凝土	配合比设计	工作性、强度等级	指工作度、坍落度等
		混凝土性能	标准养护试件强度	冬期施工或根据施工需要留置
			同条件养护试件强度	
			同条件养护转标准养护28天试件强度	
			抗渗性能	有抗渗要求时
6	砌筑砂浆	配合比设计	强度等级、稠度	
		砂浆力学性能	标准养护试件强度	
			同条件养护试件强度	冬期施工时增设
7	钢结构	网架结构焊接球节点、螺栓球节点	承载力	安全等级一级、$l \geqslant 40\mathrm{m}$ 且设计有要求时
		焊缝质量	焊缝探伤	
		后锚固（植筋、锚栓）	抗拔承载力	
8	装饰装修	饰面砖粘贴	粘结强度	

施工作业质量自控的程序

序号	项目	内容
1	概述	施工作业质量的自控过程是由施工作业组织的成员进行的，其基本的控制程序包括：作业技术交底、作业活动的实施和作业质量的自检自查、互检互查以及专职管理人员的质量检查等
2	施工作业技术的交底	(1) 技术交底是施工组织设计和施工方案的具体化，施工作业技术交底的内容必须具有可行性和可操作性。 (2) 从项目的施工组织设计到分部分项工程的作业计划，在实施之前都必须逐级进行交底，其目的是使管理者的计划和决策意图为实施人员所理解。施工作业交底是最基层的技术和管理交底活动，施工总承包方和工程监理机构都要对施工作业交底进行监督。作业交底的内容包括作业范围、施工依据、作业程序、技术标准和要领、质量目标以及其他与安全、进度、成本、环境等目标管理有关的要求和注意事项
3	施工作业活动的实施	施工作业活动是由一系列工序所组成的。为了保证工序质量的受控，首先要对作业条件进行再确认，即按照作业计划检查作业准备状态是否落实到位，其中包括对施工程序和作业工艺顺序的检查确认，在此基础上，严格按作业计划的程序、步骤和质量要求展开工序作业活动
4	施工作业质量的检验	(1) 施工作业的质量检查，是贯穿整个施工过程的最基本的质量控制活动，包括施工单位内部的工序作业质量自检、互检、专检和交接检查，以及现场监理机构的旁站检查、平行检验等。 (2) 施工作业质量检查是施工质量验收的基础，已完检验批及分部分项工程的施工质量，必须在施工单位完成质量自检并确认合格之后，才能报请现场监理机构进行检查验收。 (3) 前道工序作业质量经验收合格后，才可进入下道工序施工。未经验收合格的工序，不得进入下道工序施工

施工作业质量自控的要求

序号	项目	内容
1	预防为主	严格按照施工质量计划的要求，进行各分部分项施工作业的部署。同时，根据施工作业的内容、范围和特点，制定施工作业计划，明确作业质量目标和作业技术要领，认真进行作业技术交底，落实各项作业技术组织措施
2	重点控制	在施工作业计划中，一方面要认真贯彻实施施工质量计划中的质量控制点的控制措施，同时，要根据作业活动的实际需要，进一步建立工序作业控制点，深化工序作业的重点控制
3	坚持标准	（1）工序作业人员对工序作业过程应严格进行质量自检，通过自检不断改善作业，并创造条件开展作业质量互检，通过互检加强技术与经验的交流。对已完工序作业产品，即检验批或分部分项工程，应严格坚持质量标准。对不合格的施工作业质量，不得进行验收签证，必须按照规定的程序进行处理。 （2）《建筑工程施工质量验收统一标准》GB 50300—2013 及配套使用的专业质量验收规范，是施工作业质量自控的合格标准。有条件的施工企业或项目经理部应结合自己的条件编制高于国家标准的企业内控标准或工程项目内控标准，或采用施工承包合同明确规定的更高标准，列入质量计划中，努力提升工程质量水平
4	记录完整	施工图纸、质量计划、作业指导书、材料质保书、检验试验及检测报告、质量验收记录等，是形成可追溯性质量保证的依据，也是工程竣工验收所不可缺少的质量控制资料。因此，对工序作业质量，应有计划、有步骤地按照施工管理规范的要求进行填写记载，做到及时、准确、完整、有效，并具有可追溯性

施工作业质量自控的制度

1. 质量自检制度；
2. 质量例会制度；
3. 质量会诊制度；
4. 质量样板制度；
5. 质量挂牌制度；
6. 每月质量讲评制度等。

施工作业质量的监控主体

序号	项目	内容
1	概述	（1）为了保证项目质量，建设单位、监理单位、设计单位及政府的工程质量监督部门，在施工阶段依据法律法规和工程施工承包合同，对施工单位的质量行为和项目实体质量实施监督控制。 （2）施工质量的自控主体和监控主体，在施工全过程是相互依存、各尽其责，共同推动着施工质量控制过程的展开和最终实现工程项目的质量总目标
2	设计单位	应当就审查合格的施工图纸设计文件向施工单位作出详细说明；应当参与建设工程质量事故分析，并对因设计造成的质量事故，提出相应的技术处理方案
3	建设单位	在开工前，应当按照国家有关规定办理工程质量监督手续，并对必须实行监理的建设工程，委托监理单位实行监理
4	项目监理机构	在施工作业实施过程中，根据其监理规划与实施细则，采取现场旁站、巡视、平行检验等形式，对施工作业质量进行监督检查，如发现工程施工不符合工程设计要求、施工技术标准和合同约定的，有权要求施工单位改正。监理机构应进行检查而没有检查或没有按规定进行检查的，给建设单位造成损失时应承担赔偿责任

序号	项目	内容
5	必须实行监理的工程范围	(1) 国家重点建设工程； (2) 大中型公用事业工程； (3) 成片开发建设的住宅小区工程； (4) 利用外国政府或者国际组织贷款、援助资金的工程； (5) 国家规定必须实行监理的其他工程

现场质量检查的内容

序号	项目	内容
1	开工前的检查	检查是否具备开工条件，开工后是否能够保持连续正常施工，能否保证工程质量
2	工序交接检查	严格执行"三检"制度（即自检、互检、专检），未经监理工程师（或建设单位技术负责人）检查认可，不得进行下道工序施工
3	隐蔽工程的检查	必须检查认证后方可进行隐蔽掩盖
4	停工后复工的检查	因客观因素停工或处理质量事故等原因停工，在复工前必须经检查认证后方可复工
5	分项、分部工程完工后的检查	经检查认可，并签署验收记录后，才能进行下一工程项目的施工
6	成品保护的检查	检查成品有无保护措施以及保护措施是否有效可靠

现场质量检查的方法

序号	方法	含义	具体内容	示例
1	目测法	凭借感官进行检查，也称观感质量检验	看，根据质量标准要求进行外观检查	清水墙面是否洁净，喷涂的密实度和颜色是否良好、均匀
			摸，通过触摸手感进行检查、鉴别	油漆的光滑度，浆活是否牢固、不掉粉
			敲，运用敲击工具进行音感检查	对水磨石、面砖、石材饰面等，进行敲击检查
			照，通过人工光源或反射光照射，检查难以看到或光线较暗的部位	管道井、电梯井等内的管线、设备安装质量，装饰吊顶内连接及设备安装质量
2	实测法	通过实测判断质量是否符合要求	靠，用直尺、塞尺检查诸如墙面、地面、路面等的平整度	—
			量，用测量工具和计量仪表等检查断面尺寸、轴线、标高、湿度、温度等的偏差	大理石板拼缝尺寸、摊铺沥青拌合料的温度、混凝土坍落度的检测等
			吊，利用托线板以及线坠吊线检查垂直度	砌体垂直度检查、门窗的安装等
			套，以方尺套方，辅以塞尺检查	对阴阳角的方正、踢脚线的垂直度、预制构件的方正、门窗口及构件的对角线检查等

序号	方法	含义	具体内容	示例
3	试验法	包括理化试验和无损检测两种	理化试验,包括物理力学性能和化学成分及化学性能的测定	(1)物理力学性能的检验,包括各种力学指标的测定,如抗拉强度、抗压强度、抗弯强度、抗折强度、冲击韧性、硬度、承载力等;以及各种物理性能方面的测定,如密度、含水量、凝结时间、安定性及抗渗、耐磨、耐热性能等。 (2)化学成分及化学性质的测定,如钢筋中的磷、硫含量,混凝土中粗骨料中的活性氧化硅成分,以及耐酸、耐碱、抗腐蚀性等。此外,根据规定有时还需进行现场试验,例如,对桩或地基的静载试验、下水管道的通水试验、压力管道的耐压试验、防水层的蓄水或淋水试验等
			无损检测。用专门的仪器仪表从表面探测结构物、材料、设备的内部组织结构或损伤情况	超声波探伤、X射线探伤、γ射线探伤

技术核定与见证取样送检

序号	项目	内容
1	技术核定	因施工方对施工图纸的某些要求不甚明白,或图纸内部存在某些矛盾,或工程材料调整与代用,改变建筑节点构造、管线位置或走向等,需要通过设计单位明确或确认的,施工方必须以技术核定单的方式向监理工程师提出,报送设计单位核准确认
2	见证取样送检	(1)对工程所使用的主要材料、半成品、构配件以及施工过程留置的试块、试件等应实行现场见证取样送检。见证人员由建设单位及工程监理机构中有相关专业知识的人员担任;送检的试验室应具备经国家或地方工程检验检测主管部门核准的相关资质;见证取样送检必须严格按规定的程序进行,包括取样见证并记录、样本编号、填单、封箱、送试验室、核对、交接、试验检测、报告等。 (2)检测机构应当建立档案管理制度。检测合同、委托单、原始记录、检测报告应当按年度统一编号,编号应当连续,不得随意抽撤、涂改

隐蔽工程验收与成品质量保护

序号	项目	内容
1	隐蔽工程验收程序	施工方首先完成自检并合格,然后填写专用的《隐蔽工程验收单》。提前通知监理机构及有关方面,按约定时间进行验收。验收合格的隐蔽工程由各方共同签署验收记录;验收不合格的隐蔽工程,应按验收整改意见进行整改后重新验收
2	施工成品质量保护	成品形成后可采取防护、覆盖、封闭、包裹等相应措施进行保护

考点 6 施工质量与设计质量的协调

项目设计质量的控制

序号	项目	内容
1	项目功能性质量控制	内容包括项目内部的平面空间组织、生产工艺流程组织,如满足使用功能的建筑面积分配以及宽度、高度、净空、通风、保暖、日照等物理指标和节能、环保、低碳等方面的符合性要求
2	项目可靠性质量控制	项目建成后,在规定的使用年限和正常的使用条件下,保证使用安全和建筑物、构筑物及其设备系统性能稳定、可靠
3	项目观感性质量控制	指建筑物的总体格调、外部形体及内部空间观感效果,整体环境的适宜性、协调性,文化内涵的韵味及其魅力等的体现
4	项目经济性质量控制	目的在于强调设计过程的多方案比较,通过价值工程、优化设计,不断提高建设工程项目的性价比
5	项目施工可行性质量控制	充分考虑施工的可行性,并尽量做到方便施工

施工与设计的协调

序号	项目	内容
1	设计联络目的	(1) 了解设计意图、设计内容和特殊技术要求,分析其中的施工重点和难点,以便有针对性地编制施工组织设计,及早做好施工准备;对于以现有的施工技术和装备水平实施有困难的设计,要及时提出意见,协商修改设计,或者探讨通过技术攻关提高技术装备水平来实施的可能性,同时向设计单位介绍和推荐先进的施工新技术、新工艺和工法,争取通过适当的设计,使这些新技术、新工艺和工法在施工中得到应用。 (2) 了解设计进度,根据项目进度控制总目标、施工工艺顺序和施工进度安排,提出设计出图的时间和顺序要求,对设计和施工进度进行协调,使施工得以连续顺利进行。 (3) 从施工质量控制的角度,提出合理化建议,优化设计,为保证和提高施工质量创造更好的条件
2	设计交底和图纸会审	建设单位和监理单位应组织设计单位向所有的施工实施单位进行详细的设计交底,使实施单位充分理解设计意图,了解设计内容和技术要求,明确质量控制的重点和难点;同时认真地进行图纸会审,深入发现和解决各专业设计之间可能存在的矛盾,消除施工图的差错
3	设计现场服务和技术核定	建设单位和监理单位应要求设计单位派出得力的设计人员到施工现场进行设计服务,解决施工中发现和提出的与设计有关的问题,及时做好相关设计核定工作
4	设计变更程序	建设单位、设计单位或施工单位提出局部设计变更,先将变更意图或请求报送监理工程师审查,经设计单位审核认可并签发《设计变更通知书》后,再由监理工程师下达《变更指令》

1Z204040 建设工程项目质量验收

【考点图谱】

【考点精析】

考点1 施工过程质量验收

施工过程的工程质量验收

验收程序（由小到大）	上一环节的质量	上一环节的资料	上一环节安全及功能的检验和抽样	观感质量	本环节抽查	验收组织	参加人
1. 检验批	√	√				专业监理工程师	施工单位项目专业质量检查员、专业工长等

验收程序（由小到大）	上一环节的质量	上一环节的资料	上一环节安全及功能的检验和抽样	观感质量	本环节抽查	验收组织	参加人
2. 分项工程	√	√				专业监理工程师	施工单位项目专业技术负责人
3. 分部工程	√	√	√	√		总监理工程师	施工单位项目负责人和项目技术负责人等；勘察、设计单位项目负责人和施工单位技术、质量部门负责人应参加地基与基础分部工程验收；设计单位项目负责人和施工单位技术、质量部门负责人应参加主体结构、节能分部工程验收
4. 单位工程	√	√	√	√	√	建设单位负责人	施工单位（含分包单位）、监理单位、设计单位负责人

施工过程质量验收不合格的处理

1. 施工过程的质量验收是以检验批的施工质量为基本验收单元。检验批质量不合格可能是由于使用的材料不合格，或施工作业质量不合格，或质量控制资料不完整等原因所致，其处理方法有：

（1）在检验批验收时，发现存在严重缺陷的应返工重做，有一般的缺陷可通过返修或更换器具、设备消除缺陷，返工或返修后应重新进行验收。

（2）个别检验批发现某些项目或指标（如试块强度等）不满足要求难以确定是否验收时，应请有资质的检测机构检测鉴定，当鉴定结果能够达到设计要求时，应予以验收。

（3）当检测鉴定达不到设计要求，但经原设计单位核算认可能够满足结构安全和使用功能的检验批，可予以验收。

2. 严重质量缺陷或超过检验批范围的缺陷，经有资质的检测机构检测鉴定以后，认为不能满足最低限度的安全储备和使用功能，则必须进行加固处理，经返修或加固处理的分项、分部工程，满足安全及使用功能要求时，可按技术处理方案和协商文件的要求予以验收，责任方应承担经济责任。

3. 通过返修或加固处理后仍不能满足安全或重要使用要求的分部工程及单位工程，严禁验收。

装配式混凝土建筑的施工质量验收

序号	项目	内容
1	预制构件的质量验收	(1) 预制构件进场时应检查质量证明文件或质量验收记录。 (2) 梁板类简支受弯预制构件进场时应进行结构性能检验，结构性能检验应符合国家现行有关标准的有关规定及设计的要求。 (3) 钢筋混凝土构件和允许出现裂缝的预应力混凝土构件应进行承载力、挠度和裂缝宽度检验；不允许出现裂缝的预应力混凝土构件应进行承载力、挠度和抗裂检验。 (4) 对于不可单独使用的叠合板预制底板，可不进行结构性能检验。对叠合梁构件，是否进行结构性能检验、结构性能检验的方式应根据设计要求确定。 (5) 不做结构性能检验的预制构件，施工单位或监理单位代表应驻厂监督生产过程。当无驻厂监督时，预制构件进场时应对其主要受力钢筋数量、规格、间距、保护层厚度及混凝土强度等进行实体检验。检验数量：同一类型预制构件不超过 1000 个为一批，每批随机抽取 1 个构件进行结构性能检验。 (6) 预制构件的混凝土外观质量不应有严重缺陷，且不应有影响结构性能和安装、使用功能的尺寸偏差。对出现的一般缺陷应要求构件生产单位按技术处理方案进行处理，并重新检查验收。 (7) 预制构件粗糙面的外观质量、键槽的外观质量和数量、预制构件上的预埋件、预留插筋、预留孔洞、预埋管线等规格型号、数量应符合设计要求。 (8) 预制板类、墙板类、梁柱类构件、装饰构件的装饰外观外形尺寸偏差和检验方法应符合现行《装配式混凝土建筑技术标准》GB/T 51231—2016 的规定
2	安装连接的质量验收	(1) 装配式结构采用后浇混凝土连接时，构件连接处后浇混凝土的强度应符合设计要求，并应符合现行《混凝土强度检验评定标准》GB/T 50107—2010 的有关规定。 (2) 钢筋采用套筒灌浆连接、浆锚搭接连接时，灌浆应饱满、密实，所有出口均应出浆，灌浆料强度应符合国家有关标准的规定及设计要求。 (3) 预制构件底部接缝坐浆强度应满足设计要求。 (4) 钢筋采用机械连接、焊接连接时，其接头质量应符合现行行业标准的有关规定。 (5) 预制构件型钢焊接连接的型钢焊缝的接头质量，螺栓连接的螺栓材质、规格、拧紧力矩均应满足设计要求，并应符合现行国家标准的有关规定。 (6) 装配式结构分项工程的外观质量不应有严重缺陷，且不得影响结构性能和使用功能的尺寸偏差。施工尺寸偏差及检验方法应符合设计要求；当设计无要求时，应符合现行《装配式混凝土建筑技术标准》GB/T 51231—2016 的规定。 (7) 装配式混凝土建筑的饰面外观质量应符合设计要求，并应符合现行国家标准的有关规定

考点 2　竣 工 质 量 验 收

竣工质量验收依据、要求和标准

序号	项目	内容
1	依据	(1) 国家相关法律法规和建设主管部门颁布的管理条例和办法； (2) 建筑工程施工质量验收统一标准； (3) 专业工程施工质量验收规范； (4) 经批准的设计文件、施工图纸及说明书； (5) 工程施工承包合同； (6) 其他相关文件

序号	项目	内容
2	条件	建设工程竣工验收应当具备下列条件： (1) 完成建设工程设计和合同约定的各项内容； (2) 有完整的技术档案和施工管理资料； (3) 有工程使用的主要建筑材料、建筑构配件和设备的进场试验报告； (4) 有勘察、设计、施工、工程监理等单位分别签署的质量合格文件； (5) 有施工单位签署的工程保修书
3	标准	单位工程质量验收合格应符合下列规定： (1) 所含分部工程的质量均应验收合格； (2) 质量控制资料应完整； (3) 所含分部工程有关安全、节能、环境保护和主要使用功能的检验资料应完整； (4) 主要使用功能的抽查结果应符合相关专业质量验收规范的规定； (5) 观感质量应符合要求
4	住宅工程特殊要求	(1) 住宅工程要分户验收。在住宅工程各检验批、分项、分部工程验收合格的基础上，在住宅工程竣工验收前，建设单位应组织施工、监理等单位，依据国家有关工程质量验收标准，对每户住宅及相关公共部位的观感质量和使用功能等进行检查验收。 (2) 住宅工程质量分户验收的内容主要包括： ① 地面、墙面和顶棚质量； ② 门窗质量； ③ 栏杆、护栏质量； ④ 防水工程质量； ⑤ 室内主要空间尺寸； ⑥ 给水排水系统安装质量； ⑦ 室内电气工程安装质量； ⑧ 建筑节能和供暖工程质量； ⑨ 有关合同中规定的其他内容。 (3) 每户住宅和规定的公共部位验收完毕，应填写《住宅工程质量分户验收表》，建设单位和施工单位项目负责人、监理单位项目总监理工程师要分别签字。 (4) 分户验收不合格，不能进行住宅工程整体竣工验收

竣工质量验收的程序

序号	程序	组织单位	工作内容	说明
1	竣工验收准备	施工单位	工程实体的验收准备和相关工程档案资料的验收准备	(1) 自检合格后，向现场监理机构提交工程竣工预验收申请报告，要求组织工程竣工预验收。 (2) 单位工程中的分包工程完工后，分包单位应对所承包的工程项目进行自检，并应按规定的程序进行验收。验收时，总包单位应派人参加

序号	程序	组织单位	工作内容	说明
2	竣工预验收	监理机构	总监理工程师应组织各专业监理工程师对工程质量进行竣工预验收	存在施工质量问题时，应由施工单位及时整改
3	竣工质量验收整体程序	建设单位收到建设工程竣工报告后，应当组织设计、施工、工程监理等有关单位进行竣工验收	（1）工程完工并对存在的质量问题整改完毕后，施工单位向建设单位提交工程竣工报告，申请工程竣工验收。实行监理的工程，工程竣工报告须经总监理工程师签署意见。 （2）建设单位收到工程竣工报告后，对符合竣工验收要求的工程，组织勘察、设计、施工、监理等单位组成验收组，制定验收方案。对于重大工程和技术复杂工程，根据需要可邀请有关专家参加验收组。 （3）建设单位应当在工程竣工验收7个工作日前将验收的时间、地点及验收组名单书面通知负责监督该工程的工程质量监督机构。 （4）建设单位组织工程竣工验收	建设单位组织单位工程质量验收时，分包单位负责人应参加验收
4	竣工质量验收现场程序	建设单位	（1）建设、勘察、设计、施工、监理单位分别汇报工程合同履约情况和在工程建设各个环节执行法律、法规和工程建设强制性标准的情况。 （2）审阅建设、勘察、设计、施工、监理单位的工程档案资料。 （3）实地查验工程质量。 （4）对工程勘察、设计、施工、设备安装质量和各管理环节等方面作出全面评价，形成经验收组人员签署的工程竣工验收意见	参与工程竣工验收的建设、勘察、设计、施工、监理等各方不能形成一致意见时，应当协商提出解决的方法，待意见一致后，重新组织工程竣工验收
5	竣工验收报告	建设单位	工程竣工验收报告主要包括： （1）工程概况； （2）建设单位执行基本建设程序情况； （3）对工程勘察、设计、施工、监理等方面的评价； （4）工程竣工验收时间、程序、内容和组织形式； （5）工程竣工验收意见等内容	工程竣工验收报告附件： （1）施工许可证； （2）施工图设计文件审查意见； （3）勘察、设计、施工、工程监理等单位分别签署的质量合格文件； （4）验收组人员签署的工程竣工验收意见； （5）法规、规章规定的其他有关文件
6	竣工验收备案	建设单位	自建设工程竣工验收合格之日起15日内，向工程所在地的县级以上地方人民政府建设主管部门备案	验收备案提交文件： （1）工程竣工验收备案表； （2）工程竣工验收报告； （3）法律、行政法规规定应当由规划、环保等部门出具的认可文件或者准许使用文件； （4）法律规定应当由公安消防部门出具的对大型的人员密集场所和其他特殊建设工程验收合格的证明文件； （5）施工单位签署的工程质量保修书； （6）法规、规章规定必须提供的其他文件

1Z204050 施工质量不合格的处理

【考点图谱】

考点 1　工程质量问题和质量事故的分类

工程质量事故的概念

序号	项目	内容
1	质量不合格	工程产品未满足质量要求
2	质量缺陷	与预期或规定用途有关的质量不合格
3	质量问题	凡是工程质量不合格，影响使用功能或工程结构安全，造成永久质量缺陷或存在重大质量隐患，甚至直接导致工程倒塌或人身伤亡，必须进行返修、加固或报废处理，按照由此造成人员伤亡和直接经济损失的大小区分，在规定限额以下的为质量问题，在规定限额以上的为质量事故
4	质量事故	

工程质量事故的分类

序号	划分标准	分类	说明
1	按事故造成损失严重程度划分	特别重大事故	30 人以上死亡，或 100 人以上重伤，或者 1 亿元以上直接经济损失
		重大事故	10 人以上 30 人以下死亡，或 50 人以上 100 人以下重伤，或者 5000 万元以上 1 亿元以下直接经济损失
		较大事故	3 人以上 10 人以下死亡，或 10 人以上 50 人以下重伤，或者 1000 万元以上 5000 万元以下直接经济损失
		一般事故	3 人以下死亡，或 10 人以下重伤，或者 100 万元以上 1000 万元以下直接经济损失
2	按事故责任分类	指导责任事故	指由于工程实施指导或领导失误而造成的质量事故
		操作责任事故	指在施工过程中，由于实施操作者不按规程和标准实施操作，而造成的质量事故
		自然灾害事故	由于突发的严重自然灾害等不可抗力造成的质量事故

注："以上"包括本数，"以下"不包括本数。考生可以结合下面的图示掌握事故等级的标准。

工程质量事故按造成损失的程度分类

考点 2 施工质量事故的预防

施工质量事故预防

序号	项目	内容
1	施工质量事故发生的原因	（1）技术原因：指引发质量事故是由于在项目勘察、设计、施工中技术上的失误。例如，地质勘察过于疏略，对水文地质情况判断错误，致使地基基础设计采用不正确的方案；或结构设计方案不正确，计算失误，构造设计不符合规范要求；施工管理及实际操作人员的技术素质差，采用了不合适的施工方法或施工工艺等。这些技术上的失误是造成质量事故的常见原因。 （2）管理原因：指引发质量事故是由于管理上的不完善或失误。例如，施工单位或监理单位的质量管理体系不完善，质量管理措施落实不力，施工管理混乱，不遵守相关规范，违章作业，检验制度不严密，质量控制不严格，检测仪器设备管理不善而失准，以及材料质量检验不严等原因引起质量事故。 （3）社会、经济原因：指引发质量事故是由于社会上存在的不正之风及经济上的原因，滋长了建设中的违法违规行为，而导致出现质量事故。例如，违反基本建设程序，无立项、无报建、无开工许可、无招投标、无资质、无监理、无验收的"七无"工程，边勘察、边设计、边施工的"三边"工程，屡见不鲜，几乎所有的重大施工质量事故都能从这个方面找到原因；某些施工企业盲目追求利润而不顾工程质量，在投标报价中随意压低标价，中标后则依靠违法的手段或修改方案追加工程款，甚至偷工减料等，这些因素都会导致发生重大工程质量事故。 （4）人为事故和自然灾害原因：指造成质量事故是由于人为的设备事故、安全事故，导致连带发生质量事故，以及严重的自然灾害等不可抗力造成质量事故
2	施工质量事故预防的具体措施	（1）严格按照基本建设程序办事：首先要做好项目可行性论证，不可未经深入的调查分析和严格论证就盲目拍板定案；要彻底搞清工程地质水文条件方可开工；杜绝无证设计、无图施工；禁止任意修改设计和不按图纸施工；工程竣工不进行试车运转、不经验收不得交付使用。 （2）认真做好工程地质勘察：地质勘察时要适当布置钻孔位置和设定钻孔深度。钻孔间距过大，不能全面反映地基实际情况；钻孔深度不够，难以查清地下软土层、滑坡、墓穴、孔洞等有害地质构造。地质勘察报告必须详细、准确，防止因根据不符合实际情况的地质资料而采用错误的基础方案，导致地基不均匀沉降、失稳，使上部结构及墙体开裂、破坏、倒塌。 （3）科学地加固处理好地基：对软弱土、冲填土、杂填土、湿陷性黄土、膨胀土、岩层出露、溶洞、土洞等不均匀地基要进行科学的加固处理。要根据不同地基的工程特性，按照地基处理与上部结构相结合使其共同工作的原则，从地基处理与设计措施、结构措施、防水措施、施工措施等方面综合考虑治理。 （4）进行必要的设计审查复核：要请具有合格专业资质的审图机构对施工图进行审查复核，防止因设计考虑不周、结构构造不合理、设计计算错误、沉降缝及伸缩缝设置不当、悬挑结构未通过抗倾覆验算等原因，导致质量事故的发生。 （5）严格把好建筑材料及制品的质量关：要从采购订货、进场验收、质量复验、存储和使用等几个环节，严格控制建筑材料及制品的质量，防止不合格或是变质、损坏的材料和制品用到工程上。 （6）强化从业人员管理：加强施工企业自有建筑工人队伍建设，建立相对稳定的核心技术工人队伍，推行终身职业技能培训制度，开展岗前培训和技能提升培训，使施工人员掌握基本的建筑结构和建筑材料知识，理解并认同遵守施工验收规范对保证工程质量的重要性，提高在施工中合规操作的能力，不蛮干，不违章操作，不偷工减料。

序号	项目	内容
2	施工质量事故预防的具体措施	（7）依法进行施工组织管理：施工管理人员要认真学习、严格遵守国家相关法律法规和施工技术标准，依法进行施工组织管理。施工人员首先要熟悉图纸，对工程的难点和关键工序、关键部位应编制专项施工方案并严格执行；施工作业必须按照图纸和施工验收规范、操作规程进行；施工技术措施要正确，施工顺序不可搞错；脚手架和楼面不可超载堆放构件和材料；要严格按照制度进行质量检查和验收。 （8）做好应对不利施工条件和各种灾害的预案：要根据当地气象资料的分析和预测，事先针对可能出现的风、雨雪、高温、严寒、雷电等不利施工条件，制定相应的施工技术措施；还要对不可预见的人为事故和严重自然灾害做好应急预案，并有相应的人力、物力储备。 （9）加强施工安全与环境管理：许多施工安全和环境事故都会连带发生质量事故，加强施工安全与环境管理，准确认定、及时消除重大事故隐患，也是预防施工质量事故的重要措施

考点3　施工质量问题和质量事故的处理

施工质量事故处理

序号	项目	内容
1	施工质量事故处理的依据	（1）质量事故的实况资料； （2）有关合同及合同文件； （3）有关的技术文件和档案； （4）相关的建设法规
2	施工质量事故处理的基本要求	（1）质量事故的处理应达到安全可靠、不留隐患、满足生产和使用要求、施工方便、经济合理的目的； （2）消除造成事故的原因，注意综合治理，防止事故再次发生； （3）正确确定技术处理的范围和正确选择处理的时间和方法； （4）切实做好事故处理的检查验收工作，认真落实防范措施； （5）确保事故处理期间的安全

施工质量事故报告和调查处理程序

序号	项目	内容
1	事故报告	（1）事故报告程序：建设工程发生质量事故，有关单位应当在24小时内向当地建设行政主管部门和其他有关部门报告。对重大质量事故，事故发生地的建设行政主管部门和其他有关部门应当按照事故类别和等级向当地人民政府和上级建设行政主管部门和其他有关部门报告。如果同时发生安全事故，施工单位应当立即启动生产安全事故应急救援预案，组织抢救遇险人员，采取必要措施，防止事故危害扩大和次生、衍生灾害发生。情况紧急时，事故现场有关人员可直接向事故发生地县级以上政府主管部门报告。 （2）事故报告应包括下列内容： ①事故发生的时间、地点、工程项目名称、工程各参建单位名称； ②事故发生的简要经过、伤亡人数和初步估计的直接经济损失； ③事故原因的初步判断； ④事故发生后采取的措施及事故控制情况； ⑤事故报告单位、联系人及联系方式； ⑥其他应当报告的情况

序号	项目	内容
2	事故调查	（1）调查管辖：按规定区分事故的大小分别由相应级别的人民政府直接或授权委托有关部门组织事故调查组进行调查。未造成人员伤亡的一般事故，县级人民政府也可以委托事故发生单位组织事故调查组进行调查。 （2）调查内容： ① 事故项目及各参建单位概况； ② 事故发生经过和事故救援情况； ③ 事故造成的人员伤亡和直接经济损失； ④ 事故项目有关质量检测报告和技术分析报告； ⑤ 事故发生的原因和事故性质； ⑥ 事故责任的认定和事故责任者的处理建议； ⑦ 事故防范和整改措施
3	事故的原因分析	原因分析要建立在事故情况调查的基础上，避免情况不明就主观推断事故的原因。特别是对涉及勘察、设计、施工、材料和管理等方面的质量事故，事故的原因往往错综复杂，因此，必须对调查所得到的数据、资料进行仔细的分析，依据国家有关法律法规和工程建设标准分析事故的直接原因和间接原因，必要时组织对事故项目进行检测鉴定和专家技术论证，去伪存真，找出造成事故的主要原因
4	制定事故处理的技术方案	事故的处理要建立在原因分析的基础上，要广泛地听取专家及有关方面的意见，经科学论证，决定事故是否要进行技术处理和怎样处理。在制定事故处理的技术方案时，应做到安全可靠、技术可行、不留隐患、经济合理、具有可操作性、满足项目的安全和使用功能要求
5	事故处理	事故处理的内容包括：事故的技术处理，按经过论证的技术方案进行处理，解决事故造成的质量缺陷问题；事故的责任处罚，依据有关人民政府对事故调查报告的批复和有关法律法规的规定，对事故相关责任者实施行政处罚，负有事故责任的人员涉嫌犯罪的，依法追究刑事责任
6	事故处理的鉴定验收	质量事故的技术处理是否达到预期的目的，是否依然存在隐患，应当通过检查鉴定和验收作出确认。事故处理的质量检查鉴定，应严格按施工验收规范和相关质量标准的规定进行，必要时还应通过实际量测、试验和仪器检测等方法获取必要的数据，以便准确地对事故处理的结果作出鉴定，形成鉴定结论
7	提交事故处理报告	事故处理后的事故处理报告内容包括： （1）事故调查的原始资料、测试的数据； （2）事故原因分析和论证结果； （3）事故处理的依据； （4）事故处理的技术方案及措施； （5）实施技术处理过程中有关的数据、记录、资料； （6）检查验收记录； （7）对事故相关责任者的处罚情况和事故处理的结论等

质量事故处理方式（按严重程度由轻到重排序）

序号	处理方式	内容
1	不作处理	某些工程质量问题虽然达不到规定的要求或标准，但其情况不严重，对结构安全或使用功能影响很小，经过分析、论证、法定检测单位鉴定和设计单位等认可后可不作专门处理。一般可不作专门处理的情况有以下几种： （1）不影响结构安全和使用功能的。例如，有的工业建筑物出现放线定位的偏差，且严重超过规范标准规定，若要纠正会造成重大经济损失，但经过分析、论证其偏差不影响生产工艺和正常使用，在外观上也无明显影响，可不作处理。又如，某些部位的混凝土表面的裂缝，经检查分析，属于表面养护不够的干缩微裂，不影响安全和外观，也可不作处理。 （2）后道工序可以弥补的质量缺陷。例如，混凝土结构表面的轻微麻面，可通过后续的抹灰、刮涂、喷涂等弥补，也可不作处理。再比如，混凝土现浇楼面的平整度偏差达到10mm，但由于后续垫层和面层的施工可以弥补，所以也可不作处理。 （3）法定检测单位鉴定合格的。例如，某检验批混凝土试块强度值不满足规范要求，强度不足，但经法定检测单位对混凝土实体强度进行实际检测后，其实际强度达到规范允许和设计要求值时，可不作处理。经检测未达到要求值，但相差不多，经分析论证，只要使用前经再次检测达到设计强度，也可不作处理，但应严格控制施工荷载。 （4）出现的质量缺陷，经检测鉴定达不到设计要求，但经原设计单位核算，仍能满足结构安全和使用功能的。例如，某一结构构件截面尺寸不足，或材料强度不足，影响结构承载力，但按实际情况进行复核验算后仍能满足设计要求的承载力时，可不进行专门处理。这种做法实际上是挖掘设计潜力或降低设计的安全系数，应谨慎处理
2	返修处理	当项目的某些部分的质量虽未达到规范、标准或设计规定的要求，存在一定的缺陷，但经过采取整修等措施后可以达到要求的质量标准，又不影响使用功能或外观的要求时，可采取返修处理的方法。例如，某些混凝土结构表面出现蜂窝、麻面，或者混凝土结构局部出现损伤，如结构受撞击、局部未振实、冻害、火灾、酸类腐蚀、碱骨料反应等，当这些缺陷或损伤仅仅在结构的表面或局部，不影响其使用和外观，可进行返修处理。再比如对混凝土结构出现裂缝，经分析研究认为不影响结构的安全和使用功能时，也可采取返修处理。当裂缝宽度不大于0.2mm时，可采用表面密封法；当裂缝宽度大于0.3mm时，采用嵌缝密闭法；当裂缝较深时，则应采取灌浆修补的方法
3	加固处理	主要是针对危及结构承载力的质量缺陷的处理。通过加固处理，使建筑结构恢复或提高承载力，重新满足结构安全性与可靠性的要求，使结构能继续使用或改作其他用途。对混凝土结构常用的加固方法主要有：增大截面加固法、外包角钢加固法、粘钢加固法、增设支点加固法、增设剪力墙加固法、预应力加固法等
4	限制使用	当工程质量缺陷按修补方法处理后无法保证达到规定的使用要求和安全要求，而又无法返工处理的情况下，不得已时可作出诸如结构卸荷或减荷以及限制使用的决定
5	返工处理	当工程质量缺陷经过返修、加固处理后仍不能满足规定的质量标准要求，或不具备补救可能性，则必须采取重新制作、重新施工的返工处理措施。例如，某防洪堤坝填筑压实后，其压实土的干密度未达到规定值，经核算将影响土体的稳定且不满足抗渗能力的要求，须挖除不合格土，重新填筑，重新施工；某公路桥梁工程预应力按规定张拉系数为1.3，而实际仅为0.8，属严重的质量缺陷，也无法修补，只能重新制作。再比如某高层住宅施工中，有几层的混凝土结构误用了安定性不合格的水泥，无法采用其他补救办法，不得不爆破拆除重新浇筑
6	报废处理	出现质量事故的项目，经过分析或检测，采取上述处理方法后仍不能满足规定的质量要求或标准，则必须予以报废处理

1Z204060 数理统计方法在施工质量管理中的应用

【考点图谱】

【考点精析】

考点1 分层法的应用

分层法的基本原理与应用

序号	项目	内容
1	分层法的基本原理	分门别类地分析项目质量的影响因素
2	分层法的实际应用	关键是调查分析的类别和层次划分，经过第一次分层调查和分析，找出主要问题后，可再次分层进行调查分析，层次类别划分越明确、越细致，就越能够准确有效地找出问题及其原因。分层方法有： 　　(1) 按施工时间分，如月、日、上午、下午、白天、晚间、季节； 　　(2) 按地区部位分，如区域、城市、乡村、楼层、外墙、内墙； 　　(3) 按产品材料分，如产地、厂商、规格、品种； 　　(4) 按检测方法分，如方法、仪器、测定人、取样方式； 　　(5) 按作业组织分，如工法、班组、工长、工人、分包商； 　　(6) 按工程类型分，如住宅、办公楼、道路、桥梁、隧道； 　　(7) 按合同结构分，如总承包、专业分包、劳务分包

133

考点 2　因果分析图法的应用

因果分析图的应用

序号	项目	内容
1	因果分析图法的基本原理	也称为质量特性要因分析法，对每一个质量特性或问题，逐层深入排查可能原因，然后确定其中最主要原因，进行有的放矢的处置和管理
2	因果分析图法的应用	第一层面的因素：人、机械、材料、施工方法和施工环境作为进行分析；然后对第一层面的各个因素，再进行第二层面的可能原因的深入分析
3	因果分析图法应用时的注意事项	(1) 一个质量特性或一个质量问题使用一张图分析； (2) 通常采用 QC 小组活动的方式进行，集思广益，共同分析； (3) 必要时可以邀请小组以外的有关人员参与，广泛听取意见； (4) 分析时要充分发表意见，层层深入，排出所有可能的原因； (5) 在充分分析的基础上，由各参与人员采用投票或其他方式，从中选择 1~5 项多数人达成共识的最主要原因

考点 3　排列图法的应用

排列图法的应用

序号	项目	内容
1	排列图法的适用范围	通过抽样检查或检验试验所得到的关于质量问题、偏差、缺陷、不合格等方面的统计数据，以及造成质量问题的原因分析统计数据，均可采用排列图方法进行状况描述，它具有直观、主次分明的特点。也称为 ABC 分类管理法
2	排列图法的应用	(1) 先进行抽样检查，得到不合格点数的统计数据； (2) 按照质量特性不合格点数（频数）由大到小的顺序，重新整理排列； (3) 分别计算出累计频数和累计频率； (4) 累计频率 0~80% 定为 A 类问题，即主要问题，进行重点管理；累计频率在 80%~90% 区间的问题为 B 类问题，即次要问题，作为次重点管理；其余累计频率在 90%~100% 区间的问题定为 C 类问题，即一般问题，按照常规适当加强管理

考点 4　直方图法的应用

直方图法的应用

序号	项目	内容
1	直方图法的主要用途	(1) 整理统计数据，了解统计数据的分布特征，即数据分布的集中或离散状况，从中掌握质量能力状态； (2) 观察分析生产过程质量是否处于正常、稳定和受控状态以及质量水平是否保持在公差允许的范围内
2	直方图法的应用	首先是收集当前生产过程质量特性抽检的数据，然后制作直方图进行观察分析，判断生产过程的质量状况和能力。根据正态分布的特点进行分析判断

序号	项目	内容
3	直方图分布形状的观察分析	（1）形状观察分析是指将绘制好的直方图形状与正态分布图的形状进行比较分析，一看形状是否相似，二看分布区间的宽窄； （2）正常直方图呈正态分布，其形状特征是中间高、两边低、成对称； （3）异常直方图呈偏态分布，常见的异常直方图有折齿型、缓坡型、孤岛型、双峰型、峭壁型
4	直方图分布位置的观察分析	（1）位置观察分析是指将直方图的分布位置与质量控制标准的上下限范围进行比较分析； （2）生产过程的质量正常、稳定和受控，必须在公差标准上、下界限范围内达到质量合格的要求； （3）质量特性数据分布偏下限，易出现不合格，在管理上必须提高总体能力； （4）质量特性数据的分布宽度边界达到质量标准的上下界限，其质量能力处于临界状态，易出现不合格，必须分析原因，采取措施； （5）质量特性数据的分布居中且边界与质量标准的上下界限有较大的距离，说明其质量能力偏大，不经济； （6）数据分布超出质量标准上下限的上下界限，说明生产过程存在质量不合格，需要分析原因，采取措施进行纠偏

1Z204070 建设工程项目质量的政府监督

【考点图谱】

考点1 政府对工程项目质量监督的职能与权限

政府对项目质量的监督职能

序号	项目	内容
1	监督管理部门职责的划分	（1）国务院建设行政主管部门对全国的建设工程质量实施统一监督管理。县级以上地方人民政府建设行政主管部门对本行政区域内的建设工程质量实施监督管理。 （2）国务院铁路、交通、水利等有关部门按照国务院规定的职责分工，负责对全国有关专业建设工程质量的监督管理。县级以上地方人民政府交通、水利等有关部门在各自的职责范围内，负责对本行政区域内的专业建设工程质量进行监督管理。 （3）国务院发展计划部门按照国务院规定的职责，组织稽察特派员，对国家出资的重大建设项目实施监督检查。 （4）国务院经济贸易主管部门按照国务院规定的职责，对国家重大技术改造项目实施监督检查
2	政府质量监督的性质	属于行政执法行为，是主管部门依据有关法律法规和工程建设强制性标准，对工程实体质量（涉及工程主体结构安全、主要使用功能的工程实体质量）和工程建设、勘察、设计、施工、监理单位和质量检测等单位的工程质量行为实施监督
3	政府质量监督的职权	（1）要求被检查的单位提供有关工程质量的文件和资料。 （2）进入被检查单位的施工现场进行检查。 （3）发现有影响工程质量的问题时，责令改正
4	政府质量监督的机构的条件	（1）具有符合规定条件的监督人员。人员数量由县级以上地方人民政府建设主管部门根据实际需要确定。监督人员应当占监督机构总人数的75%以上。 （2）有固定的工作场所和满足工程质量监督检查工作需要的仪器、设备和工具等。 （3）有健全的质量监督工作制度，具备与质量监督工作相适应的信息化管理条件。 （4）从事房屋建筑工程和市政基础设施工程质量监督的机构，经国务院建设行政主管部门或省级人民政府建设行政主管部门考核。 （5）从事专业建设工程质量监督的机构，经国务院有关部门或省级人民政府有关部门考核
5	政府质量监督机构中监督人员的条件	（1）具有工程类专业大学专科以上学历或者工程类执业注册资格。 （2）具有三年以上工程质量管理或者设计、施工、监理等工作经历。 （3）熟悉掌握相关法律法规和工程建设强制性标准。 （4）具有一定的组织协调能力和良好职业道德。 （5）省级政府建设主管部门每两年对监督人员进行一次岗位考核，每年进行一次法律法规、业务知识培训，并适时组织开展继续教育培训

注：鼓励采取政府购买服务的方式，委托具备条件的社会力量进行工程质量监督检查和抽测，探索工程监理企业参与监管模式，健全省、市、县监管体系。

考点2 政府对工程项目质量监督的内容与实施

质量监督的内容

1. 执行法律法规和工程建设强制性标准的情况；
2. 抽查涉及工程主体结构安全和主要使用功能的工程实体质量；

3. 抽查工程质量责任主体和质量检测等单位的工程质量行为；

4. 抽查主要建筑材料、建筑构配件的质量；

5. 对工程竣工验收进行监督；

6. 组织或者参与工程质量事故的调查处理；

7. 定期对本地区工程质量状况进行统计分析；

8. 依法对违法违规行为实施处罚。

质量监督的实施程序

序号	项目	内容
1	受理建设单位办理质量监督手续	（1）工程项目开工前，审查建设单位申报质量监督有关文件，合格签发质量监督文件； （2）工程质量监督手续可以与施工许可证或者开工报告合并办理
2	制定工作计划并组织实施	工作计划内容： （1）质量监督依据的法律、法规、规范、标准； （2）在项目施工的各个阶段，质量监督的内容、范围和重点； （3）实施质量监督的具体方法和步骤； （4）定期或不定期进入施工现场进行监督检查的时间计划安排； （5）质量监督记录用表式； （6）监督人员及需用资源安排
3	对工程实体质量和工程质量行为进行抽查．抽测	（1）日常检查和抽查抽测相结合，采取"双随机、一公开"（随机抽取检查对象，随机选派监督检查人员，及时公开检查情况和查处结果）检查方式和"互联网＋监管"模式。重点是涉及结构安全和重要使用功能的项目。对违反有关规定、造成工程质量事故和严重质量问题的单位和个人依法严肃查处曝光。 （2）对工程质量责任主体和质量检测等单位的质量行为进行检查。检查内容包括： ① 参与工程项目建设各方的质量保证体系建立和运行情况； ② 企业的工程经营资质证书和相关人员的资格证书； ③ 按建设程序规定的开工前必须办理的各项建设行政手续是否齐全完备； ④ 施工组织设计、监理规划等文件及其审批手续和实际执行情况； ⑤ 执行相关法律法规和工程建设强制性标准的情况； ⑥ 工程质量检查记录
4	监督工程竣工验收	在竣工阶段，监督机构主要是按规定对工程竣工验收工作进行监督： （1）竣工验收前，针对在质量监督检查中提出的质量问题进行复查，检查其是否按要求整改完毕； （2）竣工验收时，参加竣工验收的会议，对验收的程序及验收的过程进行监督。 注：（1）工程竣工验收合格后，建设单位应当在建筑物明显部位设置永久性标牌，载明建设、勘察、设计、施工、监理单位等工程质量责任主体的名称和主要责任人姓名。 （2）建设行政主管部门或者其他有关部门发现建设单位在竣工验收过程中有违反国家有关建设工程质量管理规定行为的，责令停止使用，并重新组织竣工验收

序号	项目	内容
5	形成工程质量监督报告	内容包括： （1）工程项目概况； （2）项目参建各方的质量行为检查情况； （3）工程项目实体质量抽查情况； （4）历次质量监督检查中提出质量问题的整改情况； （5）工程竣工质量验收情况； （6）项目质量评价（包括建筑节能和环保评价）； （7）对存在的质量缺陷的处理意见
6	建立工程质量监督档案	（1）项目工程质量监督档案按单位工程建立； （2）归档及时，资料记录等各类文件齐全； （3）经监督机构负责人签字后归档； （4）按规定年限保存

1Z205000　建设工程职业健康安全与环境管理

1Z205010　职业健康安全管理体系与环境管理体系

【考点图谱】

考点1　职业健康安全管理体系与环境管理体系标准

职业健康安全管理体系标准与环境管理体系标准

序号	项目	内容
1	《职业健康安全管理体系 要求及使用指南》GB/T 45001—2020 标准体系构成	（1）职业健康安全管理体系是企业总体管理体系的一部分。作为我国推荐性标准的职业健康安全管理体系标准，目前被企业普遍采用，用以建立职业健康安全管理体系。2020 年 3 月 6 日，国家市场监管总局、国家标准化管理委员会（SAC）批准《职业健康安全管理体系要求及使用指南》GB/T 45001—2020，该标准是等同采用 ISO 45001：2018《Occupational health and safety management systems—Requirements with guidance for use》代替了 GB/T 28001—2011、GB/T 28002—2011。 （2）根据《职业健康安全管理体系要求及使用指南》GB/T 45001—2020 规定，职业健康安全管理体系的目的是防止对工作人员造成与工作相关的伤害和健康损害，并提供健康安全的工作场所
2	环境管理体系标准	（1）国际标准化制定的 ISO 14000 体系标准，被我国等同采用。即： ①《环境管理体系 要求及使用指南》GB/T 24001—2016； ②《环境管理体系通用实施指南》GB/T 24004—2017。 （2）在《环境管理体系 要求及使用指南》GB/T 24001—2016 中，环境是指"组织运行活动的外部存在，包括空气、水、土地、自然资源、植物、动物、人，以及它（他）们之间的相互关系"。这个定义是以组织运行活动为主体，其外部存在主要是指人类认识到的、直接或间接影响人类生存的各种自然因素及其相互关系

职业健康安全管理体系与环境管理体系结构、模式等对比

序号	对比项目	职业健康安全管理体系	环境管理体系
1	结构	标准由"范围""规范性引用文件""术语和定义""组织所处的环境""领导作用和工作人员参与""策划""支持""运行""绩效评价"和"改进"十部分组成	该标准由"范围""规范性引用文件""术语与定义""组织所处的环境""领导作用""策划""支持""运行""绩效评价"和"改进"十部分组成
2	运行模式	职业健康安全管理体系的目的和预期结果是防止对工作人员造成与工作相关的伤害和健康损害，并提供健康安全的工作场所。实施符合本标准的职业健康安全管理体系，能使组织管理其职业健康安全风险并提升其职业健康安全绩效。职业健康安全管理体系可有助于组织满足法律法规要求和其他要求。具体实施中采用了戴明模型，即一种动态循环并螺旋上升的系统化管理模式	该模式是由"策划—支持与运行—绩效评价—改进"构成的动态循环过程，与戴明的 PDCA 循环模式是一致的

序号	对比项目	职业健康安全管理体系	环境管理体系
3	管理的目的	（1）职业健康安全管理的目的是在生产活动中，通过职业健康安全生产的管理活动，对影响生产的具体因素进行状态控制，使生产因素中的不安全行为和状态尽可能减少或消除，且不引发事故，以保证生产活动中人员的健康和安全。 （2）对于建设工程项目，职业健康安全管理的目的是防止和尽可能减少生产安全事故、保护产品生产者的健康与安全、保障人民群众的生命和财产免受损失；控制影响或可能影响工作场所内的员工或其他工作人员（包括临时工和承包方员工）、访问者或任何其他人员的健康安全的条件和因素；避免因管理不当对在组织控制下工作的人员健康和安全造成危害	（1）环境管理的目的是保护生态环境，使社会的经济发展与人类的生存环境相协调。 （2）对于建设工程项目，环境保护主要是指保护和改善施工现场的环境。企业应当遵照国家和地方的相关法律法规以及行业和企业自身的要求，采取措施控制施工现场的各种粉尘、废水、废气、固体废弃物以及噪声、振动对环境的污染和危害，并且要注意节约资源和避免资源的浪费

职业健康安全管理体系的实施和保持关键因素

（1）最高管理者的领导作用、承诺、职责和担当；

（2）最高管理者在组织内建立、引导和促进支持实现职业健康安全管理体系预期结果的文化；

（3）沟通；

（4）工作人员及其代表（若有）的协商和参与；

（5）为保持职业健康安全管理体系而所需的资源配置；

（6）符合组织总体战略目标和方向的职业健康安全方针；

（7）辨识危险源、控制职业健康安全风险和利用职业健康安全机遇的有效过程；

（8）为提升职业健康安全绩效而对职业健康安全管理体系绩效的持续监视和评价；

（9）将职业健康安全管理体系融入组织的业务过程；

（10）符合职业健康安全方针并必须考虑组织的危险源、职业健康安全风险和职业健康安全机遇的职业健康安全目标；

（11）符合法律法规要求和其他要求。

考点 2 职业健康安全与环境管理的特点和要求

建设工程职业健康安全与环境管理的特点

序号	项目	内容
1	复杂性	建设项目的职业健康安全和环境管理涉及大量的露天作业，受到气候条件、工程地质和水文地质、地理条件和地域资源等不可控因素的影响较大
2	多变性	一方面是项目建设现场材料、设备和工具的流动性大；另一方面由于技术进步，项目不断引入新材料、新设备和新工艺，这都加大了相应的管理难度
3	协调性	项目建设涉及的工种甚多，包括大量的高空作业、地下作业、用电作业、爆破作业、施工机械、起重作业等较危险的工程，并且各工种经常需要交叉或平行作业

序号	项目	内容
4	持续性	项目建设一般具有建设周期长的特点，从设计、实施直至投产阶段，诸多工序环环相扣。前一道工序的隐患，可能在后续的工序中暴露，酿成安全事故
5	经济性	产品的时代性、社会性与多样性决定环境管理的经济性
6	多样性	产品的时代性和社会性决定了环境管理的多样性

建设工程职业健康安全与环境管理的要求

序号	项目	内容
1	决策阶段	(1) 建设单位应按照有关建设工程法律法规的规定和强制性标准的要求，办理各种有关安全与环境保护方面的审批手续。 (2) 对需要进行环境影响评价或安全预评价的建设工程项目，应组织或委托有相应资质的单位进行建设工程项目环境影响评价和安全预评价
2	设计阶段	(1) 设计单位应按照有关建设工程法律法规的规定和强制性标准的要求，进行环境保护设施和安全设施的设计，防止因设计考虑不周而导致生产安全事故的发生或对环境造成不良影响。 (2) 在进行工程设计时，设计单位应当考虑施工安全和防护需要，对涉及施工安全的重点部分和环节在设计文件中应进行注明，并对防范生产安全事故提出指导意见。 (3) 对于采用新结构、新材料、新工艺的建设工程和特殊结构的建设工程，设计单位应在设计中提出保障施工作业人员安全和预防生产安全事故的措施建议。 (4) 在工程总概算中，应明确工程安全环保设施费用、安全施工和环境保护措施费等。 (5) 设计单位和注册建筑师等执业人员应当对其设计成果负责
3	施工阶段	(1) 建设单位在申请领取施工许可证时，应当提供建设工程有关安全施工措施的资料。 (2) 对于依法批准开工报告的建设工程，建设单位应当自开工报告批准之日起15日内，将保证安全施工的措施报送建设工程所在地的县级以上人民政府建设行政主管部门或者其他有关部门备案。 (3) 对于应当拆除的工程，建设单位应当在拆除工程施工15日前，将拆除施工单位资质等级证明，拟拆除建筑物、构筑物及可能涉及毗邻建筑的说明，拆除施工组织方案，堆放、清除废弃物的措施的资料报送建设工程所在地的县级以上的地方人民政府主管部门或者其他有关部门备案。 (4) 施工企业在其经营生产的活动中必须对本企业的安全生产负全面责任。企业的法定代表人是安全生产的第一负责人，项目负责人是施工项目生产的主要负责人。施工企业应当具备安全生产的资质条件，取得安全生产许可证的施工企业应设立安全生产管理机构，配备合格的安全生产管理人员，提供必要的资源；要建立健全职业健康安全体系以及有关的安全生产责任制和各项安全生产规章制度。对项目要编制切合实际的安全生产计划，制定职业健康安全保障措施；实施安全教育培训制度，不断提高员工的安全意识和安全生产素质。 (5) 建设工程实行总承包的，由总承包单位对施工现场的安全生产负总责并自行完成工程主体结构的施工。分包单位应当接受总承包单位的安全生产管理，分包合同中应当明确各自的安全生产方面的权利、义务。分包单位不服从管理导致生产安全事故的，由分包单位承担主要责任，总承包单位对分包工程的安全生产承担连带责任
4	验收试运行阶段	(1) 项目竣工后，建设单位应向审批建设工程项目环境影响报告书、环境影响报告或者环境影响登记表的环境保护行政主管部门申请，对环保设施进行竣工验收。环保行政主管部门应在收到申请环保设施竣工验收之日起30日内完成验收。验收合格后，才能投入生产和使用。 (2) 对于需要试生产的建设工程项目，建设单位应当在项目投入试生产之日起3个月内向环保行政主管部门申请对其项目配套的环保设施进行竣工验收

考点3　职业健康安全管理体系与环境管理体系的建立和运行

职业健康安全管理体系与环境管理体系的建立

序号	项目	内容
1	领导决策	最高管理者亲自决策
2	成立工作组	最高管理者或授权管理者代表组建工作小组负责建立体系。工作小组的成员要覆盖组织的主要职能部门，组长负责协调各职能部门间人力、资金、信息获取工作
3	人员培训	使有关人员具有完成对职业健康与环境有影响的任务的相应能力，了解建立体系的重要性，了解标准的主要思想和内容
4	初始状态评审	初始状态评审是对组织过去和现在的职业健康安全与环境的信息、状态进行收集、调查分析、识别，获取现行法律法规和其他要求，进行危险源辨识和风险评价、环境因素识别和重要环境因素评价。评审结果将作为确定职业健康安全与环境方针、制定管理方案、编制体系文件的基础。初始状态评审的内容包括： （1）辨识工作场所中的危险源和环境因素； （2）明确适用的有关职业健康安全与环境法律、法规和其他要求； （3）评审组织现有的管理制度，并与标准进行对比； （4）评审过去的事故，进行分析评价，检查组织是否建立了处罚和预防措施； （5）了解相关方对组织在职业健康安全与环境管理工作的看法和要求
5	制定方针、目标、指标和管理方案	（1）方针是组织对其职业健康安全与环境行为的原则和意图的声明，也是组织自觉承担其责任和义务的承诺。方针不仅为组织确定了总的指导方向和行动准则，而且是评价一切后续活动的依据，并为更加具体的目标和指标提供一个框架。 （2）职业健康安全及环境目标、指标的制定是组织为了实现其在职业健康安全及环境方针中所体现出的管理理念及其对整体绩效的期许与原则，与企业的总目标相一致。目标和指标制定的依据和准则为： ①依据并符合方针； ②考虑法律、法规和其他要求； ③考虑自身潜在的危险和重要环境因素； ④考虑商业机会和竞争机遇； ⑤考虑可实施性； ⑥考虑监测考评的现实性； ⑦考虑相关方的观点。 （3）管理方案是实现目标、指标的行动方案。为保证职业健康安全和环境管理体系目标的实现，需结合年度管理目标和企业客观实际情况，策划制定职业健康安全和环境管理方案，方案中应明确旨在实现目标指标的相关部门的职责、方法、时间表以及资源的要求
6	管理体系策划与设计	依据制定的方针、目标和指标、管理方案确定组织机构职责和筹划各种运行程序。策划与设计的主要工作有： （1）确定文件结构； （2）确定文件编写格式； （3）确定各层文件名称及编号； （4）制定文件编写计划； （5）安排文件的审查、审批和发布工作

序号	项目	内容
7	体系文件编写	（1）职业健康安全与环境管理体系是系统化、结构化、程序化的管理体系，是遵循PDCA管理模式并以文件为支持的管理制度和管理办法。 （2）体系文件编写和实施应遵循以下原则：标准要求的要写到、文件写到的要做到、做到的要有有效记录
8	文件的审查、审批和发布	文件经审查、修改、汇总后进行审批，然后发布

职业健康安全管理体系与环境管理体系体系文件编写

序号	项目	内容
1	管理手册的编写	（1）管理手册是对组织整个管理体系的整体性描述，为体系的进一步展开以及后续程序文件的制定提供了框架要求和原则规定，是管理体系的纲领性文件。手册可使组织的各级管理者明确体系概况，了解各部门的职责权限和相互关系，以便统一分工和协调管理。 （2）管理手册除了反映了组织管理体系需要解决的问题所在，也反映出了组织的管理思路和理念。同时也向组织内外部人员提供了查询所需文件和记录的途径，相当于体系文件的索引。 （3）其主要内容包括： ① 方针、目标、指标、管理方案； ② 管理、运行、审核和评审工作人员的主要职责、权限和相互关系； ③ 关于程序文件的说明和查询途径； ④ 关于管理手册的管理、评审和修订工作的规定
2	程序文件的编写	程序文件的编写应符合以下要求： （1）程序文件要针对需要编制程序文件体系的管理要素。 （2）程序文件的内容可按"4W1H"的顺序和内容来编写，即明确程序中管理要素由谁做（Who），什么时间做（When），在什么地点做（Where），做什么（What），怎么做（How）。 （3）程序文件一般格式可按照目的和适用范围、引用的标准及文件、术语和定义、职责、工作程序、报告和记录的格式以及相关文件等的顺序来编写
3	作业文件的编制	（1）作业文件是指管理手册、程序文件之外的文件，一般包括作业指导书（操作规程）、管理规定、监测活动准则及程序文件引用的表格。 （2）其编写的内容和格式与程序文件的要求基本相同。 （3）在编写之前应对原有的作业文件进行清理，摘其有用，删除无关

职业健康安全管理体系与环境管理体系的运行

序号	项目	内容
1	培训意识和能力	组织应确定与职业健康安全管理风险、环境风险及体系相关的培训需求，应提供培训或采取其他措施来满足这些需求，评价培训或采取的措施的有效性，并保存相关记录
2	信息交流	信息交流是确保各要素构成一个完整的、动态的、持续改进的体系和基础，应关注信息交流的内容和方式

序号	项目	内容
3	文件管理	（1）对现有有效文件进行整理编号，方便查询索引； （2）对适用的规范、规程等行业标准应及时购买补充，对适用的表格要及时发放； （3）对在内容上有抵触的文件和过期的文件要及时作废并妥善处理
4	执行控制程序文件的规定	体系的运行离不开程序文件的指导，程序文件及其相关的作业文件在组织内部都具有法定效力，必须严格执行，才能保证体系正确运行
5	监测	严格监测体系的运行情况。监测中应明确监测的对象和监测的方法
6	不符合、纠正和预防措施	体系在运行过程中，不符合的出现是不可避免的，包括事故也难免要发生，关键是相应的纠正与预防措施是否及时有效。组织应建立、实施并保持程序，以处理实际和潜在的不符合，并采取纠正措施和预防措施
7	记录	在体系运行过程中及时按文件要求进行记录，如实反映体系运行情况

注：体系运行是指按照已建立体系的要求实施，其实施的重点包括培训意识和能力，信息交流，文件管理，执行控制程序，监测，不符合、纠正和预防措施，记录等。

职业健康安全管理体系与环境管理体系的维持

序号	项目	内容
1	内部审核	（1）内部审核是组织对其自身的管理体系进行的审核，是对体系是否正常运行以及是否达到了规定的目标所作的独立的检查和评价，是管理体系自我保证和自我监督的一种机制。 （2）内部审核前要明确审核的方式方法和步骤，形成审核计划，并发至相关部门
2	管理评审	管理评审是由组织的最高管理者对管理体系的系统评价，判断组织的管理体系面对内部情况和外部环境的变化是否充分适应有效，由此决定是否对管理体系做出调整，包括方针、目标、机构和程序等。管理评审中应注意以下问题： （1）信息输入的充分性和有效性； （2）评审过程充分严谨，应明确评审的内容和对相关信息的收集、整理，并进行充分的讨论和分析； （3）评审结论应该清楚明了，表述准确； （4）评审中提出的问题应认真进行整改，不断持续改进
3	合规性评价	（1）分为公司级和项目组级评价两个层次进行。 （2）项目组级评价，由项目经理组织有关人员对施工中应遵守的法律法规和其他要求的执行情况进行一次合规性评价。当某个阶段施工时间超过半年时，合规性评价不少于一次。项目工程结束时应针对整个项目工程进行系统的合规性评价。 （3）公司级评价每年进行一次，制定计划后由管理者代表组织企业相关部门和项目组，对公司应遵守的法律法规和其他要求的执行情况进行合规性评价。 （4）各级合规性评价后，对不能充分满足要求的相关活动或行为，通过管理方案或纠正措施等方式进行逐步改进。上述评价和改进的结果，应形成必要的记录和证据，作为管理评审的输入。 （5）管理评审时，最高管理者应结合上述合规性评价的结果、企业的客观管理实际、相关法律法规和其他要求，系统评价体系运行过程中对适用法律法规和其他要求的遵守执行情况，并由相关部门或最高管理者提出改进要求

1Z205020 建设工程安全生产管理

【考点图谱】

【考点精析】

考点1　安全生产管理制度

施工安全生产管理制度体系的主要内容

序号	项目	内容
1	安全生产责任制度（最基本、核心的安全管理制度）	（1）安全生产责任制度主要包括企业主要负责人的安全责任，负责人或其他副职的安全责任，项目负责人（项目经理）的安全责任，生产、技术、材料等各职能管理负责人及其工作人员的安全责任，技术负责人（工程师）的安全责任、专职安全生产管理人员的安全责任，施工员的安全责任，班组长的安全责任和岗位人员的安全责任等。《中华人民共和国安全生产法》明确规定，生产经营单位主要负责人是本单位安全生产第一责任人，对本单位的安全生产工作全面负责。 （2）项目应对各级、各部门安全生产责任制规定检查和考核办法，并按规定期限进行考核，对考核结果及兑现情况应有记录。 （3）项目独立承包的工程在签订承包合同中必须有安全生产工作的具体指标和要求。工程由多单位施工时，总分包单位在签订分包合同的同时要签订安全生产合同（协议），签订合同前要检查分包单位的营业执照、企业资质证、安全资格证等。分包队伍的资质应与工程要求相符，在安全合同中应明确总分包单位各自的安全职责，原则上，实行总承包的由总承包单位负责，分包单位向总承包单位负责，服从总承包单位对施工现场的安全管理，分包单位在其分包范围内建立施工现场安全生产管理制度，并组织实施。

序号	项目	内容
1	安全生产责任制度（最基本、核心的安全管理制度）	（4）项目的主要工种应有相应的安全技术操作规程，砌筑、抹灰、混凝土、木工、电工、钢筋、机械、起重司机、信号指挥、脚手架、水暖、油漆、塔吊、电梯、电气焊等工种，特殊作业应另行补充。应将安全技术操作规程列为日常安全活动和安全教育的主要内容，并应悬挂在操作岗位前。 （5）工程项目部专职安全人员的配备应按住房和城乡建设部的规定，1 万 m² 以下工程 1 人；1 万～5 万 m² 的工程不少于 2 人；5 万 m² 以上的工程不少于 3 人，且按专业配备专职安全生产管理人员
2	安全生产许可证制度	（1）国务院建设主管部门负责中央管理的建筑施工企业安全生产许可证的颁发和管理，其他企业由省、自治区、直辖市人民政府建设主管部门进行颁发和管理，并接受国务院建设主管部门的指导和监督。 （2）安全生产许可证颁发管理机关应当自收到申请之日起 45 日内审查完毕，经审查符合该条例规定的安全生产条件的，颁发安全生产许可证；不符合该条例规定的安全生产条件的，不予颁发安全生产许可证，书面通知企业并说明理由。 （3）安全生产许可证的有效期为 3 年。安全生产许可证有效期满需要延期的，企业应当于期满前 3 个月向原安全生产许可证颁发管理机关办理延期手续。 （4）企业在安全生产许可证有效期内，严格遵守有关安全生产的法律法规，未发生死亡事故的，安全生产许可证有效期届满时，经原安全生产许可证颁发管理机关同意，不再审查，安全生产许可证有效期延期 3 年。 （5）企业不得转让、冒用安全生产许可证或者使用伪造的安全生产许可证
3	政府安全生产监督检查制度	（1）国务院负责安全生产监督管理的部门依照《安全生产法》的规定，对全国建设工程安全生产工作实施综合监督管理。 （2）县级以上地方人民政府负责安全生产监督管理的部门依照《安全生产法》的规定，对本行政区域内建设工程安全生产工作实施综合监督管理。 （3）国务院建设行政主管部门对全国的建设工程安全生产实施监督管理。国务院铁路、交通、水利等有关部门按照国务院规定的职责分工，负责有关专业建设工程安全生产的监督管理。 （4）县级以上地方人民政府建设行政主管部门对本行政区域内的建设工程安全生产实施监督管理。县级以上地方人民政府交通、水利等有关部门在各自的职责范围内，负责本行政区域内的专业建设工程安全生产的监督管理。 （5）县级以上人民政府负有建设工程安全生产监督管理职责的部门在各自的职责范围内履行安全监督检查职责时，有权纠正施工中违反安全生产要求的行为，责令立即排除检查中发现的安全事故隐患，对重大隐患可以责令暂时停止施工。建设行政主管部门或者其他有关部门可以将施工现场安全监督检查委托给建设工程安全监督机构具体实施
4	安全生产教育培训制度	（1）管理人员的安全教育： ① 企业领导的安全教育； ② 项目经理、技术负责人和技术干部的安全教育； ③ 行政管理干部的安全教育；

序号	项目	内容
4	安全生产教育培训制度	④ 企业安全管理人员的安全教育； ⑤ 班组长和安全员的安全教育。 （2）特种作业人员的安全教育。 （3）企业员工的安全教育： 企业员工的安全教育主要有新员工上岗前的三级安全教育、改变工艺和变换岗位安全教育、经常性安全教育三种形式
5	安全措施计划制度	安全措施计划制度是指企业进行生产活动时，必须编制安全措施计划，它是企业有计划地改善劳动条件和安全卫生设施，防止工伤事故和职业病的重要措施之一，对企业加强劳动保护，改善劳动条件，保障职工的安全和健康，促进企业生产经营的发展都起着积极作用
6	特种作业人员持证上岗制度	（1）垂直运输机械作业人员、安装拆卸工、爆破作业人员、起重信号工、登高架设作业人员等特种作业人员，必须按照国家有关规定经过专门的安全作业培训，并取得特种作业操作资格证书后，方可上岗作业。 （2）特种作业操作证在全国范围内有效，离开特种作业岗位 6 个月以上的特种作业人员，应当重新进行实际操作考试，经确认合格后方可上岗作业
7	专项施工方案专家论证制度	（1）施工单位应当在施工组织设计中编制安全技术措施和施工现场临时用电方案，对下列达到一定规模的危险性较大的分部分项工程编制专项施工方案，并附具安全验算结果，经施工单位技术负责人、总监理工程师签字后实施，由专职安全生产管理人员进行现场监督，包括基坑支护与降水工程；土方开挖工程；模板工程；起重吊装工程；脚手架工程；拆除、爆破工程；国务院建设行政主管部门或者其他有关部门规定的其他危险性较大的工程。 （2）对上述所列工程中涉及深基坑、地下暗挖工程、高大模板工程的专项施工方案，施工单位还应当组织专家进行论证、审查
8	严重危及施工安全的工艺、设备、材料淘汰制度	对于已经公布的严重危及施工安全的工艺、设备和材料，不得继续使用，也不得转让他人使用
9	施工起重机械使用登记制度	（1）施工单位应当自施工起重机械和整体提升脚手架、模板等自升式架设设施验收合格之日起 30 日内，向建设行政主管部门或者其他有关部门登记。 （2）登记标志应当置于或者附着于该设备的显著位置

序号	项目	内容
10	安全检查制度	（1）安全检查的目的：安全检查制度是清除隐患、防止事故、改善劳动条件的重要手段，是企业安全生产管理工作的一项重要内容。通过安全检查可以发现企业及生产过程中的危险因素，以便有计划地采取措施，保证安全生产。 （2）安全检查的方式：检查方式有企业组织的定期安全检查，各级管理人员的日常巡回检查，专业性检查，季节性检查，节假日前后的安全检查，班组自检、交接检查，不定期检查等。 （3）安全检查的内容：查思想、查管理、查隐患、查整改、查伤亡事故处理等。安全检查的重点是检查"三违"和安全责任制的落实。检查后应编写安全检查报告，报告应包括以下内容：已达标项目，未达标项目，存在问题，原因分析，纠正和预防措施。 （4）安全隐患的处理程序：对查出的安全隐患，不能立即整改的要制定整改计划，定人、定措施、定经费、定完成日期，在未消除安全隐患前，必须采取可靠的防范措施，如有危及人身安全的紧急险情，应立即停工。应按照"登记—整改—复查—销案"的程序处理安全隐患
11	生产安全事故报告和调查处理制度	（1）《中华人民共和国安全生产法》规定："生产经营单位发生生产安全事故后，事故现场有关人员应当立即报告本单位负责人。单位负责人接到事故报告后，应当迅速采取有效措施，组织抢救，防止事故扩大，减少人员伤亡和财产损失，并按照国家有关规定立即如实报告当地负有安全生产监督管理职责的部门，不得隐瞒不报、谎报或者迟报，不得故意破坏事故现场、毁灭有关证据。" （2）《中华人民共和国建筑法》规定："施工中发生事故时，建筑施工企业应当采取紧急措施减少人员伤亡和事故损失，并按照国家有关规定及时向有关部门报告。" （3）《建设工程安全生产管理条例》规定："施工单位发生生产安全事故，应当按照国家有关伤亡事故报告和调查处理的规定，及时、如实向负责安全生产监督管理的部门、建设行政主管部门或者其他有关部门报告；特种设备发生事故的，还应当同时向特种设备安全监督管理部门报告。接到报告的部门应当按照国家有关规定，如实上报。"
12	"三同时"制度	（1）与主体工程同时设计、同时施工、同时投入生产和使用。 （2）投产后不得将安全设施闲置不用，生产设施必须和安全设施同时使用
13	安全预评价制度	安全预评价是根据建设项目可行性研究报告内容，分析和预测该建设项目可能存在的危险、有害因素的种类和程度，提出合理可行的安全对策措施及建议
14	工伤和意外伤害保险制度	（1）工伤保险属于法定的强制性保险，施工企业应为职工办理工伤保险并缴纳保险费。 （2）鼓励企业为从事危险作业的职工办理意外伤害保险，支付保险费；是否为从事危险作业的职工投保意外伤害保险由建筑施工企业自主决定

企业安全生产教育培训

序号	项目	内容
1	管理人员的安全教育	（1）企业领导的安全教育 ① 国家有关安全生产的方针、政策、法律、法规及有关规章制度； ② 安全生产管理职责、企业安全生产管理知识及安全文化； ③ 有关事故案例及事故应急处理措施等。 （2）项目经理、技术负责人和技术干部的安全教育 ① 安全生产方针、政策和法律、法规； ② 项目经理部安全生产责任； ③ 典型事故案例剖析； ④ 本系统安全及其相应的安全技术知识。 （3）行政管理干部的安全教育 ① 安全生产方针、政策和法律、法规； ② 基本的安全技术知识； ③ 本职的安全生产责任。 （4）企业安全管理人员的安全教育 ① 国家有关安全生产的方针、政策、法律、法规和安全生产标准； ② 企业安全生产管理、安全技术、职业病知识、安全文件； ③ 员工伤亡事故和职业病统计报告及调查处理程序； ④ 有关事故案例及事故应急处理措施。 （5）班组长和安全员的安全教育 ① 安全生产法律、法规、安全技术及技能、职业病和安全文化的知识； ② 本企业、本班组和工作岗位的危险因素、安全注意事项； ③ 本岗位安全生产职责； ④ 典型事故案例； ⑤ 事故抢救与应急处理措施
2	特种作业人员的安全教育	（1）特种作业人员必须经专门的安全技术培训并考核合格，取得《中华人民共和国特种作业操作证》后，方可上岗作业。 （2）特种作业人员应当接受与其所从事的特种作业相应的安全技术理论训练和实际操作培训。已经取得职业高中、技工学校及中专以上学历的毕业生从事与其所学专业相应的特种作业，持学历证明经考核发证机关同意，可以免予相关专业的培训。 （3）跨省、自治区、直辖市从业的特种作业人员，可以在户籍所在地或者从业所在地参加培训
3	企业员工的安全教育	（1）新员工上岗前的三级安全教育：三级安全教育通常是指进厂、进车间、进班组三级，对建设工程来说，具体指企业（公司）、项目（或工区、工程处、施工队）、班组三级。企业新员工上岗前必须进行三级安全教育，企业新员工须按规定通过三级安全教育和实际操作训练，并经考核合格后方可上岗。企业新上岗的从业人员，岗前培训时间不得少于24学时。 ① 企业（公司）级安全教育由企业主管领导负责，企业职业健康安全管理部门会同有关部门组织实施，内容应包括安全生产法律、法规，通用安全技术、职业卫生和安全文化的基本知识，本企业安全生产规章制度及状况、劳动纪律和有关事故案例等内容。 ② 项目（或工区、工程处、施工队）级安全教育由项目级负责人组织实施，专职或兼职安全员协助，内容包括工程项目的概况，安全生产状况和规章制度，主要危险因素及安全事项，预防工伤事故和职业病的主要措施，典型事故案例及事故应急处理措施等。

序号	项目	内容
3	企业员工的安全教育	③ 班组级安全教育由班组长组织实施,内容包括遵章守纪,岗位安全操作规程,岗位间工作衔接配合的安全生产事项,典型事故及发生事故后应采取的紧急措施,劳动防护用品(用具)的性能及正确使用方法等内容。 (2)改变工艺和变换岗位时的安全教育 ① 企业(或工程项目)在实施新工艺、新技术或使用新设备、新材料时,必须对有关人员进行相应级别的安全教育,要按新的安全操作规程教育和培训参加操作的岗位员工和有关人员,使其了解新工艺、新设备、新产品的安全性能及安全技术,以适应新的岗位作业的安全要求。 ② 当组织内部员工发生从一个岗位调到另外一个岗位,或从某工种改变为另一工种,或因放长假离岗一年以上重新上岗的情况,企业必须进行相应的安全技术培训和教育,以使其掌握现岗位安全生产特点和要求。 (3)经常性安全教育:在经常性安全教育中,安全思想、安全态度教育最重要。进行安全思想、安全态度教育,要通过采取多种多样形式的安全教育活动,激发员工搞好安全生产的热情,促使员工重视和真正实现安全生产。经常性安全教育的形式有:每天的班前班后会上说明安全注意事项;安全活动日;安全生产会议;事故现场会;张贴安全生产招贴画、宣传标语及标志等

安全措施计划制度

序号	项目	内容
1	安全措施计划的范围	安全措施计划的范围应包括改善劳动条件、防止事故发生、预防职业病和职业中毒等内容,具体包括: (1)安全技术措施:安全技术措施是预防企业员工在工作过程中发生工伤事故的各项措施,包括防护装置、保险装置、信号装置和防爆炸装置等。 (2)职业卫生措施:职业卫生措施是预防职业病和改善职业卫生环境的必要措施,包括防尘、防毒、防噪声、通风、照明、取暖、降温等措施。 (3)辅助用房间及设施:辅助用房间及设施是为了保证生产过程安全卫生所必需的房间及一切设施,包括更衣室、休息室、淋浴室、消毒室、妇女卫生室、厕所和冬期作业取暖室等。 (4)安全宣传教育措施:安全宣传教育措施是为了宣传普及有关安全生产法律、法规、基本知识所需要的措施,其主要内容包括安全生产教材、图书、资料,安全生产展览,安全生产规章制度,安全操作方法训练设施,劳动保护和安全技术的研究与实验等
2	编制安全措施计划的依据	(1)国家发布的有关职业健康安全政策、法规和标准; (2)在安全检查中发现的尚未解决的问题; (3)造成伤亡事故和职业病的主要原因和所采取的措施; (4)生产发展需要所应采取的安全技术措施; (5)安全技术革新项目和员工提出的合理化建议
3	编制安全技术措施计划的一般步骤	(1)工作活动分类; (2)危险源识别; (3)风险确定; (4)风险评价; (5)制定安全技术措施计划; (6)评价安全技术措施计划的充分性

考点 2 安全生产管理预警体系的建立和运行

安全生产管理预警体系的要素

序号	预警体系组成	内容
1	外部环境预警系统	(1) 自然环境突变的预警; (2) 政策法规变化的预警; (3) 技术变化的预警
2	内部管理不良预警系统	(1) 质量管理预警; (2) 设备管理预警; (3) 人的行为活动管理预警
3	预警信息管理系统	(1) 以管理信息系统(MIS)为基础,专用于预警管理的信息管理,主要是监测外部环境与内部管理的信息; (2) 预警信息的管理包括信息收集、处理、辨伪、存储、推断等过程
4	事故预警系统	通过对生产活动和安全管理过程中各种事故征兆的监测、识别、诊断与评价,以及对事故严重程度和发生可能性的判别给出安全风险预警级别,并根据预警分析的结果对事故征兆的不良趋势进行矫正、预防与控制

预警体系的建立

序号	项目	内容
1	预警体系建立的原则	(1) 及时性; (2) 全面性; (3) 高效性; (4) 客观性
2	预警体系实现的功能	(1) 预警分析 主要由预警监测、预警信息管理、预警评价指标体系构建和预测评价等工作内容组成。 (2) 预警评价指标体系的构建 ① 预警评价指标的确定:一般可分为人的安全可靠性指标,生产过程的环境安全性指标,安全管理有效性的指标以及机(物)安全可靠性指标等。 ② 预警准则的确定:预警准则指一套判别标准或原则,用来决定在不同预警级别情况下,是否应当发出警报以及发出何种程度的警报。 ③ 预警方法的确定:包括指标预警、因素预警、综合预警、误警和漏警等方法。 ④ 预警阈值的确定:预警阈值确定原则上既要防止误报又要避免漏报,若采用指标预警,一般可根据具体规程设定报警阈值,或者根据具体实际情况,确定适宜的报警阈值。若为综合预警,一般根据经验和理论来确定预警阈值(即综合指标临界值),如综合指标值接近或达到这个阈值时,意味着将有事故出现,可以将此时的综合预警指标值确定为报警阈值。 (3) 预警评价 Ⅰ级预警,表示安全状况特别严重,用红色表示; Ⅱ级预警,表示受到事故的严重威胁,用橙色表示; Ⅲ级预警,表示处于事故的上升阶段,用黄色表示; Ⅳ级预警,表示生产活动处于正常状态,用蓝色表示。

序号	项目	内容
2	预警体系实现的功能	(4) 预控对策 包括组织准备、日常监控和事故危机管理三个活动阶段。 ① 组织准备：确定预警体系的组织构成、职能分配及运行方式；事故状态下预警体系的运行和管理提供组织保障，确保预控对策的实施； ② 日常监控：包括培训员工的预警知识和各种逆境的预测，模拟预警管理方案，总结预警监控活动的经验或教训，在特别状态时提出建议供决策层采纳等； ③ 事故危机管理：是在日常监控活动无法有效扭转危险状态时的管理对策，是预警管理活动陷入危机状态时采取的一种特殊性质的管理

预警体系的运行

序号	项目	内容
1	监测	(1) 监测是预警活动的前提，监测的任务包括两个方面：一是对生产中的薄弱环节和重要环节进行全方位、全过程的监测；二是利用预警信息管理系统对大量的监测信息进行处理（整理、分类、存储、传输）并建立信息档案。 (2) 通过对前后数据、实时数据的收集、整理、分析、存储和比较，建立预警信息档案，信息档案中的信息是整个预警系统共享的，它将监测信息及时、准确地输入下一预警环节
2	识别	(1) 识别是运用评价指标体系对监测信息进行分析，以识别生产活动中各类事故征兆、事故诱因，以及将要发生的事故活动趋势。 (2) 识别的主要任务是应用适宜的识别指标，判断已经发生的异常征兆、可能的连锁反应
3	诊断	(1) 对已被识别的各种事故现象，进行成因过程的分析和发展趋势预测。 (2) 诊断的主要任务是在诸多致灾因素中找出危险性最高、危险程度最严重的主要因素，并对其成因进行分析，对发展过程及可能的发展趋势进行准确定量的描述。 (3) 诊断的工具是企业特性和行业安全生产共性相统一的评价指标体系
4	评价	对已被确认的主要事故征兆进行描述性评价，以明确生产活动在这些事故征兆现象冲击下会遭受什么样的打击，通过预警评价判断此时生产所处状态是正常、警戒、还是危险、极度危险、危机状态，并把握其发展趋势，在必要时准确报警
5	监测、识别、诊断、评价的关系	(1) 监测、识别、诊断、评价这四个环节预警活动，是前后顺序的因果联系。 (2) 监测活动的检测信息系统，是整个预警管理系统所共享的，识别、诊断、评价这三个环节的活动结果将以信息方式存入到预警信息管理系统中。 (3) 这四个环节活动所使用的评价指标，也具有共享性和统一性

考点 3　施工安全技术措施和安全技术交底

施工安全控制

序号	项目	内容
1	目标	安全控制的目标是减少和消除生产过程中的事故，保证人员健康安全和财产免受损失。具体应包括： (1) 减少或消除人的不安全行为的目标； (2) 减少或消除设备、材料的不安全状态的目标； (3) 改善生产环境和保护自然环境的目标

序号	项目	内容
2	控制程序	(1) 确定每项具体建设工程项目的安全目标 按"目标管理"方法在以项目经理为首的项目管理系统内进行分解，从而确定每个岗位的安全目标，实现全员安全控制。 (2) 编制建设工程项目安全技术措施计划 工程施工安全技术措施计划是对生产过程中的不安全因素，用技术手段加以消除和控制的文件，是落实"预防为主"方针的具体体现，是进行工程项目安全控制的指导性文件。 (3) 安全技术措施计划的落实和实施 安全技术措施计划的落实和实施包括建立健全安全生产责任制，设置安全生产设施，采用安全技术和应急措施，进行安全教育和培训，安全检查，事故处理，沟通和交流信息，通过一系列安全措施的贯彻，使生产作业的安全状况处于受控状态。 (4) 安全技术措施计划的验证 安全技术措施计划的验证是通过施工过程中对安全技术措施计划实施情况的安全检查，纠正不符合安全技术措施计划的情况，保证安全技术措施的贯彻和实施。 (5) 持续改进根据安全技术措施计划的验证结果，对不适宜的安全技术措施计划进行修改、补充和完善

施工安全技术措施的一般要求

序号	项目	内容
1	施工安全技术措施必须在工程开工前制定	在工程开工前与施工组织设计一同编制。在工程图纸会审时，应特别注意考虑安全施工的问题，并在开工前制定好安全技术措施
2	施工安全技术措施要有全面性	(1) 大中型工程项目、结构复杂的重点工程，除必须在施工组织设计中编制施工安全技术措施外，还应编制专项工程施工安全技术措施，详细说明有关安全方面的防护要求和措施，确保单位工程或分部分项工程的施工安全。 (2) 爆破、拆除、起重吊装、水下、基坑支护和降水、土方开挖、脚手架、模板等危险性较大的作业，必须编制专项安全施工技术方案
3	施工安全技术措施要有针对性	须掌握工程概况、施工方法、施工环境、条件等一手资料，并熟悉安全法规、标准等，才能制定有针对性的安全技术措施
4	施工安全技术措施应力求全面、具体、可靠	(1) 施工安全技术措施应把可能出现的各种不安全因素考虑周全，制定的对策措施方案应力求全面、具体、可靠，这样才能真正做到预防事故的发生。但是，全面具体不等于罗列一般通常的操作工艺、施工方法以及日常安全工作制度、安全纪律等。这些制度性规定，安全技术措施中不需要再作抄录，但必须严格执行。 (2) 对大型群体工程或一些面积大、结构复杂的重点工程，除必须在施工组织总设计中编制施工安全技术总体措施外，还应编制单位工程或分部分项工程安全技术措施，详细地制定出有关安全方面的防护要求和措施，确保该单位工程或分部分项工程的安全施工
5	施工安全技术措施必须包括应急预案	必须包括面对突发事件或紧急状态的各种应急设施、人员逃生和救援预案
6	施工安全技术措施要有可行性和可操作性	既要考虑保证安全要求，又要考虑现场环境条件和施工技术条件能够做到

施工安全技术措施的主要内容

序号	项目	内容
1	主要内容	(1) 进入施工现场的安全规定; (2) 地面及深槽作业的防护; (3) 高处及立体交叉作业的防护; (4) 施工用电安全; (5) 施工机械设备的安全使用; (6) 在采取"四新"技术时,有针对性的专门安全技术措施; (7) 有针对自然灾害预防的安全措施; (8) 预防有毒、有害、易燃、易爆等作业造成危害的安全技术措施; (9) 现场消防措施
2	其他规定	(1) 安全技术措施中必须包含施工总平面图,在图中必须对危险的油库、易燃材料库、变电设备、材料和构配件的堆放位置、塔式起重机、物料提升机(井架、龙门架)、施工用电梯、垂直运输设备位置、搅拌台的位置等按照施工需求和安全规程的要求明确定位,并提出具体要求。 (2) 结构复杂、危险性大、特性较多的分部分项工程,应编制专项施工方案和安全措施。如基坑支护与降水工程、土方开挖工程、模板工程、起重吊装工程、脚手架工程、拆除工程、爆破工程等,必须编制单项的安全技术措施,并要有设计依据、有计算、有详图、有文字要求。 (3) 季节性施工安全技术措施,就是考虑夏季、雨季、冬季等不同季节的气候对施工生产带来的不安全因素可能造成的各种突发性事故,而从防护上、技术上、管理上采取的防护措施。一般工程可在施工组织设计或施工方案的安全技术措施中编制季节性施工安全措施;危险性大、高温期长的工程,应单独编制季节性的施工安全措施

安全技术交底

序号	项目	内容
1	内容	(1) 工程项目和分部分项工程的概况; (2) 本施工项目的施工作业特点和危险点; (3) 针对危险点的具体预防措施; (4) 作业中应遵守的安全操作规程以及应注意的安全事项; (5) 作业人员发现事故隐患应采取的措施; (6) 发生事故后应及时采取的避难和急救措施
2	要求	(1) 项目经理部必须实行逐级安全技术交底制度,纵向延伸到班组全体作业人员; (2) 技术交底必须具体、明确,针对性强; (3) 技术交底的内容应针对分部分项工程施工中给作业人员带来的潜在危险因素和存在问题; (4) 应优先采用新的安全技术措施; (5) 对于涉及"四新"项目或技术含量高、技术难度大的单项技术设计,必须经过两阶段技术交底,即初步设计技术交底和实施性施工图技术设计交底; (6) 应将工程概况、施工方法、施工程序、安全技术措施等向工长、班组长进行详细交底; (7) 定期向由两个以上作业队和多工种进行交叉施工的作业队伍进行书面交底; (8) 保持书面安全技术交底签字记录

考点4 安全生产检查监督的类型和内容

安全生产检查监督

序号	项目	内容
1	主要类型	(1) 全面安全检查:全面检查应包括职业健康安全管理方针、管理组织机构及其安全管理的职责、安全设施、操作环境、防护用品、卫生条件、运输管理、危险品管理、火灾预防、安全教育和安全检查制度等项内容。对全面检查的结果必须进行汇总分析,详细探讨所出现的问题及相应对策。

序号	项目	内容
1	主要类型	（2）经常性安全检查：工程项目和班组应开展经常性安全检查，及时排除事故隐患。工作人员必须在工作前，对所用的机械设备和工具进行仔细的检查，发现问题立即上报。下班前，还必须进行班后检查，做好设备的维修保养和清整场地等工作，保证交接安全。 （3）专业或专职安全管理人员的专业安全检查：专业或专职安全管理人员在进行安全检查时，必须不徇私情，按章检查，发现违章操作情况要立即纠正，发现隐患及时指出并提出相应防护措施，并及时上报检查结果。 （4）季节性安全检查：要对防风防沙、防涝抗旱、防雷电、防暑防雨雪灾害等工作进行季节性的检查，根据各个季节自然灾害的发生规律，及时采取相应的防护措施。 （5）节假日检查：在节假日，坚持上班的人员较少，往往放松思想警惕，容易发生意外，而且一旦发生意外事故，也难以进行有效的救援和控制。因此，节假日必须安排专业安全管理人员进行安全检查，对重点部位要进行巡视。同时配备一定数量的安全保卫人员，搞好安全保卫工作，绝不能麻痹大意。 （6）要害部门重点安全检查：对于企业要害部门和重要设备必须进行重点检查。由于其重要性和特殊性，一旦发生意外，会造成大的伤害，给企业的经济效益和社会效益带来不良的影响。为了确保安全，对设备的运转和零件的状况要定时进行检查，发现损坏立刻更换，决不能"带病"作业；一过有效年限即使没有故障，也应该予以更新，不能因小失大
2	主要内容	（1）查思想：检查企业领导和员工对安全生产方针的认识程度，对建立健全安全生产管理和安全生产规章制度的重视程度，对安全检查中发现的安全问题或安全隐患的处理态度等。 （2）查制度：为了实施安全生产管理制度，工程承包企业应结合本身的实际情况，建立健全一整套本企业的安全生产规章制度，并落实到具体的工程项目施工任务中。在安全检查时，应对企业的施工安全生产规章制度进行检查。 （3）查管理：主要检查安全生产管理是否有效，安全生产管理和规章制度是否真正得到落实。 （4）查隐患：主要检查生产作业现场是否符合安全生产要求，检查人员应深入作业现场，检查工人的劳动条件、卫生设施、安全通道，零部件的存放，防护设施状况，电气设备、压力容器、化学用品的储存，粉尘及有毒有害作业部位点的达标情况，车间内的通风照明设施，个人劳动防护用品的使用是否符合规定等。要特别注意对一些要害部位和设备加强检查，如锅炉房，变电所，各种剧毒、易燃、易爆等场所。 （5）查整改：主要检查对过去提出的安全问题和发生安全生产事故及安全隐患后是否采取了安全技术措施和安全管理措施，进行整改的效果如何。 （6）查事故处理：检查对伤亡事故是否及时报告，对责任人是否已经作出严肃处理。在安全检查中必须成立一个适应安全检查工作需要的检查组，配备适当的人力物力。检查结束后应编写安全检查报告，说明已达标项目、未达标项目、存在问题、原因分析，给出纠正和预防措施的建议

考点5　安全隐患的处理

安全隐患因素

序号	项目	内容
1	人的不安全因素	包括人员的心理、生理、能力中所具有不能适应工作、作业岗位要求的影响安全的因素。 （1）心理上的不安全因素有影响安全的性格、气质和情绪（如急躁、懒散、粗心等）。 （2）生理上的不安全因素大致有5个方面： ① 视觉、听觉等感觉器官不能适应作业岗位要求的因素； ② 体能不能适应作业岗位要求的因素； ③ 年龄不能适应作业岗位要求的因素； ④ 有不适合作业岗位要求的疾病； ⑤ 疲劳和酒醉或感觉朦胧。 （3）能力上的不安全因素包括知识技能、应变能力、资格等不能适应工作和作业岗位要求的影响因素

序号	项目	内容
2	人的不安全行为	不安全行为的类型有： （1）操作失误、忽视安全、忽视警告； （2）造成安全装置失效； （3）使用不安全设备； （4）手代替工具操作； （5）物体存放不当； （6）冒险进入危险场所； （7）攀坐不安全位置； （8）在起吊物下作业、停留； （9）在机器运转时进行检查、维修、保养； （10）有分散注意力的行为； （11）未正确使用个人防护用品、用具； （12）不安全装束； （13）对易燃易爆等危险物品处理错误
3	物的不安全状态的内容	（1）物本身存在的缺陷； （2）防护保险方面的缺陷； （3）物的放置方法的缺陷； （4）作业环境场所的缺陷； （5）外部的和自然界的不安全状态； （6）作业方法导致的物的不安全状态； （7）保护器具信号、标志和个体防护用品的缺陷
4	物的不安全状态的类型	（1）防护等装置缺陷； （2）设备、设施等缺陷； （3）个人防护用品缺陷； （4）生产场地环境的缺陷
5	组织管理上的不安全因素	组织管理上的缺陷，也是事故潜在的不安全因素，作为间接的原因共有以下方面： （1）技术上的缺陷； （2）教育上的缺陷； （3）生理上的缺陷； （4）心理上的缺陷； （5）管理工作上的缺陷； （6）学校教育和社会、历史上的原因造成的缺陷

安全事故隐患治理原则

序号	原则	内容
1	冗余安全度治理原则	在治理事故隐患时应考虑设置多道防线，即使发生有一两道防线无效，还有冗余的防线可以控制事故隐患
2	单项隐患综合治理原则	人、机、料、法、环境五者任一个环节产生安全事故隐患，都要从五者安全匹配的角度考虑
3	事故直接隐患与间接隐患并治原则	对人、机、环境系统进行安全治理的同时，还需治理安全管理措施
4	预防与减灾并重治理原则	尽可能减少发生事故的可能性，如果不能安全控制事故的发生，也要设法将事故等级减低
5	重点治理原则	实行危险点分级治理，也可以用安全检查表打分，对隐患危险程度分级
6	动态治理原则	对生产过程进行动态随机安全化治理

注：安全事故隐患的处理要求包括：（1）当场指正，限期纠正，预防隐患发生；（2）做好记录，及时整改，消除安全隐患；（3）分析统计，查找原因，制定预防措施；（4）跟踪验证。

1Z205030 建设工程生产安全事故应急预案和事故处理

【考点图谱】

【考点精析】

考点1 生产安全事故应急预案的内容

施工生产安全事故应急预案体系的构成

序号	项目	内容
1	综合应急预案	(1) 综合应急预案是从总体上阐述事故的应急方针、政策,应急组织结构及相关应急职责,应急行动、措施和保障等基本要求和程序,是应对各类事故的综合性文件; (2) 生产规模小、危险因素少的施工单位,综合应急预案和专项应急预案可以合并编写
2	专项应急预案	(1) 是针对具体的事故类别、危险源和应急保障而制定的计划或方案,是综合应急预案的组成部分,并作为综合应急预案的附件; (2) 应制定明确的救援程序和具体的应急救援措施
3	现场处置方案	(1) 针对具体的装置、场所或设施、岗位所制定的应急处置措施; (2) 现场处置方案应具体、简单、针对性强; (3) 现场处置方案应根据风险评估及危险性控制措施逐一编制,并进行应急演练

生产安全事故应急预案编制的要求

1. 符合有关法律、法规、规章和标准的规定；
2. 结合本地区、本部门、本单位的安全生产实际情况；
3. 结合本地区、本部门、本单位的危险性分析情况；
4. 应急组织和人员的职责分工明确，并有具体的落实措施；
5. 有明确、具体的事故预防措施和应急程序，并与其应急能力相适应；
6. 有明确的应急保障措施，并能满足本地区、本部门、本单位的应急工作要求；
7. 预案基本要素齐全、完整，预案附件提供的信息准确；
8. 预案内容与相关应急预案相互衔接。

考点 2 生产安全事故应急预案的管理

施工生产安全事故应急预案的管理（包括评审、备案、实施和奖惩）

序号	项目	内容
1	管理体制	（1）中华人民共和国应急管理部负责应急预案的综合协调管理工作。国务院其他负有安全生产监督管理职责的部门按照各自的职责负责本行业、本领域内应急预案的管理工作。 （2）县级以上地方各级人民政府应急管理管理部门负责本行政区域内应急预案的综合协调管理工作。县级以上地方各级人民政府其他负有安全生产监督管理职责的部门按照各自的职责负责辖区内本行业、本领域应急预案的管理工作
2	应急预案的评审	（1）地方各级应急管理部门应当组织有关专家对本部门编制的应急预案进行审定，必要时可以召开听证会，听取社会有关方面的意见。涉及相关部门职能或者需要有关部门配合的，应当征得有关部门同意。 （2）参加应急预案评审的人员应当包括应急预案涉及的政府部门工作人员和有关安全生产及应急管理方面的专家。 （3）评审人员与所审预案的生产经营单位有利害关系的，应当回避。 （4）应急预案的评审或者论证应当注重应急预案的实用性、基本要素的完整性、预防措施的针对性、组织体系的科学性、响应程序的操作性、应急保障措施的可行性、应急预案的衔接性等内容
3	应急预案的备案	（1）地方各级人民政府应急管理部门的应急预案，应当报同级人民政府备案，同时抄送上一级人民政府应急管理部门，并依法向社会公布。 （2）地方各级人民政府其他负有安全生产监督管理职责的部门的应急预案，应当抄送同级人民政府应急管理部门。 （3）中央企业的，其总部（上市公司）的应急预案，报国务院主管的负有安全生产监督管理职责的部门备案，并抄送应急管理部；其所属单位的应急预案报所在地的省、自治区、直辖市或者设区的市级人民政府主管的负有安全生产监督管理职责的部门备案，并抄送同级人民政府应急管理部门。 （4）不属于中央企业的，其中非煤矿山、金属冶炼和危险化学品生产、经营、储存、运输企业，以及使用危险化学品达到国家规定数量的化工企业、烟花爆竹生产、批发经营企业的应急预案，按照隶属关系报所在地县级以上地方人民政府应急管理部门备案；前述单位以外的其他生产经营单位应急预案的备案，由省、自治区、直辖市人民政府负有安全生产监督管理职责的部门确定

序号	项目	内容
4	应急预案的实施	（1）各级应急管理部门、生产经营单位应当采取多种形式开展应急预案的宣传教育，普及生产安全事故预防、避险、自救和互救知识，提高从业人员和社会公众的安全意识和应急处置技能。 （2）施工单位应当组织开展本单位的应急预案、应急知识、自救互救和避险逃生技能的培训活动，使有关人员了解应急预案内容，熟悉应急职责、应急处置程序和措施。 （3）生产经营单位应当制定本单位的应急预案演练计划，根据本单位的事故预防重点，每年至少组织一次综合应急预案演练或者专项应急预案演练，每半年至少组织一次现场处置方案演练

应急预案修订情形

1. 有下列情形之一的，应急预案应当及时修订并归档：

（1）依据的法律、法规、规章、标准及上位预案中的有关规定发生重大变化的；

（2）应急指挥机构及其职责发生调整的；

（3）面临的事故风险发生重大变化的；

（4）重要应急资源发生重大变化的；

（5）预案中的其他重要信息发生变化的；

（6）在应急演练和事故应急救援中发现问题需要修订的；

（7）编制单位认为应当修订的其他情况。

2. 施工单位应急预案修订涉及组织指挥体系与职责、应急处置程序、主要处置措施、应急响应分级等内容变更的，修订工作应当参照《生产安全事故应急预案管理办法》规定的应急预案编制程序进行，并按照有关应急预案报备程序重新备案。

考点 3　职业健康安全事故的分类和处理

职业伤害事故（按照事故发生的原因）分类

物体打击、车辆伤害、机械伤害、起重伤害、触电、灼烫、火灾、高处坠落、坍塌、火药爆炸、中毒和窒息、其他伤害等。

注：建设工程领域中最常见的是高处坠落、物体打击、机械伤害、触电、坍塌、中毒、火灾7类。

职业伤害事故按造成损失的程度分类

职业伤害事故按安全事故伤害程度分类

序号	分类	内容
1	轻伤	是指造成职工肢体或某些器官功能性或器质性轻度损伤，能引起劳动能力轻度或暂时丧失的伤害的事故，一般每个受伤人员休息1个工作日以上（含1个工作日），105个工作日以下

序号	分类	内容
2	重伤	一般指受伤人员肢体残缺或视觉、听觉等器官受到严重损伤，能引起人体长期存在功能障碍或劳动能力有重大损失的伤害，或者造成每个受伤人损失105工作日以上（含105个工作日）的失能伤害的事故
3	死亡	重大伤亡事故指一次事故中死亡1～2人的事故；特大伤亡事故指一次事故死亡3人以上（含3人）的事故

注："以上"包含本数，"以下"不包含本数。

事故处理"四不放过"的原则

1. 事故原因未查清不放过；
2. 责任人员未处理不放过；
3. 有关人员未受到教育不放过；
4. 整改措施未落实不放过。

生产安全事故分类、处理、调查及法律责任

序号	分类	监管部门的报告	事故报告内容	事故调查的管辖	事故调查报告的内容
1	特别重大	逐级上报至国务院应急管理部门和负有安全生产监督管理职责的有关部门，收到报告后应当立即报告国务院	（1）事故发生的时间、地点和工程项目、有关单位名称；	国务院或者国务院授权有关部门组织事故调查组	（1）事故发生单位概况；
2	重大事故		（2）事故的简要经过；		（2）事故发生经过和事故救援情况；
3	较大事故	逐级上报至省、自治区、直辖市人民政府应急管理部门和负有安全生产监督管理职责的有关部门	（3）事故已经造成或者可能造成的伤亡人数（包括下落不明的人数）和初步估计的直接经济损失；	分别由事故发生地省级人民政府、设区的市级人民政府、县级人民政府负责调查。可以直接调查，也可以授权或者委托有关部门组织事故调查组进行调查	（3）事故造成的人员伤亡和直接经济损失；
			（4）事故的初步原因；		（4）事故发生的原因和事故性质；
4	一般事故	上报至设区的市级人民政府应急管理部门和负有安全生产监督管理职责的有关部门	（5）事故发生后采取的措施及事故控制情况；（6）事故报告单位或报告人员；（7）其他应当报告的情况		（5）事故责任的认定和对事故责任者的处理建议；（6）事故防范和整改措施

生产安全事故报告的说明

序号	项目	规定
1	事故单位报告	（1）事故发生后，事故现场有关人员应当立即向本单位负责人报告；单位负责人接到报告后，应当于1小时内向事故发生地县级以上人民政府应急管理部门和负有安全生产监督管理职责的有关部门报告，并有组织、有指挥地抢救伤员、排除险情；应当防止人为或自然因素的破坏，便于事故原因的调查。（2）各个行业的建设施工中出现了安全事故，都应当向建设行政主管部门报告。专业工程出现安全事故，还需要向有关行业主管部门报告。（3）情况紧急时，事故现场有关人员可以直接向事故发生地县级以上人民政府应急管理部门和负有安全生产监督管理职责的有关部门报告

序号	项目	规定
2	监管部门报告	（1）应急管理部门和负有安全生产监督管理职责的有关部门接到事故报告后，应当依照下列规定上报事故情况，并通知公安机关、劳动保障行政部门、工会和人民检察院。 ① 特别重大事故、重大事故逐级上报至国务院应急管理部门和负有安全生产监督管理职责的有关部门； ② 较大事故逐级上报至省、自治区、直辖市人民政府应急管理部门和负有安全生产监督管理职责的有关部门； ③ 一般事故上报至设区的市级人民政府应急管理部门和负有安全生产监督管理职责的有关部门。 （2）应急管理部门和负有安全生产监督管理职责的有关部门依照前款规定上报事故情况，应当同时报告本级人民政府。国务院应急管理部门和负有安全生产监督管理职责的有关部门以及省级人民政府接到发生特别重大事故、重大事故的报告后，应当立即报告国务院。必要时，应急管理部门和负有安全生产监督管理职责的有关部门可以越级上报事故情况。 （3）应急管理部门和负有安全生产监督管理职责的有关部门逐级上报事故情况，每级上报的时间不得超过2小时。事故报告后出现新情况的，应当及时补报

建设工程安全事故处理措施

序号	项目	内容
1	组织调查组，开展事故调查	（1）特别重大事故由国务院或者国务院授权有关部门组织事故调查组进行调查。重大事故、较大事故、一般事故分别由事故发生地省级人民政府、设区的市级人民政府、县级人民政府负责调查。省级人民政府、设区的市级人民政府、县级人民政府可以直接组织事故调查组进行调查，也可以授权或者委托有关部门组织事故调查组进行调查。未造成人员伤亡的一般事故，县级人民政府也可以委托事故发生单位组织事故调查组进行调查。 （2）事故调查组有权向有关单位和个人了解与事故有关的情况，并要求其提供相关文件、资料，有关单位和个人不得拒绝。事故发生单位的负责人和有关人员在事故调查期间不得擅离职守，并应当随时接受事故调查组的询问，如实提供有关情况。事故调查中发现涉嫌犯罪的，事故调查组应当及时将有关材料或者其复印件移交司法机关处理
2	现场勘查	事故发生后，调查组应迅速到现场进行及时、全面、准确和客观的勘察，包括现场笔录、现场拍照和现场绘图
3	分析事故原因	通过调查分析，查明事故经过，按受伤部位、受伤性质、起因物、致害物、伤害方法、不安全状态、不安全行为等，查清事故原因，包括人、物、生产管理和技术管理等方面的原因。通过直接和间接地分析，确定事故的直接责任者、间接责任者和主要责任者
4	制定预防措施	根据事故原因分析，制定防止类似事故再次发生的预防措施。根据事故后果和事故责任者应负的责任提出处理意见

163

序号	项目	内容
5	提交事故调查报告	事故调查组应当自事故发生之日起 60 日内提交事故调查报告；特殊情况下，经负责事故调查的人民政府批准，提交事故调查报告的期限可以适当延长，但延长的期限最长不超过 60 日。事故调查报告应当包括下列内容： （1）事故发生单位概况； （2）事故发生经过和事故救援情况； （3）事故造成的人员伤亡和直接经济损失； （4）事故发生的原因和事故性质； （5）事故责任的认定以及对事故责任者的处理建议； （6）事故防范和整改措施
6	事故的审理和结案	（1）重大事故、较大事故、一般事故，负责事故调查的人民政府应当自收到事故调查报告之日起 15 日内作出批复；特别重大事故，30 日内作出批复，特殊情况下，批复时间可以适当延长，但延长的时间最长不超过 30 日。 （2）有关机关应当按照人民政府的批复，依照法律、行政法规规定的权限和程序，对事故发生单位和有关人员进行行政处罚，对负有事故责任的国家工作人员进行处分。事故发生单位应当按照负责事故调查的人民政府的批复，对本单位负有事故责任的人员进行处理。 （3）负有事故责任的人员涉嫌犯罪的，依法追究刑事责任。 （4）事故处理的情况由负责事故调查的人民政府或者其授权的有关部门、机构向社会公布，依法应当保密的除外。事故调查处理的文件记录应长期完整地保存

安全事故统计规定

1. 报表的统计范围是在中华人民共和国领域内发生的生产安全事故依据该制度进行统计。

2. 统计内容主要包括事故发生单位的基本情况、事故造成的死亡人数、受伤人数（含急性工业中毒人数）、单位经济类型、事故类别等。

3. 生产安全事故发生地县级以上（"以上"包含本级，下同）应急管理部门除对发生的每起生产安全事故在规定时限内向上级人民政府应急管理部门和负有安全生产监督管理职责的有关部门报告外，还应通过"安全生产综合统计信息直报系统"填报，并在生产安全事故发生 7 日内，及时补充完善相关信息，并纳入生产安全事故统计。

4. 县级以上应急管理部门，在每月 7 日前报送上月生产安全事故统计数据汇总，生产安全事故发生之日起 30 日内（火灾、道路运输事故自发生之日起 7 日内）伤亡人员发生变化的，应及时补报伤亡人员变化情况。个别事故信息因特殊原因无法及时掌握的，应在事故调查结束后予以完善。

5. 经查实的瞒报、漏报的生产安全事故，应在接到生产安全事故信息通报后 24 小时内，在"安全生产综合统计信息直报系统"中进行填报。

1Z205040 建设工程施工现场职业健康安全与环境管理的要求

考点1 施工现场文明施工的要求

施工现场文明施工的要求

1. 有整套的施工组织设计或施工方案，施工总平面布置紧凑，施工场地规划合理，符合环保、市容、卫生的要求；

2. 有健全的施工组织管理机构和指挥系统，岗位分工明确；工序交叉合理，交接责任明确；

3. 有严格的成品保护措施和制度，大小临时设施和各种材料构件、半成品按平面布置堆放整齐；

4. 施工场地平整，道路畅通，排水设施得当，水电线路整齐，机具设备状况良好，使用合理，施工作业符合消防和安全要求；

5. 搞好环境卫生管理，包括施工区、生活区环境卫生和食堂卫生管理；

6. 文明施工应贯穿施工结束后的清场。

建设工程现场文明施工的措施

序号	项目	内容
1	加强现场文明施工的管理	（1）建立文明施工的管理组织：应确立项目经理为现场文明施工的第一责任人，以各专业工程师、施工质量、安全、材料、保卫等现场项目经理部人员为成员的施工现场文明管理组织，共同负责本工程现场文明施工工作。 （2）健全文明施工的管理制度：包括建立各级文明施工岗位责任制、将文明施工工作考核列入经济责任制，建立定期的检查制度，实行自检、互检、交接检制度，建立奖惩制度，开展文明施工立功竞赛，加强文明施工教育培训等
2	落实现场文明施工的各项管理措施	针对现场文明施工的各项要求，落实相应的各项管理措施
3	建立检查考核制度	对于建设工程文明施工，国家和各地大多制定了标准或规定，也有比较成熟的经验。在实际工作中，项目应结合相关标准和规定建立文明施工考核制度，推进各项文明施工措施的落实
4	抓好文明施工建设工作	（1）建立宣传教育制度。现场宣传安全生产、文明施工、国家大事、社会形势、企业精神、优秀事迹等。 （2）坚持以人为本，加强管理人员和班组文明建设。教育职工遵纪守法，提高企业整体管理水平和文明素质。 （3）主动与有关单位配合，积极开展共建文明活动，树立企业良好的社会形象

落实现场文明施工的各项管理措施

序号	项目	内容
1	施工平面布置	施工总平面图是现场管理、实现文明施工的依据。施工总平面图应对施工机械设备、材料和构配件的堆场、现场加工场地，以及现场临时运输道路、临时供水供电线路和其他临时设施进行合理布置，并随工程实施的不同阶段进行场地布置和调整
2	现场围挡、标牌	（1）施工现场必须实行封闭管理，设置进出口大门，制定门卫制度，严格执行外来人员进场登记制度。沿工地四周连续设置围挡，市区主要路段和其他涉及市容景观路段的工地设置围挡的高度不低于 2.5m，其他工地的围挡高度不低于 1.8m，围挡材料要求坚固、稳定、统一、整洁、美观。 （2）施工现场必须设有"五牌一图"，即工程概况牌、管理人员名单及监督电话牌、消防保卫（防火责任）牌、安全生产牌、文明施工牌和施工现场总平面图。 （3）施工现场应合理悬挂安全生产宣传和警示牌，标牌悬挂牢固可靠，特别是主要施工部位、作业点和危险区域以及主要通道口都必须有针对性地悬挂醒目的安全警示牌
3	施工场地	（1）施工现场应积极推行硬地坪施工，作业区、生活区主干道地面必须用一定厚度的混凝土硬化，场内其他道路地面也应硬化处理。 （2）施工现场道路畅通、平坦、整洁，无散落物。 （3）施工现场设置排水系统，排水畅通，不积水。 （4）严禁泥浆、污水、废水外流或未经允许排入河道，严禁堵塞下水道和排水河道。 （5）施工现场适当地方设置吸烟处，作业区内禁止随意吸烟。 （6）积极美化施工现场环境，根据季节变化，适当进行绿化布置

序号	项目	内容
4	材料堆放、周转设备管理	（1）建筑材料、构配件、料具必须按施工现场总平面布置图堆放，布置合理。 （2）建筑材料、构配件及其他料具等必须做到安全、整齐堆放（存放），不得超高。堆料分门别类，悬挂标牌，标牌应统一制作，标明名称、品种、规格数量等。 （3）建立材料收发管理制度，仓库、工具间材料堆放整齐，易燃易爆物品分类堆放，专人负责，确保安全。 （4）施工现场建立清扫制度，落实到人，做到工完料尽场地清，车辆进出场应有防泥带出措施。建筑垃圾及时清运，临时存放现场的也应集中堆放整齐、悬挂标牌。不用的施工机具和设备应及时出场。 （5）施工设施、大模板、砖夹等，集中堆放整齐；大模板成对放稳，角度正确。钢模及零配件、脚手扣件分类分规格，集中存放。竹木杂料，分类堆放、规则成方、不散不乱、不作他用
5	现场生活设施	（1）施工现场作业区与办公、生活区必须明显划分，确因场地狭窄不能划分的，要有可靠的隔离栏防护措施。 （2）宿舍内应确保主体结构安全，设施完好。宿舍周围环境应保持整洁、安全。 （3）宿舍内应有保暖、消暑、防煤气中毒、防蚊虫叮咬等措施。严禁使用煤气灶、煤油炉、电饭煲、热得快、电炒锅、电炉等器具。 （4）食堂应有良好的通风和洁卫措施，保持卫生整洁，炊事员持健康证上岗。 （5）建立现场卫生责任制，设卫生保洁员。 （6）施工现场应设固定的男、女简易淋浴室和厕所，并要保证结构稳定、牢固和防风雨，并实行专人管理、及时清扫，保持整洁，要有灭蚊蝇滋生措施
6	现场消防、防火管理	（1）现场建立消防管理制度，建立消防领导小组，落实消防责任制和责任人员，做到思想重视、措施跟上、管理到位。 （2）定期对有关人员进行消防教育，落实消防措施。 （3）现场必须有消防平面布置图，临时设施按消防条例有关规定搭设，做到标准规范。 （4）易燃易爆物品堆放间、油漆间、木工间、总配电室等消防防火重点部位要按规定设置灭火机和消防沙箱，并有专人负责，对违反消防条例的有关人员进行严肃处理。 （5）施工现场用明火做到严格按动用明火规定执行，审批手续齐全
7	医疗急救的管理	展开卫生防病教育，准备必要的医疗设施，配备经过培训的急救人员，有急救措施、急救器材和保健医药箱。在现场办公室的显著位置张贴急救车和有关医院的电话号码等
8	社区服务的管理	建立施工不扰民的措施。现场不得焚烧有毒、有害物质等
9	治安管理	（1）建立现场治安保卫领导小组，有专人管理。 （2）新入场的人员做到及时登记，做到合法用工。 （3）按照治安管理条例和施工现场的治安管理规定搞好各项管理工作。 （4）建立门卫值班管理制度，严禁无证人员和其他闲杂人员进入施工现场，避免安全事故和失窃事件的发生

考点 2 施工现场环境保护的要求

施工现场环境污染的治理

序号	项目	内容
1	大气污染的处理	(1) 施工现场垃圾渣土要及时清理出现场。 (2) 高大建筑物清理施工垃圾时，要使用封闭式的容器或者采取其他措施处理高空废弃物，严禁凌空随意抛撒。 (3) 施工现场道路应指定专人定期洒水清扫，形成制度，防止道路扬尘。 (4) 对于细颗粒散体材料（如水泥、粉煤灰、白灰等）的运输、储存要注意遮盖、密封，防止和减少飞扬。 (5) 车辆开出工地要做到不带泥沙，基本做到不撒土、不扬尘，减少对周围环境污染。 (6) 除设有符合规定的装置外，禁止在施工现场焚烧油毡、橡胶、塑料、皮革、树叶、枯草、各种包装物等废弃物品以及其他会产生有毒、有害烟尘和恶臭气体的物质。 (7) 机动车都要安装减少尾气排放的装置，确保符合国家标准。 (8) 工地茶炉应尽量采用电热水器。若只能使用烧煤茶炉和锅炉时，应选用消烟除尘型茶炉和锅炉，大灶应选用消烟节能回风炉灶，使烟尘降至允许排放范围为止。 (9) 大城市市区的建设工程已不容许搅拌混凝土。在容许设置搅拌站的工地，应将搅拌站封闭严密，并在进料仓上方安装除尘装置，采用可靠措施控制工地粉尘污染。 (10) 拆除旧建筑物时，应适当洒水，防止扬尘
2	水污染的处理	(1) 禁止将有毒有害废弃物作土方回填。 (2) 施工现场搅拌站废水，现制水磨石的污水，电石（碳化钙）的污水必须经沉淀池沉淀合格后再排放，最好将沉淀水用于工地洒水降尘或采取措施回收利用。 (3) 现场存放油料，必须对库房地面进行防渗处理，如采用防渗混凝土地面、铺油毡等措施。使用时，要采取防止油料跑、冒、滴、漏的措施，以免污染水体。 (4) 施工现场100人以上的临时食堂，污水排放时可设置简易有效的隔油池，定期清理，防止污染。 (5) 工地临时厕所、化粪池应采取防渗漏措施。中心城市施工现场的临时厕所可采用水冲式厕所，并有防蝇灭蛆措施，防止污染水体和环境。 (6) 化学用品、外加剂等要妥善保管，库内存放，防止污染环境
3	噪声污染的处理	(1) 声源控制 ① 声源上降低噪声，这是防止噪声污染的最根本的措施。 ② 尽量采用低噪声设备和加工工艺代替高噪声设备与加工工艺，如低噪声振捣器、风机、电动空压机、电锯等。 ③ 在声源处安装消声器消声，即在通风机、鼓风机、压缩机、燃气机、内燃机及各类排气放空装置等进出风管的适当位置设置消声器。 (2) 传播途径的控制 ① 吸声：利用吸声材料（大多由多孔材料制成）或由吸声结构形成的共振结构（金属或木质薄板钻孔制成的空腔体）吸收声能，降低噪声。 ② 隔声：应用隔声结构，阻碍噪声向空间传播，将接收者与噪声声源分隔。隔声结构包括隔声室、隔声罩、隔声屏障、隔声墙等。 ③ 消声：利用消声器阻止传播。允许气流通过的消声降噪是防治空气动力性噪声的主要装置。如对空气压缩机、内燃机产生的噪声等。

序号	项目	内容
3	噪声污染的处理	④ 减振降噪：对来自振动引起的噪声，通过降低机械振动减小噪声，如将阻尼材料涂在振动源上，或改变振动源与其他刚性结构的连接方式等。 （3）接收者的防护 让处于噪声环境下的人员使用耳塞、耳罩等防护用品，减少相关人员在噪声环境中的暴露时间，以减轻噪声对人体的危害。 （4）严格控制人为噪声 ① 进入施工现场不得高声喊叫、无故甩打模板、乱吹哨，限制高音喇叭的使用，最大限度地减少噪声扰民。 ② 凡在人口稠密区进行强噪声作业时，须严格控制作业时间，一般晚 10 点到次日早 6 点之间停止强噪声作业。确系特殊情况必须昼夜施工时，尽量采取降低噪声措施，并会同建设单位找当地居委会、村委会或当地居民协调，出安民告示，求得群众谅解
4	固体废物污染的处理	（1）回收利用：回收利用是对固体废物进行资源化的重要手段之一。粉煤灰在建设工程领域的广泛应用就是对固体废弃物进行资源化利用的典型范例。又如发达国家炼钢原料中有 70% 是利用回收的废钢铁，所以，钢材可以看成是可再生利用的建筑材料。 （2）减量化处理：减量化是对已经产生的固体废物进行分选、破碎、压实浓缩、脱水等减少其最终处置量，减低处理成本，减少对环境的污染。在减量化处理的过程中，也包括和其他处理技术相关的工艺方法，如焚烧、热解、堆肥等。 （3）焚烧：焚烧用于不适合再利用且不宜直接予以填埋处置的废物，除有符合规定的装置外，不得在施工现场熔化沥青和焚烧油毡、油漆，亦不得焚烧其他可产生有毒有害和恶臭气体的废弃物。垃圾焚烧处理应使用符合环境要求的处理装置，避免对大气的二次污染。 （4）稳定和固化：稳定和固化处理是利用水泥、沥青等胶结材料，将松散的废物胶结包裹起来，减少有害物质从废物中向外迁移、扩散，使得废物对环境的污染减少。 （5）填埋：填埋是固体废物经过无害化、减量化处理的废物残渣集中到填埋场进行处置。禁止将有毒有害废弃物现场填埋，填埋场应利用天然或人工屏障。尽量使需处置的废物与环境隔离，并注意废物的稳定性和长期安全性

考点 3 施工现场职业健康安全卫生的要求

建设工程现场职业健康安全卫生的要求

1. 施工现场应设置办公室、宿舍、食堂、厕所、淋浴间、开水房、文体活动室、密闭式垃圾站（或容器）及盥洗设施等临时设施。临时设施所用建筑材料应符合环保、消防要求。

2. 办公区和生活区应设密闭式垃圾容器。

3. 办公室内布局合理，文件资料宜归类存放，并应保持室内清洁卫生。

4. 施工企业应根据法律、法规的规定，制定施工现场的公共卫生突发事件应急预案。

5. 施工现场应配备常用药品及绷带、止血带、颈托、担架等急救器材。

6. 施工现场应设专职或兼职保洁员，负责卫生清扫和保洁。

7. 办公区和生活区应采取灭鼠、蚊、蝇、蟑螂等措施，并应定期投放和喷洒药物。

8. 施工企业应结合季节特点，做好作业人员的饮食卫生和防暑降温、防寒保暖、防煤气中毒、防疫等工作。

9. 施工现场必须建立环境卫生管理和检查制度，并应做好检查记录。

10. 施工现场按规定设置避难场所，定期开展安全应急演练。

建设工程现场职业健康安全卫生的措施

序号	项目	内容
1	现场宿舍的管理	（1）宿舍内应保证有必要的生活空间，室内净高不得小于2.4m，通道宽度不得小于0.9m，每间宿舍居住人员不得超过16人。 （2）施工现场宿舍必须设置可开启式窗户，宿舍内的床铺不得超过2层，严禁使用通铺。 （3）宿舍内应设置生活用品专柜，有条件的宿舍宜设置生活用品储藏室。 （4）宿舍内应设置垃圾桶，宿舍外宜设置鞋柜或鞋架，生活区内应提供为作业人员晾晒衣服的场地
2	现场食堂的管理	（1）食堂必须有卫生许可证，炊事人员必须持身体健康证上岗。 （2）炊事人员上岗应穿戴洁净的工作服、工作帽和口罩，并应保持个人卫生。不得穿工作服出食堂，非炊事人员不得随意进入制作间。 （3）食堂炊具、餐具和公用饮水器具必须清洗消毒。 （4）施工现场应加强食品、原料的进货管理，食堂严禁出售变质食品。 （5）食堂应设置在远离厕所、垃圾站、有毒有害场所等污染源的地方。 （6）食堂应设置独立的制作间、储藏间，门扇下方应设不低于0.2m的防鼠挡板。制作间灶台及其周边贴瓷砖，所贴瓷砖高度不宜小于1.5m，地面应做硬化和防滑处理。粮食存放台距墙和地面应大于0.2m。 （7）食堂应配备必要的排风设施和冷藏设施。 （8）食堂的燃气罐应单独设置存放间，存放间应通风良好并严禁存放其他物品。 （9）食堂制作间的炊具宜存放在封闭的橱柜内，刀、盆、案板等炊具应生熟分开。食品应有遮盖，遮盖物品应用正反面标识。各种作料和副食应存放在密闭器皿内，并应有标识。 （10）食堂外应设置密闭式泔水桶，并应及时清运
3	现场厕所的管理	（1）施工现场应设置水冲式或移动式厕所，厕所地面应硬化，门窗应齐全。蹲位之间宜设置隔板，隔板高度不宜低于0.9m。 （2）厕所大小应根据作业人员的数量设置。高层建筑施工超过8层以后，每隔四层宜设置临时厕所。厕所应设专人负责清扫、消毒、化粪池应及时清掏
4	其他临时设施的管理	（1）淋浴间应设置满足需要的淋浴喷头，可设置储衣柜或挂衣架。 （2）盥洗设施应设置满足作业人员使用的盥洗池，并应使用节水龙头。 （3）生活区应设置开水炉、电热水器或饮用水保温桶；施工区应配备流动保温水桶。 （4）文体活动室应配备电视机、书报、杂志等文体活动设施、用品。 （5）施工现场作业人员发生法定传染病、食物中毒或急性职业中毒时，必须在2小时内向施工现场所在地建设行政主管部门和有关部门报告，并应积极配合调查处理。 （6）现场施工人员患有法定传染病时，应及时进行隔离，并由卫生防疫部门进行处置

1Z206000 建设工程合同与合同管理

1Z206010 建设工程施工招标与投标

【考点图谱】

考点1　施　工　招　标

招标知识总结

序号	项目	内容
1	招标投标项目的确定	宜采用招标的方式确定承包人： (1) 大型基础设施、公用事业等关系社会公共利益、公众安全的项目。 (2) 全部或者部分使用国有资金投资或者国家融资的项目。 (3) 使用国际组织或者外国政府贷款、援助资金的项目
2	招标方式的确定——公开招标	(1) 优点：招标人有较大的选择范围，可在众多的投标人中选择报价合理、工期较短、技术可靠、资信良好的中标人。 (2) 缺点：公开招标的资格审查和评标的工作量比较大，耗时长、费用高，且有可能因资格预审把关不严导致鱼目混珠的现象发生。 (3) 采用公开招标方式，招标人就不得以不合理的条件限制或排斥潜在的投标人
3	招标方式的确定——邀请招标	招标人采用邀请招标方式，应当向三个以上具备承担招标项目的能力、资信良好的特定的法人或者其他组织发出投标邀请书。可以邀请招标情形： (1) 技术复杂、有特殊要求或者受自然环境限制，只有少量潜在投标人可供选择。 (2) 采用公开招标方式的费用占项目合同金额的比例过大。 注意：国际竞争性招标和国内竞争性招标都属于公开招标，而有限国际招标则相当于邀请招标
4	自行招标与委托招标	(1) 招标人自行办理招标事宜，应当具有编制招标文件和组织评标的能力，即招标人具有与招标项目规模和复杂程度相适应的技术、经济等方面的专业人员。 (2) 工程招标代理机构可以跨省、自治区、直辖市承担工程招标代理业务
5	招标信息的发布与修正——招标信息的发布	(1) 依法必须招标项目的招标公告和公示信息应当在"中国招标投标公共服务平台"或者项目所在地省级电子招标投标公共服务平台（以下统一简称"发布媒介"）发布。 (2) 依法必须招标项目的招标公告和公示信息应当根据招标投标法律法规，以及国家发展改革委会同有关部门制定的标准文件编制，实现标准化、格式化。 (3) 拟发布的招标公告和公示信息文本应当由招标人或其招标代理机构盖章，并由主要负责人或其授权的项目负责人签名。采用数据电文形式的，应当按规定进行电子签名。 (4) 依法必须招标项目的招标公告和公示信息除在发布媒介发布外，招标人或其招标代理机构也可以同步在其他媒介公开，并确保内容一致。其他媒介可以依法全文转载依法必须招标项目的招标公告和公示信息，但不得改变其内容，同时必须注明信息来源。 (5) 招标人应当按招标公告或者投标邀请书规定的时间、地点出售招标文件或资格预审文件。自招标文件或者资格预审文件出售之日起至停止出售之日止，最短不得少于5日。 (6) 投标人必须自费购买相关招标或资格预审文件。招标人发售资格预审文件、招标文件收取的费用应当限于补偿印刷、邮寄的成本支出，不得以营利为目的。对于所附的设计文件，招标人可以向投标人酌收押金；对于开标后投标人退还设计文件的，招标人应当向投标人退还押金。招标文件或者资格预审文件售出后，不予退还。 (7) 招标人在发布招标公告、发出投标邀请书后或者售出招标文件或资格预审文件后不得擅自终止招标

序号	项目	内容
6	招标信息的发布与修正——招标信息的修正	(1) 时限：招标人对已发出的招标文件进行必要的澄清或者修改，应当在招标文件要求提交投标文件截止时间至少 15 日前发出。 (2) 形式：所有澄清文件必须以书面形式进行。 (3) 全面：所有澄清文件必须直接通知所有招标文件收受人。 (4) 效力：澄清或者修改的内容应为招标文件的有效组成部分
7	资格预审	(1) 资格审查分为资格预审和资格后审。 (2) 经认定合格的潜在投标人，才可以参加投标。 (3) 由业主自行或委托咨询公司编制资格预审文件，主要内容有：工程项目简介，对潜在投标人的要求，各种附表等。 (4) 投标意向者在规定的截止日期之前完成填报的内容，报送资格预审文件，所报送的文件在规定的截止日期后不能再进行修改。 (5) 通过资格预审的申请人少于 3 个的，应当重新招标
8	属于以不合理条件限制、排斥潜在投标人或者投标人的情形	(1) 就同一招标项目向潜在投标人或者投标人提供有差别的项目信息。 (2) 设定的资格、技术、商务条件与招标项目的具体特点和实际需要不相适应或者与合同履行无关。 (3) 依法必须进行招标的项目以特定行政区域或者特定行业的业绩、奖项作为加分条件或者中标条件。 (4) 对潜在投标人或者投标人采取不同的资格审查或者评标标准。 (5) 限定或者指定特定的专利、商标、品牌、原产地或者供应商。 (6) 依法必须进行招标的项目非法限定潜在投标人或者投标人的所有制形式或者组织形式。 (7) 以其他不合理条件限制、排斥潜在投标人或者投标人
9	标前会议	(1) 标前会议上，招标人可以对招标文件中的某些内容加以修改或补充说明，会议结束后，招标人应将会议纪要用书面通知的形式发给每一个获得招标文件的投标人。 (2) 会议纪要和答复函件形成招标文件的补充文件，都是招标文件的有效组成部分。与招标文件具有同等法律效力。当补充文件与招标文件内容不一致时，应以补充文件为准
10	评标	(1) 评标分为评标的准备、初步评审、详细评审、编写评标报告等过程。 (2) 初步评审主要是进行符合性审查，即重点审查投标书是否实质上响应了招标文件的要求。 (3) 大小写不一致的以大写为准，单价与数量的乘积之和与所报的总价不一致的应以单价为准；标书正本和副本不一致的，则以正本为准。 (4) 详细评审是评标的核心，是对标书进行实质性审查，包括技术评审和商务评审。 (5) 评标方法可以采用评议法、综合评分法或评标价法等。 (6) 评标结束应该推荐中标候选人。评标委员会推荐的中标候选人应当限定在 1～3 人。 (7) 招标人根据评标委员会提出的书面评标报告和推荐的中标候选人确定中标人。招标人也可以授权评标委员会直接确定中标人，或者在招标文件中规定排名第一的中标候选人为中标人，并明确排名第一的中标候选人不能作为中标人的情形和相关处理规则

考点 2 施 工 投 标

投标知识总结

序号	项目	内容
1	研究招标文件	重点注意招标文件中的以下几个方面问题： (1) 投标人须知； (2) 投标书附录与合同条件； (3) 技术说明； (4) 永久性工程之外的报价补充文件
2	进行各项调查研究	(1) 市场宏观经济环境调查； (2) 工程现场考察和工程所在地区的环境考察； (3) 工程业主方和竞争对手公司的调查
3	复核工程量	(1) 单价合同，尽管是以实测工程量结算工程款，但投标人仍应根据图纸仔细核算工程量，当发现相差较大时，投标人应向招标人要求澄清； (2) 总价合同，如果业主在投标前对争议工程量不予更正，而且是对投标者不利的情况，投标者应按实际工程量调整报价
4	选择施工方案	施工方案应由投标人的技术负责人主持制定，主要应考虑施工方法、主要施工机具的配置、各工种劳动力的安排及现场施工人员的平衡、施工进度及分批竣工的安排、安全措施等。施工方案的制定应在技术、工期和质量保证等方面对招标人有吸引力，同时又有利于降低施工成本。 (1) 要根据分类汇总的工程数量和工程进度计划中该类工程的施工周期、合同技术规范要求以及施工条件和其他情况选择和确定每项工程的施工方法，应根据实际情况和自身的施工能力来确定各类工程的施工方法。 (2) 要根据上述各类工程的施工方法选择相应的机具设备并计算所需数量和使用周期，研究确定采购新设备、租赁当地设备或调动企业现有设备。 (3) 要研究确定工程分包计划。 (4) 要用概略指标估算主要的和大宗的建筑材料的需用量，考虑其来源和分批进场的时间安排，从而可以估算现场用于存储、加工的临时设施（例如仓库、露天堆放场、加工场地或工棚等）。 (5) 根据现场设备、高峰人数和一切生产和生活方面的需要，估算现场用水、用电量，确定临时供电和供排水设施；考虑外部和内部材料供应的运输方式，估计运输和交通车辆的需要和来源；考虑其他临时工程的需要和建设方案；提出某些特殊条件下保证正常施工的措施，例如排除或降低地下水以保证地面以下工程施工的措施；冬期、雨期施工措施以及其他必需的临时设施安排
5	投标计算	首先根据招标文件复核或计算工程量。投标计算还必须与采用的合同计价形式相协调
6	确定投标策略	常用的投标策略：以信誉取胜、以低价取胜、以缩短工期取胜、以改进设计取胜或者以先进或特殊的施工方案取胜等
7	正式投标	(1) 注意投标的截止日期：招标人所规定的投标截止日就是提交标书最后的期限。投标人在投标截止日之前所提交的投标是有效的，超过该日期之后就会被视为无效投标。在招标文件要求提交投标文件的截止时间后送达的投标文件，招标人可以拒收。 (2) 投标文件的完备性：投标人应当按照招标文件的要求编制投标文件。投标文件应当对招标文件提出的实质性要求和条件作出响应。投标不完备或投标没有达到招标人的要求，在招标范围以外提出新的要求，均被视为对于招标文件的否定，不会被招标人所接受。投标人必须为自己所投出的标负责，如果中标，必须按照投标文件中所阐述的方案来完成工程，这其中包括质量标准、工期与进度计划、报价限额等基本指标以及招标人所提出的其他要求。 (3) 注意标书的标准：标书的提交要有固定的要求，基本内容是：签章、密封。如果不密封或密封不满足要求，投标是无效的。投标书还需要按照要求签章，投标书需要盖有投标企业公章以及企业法定代表人的名章（或签字）。如果项目所在地与企业距离较远，由当地项目经理部组织投标，需要提交企业法定代表人对于投标项目经理的授权委托书。 (4) 注意投标的担保

考点 3 合同谈判与签约

建设工程施工承包合同谈判的主要内容

序号	项目	内容
1	关于工程内容和范围的确认	经双方确认的工程内容和范围方面的修改或调整，应以文字方式确定下来，并以"合同补遗"或"会议纪要"方式作为合同附件，并明确它是构成合同的一部分
2	关于技术要求、技术规范和施工技术方案	必要的情况下甚至可以变更技术要求和施工方案
3	关于合同价格条款	依据计价方式的不同，建设工程施工合同可以分为总价合同、单价合同和成本加酬金合同。一般在招标文件中就会明确规定合同将采用什么计价方式，在合同谈判阶段往往没有讨论的余地。但在可能的情况下，中标人在谈判过程中仍然可以提出降低风险的改进方案
4	关于价格调整条款	无论是单价合同还是总价合同，都可以确定价格调整条款，即是否调整以及如何调整等
5	关于合同款支付方式的条款	(1) 分四个阶段进行，即预付款、工程进度款、最终付款和退还质量保证金； (2) 关于支付时间、支付方式、支付条件和支付审批程序等有很多种可能的选择，合同支付方式的有关条款是谈判的重要方面
6	关于工期和维修期	(1) 具有较多的单项工程的建设工程项目，可在合同中明确允许分部位或分批提交业主验收，并从该批验收时起开始计算该部分的维修期，以缩短承包人的责任期限，最大限度保障自己的利益； (2) 工程变更、恶劣的气候影响情况下应该给予承包人要求合理延长工期的权利； (3) 合同文本中应当对维修工程的范围、维修责任及维修期的开始和结束时间有明确的规定，承包人应该只承担由于材料和施工方法及操作工艺等不符合合同规定而产生的缺陷； (4) 承包人应力争以维修保函来代替业主扣留的质量保证金
7	合同条件中其他特殊条款的完善	主要包括：关于合同图纸；关于违约罚金和工期提前奖金；工程量验收以及衔接工序和隐蔽工程施工的验收程序；关于施工占地；关于向承包人移交施工现场和基础资料；关于工程交付；预付款保函的自动减额条款等

建设工程施工承包合同最后文本的确定和合同签订

序号	项目	内容
1	合同风险评估	在签订合同之前，承包人应对合同的合法性、完备性、合同双方的责任、权益以及合同风险进行评审、认定和评价
2	合同文件内容	(1) 建设工程施工承包合同文件构成：合同协议书；工程量及价格；合同条件，包括合同一般条件和合同特殊条件；投标文件；合同技术条件（含图纸）；中标通知书；双方代表共同签署的合同补遗（有时也以合同谈判会议纪要形式）；招标文件；其他双方认为应该作为合同组成部分的文件，如：投标阶段业主要求投标人澄清问题的函件和承包人所做的文字答复，双方往来函件等。 (2) 对所有在招标投标及谈判前后各方发出的文件、文字说明、解释性资料进行清理。对凡是与上述合同构成内容有矛盾的文件，应宣布作废。可以在双方签署的《合同补遗》中，对此作出排除性质的声明
3	关于合同协议的补遗	(1) 在合同谈判阶段双方谈判的结果一般以《合同补遗》的形式，有时也可以以《合同谈判纪要》形式，形成书面文件。 (2) 建设工程施工承包合同必须遵守法律。对于违反法律的条款，即使由合同双方达成协议和签了字，也不受法律保护
4	签订合同	双方在合同谈判结束后，应按上述内容和形式形成一个完整的合同文本草案，经双方代表认可后形成正式文件。双方核对无误后，由双方代表草签，至此合同谈判阶段即告结束。此时，承包人应及时准备和递交履约保函，准备正式签署施工承包合同

1Z206020 建设工程合同的内容

考点1　施工承包合同的内容

建设工程合同及相关委托合同等的概念含义

1. 建设工程勘察，是指根据建设工程的要求，查明、分析、评价建设场地的地质地理环境特征和岩土工程条件，编制建设工程勘察文件的活动。建设工程勘察合同即发包人与勘察人就完成商定的勘察任务明确双方权利义务关系的协议。

2. 建设工程设计，是指根据建设工程的要求，对建设工程所需的技术、经济、资源、环境等条件进行综合分析、论证，编制建设工程设计文件的活动。建设工程设计合同即发包人与设计人就完成商定的工程设计任务明确双方权利义务关系的协议。

3. 建设工程施工，是指根据建设工程设计文件的要求，对建设工程进行新建、扩建、改建的施工活动。建设工程施工承包合同即发包人与承包人为完成商定的建设工程项目的施工任务明确双方权利义务关系的协议。

4. 工程建设过程中的物资包括建筑材料和设备等。建筑材料和设备的供应一般需要经过订货、生产（加工）、运输、储存、使用（安装）等各个环节，经历一个非常复杂的过程。物资采购合同分建筑材料采购合同和设备采购合同，是指采购方（发包人或者承包人）与供货方（物资供应公司或者生产单位）就建设物资的供应明确双方权利义务关系的协议。

5. 建设工程监理合同是建设单位（委托人）与监理人签订，委托监理人承担工程监理任务而明确双方权利义务关系的协议。

6. 咨询服务，根据其咨询服务的内容和服务的对象不同又可以分为多种形式。咨询服务合同是由委托人与咨询服务的提供者之间就咨询服务的内容、咨询服务方式等签订的明确双方权利义务关系的协议。

7. 工程建设过程中的代理活动有工程代建、招标投标代理等，委托人应该就代理的内容、代理人的权限、责任、义务以及权利等与代理人签订协议。

注：勘察合同、设计合同、施工承包合同属于建设工程合同，工程监理合同、咨询合同等属于委托合同。

《建设工程施工合同（示范文本）》GF—2017—0201内容

1. 各种施工合同示范文本一般都由以下3部分组成：

（1）协议书；

（2）通用条款；

（3）专用条款。

2. 构成施工合同文件的组成部分，除了协议书、通用条款和专用条款以外，一般还应该包括：中标通知书、投标书及其附件、有关的标准、规范及技术文件、图纸、工程量清单、工程报价单或预算书等。

3. 作为施工合同文件组成部分的上述各个文件，其优先顺序是不同的，解释合同文件优先顺序的规定一般在合同通用条款内，可以根据项目的具体情况在专用条款内进行调整。原则上应把文件签署日期在后的和内容重要的排在前面，即更加优先。以下是《建设工程施工合同（示范文本）》GF—2017—0201 通用条款规定的优先顺序：

（1）合同协议书；

（2）中标通知书（如果有）；

（3）投标函及其附录（如果有）；

（4）专用合同条款及其附件；

（5）通用合同条款；

（6）技术标准和要求；

（7）图纸；

（8）已标价工程量清单或预算书；

（9）其他合同文件。

施工承包合同的内容

序号	项目	内容
1	工程和设备	（1）工程：是指与合同协议书中工程承包范围对应的永久工程和（或）临时工程。 （2）永久工程：是指按合同约定建造并移交给发包人的工程，包括工程设备。 （3）临时工程：是指为完成合同约定的永久工程所修建的各类临时性工程，不包括施工设备。 （4）单位工程：是指在合同协议书中指明的，具备独立施工条件并能形成独立使用功能的永久工程。 （5）工程设备：是指构成永久工程的机电设备、金属结构设备、仪器及其他类似的设备和装置。 （6）施工设备：是指为完成合同约定的各项工作所需的设备、器具和其他物品，但不包括工程设备、临时工程和材料
2	日期和期限	（1）开工日期：包括计划开工日期和实际开工日期。计划开工日期是指合同协议书约定的开工日期；实际开工日期是指监理人按照《建设工程施工合同（示范文本）》GF—2017—0201 第 7.3.2 项〔开工通知〕约定发出的符合法律规定的开工通知中载明的开工日期。 （2）竣工日期：包括计划竣工日期和实际竣工日期。计划竣工日期是指合同协议书约定的竣工日期；实际竣工日期按照《建设工程施工合同（示范文本）》GF—2017—0201 第 13.2.3 项〔竣工日期〕的约定确定。 （3）工期：是指在合同协议书约定的承包人完成工程所需的期限，包括按照合同约定所作的期限变更。 （4）缺陷责任期：是指承包人按照合同约定承担缺陷修复义务，且发包人预留质量保证金（已缴纳履约保证金的除外）的期限，自工程实际竣工日期起计算。 （5）保修期：是指承包人按照合同约定对工程承担保修责任的期限，从工程竣工验收合格之日起计算。 （6）基准日期：招标发包的工程以投标截止日前 28 天的日期为基准日期，直接发包的工程以合同签订日前 28 天的日期为基准日期。 （7）天：除特别指明外，均指日历天。合同中按天计算时间的，开始当天不计入，从次日开始计算，期限最后一天的截止时间为当天 24:00

序号	项目	内容
3	合同价格和费用	(1) 签约合同价：是指发包人和承包人在合同协议书中确定的总金额，包括安全文明施工费、暂估价及暂列金额等。 (2) 合同价格：是指发包人用于支付承包人按照合同约定完成承包范围内全部工作的金额，包括合同履行过程中按合同约定发生的价格变化。 (3) 费用：是指为履行合同所发生的或将要发生的所有必需的开支，包括管理费和应分摊的其他费用，但不包括利润。 (4) 暂估价：是指发包人在工程量清单或预算书中提供的用于支付必然发生但暂时不能确定价格的材料、工程设备的单价、专业工程以及服务工作的金额。 (5) 暂列金额：是指发包人在工程量清单或预算书中暂定并包括在合同价格中的一笔款项，用于工程合同签订时尚未确定或者不可预见的所需材料、工程设备、服务的采购，施工中可能发生的工程变更、合同约定调整因素出现时的合同价格调整以及发生的索赔、现场签证确认等的费用。 (6) 计日工：是指合同履行过程中，承包人完成发包人提出的零星工作或需要采用计日工计价的变更工作时，按合同中约定的单价计价的一种方式。 (7) 质量保证金：是指按照《建设工程施工合同（示范文本）》GF—2017—0201 第15.3 款〔质量保证金〕约定承包人用于保证其在缺陷责任期内履行缺陷修补义务的担保。 (8) 总价项目：是指在现行国家、行业以及地方的计量规则中无工程量计算规则，在已标价工程量清单或预算书中以总价或以费率形式计算的项目

发包方的责任与义务

序号	项目	内容
1	图纸的提供和交底	(1) 发包人应按照专用合同条款约定的期限、数量和内容向承包人免费提供图纸，并组织承包人、监理人和设计人进行图纸会审和设计交底。 (2) 发包人至迟不得晚于《建设工程施工合同（示范文本）》GF—2017—0201 第7.3.2 项〔开工通知〕载明的开工日期前 14 天向承包人提供图纸
2	对化石、文物的保护	发包人、监理人和承包人应按有关政府行政管理部门要求对施工现场发掘的所有文物、古迹以及具有地质研究或考古价值的其他遗迹、化石、钱币或物品采取妥善的保护措施，由此增加的费用和（或）延误的工期由发包人承担
3	出入现场的权利	(1) 除专用合同条款另有约定外，发包人应根据施工需要，负责取得出入施工现场所需的批准手续和全部权利，以及取得因施工所需修建道路、桥梁以及其他基础设施的权利，并承担相关手续费用和建设费用。 (2) 承包人应协助发包人办理修建场内外道路、桥梁以及其他基础设施的手续
4	场外交通	(1) 发包人应提供场外交通设施的技术参数和具体条件，承包人应遵守有关交通法规，严格按照道路和桥梁的限制荷载行驶，执行有关道路限速、限行、禁止超载的规定，并配合交通管理部门的监督和检查。 (2) 场外交通设施无法满足工程施工需要的，由发包人负责完善并承担相关费用
5	场内交通	(1) 发包人应提供场内交通设施的技术参数和具体条件，并应按照专用合同条款的约定向承包人免费提供满足工程施工所需的场内道路和交通设施。 (2) 因承包人原因造成上述道路或交通设施损坏的，承包人负责修复并承担由此增加的费用

序号	项目	内容
6	许可或批准	（1）发包人应遵守法律，并办理法律规定由其办理的许可、批准或备案，包括但不限于建设用地规划许可证、建设工程规划许可证、建设工程施工许可证、施工所需临时用水、临时用电、中断道路交通、临时占用土地等许可和批准。 （2）发包人应协助承包人办理法律规定的有关施工证件和批件。 （3）因发包人原因未能及时办理完毕前述许可、批准或备案，由发包人承担由此增加的费用和（或）延误的工期，并支付承包人合理的利润
7	提供施工现场	除专用合同条款另有约定外，发包人应最迟于开工日期7天前向承包人移交施工现场
8	提供施工条件	除专用合同条款另有约定外，发包人应负责提供施工所需要的条件，包括： （1）将施工用水、电力、通信线路等施工所必需的条件接至施工现场内。 （2）保证向承包人提供正常施工所需要的进入施工现场的交通条件。 （3）协调处理施工现场周围地下管线和邻近建筑物、构筑物、古树名木的保护工作，并承担相关费用。 （4）按照专用合同条款约定应提供的其他设施和条件
9	提供基础资料	（1）发包人应当在移交施工现场前向承包人提供施工现场及工程施工所必需的毗邻区域内供水、排水、供电、供气、供热、通信、广播电视等地下管线资料，气象和水文观测资料，地质勘察资料，相邻建筑物、构筑物和地下工程等有关基础资料，并对所提供资料的真实性、准确性和完整性负责。 （2）按照法律规定确需在开工后方能提供的基础资料，发包人应尽其努力及时地在相应工程施工前的合理期限内提供，合理期限应以不影响承包人的正常施工为限
10	资金来源证明及支付担保	（1）除专用合同条款另有约定外，发包人应在收到承包人要求提供资金来源证明的书面通知后28天内，向承包人提供能够按照合同约定支付合同价款的相应资金来源证明。 （2）除专用合同条款另有约定外，发包人要求承包人提供履约担保的，发包人应当向承包人提供支付担保。 （3）支付担保可以采用银行保函或担保公司担保等形式，具体由合同当事人在专用合同条款中约定
11	支付合同价款	发包人应按合同约定向承包人及时支付合同价款
12	组织竣工验收	发包人应按合同约定及时组织竣工验收
13	现场统一管理协议	（1）发包人应与承包人、由发包人直接发包的专业工程的承包人签订施工现场统一管理协议，明确各方的权利义务。 （2）施工现场统一管理协议作为专用合同条款的附件

承包人的一般义务

序号	项目	内容
1	办理证件	办理法律规定应由承包人办理的许可和批准，并将办理结果书面报送发包人留存
2	保修	按法律规定和合同约定完成工程，并在保修期内承担保修义务
3	安全管理	按法律规定和合同约定采取施工安全和环境保护措施，办理工伤保险，确保工程及人员、材料、设备和设施的安全
4	进度控制	按合同约定的工作内容和施工进度要求，编制施工组织设计和施工措施计划，并对所有施工作业和施工方法的完备性和安全可靠性负责

序号	项目	内容
5	相邻关系处理	在进行合同约定的各项工作时，不得侵害发包人与他人使用公用道路、水源、市政管网等公共设施的权利，避免对邻近的公共设施产生干扰。承包人占用或使用他人的施工场地，影响他人作业或生活的，应承担相应责任
6	环境保护	按约定负责施工场地及其周边环境与生态的保护工作
7	安全文明施工	按约定采取施工安全措施，确保工程及其人员、材料、设备和设施的安全，防止因工程施工造成的人身伤害和财产损失
8	支付款项	将发包人按合同约定支付的各项价款专用于合同工程，且应及时支付其雇用人员工资，并及时向分包人支付合同价款
9	档案整理	按照法律规定和合同约定编制竣工资料，完成竣工资料立卷及归档，并按专用合同条款约定的竣工资料的套数、内容、时间等要求移交发包人

进度控制的主要条款内容

序号	项目	子项目	内容
1	施工进度计划	施工进度计划的编制	承包人应按照《建设工程施工合同（示范文本）》GF—2017—0201第7.1款〔施工组织设计〕约定提交详细的施工进度计划，施工进度计划的编制应当符合国家法律规定和一般工程实践惯例，施工进度计划经发包人批准后实施。施工进度计划是控制工程进度的依据，发包人和监理人有权按照施工进度计划检查工程进度情况
		施工进度计划的修订	施工进度计划不符合合同要求或与工程的实际进度不一致的，承包人应向监理人提交修订的施工进度计划，并附具有关措施和相关资料，由监理人报送发包人。除专用合同条款另有约定外，发包人和监理人应在收到修订的施工进度计划后7天内完成审核和批准或提出修改意见。发包人和监理人对承包人提交的施工进度计划的确认，不能减轻或免除承包人根据法律规定和合同约定应承担的任何责任或义务
		开工通知	（1）发包人应按照法律规定获得工程施工所需的许可。经发包人同意后，监理人发出的开工通知应符合法律规定。监理人应在计划开工日期7天前向承包人发出开工通知，工期自开工通知中载明的开工日期起算。 （2）除专用合同条款另有约定外，因发包人原因造成监理人未能在计划开工日期之日起90天内发出开工通知的，承包人有权提出价格调整要求，或者解除合同。发包人应当承担由此增加的费用和（或）延误的工期，并向承包人支付合理利润
2	工期延误	因发包人原因导致工期延误	（1）在合同履行过程中，因下列情况导致工期延误和（或）费用增加的，由发包人承担由此延误的工期和（或）增加的费用，且发包人应支付承包人合理的利润： ①发包人未能按合同约定提供图纸或所提供图纸不符合合同约定的； ②发包人未能按合同约定提供施工现场、施工条件、基础资料、许可、批准等开工条件的； ③发包人提供的测量基准点、基准线和水准点及其书面资料存在错误或疏漏的；

序号	项目	子项目	内容
2	工期延误	因发包人原因导致工期延误	④ 发包人未能在计划开工日期之日起 7 天内同意下达开工通知的； ⑤ 发包人未能按合同约定日期支付工程预付款、进度款或竣工结算款的； ⑥ 监理人未按合同约定发出指示、批准等文件的； ⑦ 专用合同条款中约定的其他情形。 (2) 因发包人原因未按计划开工日期开工的，发包人应按实际开工日期顺延竣工日期，确保实际工期不低于合同约定的工期总日历天数。因发包人原因导致工期延误需要修订施工进度计划的，按照《建设工程施工合同（示范文本）》GF—2017—0201 第 7.2.2 项〔施工进度计划的修订〕执行
		因承包人原因导致工期延误	因承包人原因造成工期延误的，可以在专用合同条款中约定逾期竣工违约金的计算方法和逾期竣工违约金的上限。承包人支付逾期竣工违约金后，不免除承包人继续完成工程及修补缺陷的义务
3	暂停施工	发包人原因引起的暂停施工	(1) 因发包人原因引起暂停施工的，监理人经发包人同意后，应及时下达暂停施工指示。情况紧急且监理人未及时下达暂停施工指示的，按照《建设工程施工合同（示范文本）》GF—2017—0201 第 7.8.4 项〔紧急情况下的暂停施工〕执行。 (2) 因发包人原因引起的暂停施工，发包人应承担由此增加的费用和（或）延误的工期，并支付承包人合理的利润
		承包人原因引起的暂停施工	因承包人原因引起的暂停施工，承包人应承担由此增加的费用和（或）延误的工期，且承包人在收到监理人复工指示后 84 天内仍未复工的，视为《建设工程施工合同（示范文本）》GF—2017—0201 第 16.2.1 项〔承包人违约的情形〕第 (7) 目约定的承包人无法继续履行合同的情形
		指示暂停施工	监理人认为有必要时，并经发包人批准后，可向承包人作出暂停施工的指示，承包人应按监理人指示暂停施工
		紧急情况下的暂停施工	因紧急情况需暂停施工，且监理人未及时下达暂停施工指示的，承包人可先暂停施工，并及时通知监理人。监理人应在接到通知后 24 小时内发出指示，逾期未发出指示，视同同意承包人暂停施工。监理人不同意承包人暂停施工的，应说明理由，承包人对监理人的答复有异议，按照《建设工程施工合同（示范文本）》GF—2017—0201 第 20 条〔争议解决〕约定处理
4	提前竣工		(1) 发包人要求承包人提前竣工的，发包人应通过监理人向承包人下达提前竣工指示，承包人应向发包人和监理人提交提前竣工建议书，提前竣工建议书应包括实施的方案、缩短的时间、增加的合同价格等内容。发包人接受该提前竣工建议书的，监理人应与发包人和承包人协商采取加快工程进度的措施，并修订施工进度计划，由此增加的费用由发包人承担。承包人认为提前竣工指示无法执行的，应向监理人和发包人提出书面异议，发包人和监理人应在收到异议后 7 天内予以答复。任何情况下，发包人不得压缩合理工期 (7.9.1)。 (2) 发包人要求承包人提前竣工，或承包人提出提前竣工的建议能够给发包人带来效益的，合同当事人可以在专用合同条款中约定提前竣工的奖励 (7.9.2)
5	竣工日期		工程经竣工验收合格的，以承包人提交竣工验收申请报告之日为实际竣工日期，并在工程接收证书中载明；因发包人原因，未在监理人收到承包人提交的竣工验收申请报告 42 天内完成竣工验收，或完成竣工验收不予签发工程接收证书的，以提交竣工验收申请报告的日期为实际竣工日期；工程未经竣工验收，发包人擅自使用的，以转移占有工程之日为实际竣工日期

质量控制的主要条款内容

序号	项目	内容
1	承包人的质量管理	（1）承包人按照《建设工程施工合同（示范文本）》GF—2017—0201 第 7.1 款〔施工组织设计〕约定向发包人和监理人提交工程质量保证体系及措施文件，建立完善的质量检查制度，并提交相应的工程质量文件。对于发包人和监理人违反法律规定和合同约定的错误指示，承包人有权拒绝实施。 （2）承包人应对施工人员进行质量教育和技术培训，定期考核施工人员的劳动技能，严格执行施工规范和操作规程。 （3）承包人应当按照法律规定和发包人的要求，对材料、工程设备以及工程的所有部位及其施工工艺进行全过程的质量检查和检验，并作详细记录，编制工程质量报表，报送监理人审查。此外，承包人还应按照法律规定和发包人的要求，进行施工现场取样试验、工程复核测量和设备性能检测，提供试验样品、提交试验报告和测量成果以及其他工作
2	监理人的质量检查和检验	（1）监理人按照法律规定和发包人授权对工程的所有部位及其施工工艺、材料和工程设备进行检查和检验。承包人应为监理人的检查和检验提供方便，包括监理人到施工现场，或制造、加工地点，或合同约定的其他地方进行察看和查阅施工原始记录。监理人为此进行的检查和检验，不免除或减轻承包人按照合同约定应当承担的责任。 （2）监理人的检查和检验不应影响施工正常进行。监理人的检查和检验影响施工正常进行的，且经检查检验不合格的，影响正常施工的费用由承包人承担，工期不予顺延；经检查检验合格的，由此增加的费用和（或）延误的工期由发包人承担
3	隐蔽工程检查	（1）承包人自检（5.3.1） 承包人应当对工程隐蔽部位进行自检，并经自检确认是否具备覆盖条件。 （2）检查程序（5.3.2） ①除专用合同条款另有约定外，工程隐蔽部位经承包人自检确认具备覆盖条件的，承包人应在共同检查前 48 小时书面通知监理人检查，通知中应载明隐蔽检查的内容、时间和地点，并应附有自检记录和必要的检查资料。 ②监理人应按时到场并对隐蔽工程及其施工工艺、材料和工程设备进行检查。经监理人检查确认质量符合隐蔽要求，并在验收记录上签字后，承包人才能进行覆盖。经监理人检查质量不合格的，承包人应在监理人指示的时间内完成修复，并由监理人重新检查，由此增加的费用和（或）延误的工期由承包人承担。 ③除专用合同条款另有约定外，监理人不能按时进行检查的，应在检查前 24 小时向承包人提交书面延期要求，但延期不能超过 48 小时，由此导致工期延误的，工期应予以顺延。监理人未按时进行检查，也未提出延期要求的，视为隐蔽工程检查合格，承包人可自行完成覆盖工作，并作相应记录报送监理人，监理人应签字确认。监理人事后对检查记录有疑问的，可按《建设工程施工合同（示范文本）》GF—2017—0201 第 5.3.3 项〔重新检查〕的约定重新检查。 （3）重新检查（5.3.3） 承包人覆盖工程隐蔽部位后，发包人或监理人对质量有疑问的，可要求承包人对已覆盖的部位进行钻孔探测或揭开重新检查，承包人应遵照执行，并在检查后重新覆盖恢复原状。经检查证明工程质量符合合同要求的，由发包人承担由此增加的费用和（或）延误的工期，并支付承包人合理的利润；经检查证明工程质量不符合合同要求的，由此增加的费用和（或）延误的工期由承包人承担。 （4）承包人私自覆盖（5.3.4） 承包人未通知监理人到场检查，私自将工程隐蔽部位覆盖的，监理人有权指示承包人钻孔探测或揭开检查，无论工程隐蔽部位质量是否合格，由此增加的费用和（或）延误的工期均由承包人承担

序号	项目	内容
4	不合格工程的处理	（1）因承包人原因造成工程不合格的，发包人有权随时要求承包人采取补救措施，直至达到合同要求的质量标准，由此增加的费用和（或）延误的工期由承包人承担。无法补救的，按照《建设工程施工合同（示范文本）》GF—2017—0201 第 13.2.4 项〔拒绝接收全部或部分工程〕约定执行（5.4.1）。 （2）因发包人原因造成工程不合格的，由此增加的费用和（或）延误的工期由发包人承担，并支付承包人合理的利润（5.4.2）
5	分部分项工程验收	除专用合同条款另有约定外，分部分项工程经承包人自检合格并具备验收条件的，承包人应提前 48 小时通知监理人进行验收。监理人不能按时进行验收的，应在验收前 24 小时向承包人提交书面延期要求，但延期不能超过 48 小时。监理人未按时进行验收，也未提出延期要求的，承包人有权自行验收，监理人应认可验收结果。分部分项工程未经验收的，不得进入下一道工序施工。分部分项工程的验收资料应当作为竣工资料的组成部分（13.1.2）
6	缺陷责任与保修	见下表内容

缺陷责任与保修

序号	项目	内容
1	工程保修的原则	在工程移交发包人后，因承包人原因产生的质量缺陷，承包人应承担质量缺陷责任和保修义务。缺陷责任期届满，承包人仍应按合同约定的工程各部位保修年限承担保修义务
2	缺陷责任期	（1）缺陷责任期自实际竣工日期起计算，合同当事人应在专用合同条款约定缺陷责任期的具体期限，但该期限最长不超过 24 个月。 （2）单位工程先于全部工程进行验收，经验收合格并交付使用的，该单位工程缺陷责任期自单位工程验收合格之日起算。 （3）因承包人原因导致工程无法按合同约定期限进行竣工验收的，缺陷责任期从实际通过竣工验收之日起计算。 （4）因发包人原因导致工程无法按合同约定期限进行竣工验收的，在承包人提交竣工验收申请报告 90 天后，工程自动进入缺陷责任期；发包人未经竣工验收擅自使用工程的，缺陷责任期自工程转移占有之日起开始计算
3	责任承担	（1）缺陷责任期内，由承包人原因造成的缺陷，承包人应负责维修，并承担鉴定及维修费用。如承包人不维修也不承担费用，发包人可按合同约定从保证金或银行保函中扣除，费用超出保证金额的，发包人可按合同约定向承包人进行索赔。承包人维修并承担相应费用后，不免除对工程的损失赔偿责任。发包人有权要求承包人延长缺陷责任期，并应在原缺陷责任期届满前发出延长通知。但缺陷责任期（含延长部分）最长不能超过 24 个月。 （2）由他人原因造成的缺陷，发包人负责组织维修，承包人不承担费用，且发包人不得从保证金中扣除费用
4	缺陷责任处理后续工作	任何一项缺陷或损坏修复后，经检查证明其影响了工程或工程设备的使用性能，承包人应重新进行合同约定的试验和试运行，试验和试运行的全部费用应由责任方承担

序号	项目	内容
5	缺陷责任期届满处理	除专用合同条款另有约定外，承包人应于缺陷责任期届满后 7 天内向发包人发出缺陷责任期届满通知，发包人应在收到缺陷责任期届满通知后 14 天内核实承包人是否履行缺陷修复义务，承包人未能履行缺陷修复义务的，发包人有权扣除相应金额的维修费用。发包人应在收到缺陷责任期届满通知后 14 天内，向承包人颁发缺陷责任期终止证书
6	保修责任	（1）工程保修期从工程竣工验收合格之日起算，具体分部分项工程的保修期由合同当事人在专用合同条款中约定，但不得低于法定最低保修年限。 （2）在工程保修期内，承包人应当根据有关法律规定以及合同约定承担保修责任。发包人未经竣工验收擅自使用工程的，保修期自转移占有之日起算
7	修复费用	（1）保修期内，因承包人原因造成工程的缺陷、损坏，承包人应负责修复，并承担修复的费用以及因工程的缺陷、损坏造成的人身伤害和财产损失； （2）保修期内，因发包人使用不当造成工程的缺陷、损坏，可以委托承包人修复，但发包人应承担修复的费用，并支付承包人合理利润； （3）因其他原因造成工程的缺陷、损坏，可以委托承包人修复，发包人应承担修复的费用，并支付承包人合理的利润，因工程的缺陷、损坏造成的人身伤害和财产损失由责任方承担
8	未能修复	因承包人原因造成工程的缺陷或损坏，承包人拒绝维修或未能在合理期限内修复缺陷或损坏，且经发包人书面催告后仍未修复的，发包人有权自行修复或委托第三方修复，所需费用由承包人承担。但修复范围超出缺陷或损坏范围的，超出范围部分的修复费用由发包人承担

费用控制的主要条款内容

序号	项目	内容	说明
1	预付款	预付款的支付（12.2.1）	（1）预付款的支付按照专用合同条款约定执行，但至迟应在开工通知载明的开工日期 7 天前支付。预付款应当用于材料、工程设备、施工设备的采购及修建临时工程、组织施工队伍进场等。 （2）除专用合同条款另有约定外，预付款在进度付款中同比例扣回。在颁发工程接收证书前，提前解除合同的，尚未扣完的预付款应与合同价款一并结算。 （3）发包人逾期支付预付款超过 7 天的，承包人有权向发包人发出要求预付的催告通知，发包人收到通知后 7 天内仍未支付的，承包人有权暂停施工，并按《建设工程施工合同（示范文本）》GF—2017—0201 第 16.1.1 项〔发包人违约的情形〕执行
		预付款担保（12.2.2）	（1）发包人要求承包人提供预付款担保的，承包人应在发包人支付预付款 7 天前提供预付款担保，专用合同条款另有约定除外。预付款担保可采用银行保函、担保公司担保等形式，具体由合同当事人在专用合同条款中约定。在预付款完全扣回之前，承包人应保证预付款担保持续有效。 （2）发包人在工程款中逐期扣回预付款后，预付款担保额度应相应减少，但剩余的预付款担保金额不得低于未被扣回的预付款金额

序号	项目	内容	说明
2	计量	计量周期 (12.3.2)	除专用合同条款另有约定外，工程量的计量按月进行
		单价合同 的计量 (12.3.3)	除专用合同条款另有约定外，单价合同的计量按照本项约定执行： （1）承包人应于每月25日向监理人报送上月20日至当月19日已完成的工程量报告，并附具进度付款申请单、已完成工程量报表和有关资料。 （2）监理人应在收到承包人提交的工程量报告后7天内完成对承包人提交的工程量报表的审核并报送发包人，以确定当月实际完成的工程量。监理人对工程量有异议的，有权要求承包人进行共同复核或抽样复测。承包人应协助监理人进行复核或抽样复测，并按监理人要求提供补充计量资料。承包人未按监理人要求参加复核或抽样复测的，监理人复核或修正的工程量视为承包人实际完成的工程量。 （3）监理人未在收到承包人提交的工程量报表后的7天内完成审核的，承包人报送的工程量报告中的工程量视为承包人实际完成的工程量，据此计算工程价款
		总价合同 的计量 (12.3.4)	除专用合同条款另有约定外，按月计量支付的总价合同，按照本项约定执行： （1）承包人应于每月25日向监理人报送上月20日至当月19日已完成的工程量报告，并附具进度付款申请单、已完成工程量报表和有关资料。 （2）监理人应在收到承包人提交的工程量报告后7天内完成对承包人提交的工程量报表的审核并报送发包人，以确定当月实际完成的工程量。监理人对工程量有异议的，有权要求承包人进行共同复核或抽样复测。承包人应协助监理人进行复核或抽样复测并按监理人要求提供补充计量资料。承包人未按监理人要求参加复核或抽样复测的，监理人审核或修正的工程量视为承包人实际完成的工程量。 （3）监理人未在收到承包人提交的工程量报表后的7天内完成复核的，承包人提交的工程量报告中的工程量视为承包人实际完成的工程量
3	工程进度款支付		除专用合同条款另有约定外，付款周期应与计量周期保持一致
4	进度款 审核和支付 (12.4.4)	申请与审核	（1）除专用合同条款另有约定外，监理人应在收到承包人进度付款申请单以及相关资料后7天内完成审查并报送发包人，发包人应在收到后7天内完成审批并签发进度款支付证书。发包人逾期未完成审批且未提出异议的，视为已签发进度款支付证书。 （2）发包人和监理人对承包人的进度付款申请单有异议的，有权要求承包人修正和提供补充资料，承包人应提交修正后的进度付款申请单。监理人应在收到承包人修正后的进度付款申请单及相关资料后7天内完成审查并报送发包人，发包人应在收到监理人报送的进度付款申请单及相关资料后7天内，向承包人签发无异议部分的临时进度款支付证书。存在争议的部分，按照《建设工程施工合同（示范文本）》GF—2017—0201第20条〔争议解决〕的约定处理
		支付	除专用合同条款另有约定外，发包人应在进度款支付证书或临时进度款支付证书签发后14天内完成支付，发包人逾期支付进度款的，应按照中国人民银行发布的同期同类贷款基准利率支付违约金
		说明	发包人签发进度款支付证书或临时进度款支付证书，不表明发包人已同意、批准或接受了承包人完成的相应部分的工作

序号	项目	内容	说明
5	支付分解表 （12.4.6）	支付分解表的编制要求	（1）支付分解表中所列的每期付款金额，应为《建设工程施工合同（示范文本）》GF—2017—0201第12.4.2项〔进度付款申请单的编制〕第（1）目的估算金额。 （2）实际进度与施工进度计划不一致的，合同当事人可按照第4.4款〔商定或确定〕修改支付分解表。 （3）不采用支付分解表的，承包人应向发包人和监理人提交按季度编制的支付估算分解表，用于支付参考
		总价合同支付分解表的编制与审批	（1）除专用合同条款另有约定外，承包人应根据《建设工程施工合同（示范文本）》GF—2017—0201第7.2款〔施工进度计划〕约定的施工进度计划、签约合同价和工程量等因素对总价合同按月进行分解，编制支付分解表。承包人应当在收到监理人和发包人批准的施工进度计划后7天内，将支付分解表及编制支付分解表的支持性资料报送监理人。 （2）监理人应在收到支付分解表后7天内完成审核并报送发包人。发包人应在收到经监理人审核的支付分解表后7天内完成审批，经发包人批准的支付分解表为有约束力的支付分解表。 （3）发包人逾期未完成支付分解表审批的，也未及时要求承包人进行修正和提供补充资料的，则承包人提交的支付分解表视为已经获得发包人批准
		单价合同的总价项目支付分解表的编制与审批	除专用合同条款另有约定外，单价合同的总价项目，由承包人根据施工进度计划和总价项目的总价构成、费用性质、计划发生时间和相应工程量等因素按月进行分解，形成支付分解表，其编制与审批参照总价合同支付分解表的编制与审批执行

考点2　物资采购合同的内容

建筑材料采购合同的主要内容

序号	项目	内容
1	标的物质量规定	（1）标的物的质量要求应该符合国家或者行业现行有关质量标准和设计要求，应该符合以产品采用标准、说明、实物样品等方式表明的质量状况。 （2）约定质量标准的一般原则是： ①按颁布的国家标准执行； ②没有国家标准而有行业标准的则按照行业标准执行； ③没有国家标准和行业标准为依据时，可按照企业标准执行； ④没有上述标准或虽有上述标准但采购方有特殊要求，按照双方在合同中约定的技术条件、样品或补充的技术要求执行。 （3）合同内必须写明执行的质量标准代号、编号和标准名称，明确各类材料的技术要求、试验项目、试验方法、试验频率等。采购成套产品时，合同内也需要规定附件的质量要求

序号	项目	内容
2	数量	（1）合同中应该明确所采用的计量方法，并明确计量单位。凡国家、行业或地方规定有计量标准的产品，合同中应按照统一标准注明计量单位，没有规定的，可由当事人协商执行，不可以用含混不清的计量单位。应当注意的是，若建筑材料或产品有计量换算问题，则应该按照标准计量单位确定订购数量。 （2）供货方发货时所采用的计量单位与计量方法应该与合同一致，并在发货明细表或质量证明书中注明，以便采购方检验。运输中转单位也应该按照供货方发货时所采用的计量方法进行验收和发货。 （3）订购数量必须在合同中注明，尤其是一次订购分期供货的合同，还应明确每次进货的时间、地点和数量。 （4）建筑材料在运输过程中容易造成自然损耗，如挥发、飞散、干燥、风化、潮解、破碎、漏损等，在装卸操作或检验环节中换装、拆包检查等也都会造成物资数量的减少，这些都属于途中自然减量。但是，有些情况不能作为自然减量，如非人力所能抗拒的自然灾害所造成的非常损失，由于工作失职和管理不善造成的失误。因此，对于某些建筑材料，还应在合同中写明交货数量的正负尾数差、合理磅差和运输途中的自然损耗的规定及计算方法
3	包装物	（1）包装物一般应由建筑材料的供货方负责供应，并且一般不得另外向采购方收取包装费。如果采购方对包装提出特殊要求时，双方应在合同中商定，超过原标准费用部分由采购方负责；反之，若议定的包装标准低于有关规定标准，也应相应降低产品价格。 （2）包装物的回收办法可以采用如下两种形式之一： ① 押金回收：适用于专用的包装物，如电缆卷筒、集装箱、大中型木箱等； ② 折价回收：适用于可以再次利用的包装器材，如油漆桶、麻袋、玻璃瓶等
4	交付及运输方式	交付方式可以是采购方到约定地点提货或供货方负责将货物送达指定地点两大类。如果是由供货方负责将货物送达指定地点，要确定运输方式，可以选择铁路、公路、水路、航空、管道运输及海上运输等，一般由采购方在签订合同时提出要求，供货方代办发运，运费由采购方负担
5	验收	验收依据包括： （1）采购合同； （2）供货方提供的发货单、计量单、装箱单及其他有关凭证； （3）合同约定的质量标准和要求； （4）产品合格证、检验单； （5）图纸、样品和其他技术证明文件； （6）双方当事人封存的样品
		验收方式有驻厂验收、提运验收、接运验收和入库验收等方式。 （1）驻厂验收：在制造时期，由采购方派人在供应的生产厂家进行材质检验； （2）提运验收：对加工订制、市场采购和自提自运的物资，由提货人在提取产品时检验； （3）接运验收：由接运人员对到达的物资进行检查，发现问题当场作出记录； （4）入库验收：是广泛采用的正式的验收方法，由仓库管理人员负责数量和外观检验

序号	项目	内容
6	交货期限	交货日期的确定可以按照下列方式： (1) 供货方负责送货的，以采购方收货戳记的日期为准； (2) 采购方提货的，以供货方按合同规定通知的提货日期为准； (3) 凡委托运输部门或单位运输、送货或代运的产品，一般以供货方发运产品时承运单位签发的日期为准，不是以向承运单位提出申请的日期为准
7	价格	(1) 有国家定价的材料，应按国家定价执行； (2) 按规定应由国家定价的但国家尚无定价的材料，其价格应报请物价主管部门的批准； (3) 不属于国家定价的产品，可由供需双方协商确定价格
8	结算	合同中应明确结算的时间、方式和手续。首先应明确是验单付款还是验货付款。结算方式可以是现金支付和转账结算。现金支付适用于成交货物数量少且金额小的合同；转账结算适用于同城市或同地区内的结算，也适用于异地之间的结算
9	违约责任	(1) 供货方的违约行为 ① 可能包括不能按期供货、不能供货、供应的货物有质量缺陷或数量不足等。如有违约，应依照法律和合同规定承担相应的法律责任。 ② 供货方不能按期交货分为逾期交货和提前交货。发生逾期交货情况，要按照合同约定，依据逾期交货部分货款总价计算违约金。对约定由采购方自提货物的，若发生采购方的其他损失，其实际开支的费用也应由供货方承担。比如，采购方已按期派车到指定地点接收货物，而供货方不能交付时，派车损失应由供货方承担。对于提前交货的情况，如果属于采购方自提货物，采购方接到提前提货通知后，可以根据自己的实际情况拒绝提前提货。对于供货方提前发运或交付的货物，采购方仍可按合同规定的时间付款，而且对多交货部分，以及不符合合同规定的产品，在代为保管期内实际支出的保管、保养费由供货方承担。 ③ 供货方不能全部或部分交货，应按合同约定的违约金比例乘以不能交货部分货款来计算违约金。如果违约金不足以偿付采购方的实际损失，采购方还可以另外提出补偿要求。 ④ 供货方交付的货物品种、型号、规格、质量不符合合同约定，如果采购方同意利用，应当按质论价；采购方不同意使用时，由供货方负责包换或包修。 (2) 需方采购方的违约行为 ① 可能包括不按合同要求接受货物、逾期付款或拒绝付款等，应依照法律和合同规定承担相应的法律责任。 ② 合同签订以后，采购方要求中途退货，应向供货方支付按退货部分货款总额计算的违约金，并要承担此给供货方造成的损失。采购方不能按期提货，除支付违约金以外，还应承担逾期提货给供货方造成的代为保管费、保养费等。 ③ 采购方逾期付款，应该按照合同约定支付逾期付款利息

设备采购合同的主要内容

序号	项目	内容
1	设备价格与支付	通常采用固定总价合同，在合同交货期内价格不进行调整。合同价内应该包括设备的税费、运杂费、保险费等与合同有关的其他费用。合同价款的支付一般分三次： (1) 设备制造前，采购方支付设备价格的10%作为预付款； (2) 供货方按照交货顺序在规定的时间内将货物送达交货地点，采购方支付该批设备价的80%； (3) 剩余的10%作为设备保证金，待保证期满，采购方签发最终验收证书后支付

序号	项目	内容
2	设备数量	明确设备名称、套数、随主机的辅机、附件、易损耗备用品、配件和安装修理工具等，应于合同中列出详细清单
3	技术标准	应注明设备系统的主要技术性能，以及各部分设备的主要技术标准和技术性能
4	现场服务	如果由采购方负责，可以要求供货方提供必要的技术服务、现场服务等内容，可能包括：供货方必要的技术人员到现场向安装施工人员进行技术交底，指导安装和调试，处理设备的质量问题，参加试车和验收试验等
5	验收和保修	（1）成套设备安装后一般应进行试车调试，双方应该共同参加启动试车的检验工作。试验合格后，双方在验收文件上签字，正式移交采购方进行生产运行。若检验不合格，属于设备质量原因，由供货方负责修理、更换并承担全部费用；如果由于工程施工质量问题，由安装单位负责拆除后纠正缺陷。 （2）合同中还应明确成套设备的验收办法以及是否保修、保修期限、费用分担等

考点3　施工专业分包合同的内容

施工专业分包合同承包人的主要责任和工作

序号	项目	内容
1	主要责任	（1）承包人应提供总包合同（有关承包工程的价格内容除外）供分包人查阅； （2）项目经理应按分包合同的约定，及时向分包人提供所需的指令、批准、图纸及履行其他约定的义务，否则分包人应在约定时间后24小时内将具体要求、需要的理由及延误的后果通知承包人，项目经理在收到通知后48小时内不予答复，应承担因延误造成的损失
2	主要工作	（1）向分包人提供与分包工程相关的各种证件、批件和各种相关资料，向分包人提供具备施工条件的施工场地； （2）组织分包人参加发包人组织的图纸会审，向分包人进行设计图纸交底； （3）提供合同专用条款中约定的设备和设施，并承担因此发生的费用； （4）随时为分包人提供确保分包工程的施工所要求的施工场地和通道等，满足施工运输的需要，保证施工期间的畅通； （5）负责整个施工场地的管理工作，协调分包人与同一施工场地的其他分包人之间的交叉配合，确保分包人按照经批准的施工组织设计进行施工

施工专业分包合同分包人的主要责任和义务

序号	项目	内容及说明
1	分包人对有关分包工程的责任	（1）除本合同条款另有约定，分包人应履行并承担总包合同中与分包工程有关的承包人的所有义务与责任。 （2）同时应避免因分包人自身行为或疏漏造成承包人违反总包合同中约定的承包人义务的情况发生
2	分包人与发包人的关系	（1）分包人须服从承包人转发的发包人或工程师与分包工程有关的指令。 （2）未经承包人允许，分包人不得以任何理由与发包人或工程师发生直接工作联系，分包人不得直接致函发包人或工程师，也不得直接接受发包人或工程师的指令。 （3）如分包人与发包人或工程师发生直接工作联系，将被视为违约，并承担违约责任

序号	项目	内容及说明
3	承包人指令	（1）就分包工程范围内的有关工作，承包人随时可以向分包人发出指令，分包人应执行承包人根据分包合同所发出的所有指令。 （2）分包人拒不执行指令，承包人可委托其他施工单位完成该指令事项，发生的费用从应付给分包人的相应款项中扣除
4	分包人的工作	（1）按照分包合同的约定，对分包工程进行设计（分包合同有约定时）、施工、竣工和保修。 （2）按照合同约定的时间，完成规定的设计内容，报承包人确认后在分包工程中使用。承包人承担由此发生的费用。 （3）在合同约定的时间内，向承包人提供年、季、月度工程进度计划及相应进度统计报表。 （4）在合同约定的时间内，向承包人提交详细施工组织设计，承包人应在专用条款约定的时间内批准，分包人方可执行。 （5）遵守政府有关主管部门对施工场地交通、施工噪声以及环境保护和安全文明生产等的管理规定，按规定办理有关手续，并以书面形式通知承包人，承包人承担由此发生的费用，因分包人责任造成的罚款除外。 （6）分包人应允许承包人、发包人、工程师及其三方中任何一方授权的人员在工作时间内，合理进入分包工程施工场地或材料存放的地点，以及施工场地以外与分包合同有关的分包人的任何工作或准备的地点，分包人应提供方便。 （7）已竣工工程未交付承包人之前，分包人应负责已完分包工程的成品保护工作，保护期间发生损坏，分包人自费予以修复

施工专业分包合同价款及支付

序号	项目	内容
1	分包工程合同价款方式	应与总包合同约定的方式一致： （1）固定价格，在约定的风险范围内合同价款不再调整； （2）可调价格，合同价款可根据双方的约定而调整，应在专用条款内约定合同价款调整方法； （3）成本加酬金，合同价款包括成本和酬金两部分，双方在合同专用条款内约定成本构成和酬金的计算方法
2	与总包合同关系	分包合同价款与总包合同相应部分价款无任何连带关系
3	合同价款的支付	（1）实行工程预付款的，双方应在合同专用条款内约定承包人向分包人预付工程款的时间和数额，开工后按约定的时间和比例逐次扣回； （2）承包人应按专用条款约定的时间和方式，向分包人支付工程款（进度款），按约定时间承包人应扣回的预付款，与工程款（进度款）同期结算； （3）分包合同约定的工程变更调整的合同价款、合同价款的调整、索赔的价款或费用以及其他约定的追加合同价款，应与工程进度款同期调整支付； （4）承包人超过约定的支付时间不支付工程款（预付款、进度款），分包人可向承包人发出要求付款的通知，承包人不按分包合同约定支付工程款（预付款、进度款），导致施工无法进行，分包人可停止施工，由承包人承担违约责任； （5）承包人应在收到分包工程竣工结算报告及结算资料后28天内支付工程竣工结算价款，在发包人不拖延工程价款的情况下无正当理由不按时支付，从第29天起按分包人同期向银行贷款利率支付拖欠工程价款的利息，并承担违约责任

191

禁止转包或再分包

1. 分包人不得将其承包的分包工程转包给他人，也不得将其承包的分包工程的全部或部分再分包给他人，否则将被视为违约，并承担违约责任。

2. 分包人经承包人同意可以将劳务作业再分包给具有相应劳务分包资质的劳务分包企业。

3. 分包人应对再分包的劳务作业的质量等相关事宜进行督促和检查，并承担相关连带责任。

考点4　施工劳务分包合同的内容

《建设工程施工劳务分包合同（示范文本）》GF—2003—0214的重要条款

1. 劳务分包人资质情况；
2. 劳务分包工作对象及提供劳务内容；
3. 分包工作期限；
4. 质量标准；
5. 工程承包人义务；
6. 劳务分包人义务；
7. 材料、设备供应；
8. 保险；
9. 劳务报酬及支付；
10. 工时及工程量的确认；
11. 施工配合；
12. 禁止转包或再分包等。

施工劳务分包合同承包人的主要义务

1. 组建与工程相适应的项目管理班子
2. 完成劳务分包人施工前期工作
   - （1）向劳务分包人交付符合开工条件的施工场地
   - （2）满足劳务作业所需的能源、通信及道路需求
   - （3）向劳务分包人提供相应的工程资料
   - （4）向劳务分包人提供生产、生活临时设施
3. 负责编制施工组织设计等
4. 负责工程测量定位、沉降观测、技术交底，组织图纸会审，统一安排技术档案资料的收集整理及交工验收
5. 按时提供图纸，及时交付资料、设备，所提供的施工机械设备、周转材料、安全设施保证施工需要
6. 按合同约定，向劳务分包人支付劳动报酬
7. 负责与发包人、监理、设计及有关部门联系，协调现场工作关系

施工劳务分包合同劳务分包人的主要义务

1. 对劳务分包范围内的工程质量向承包人负责，组织具有相应资格证书的熟练工人投入工作；未经承包人授权或允许，不得擅自与发包人及有关部门建立工作联系；自觉遵守法律法规及有关规章制度。

2. 严格按照设计图纸、施工验收规范、有关技术要求及施工组织设计精心组织施工，确保工程质量达到约定的标准。

（1）科学安排作业计划，投入足够的人力、物力，保证工期；

（2）加强安全教育，认真执行安全技术规范，严格遵守安全制度，落实安全措施，确保施工安全；

（3）加强现场管理，严格执行建设主管部门及环保、消防、环卫等有关部门对施工现场的管理规定，做到文明施工；

（4）承担由于自身责任造成的质量修改、返工、工期拖延、安全事故、现场脏乱造成的损失及各种罚款。

3. 自觉接受承包人及有关部门的管理、监督和检查；接受承包人随时检查其设备、材料保管、使用情况，及其操作人员的有效证件、持证上岗情况；与现场其他单位协调配合，照顾全局。

4. 劳务分包人须服从承包人转发的发包人及工程师的指令。

5. 除非合同另有约定，劳务分包人应对其作业内容的实施、完工负责，劳务分包人应承担并履行总（分）包合同约定的、与劳务作业有关的所有义务及工作程序。

施工劳务分包合同其他知识归纳

序号	项目	内容
1	保险	（1）劳务分包人施工开始前，承包人应获得发包人为施工场地内的自有人员及第三人人员生命财产办理的保险，且不需劳务分包人支付保险费用。 （2）运至施工场地用于劳务施工的材料和待安装设备，由承包人办理或获得保险，且不需劳务分包人支付保险费用。 （3）承包人必须为租赁或提供给劳务分包人使用的施工机械设备办理保险，并支付保险费用。 （4）劳务分包人必须为从事危险作业的职工办理意外伤害保险，并为施工场地内自有人员生命财产和施工机械设备办理保险，支付保险费用。 （5）保险事故发生时，劳务分包人和承包人有责任采取必要的措施，防止或减少损失
2	劳务报酬	（1）劳务报酬可以采用以下方式中的任何一种： ① 固定劳务报酬（含管理费）； ② 约定不同工种劳务的计时单价（含管理费），按确认的工时计算； ③ 约定不同工作成果的计件单价（含管理费），按确认的工程量计算。 （2）劳务报酬，可以采用固定价格或变动价格。采用固定价格，则除合同约定或法律政策变化导致劳务价格变化以外，均为一次包死，不再调整。 （3）在合同中可以约定，下列情况下，固定劳务报酬或单价可以调整： ① 以本合同约定价格为基准，市场人工价格的变化幅度超过一定百分比时，按变化前后价格的差额予以调整； ② 后续法律及政策变化，导致劳务价格变化的，按变化前后价格的差额予以调整； ③ 双方约定的其他情形
3	工时及工程量的确认	（1）采用固定劳务报酬方式的，施工过程中不计算工时和工程量。 （2）采用按确定的工时计算劳务报酬的，由劳务分包人每日将提供劳务人数报承包人，由承包人确认。 （3）采用按确认的工程量计算劳务报酬的，由劳务分包人按月（或旬、日）将完成的工程量报承包人，由承包人确认。对劳务分包人未经承包人认可，超出设计图纸范围和因劳务分包人原因造成返工的工程量，承包人不予计量

序号	项目	内容
4	劳务报酬最终支付	(1) 全部工作完成，经承包人认可后 14 天内，劳务分包人向承包人递交完整的结算资料，双方按照本合同约定的计价方式，进行劳务报酬的最终支付。 (2) 承包人收到劳务分包人递交的结算资料后 14 天内进行核实，给予确认或者提出修改意见。承包人确认结算资料后 14 天内向劳务分包人支付劳务报酬尾款。 (3) 劳务分包人和承包人对劳务报酬结算价款发生争议时，按合同约定处理
5	禁止转包或再分包	劳务分包人不得将合同项下的劳务作业转包或再分包给他人

考点 5　工程总承包合同的内容

工程总承包的任务及依据

序号	项目	内容
1	工程总承包的任务	工程总承包的任务应该明确规定。从时间范围上，一般可包括从工程立项到交付使用的工程建设全过程，具体可包括：勘察设计、设备采购、施工、试车（或交付使用）等内容。从具体的工程承包范围看，可包括所有的主体和附属工程、工艺、设备等
2	开展工程总承包的依据	合同中应该将业主对工程项目的各种要求描述清楚，承包商可以据此开展设计、采购和施工，开展工程总承包的依据可能包括以下几个方面： (1) 业主的功能要求； (2) 业主提供的部分设计图纸； (3) 业主自行采购设备清单及采购界面； (4) 业主采用的工程技术标准和各种工程技术要求； (5) 工程所在地有关工程建设的国家标准、地方标准或者行业标准

发承包双方的义务

序号	项目	内容
1	发包人的义务和责任	(1) 遵守法律。发包人在履行合同过程中应遵守法律，并承担因发包人违反法律给承包人造成的任何费用和损失。 (2) 提供施工现场和工作条件： ① 提供施工现场：发包人应按专用合同条件约定向承包人移交施工现场，给予承包人进入和占用施工现场各部分的权利，并明确与承包人的交接界面，上述进入和占用权可不为承包人独享。 ② 提供工作条件：发包人应按专用合同条件约定向承包人提供工作条件。一般包括： A. 将施工用水、电力、通信线路等施工所必需的条件接至施工现场内； B. 保证向承包人提供正常施工所需要的进入施工现场的交通条件； C. 协调处理施工现场周围地下管线和邻近建筑物、构筑物、古树名木、文物、化石及坟墓等的保护工作，并承担相关费用； D. 对工程现场临近发包人正在使用、运行或由发包人用于生产的建筑物、构筑物、生产装置、设施、设备等，设置隔离设施，竖立禁止入内、禁止动火的明显标志，并以书面形式通知承包人须遵守的安全规定和位置范围； E. 其他设施和条件。

序号	项目	内容
1	发包人的义务和责任	（3）提供基础资料。发包人应按专用合同条件和《发包人要求》中的约定向承包人提供施工现场及工程实施所必需的毗邻区域内的供水、排水、供电、供气、供热、通信、广播电视等地上、地下管线和设施资料，气象和水文观测资料，地质勘察资料，相邻建筑物、构筑物和地下工程等有关基础资料，并承担基础资料错误造成的责任。 （4）办理许可和批准。发包人在履行合同过程中应遵守法律，并办理法律规定或合同约定由其办理的许可、批准或备案，包括但不限于建设用地规划许可证、建设工程规划许可证、建设工程施工许可证等许可和批准。对于法律规定或合同约定承包人负责的有关设计、施工证件、批件或备案，发包人应给予必要的协助。 （5）向承包人提供支付担保，支付合同价款。 （6）现场管理配合。发包人应负责保证在现场或现场附近的发包人人员和发包人的其他承包人与承包人进行合作；发包人应与承包人、由发包人直接发包的其他承包人（如有）订立施工现场统一管理协议，明确各方的权利义务
2	承包人的一般义务	除专用合同条件另有约定外，承包人在履行合同过程中应遵守法律和工程建设标准规范，并履行以下义务： （1）办理法律规定和合同约定由承包人办理的许可和批准，将办理结果书面报送发包人留存，并承担因承包人违反法律或合同约定给发包人造成的任何费用和损失。 （2）按合同约定完成全部工作并在缺陷责任期和保修期内承担缺陷保证责任和保修义务，对工作中的任何缺陷进行整改、完善和修补，使其满足合同约定的目的。 （3）提供合同约定的工程设备和承包人文件，以及为完成合同工作所需的劳务、材料、施工设备和其他物品，并按合同约定负责临时设施的设计、施工、运行、维护、管理和拆除。 （4）按合同约定的工作内容和进度要求，编制设计、施工的组织和实施计划，保证项目进度计划的实现，并对所有设计、施工作业和施工方法，以及全部工程的完备性和安全可靠性负责。 （5）按法律规定和合同约定采取安全文明施工、职业健康和环境保护措施，办理员工工伤保险等相关保险，确保工程及人员、材料、设备和设施的安全，防止因工程实施造成的人身伤害和财产损失。 （6）将发包人按合同约定支付的各项价款专用于合同工程，且应及时支付其雇用人员（包括建筑工人）工资，并及时向分包人支付合同价款。 （7）在进行合同约定的各项工作时，不得侵害发包人与他人使用公用道路、水源、市政管网等公共设施的权利，避免对邻近的公共设施产生干扰

承包人的设计

序号	项目	内容
1	承包人的设计义务	（1）一般要求 承包人应当按照法律规定，国家、行业和地方的规范和标准，以及《发包人要求》和合同约定完成设计工作和设计相关的其他服务，并对工程的设计负责。承包人应根据工程实施的需要及时向发包人和工程师说明设计文件的意图，解释设计文件。 （2）对设计人员的要求 承包人应保证其自身或其设计分包人的设计资质在合同有效期内满足法律法规、行业标准或合同约定的相关要求，并指派符合法律法规、行业标准或合同约定的资质要求并具有从事设计所必需的经验与能力的设计人员完成设计工作。

序号	项目	内容
1	承包人的设计义务	(3) 法律和标准的变化 除合同另有约定外，承包人完成设计工作所应遵守的法律规定，以及国家、行业和地方的规范和标准，均应视为在基准日期适用的版本。基准日期之后，前述版本发生重大变化，或者有新的法律，以及国家、行业和地方的规范和标准实施的，承包人应向工程师提出遵守新规定的建议。在基准日期之后，因国家颁布新的强制性规范、标准导致承包人的费用变化的，发包人应合理调整合同价格；导致工期延误的，发包人应合理延长工期
2	承包人文件审查	(1) 根据《发包人要求》应当通过工程师报发包人审查同意的承包人文件，承包人应当按照《发包人要求》约定的范围和内容及时报送审查。除专用合同条件另有约定外，自工程师收到承包人文件以及承包人的通知之日起，发包人对承包人文件审查期不超过21天，承包人的设计文件对于合同约定有偏离的，应在通知中说明。承包人需要修改已提交的承包人文件的，应立即通知工程师，并向工程师提交修改后的承包人文件，审查期重新起算。发包人同意承包人文件的，应及时通知承包人，发包人不同意承包人文件的，应在审查期限内通过工程师以书面形式通知承包人，并说明不同意的具体内容和理由。合同约定的审查期满，发包人没有做出审查结论也没有提出异议的，视为承包人文件已获发包人同意。发包人对承包人文件的审查和同意不得被理解为对合同的修改或改变，也并不减轻或免除承包人任何的责任和义务。 (2) 承包人文件不需要政府有关部门或专用合同条件约定的第三方审查单位审查或批准的，承包人应当严格按照经发包人审查同意的承包人文件设计和实施工程。 (3) 承包人文件需政府有关部门或专用合同条件约定的第三方审查单位审查或批准的，发包人应在发包人审查同意承包人文件后7天内，向政府有关部门或第三方报送承包人文件，承包人应予以协助。对于政府有关部门或第三方审查单位的审查意见，不需要修改《发包人要求》的，承包人需按该审查意见修改承包人的设计文件；需要修改《发包人要求》的，承包人应按［承包人的合理化建议］的约定执行。政府有关部门或第三方审查单位批准时间较合同约定时间延长的，竣工日期相应顺延。因此给双方带来的费用增加，由双方在负责的范围内各自承担
3	操作和维修手册	(1) 在竣工试验开始前，承包人应向工程师提交暂行的操作和维修手册并负责及时更新，该手册应足够详细，以便发包人能够对工程设备进行操作、维修、拆卸、重新安装、调整及修理，以及实现《发包人要求》。同时，手册还应包含发包人未来可能需要的备品备件清单。 (2) 工程师收到承包人提交的文件后，应依据［承包人文件审查］的约定对操作和维修手册进行审查，竣工试验过程中，承包人应为任何因操作和维修手册错误或遗漏引起的风险或损失承担责任。 (3) 除专用合同条件另有约定外，承包人应提交足够详细的最终操作和维修手册，以及在《发包人要求》中明确的相关操作和维修手册
4	承包人文件错误	承包人文件存在错误、遗漏、含混、矛盾、不充分之处或其他缺陷，无论承包人是否根据本款获得了同意，承包人均应自费对前述问题带来的缺陷和工程问题进行改正，并按照［承包人文件审查］的要求，重新送工程师审查，审查日期从工程师收到文件开始重新计算。因此款原因重新提交审查文件导致的工程延误和必要费用增加由承包人承担。《发包人要求》的错误导致承包人文件错误、遗漏、含混、矛盾、不充分或其他缺陷的除外

材料与工程设备

序号	项目	内容
1	发包人提供的材料和工程设备	（1）发包人自行供应材料、工程设备的，应在订立合同时在专用合同条件的附件《发包人供应材料设备一览表》中明确材料、工程设备的品种、规格、型号、主要参数、数量、单价、质量等级和交接地点等。承包人应根据项目进度计划的安排，提前28天以书面形式通知工程师材料与工程设备的进场计划。发包人应在材料和工程设备到货7天前通知承包人，承包人应会同工程师在约定的时间内，赴交货地点共同进行验收。 （2）除专用合同条件另有约定外，发包人提供的材料和工程设备验收后，由承包人负责接收、运输和保管。发包人需要对进场计划进行变更的，承包人不得拒绝，应根据［变更与调整］的规定执行，并由发包人承担承包人由此增加的费用，以及引起的工期延误。承包人需要对进场计划进行变更的，应事先报请工程师批准，由此增加的费用和（或）工期延误由承包人承担。发包人提供的材料和工程设备的规格、数量或质量不符合合同要求，或由于发包人原因发生交货日期延误及交货地点变更等情况的，发包人应承担由此增加的费用和（或）工期延误，并向承包人支付合理利润
2	承包人提供的材料和工程设备	（1）承包人应按照专用合同条件的约定，将各项材料和工程设备的供货人及品种、技术要求、规格、数量和供货时间等报送工程师批准。承包人应向工程师提交其负责提供的材料和工程设备的质量证明文件，并根据合同约定的质量标准，对材料、工程设备质量负责。 （2）合同约定由承包人采购的材料、工程设备，除专用合同条件另有约定外，发包人不得指定生产厂家或供应商，发包人违反本款约定指定生产厂家或供应商的，承包人有权拒绝，并由发包人承担相应责任。 （3）对承包人提供的材料和工程设备，承包人应会同工程师进行检验和交货验收，查验材料合格证明和产品合格证书，并按合同约定和工程师指示，进行材料的抽样检验和工程设备的检验测试，检验和测试结果应提交工程师，所需费用由承包人承担。在履行合同过程中，由于国家新颁布的强制性标准、规范，造成承包人负责提供的材料和工程设备，虽符合合同约定的标准，但不符合新颁布的强制性标准时，由承包人负责修复或重新订货，相关费用支出及导致的工期延长由发包人负责

工期和进度

序号	项目	内容
1	项目进度计划	（1）项目进度计划的提交和修改 承包人应编制并向工程师提交项目初步进度计划，经工程师批准后实施。经工程师批准的项目初步进度计划称为项目进度计划，是控制合同工程进度的依据，工程师有权按照进度计划检查工程进度情况。承包人还应根据项目进度计划，编制更为详细的分阶段或分项的进度计划，由工程师批准。 （2）项目进度计划的内容 项目进度计划应当包括设计、承包人文件提交、采购、制造、检验、运达现场、施工、安装、试验的各个阶段的预期时间以及设计和施工组织方案说明等，其编制应当符合国家法律规定和一般工程实践惯例。 （3）项目进度计划的修订 ①项目进度计划不符合合同要求或与工程的实际进度不一致的，承包人应向工程师提交修订的项目进度计划，并附具有关措施和相关资料。工程师也可以直接向承包人发出修订项目进度计划的通知，承包人如接受，应按该通知修订项目进度计划，报工程师

序号	项目	内容
1	项目进度计划	批准。承包人如不接受，应当在14天内答复，如未按时答复视作已接受修订项目进度计划通知中的内容。 ②除专用合同条件另有约定外，工程师应在收到修订的项目进度计划后14天内完成审批或提出修改意见，如未按时答复视作已批准承包人修订后的项目进度计划。工程师对承包人提交的项目进度计划的确认，不能减轻或免除承包人根据法律规定和合同约定应承担的任何责任或义务
2	进度报告	项目实施过程中，承包人应进行实际进度记录，并根据工程师的要求编制月进度报告，并提交给工程师。进度报告的具体要求等，在专用合同条件约定
3	工期延误	（1）在合同履行过程中，因发包人原因导致工期延误和（或）费用增加的，由发包人承担由此延误的工期和（或）增加的费用，且发包人应支付承包人合理的利润。 （2）由于承包人的原因，未能按项目进度计划完成工作，承包人应采取措施加快进度，并承担加快进度所增加的费用。由于承包人原因造成工期延误并导致逾期竣工的，承包人应支付逾期竣工违约金。 （3）合同约定范围内的工作需国家有关部门审批的，发包人和（或）承包人应按照专用合同条件约定的职责分工完成行政审批报送。因国家有关部门审批迟延造成工期延误的，竣工日期相应顺延。造成费用增加的，由双方在负责的范围内各自承担
4	工期提前	（1）发包人指示承包人提前竣工且被承包人接受的，应与承包人共同协商采取加快工程进度的措施和修订项目进度计划。发包人应承担承包人由此增加的费用，增加的费用按［变更与调整］的约定执行；发包人不得以任何理由要求承包人超过合理限度压缩工期。承包人有权不接受提前竣工的指示，工期按照合同约定执行。 （2）承包人提出提前竣工的建议且发包人接受的，应与发包人共同协商采取加快工程进度的措施和修订项目进度计划。发包人应承担承包人由此增加的费用，增加的费用按［变更与调整］的约定执行，并向承包人支付专用合同条件约定的相应奖励金

保险

序号	项目	内容
1	设计和工程保险	（1）双方应按照专用合同条件的约定向双方同意的保险人投保建设工程设计责任险、建筑安装工程一切险等保险。具体的投保险种、保险范围、保险金额、保险费率、保险期限等有关内容应当在专用合同条件中明确约定。 （2）双方应按照专用合同条件的约定投保第三者责任险，并在缺陷责任期终止证书颁发前维持其持续有效。第三者责任险最低投保额应在专用合同条件内约定
2	工伤和意外伤害保险	（1）发包人应依照法律规定为其在施工现场的雇用人员办理工伤保险，缴纳工伤保险费；并要求工程师及由发包人为履行合同聘请的第三方在施工现场的雇用人员依法办理工伤保险。 （2）承包人应依照法律规定为其履行合同雇用的全部人员办理工伤保险，缴纳工伤保险费，并要求分包人及由承包人为履行合同聘请的第三方雇用的全部人员依法办理工伤保险。 （3）发包人和承包人可以为其施工现场的全部人员办理意外伤害保险并支付保险费，包括其员工及为履行合同聘请的第三方的人员，具体事项由合同当事人在专用合同条件约定

序号	项目	内容
3	货物保险	承包人应按照专用合同条件的约定为运抵现场的施工设备、材料、工程设备和临时工程等办理财产保险，保险期限自上述货物运抵现场至其不再为工程所需要为止

考点 6 工程监理合同的内容

工程监理合同的内容

序号	项目	内容
1	工程监理合同文件组成	（1）工程监理合同文件由协议书、中标通知书（适用于招标工程）或委托书（适用于非招标工程）、投标文件（适用于招标工程）或监理与相关服务建议书（适用于非招标工程）、专用条件、通用条件、附录（附录 A：相关服务的范围和内容；附录 B：委托人派遣的人员和提供的房屋、资料、设备）组成。 （2）合同签订后实施过程中双方依法签订的补充协议也是合同文件的组成部分
2	监理的范围和工作内容	除专用条件另有约定外，监理工作内容包括（2.1.2）： （1）收到工程设计文件后编制监理规划，并在第一次工地会议 7 天前报委托人。根据有关规定和监理工作需要，编制监理实施细则。 （2）熟悉工程设计文件，并参加由委托人主持的图纸会审和设计交底会议。 （3）参加由委托人主持的第一次工地会议；主持监理例会并根据工程需要主持或参加专题会议。 （4）审查施工承包人提交的施工组织设计，重点审查其中的质量安全技术措施、专项施工方案与工程建设强制性标准的符合性。 （5）检查施工承包人工程质量、安全生产管理制度及组织机构和人员资格。 （6）检查施工承包人专职安全生产管理人员的配备情况。 （7）审查施工承包人提交的施工进度计划，核查承包人对施工进度计划的调整。 （8）检查施工承包人的试验室。 （9）审核施工分包人资质条件。 （10）查验施工承包人的施工测量放线成果。 （11）审查工程开工条件，对条件具备的签发开工令。 （12）审查施工承包人报送的工程材料、构配件、设备质量证明文件的有效性和符合性，并按规定对用于工程的材料采取平行检验或见证取样方式进行抽检。 （13）审核施工承包人提交的工程款支付申请，签发或出具工程款支付证书，并报委托人审核、批准。 （14）在巡视、旁站和检验过程中，发现工程质量、施工安全存在事故隐患的，要求施工承包人整改并报委托人。 （15）经委托人同意，签发工程暂停令和复工令。 （16）审查施工承包人提交的采用新材料、新工艺、新技术、新设备的论证材料及相关验收标准。 （17）验收隐蔽工程、分部分项工程。 （18）审查施工承包人提交的工程变更申请，协调处理施工进度调整、费用索赔、合同争议等事项。 （19）审查施工承包人提交的竣工验收申请，编写工程质量评估报告。 （20）参加工程竣工验收，签署竣工验收意见。 （21）审查施工承包人提交的竣工结算申请并报委托人。 （22）编制、整理工程监理归档文件并报委托人

序号	项目	内容
3	项目监理机构和人员（2.3）	（1）监理人应组建满足工作需要的项目监理机构，配备必要的检测设备。项目监理机构的主要人员应具有相应的资格条件（2.3.1）。 （2）本合同履行过程中，总监理工程师及重要岗位监理人员应保持相对稳定，以保证监理工作正常进行（2.3.2）。 （3）监理人可根据工程进展和工作需要调整项目监理机构人员。监理人更换总监理工程师时，应提前7天向委托人书面报告，经委托人同意后方可更换；监理人更换项目监理机构其他监理人员，应以相当资格与能力的人员替换，并通知委托人（2.3.3）。 （4）监理人应及时更换有下列情形之一的监理人员（2.3.4）： ① 严重过失行为的； ② 有违法行为不能履行职责的； ③ 涉嫌犯罪的； ④ 不能胜任岗位职责的； ⑤ 严重违反职业道德的； ⑥ 专用条件约定的其他情形。 （5）委托人可要求监理人更换不能胜任本职工作的项目监理机构人员（2.3.5）
4	监理人职责（2.4）	（1）在监理与相关服务范围内，委托人和承包人提出的意见和要求，监理人应及时提出处置意见。当委托人与承包人之间发生合同争议时，监理人应协助委托人、承包人协商解决（2.4.1）。 （2）当委托人与承包人之间的合同争议提交仲裁机构仲裁或人民法院审理时，监理人应提供必要的证明资料（2.4.2）。 （3）监理人应在专用条件约定的授权范围内，处理委托人与承包人所签订合同的变更事宜。如果变更超过授权范围，应以书面形式报委托人批准。 （4）在紧急情况下，为了保护财产和人身安全，监理人所发出的指令未能事先报委托人批准时，应在发出指令后的24小时内以书面形式报委托人（2.4.3）。 （5）除专用条件另有约定外，监理人发现承包人的人员不能胜任本职工作的，有权要求承包人予以调换（2.4.4）

考点7 工程咨询合同的内容

FIDIC 第五版《白皮书》各部分的主要内容

序号	框架	主要内容
1	协议书	确定签约双方的基本信息和合同包含的主要文件，若双方都在协议书上签字，则表明合同将在约定的时间开始执行
2	通用条款	包括十个板块，是合同的通用性条件，主要规定了签约双方的义务和责任；保险；支付；协议书的开始、完成、变更和终止；争端的解决等
3	特殊条件	包括对应标准条件的有关条款和附加条款，是对标准条件的补充和说明，在合同履行过程中，专用条件优先于通用条件

序号	框架	主要内容
4	附件1	规定咨询工程师的服务范围
5	附件2	规定业主提供的人员、设备、设施和其他方的服务
6	附件3	报酬和支付
7	附件4	进度计划
8	附件5	裁决规则

工程咨询合同的内容

序号	项目	内容
1	合同组成	FIDIC于2017年发布的第五版《白皮书》包括协议书、通用条件、特殊条件、附件四部分内容
2	工程咨询方的主要义务	工程咨询方的主要义务是认真地尽职尽责和行使职权，包括： （1）工程咨询方在根据本协议书履行其义务时，要认真贯彻国家有关法律、法规和政策，为国家的利益和客户的合法利益，运用合理的技能，谨慎而勤奋地工作。 （2）咨询工程师应按照合同约定的服务范围履行服务。 （3）咨询工程师应按照进度计划的规定履行服务。 （4）在履行服务时，咨询工程师应具有一个有经验的咨询工程师为同等规模、性质和复杂性的项目提供该等服务时预期应有的合理的技能、注意和谨慎义务。 （5）由客户提供或支付的、供咨询工程师使用的任何物品均属于客户的财产，并在实际可行时均应加以标记。在服务完成或终止前，咨询工程师应尽合理努力守卫和保护该等财产，并/或将该等财产返还给客户。 （6）当行使工程师、业主代表、项目经理或类似职责时，咨询工程师应有权根据工程合同的规定代表客户行事。如咨询工程师在工程合同下的权限受限于客户的提前批准，则客户保证其将该等对权限的限制在工程合同中写明或书面知会工程合同下的承包商。如咨询工程师在工程合同下被授权在履行其职责时进行确认、给出决定或行使自由裁量权，则其应公平地介于客户和承包商之间行事，并行使独立的专业判断以及合理的技能、注意和谨慎义务
3	客户的主要义务	客户的主要义务包括： （1）提供资料 为了不耽搁服务，客户应在合理的时间内，并在对进度计划尽到应有注意的前提下，免费向工程咨询方提供他能够获取的并与服务有关的一切资料，以及咨询方合理要求的任何进一步信息。客户确认咨询工程师将依赖客户提供的或他人代表客户提供的所有信息的准确性、充分性和一致性，并同意为此承担责任。 （2）及时决定 为了不耽搁服务，对于咨询工程师已恰当地向客户书面提交的事项，客户应在合理的时间内，并在对进度计划尽到应有注意的前提下，书面做出其决定、批准、同意、指示或变更。 （3）协助 客户应负责工程咨询方提供咨询服务时所涉及的所有外部关系的协调，为工程咨询方履行职责提供外部条件。提供与其他组织相联系的渠道，以便工程咨询方收集需要的信息。

序号	项目	内容
3	客户的主要义务	（4）资金安排 客户应在收到咨询工程师相关请求后的 28 天内，向咨询工程师提交合理证据，证明其已做出了资金安排并将坚持实施该资金安排，以使其能够就合同约定的报酬和支付条款及时进行支付。如客户欲对其资金安排做出任何实质性变更，客户应向咨询工程师发出通知并提供详细资料。 （5）提供设备和设施 为了服务的需要，客户应根据进度计划免费向工程咨询方提供合同约定的设备和设施。 （6）客户的职员 在与工程咨询方协商后，客户应按照合同约定，自费从其雇员中为工程咨询方挑选并提供具有适当资格的人员。客户提供的职员在涉及服务时，此类职员只应接受工程咨询方的指示。 （7）他方服务 客户应按照合同约定，自费安排提供由他方提供的服务。工程咨询方应与此类服务的提供者合作，但不对此类人员或他们的行为负责。如该等由他方提供的服务是服务的妥善履行所必需的，则客户应确保提供该等服务的充足时间，以使得咨询工程师可以按进度计划进行工作
4	双方之间的责任	（1）在一般规定中明确，除非经另一方事先书面同意，任何一方均不得自行或使得或允许其雇员、专业顾问、代理或分包商向第三方披露任何保密信息。 （2）咨询工程师应就其对于本协议任何条款的违约向客户承担责任。 （3）咨询工程师不应就承包商履行工程合同对客户承担责任。在履行工程合同下的义务时，咨询工程师仅在其发生本协议下的违约时才对客户承担责任。只要适用法律允许，客户应保护咨询工程师，使其免受承包商对其提起的因工程合同而起或与其有关的任何索赔。 （4）咨询工程师不应就工程合同任何方面的手段、技术、方法或顺序或就任何承包商操作的安全性或充分性对客户或承包商负责。 （5）客户应就其对于本协议任何条款的违约向咨询工程师承担责任
5	咨询工程师的权利	（1）版权 FIDIC《白皮书》强调咨询工程师对其智力劳动成果的版权。 FIDIC 第五版《白皮书》指出："咨询工程师在履行服务过程中所创造的，在任何介质（无论是电子的还是其他的）中的所有知识产权（即前景知识产权）均应归咨询工程师所有。但咨询工程师应向客户授予免费在全球范围内为与项目有关的目的使用和复制前景知识产权的许可。"也就是说，咨询工程师向业主提供服务，其提供的图纸，资料等文件属于个人所有，业主仅仅在合同工程的范围内拥有使用权。版权的界定提高了工程师的积极性，有助于提高工程师的工作热情。 （2）出版 FIDIC《白皮书》还允许咨询工程师在工程结束一定时间后，以项目为案例，出版与工程相关的书籍。"除非在保密条款和专用条件中另有规定，咨询工程师可单独或与他人合作出版与服务有关的材料。但如果在服务完成或协议终止后两年内发布，则须得到客户的批准。"即在服务完成两年之后，咨询工程师可以以工程为案例，自由出版与工程相关的书籍

1Z206030 合同计价方式

【考点图谱】

【考点精析】

考点 1 单 价 合 同

单价合同的含义及特点

序号	项目	内容
1	含义	即根据计划工程内容和估算工程量,在合同中明确每项工程内容的单位价格(如每米、每平方米或者每立方米的价格),实际支付时则根据每一个子项的实际完成工程量乘以该子项的合同单价计算该项工作的应付工程款
2	特点	(1)单价合同的特点是单价优先,例如 FIDIC 土木工程施工合同中,业主给出的工程量清单表中的数字是参考数字,而实际工程款则按实际完成的工程量和合同中确定的单价计算。虽然在投标报价、评标以及签订合同中,人们常常注重总价格,但在工程款结算中单价优先,对于投标书中明显的数字计算错误,业主有权利先作修改再评标,当总价和单价的计算结果不一致时,以单价为准调整总价。

203

序号	项目	内容
2	特点	（2）由于单价合同允许随工程量变化而调整工程总价，业主和承包商都不存在工程量方面的风险，因此对合同双方都比较公平。另外，在招标前，发包单位无需对工程范围作出完整的、详尽的规定，从而可以缩短招标准备时间，投标人也只需对所列工程内容报出自己的单价，从而缩短投标时间。 （3）采用单价合同对业主的不足之处是，业主需要安排专门力量来核实已经完成的工程量，需要在施工过程中花费不少精力，协调工作量大。另外，用于计算应付工程款的实际工程量可能超过预测的工程量，即实际投资容易超过计划投资，对投资控制不利
3	分类	（1）单价合同又分为固定单价合同和变动单价合同。 （2）固定单价合同条件下，无论发生哪些影响价格的因素都不对单价进行调整，因而对承包商而言就存在一定的风险。 （3）当采用变动单价合同时，合同双方可以约定一个估计的工程量，当实际工程量发生较大变化时可以对单价进行调整，同时还应该约定如何对单价进行调整；当然也可以约定，当通货膨胀达到一定水平或者国家政策发生变化时，可以对哪些工程内容的单价进行调整以及如何调整等。因此，承包商的风险就相对较小。 （4）固定单价合同适用于工期较短、工程量变化幅度不会太大的项目。 （5）在工程实践中，采用单价合同有时也会根据估算的工程量计算一个初步的合同总价，作为投标报价和签订合同之用。但是，当上述初步的合同总价与各项单价乘以实际完成的工程量之和发生矛盾时，则肯定以后者为准，即单价优先。实际工程款的支付也将以实际完成工程量乘以合同单价进行计算

考点 2 总 价 合 同

总价合同的含义及特点

序号	项目	内容
1	含义	（1）指根据合同规定的工程施工内容和有关条件，业主应付给承包商的款额是一个规定的金额，即明确的总价。 （2）总价合同也称作总价包干合同，即根据施工招标时的要求和条件，当施工内容和有关条件不发生变化时，业主付给承包商的价款总额就不发生变化。 （3）总价合同又分固定总价合同和变动总价合同两种
2	固定总价合同	（1）固定总价合同的价格计算是以图纸及规定、规范为基础，工程任务和内容明确，业主的要求和条件清楚，合同总价一次包死，固定不变，即不再因为环境的变化和工程量的增减而变化。在这类合同中，承包商承担了全部的工作量和价格的风险。因此，承包商在报价时应对一切费用的价格变动因素以及不可预见因素都做充分的估计，并将其包含在合同价格之中。 （2）在国际上，这种合同被广泛接受和采用，因为有比较成熟的法规和先例的经验；对业主而言，在合同签订时就可以基本确定项目的总投资额，对投资控制有利；在双方都无法预测的风险条件下和可能有工程变更的情况下，承包商承担了较大的风险，业主的风险较小。但是，工程变更和不可预见的困难也常常引起合同双方的纠纷或者诉讼，最终导致其他费用的增加。 （3）当然，在固定总价合同中还可以约定，在发生重大工程变更、累计工程变更超过一定幅度或者其他特殊条件下可以对合同价格进行调整。因此，需要定义重大工程变更

序号	项目	内容
2	固定总价合同	的含义、累计工程变更的幅度以及什么样的特殊条件才能调整合同价格，以及如何调整合同价格等。 （4）采用固定总价合同，双方结算比较简单，但是由于承包商承担了较大的风险，因此报价中不可避免地要增加一笔较高的不可预见风险费。承包商的风险主要有两个方面：一是价格风险，二是工作量风险。价格风险有报价计算错误、漏报项目、物价和人工费上涨等；工作量风险有工程量计算错误、工程范围不确定、工程变更或者由于设计深度不够所造成的误差等。 （5）固定总价合同适用于以下情况： ① 工程量小、工期短，估计在施工过程中环境因素变化小，工程条件稳定并合理； ② 工程设计详细，图纸完整、清楚，工程任务和范围明确； ③ 工程结构和技术简单，风险小； ④ 投标期相对宽裕，承包商可以有充足的时间详细考察现场、复核工程量，分析招标文件，拟订施工计划
3	变动总价合同	（1）变动总价合同又称为可调总价合同，合同价格是以图纸及规定、规范为基础，按照时价（Current Price）进行计算，得到包括全部工程任务和内容的暂定合同价格。它是一种相对固定的价格，在合同执行过程中，由于通货膨胀等原因而使所使用的工、料成本增加时，可以按照合同约定对合同总价进行相应的调整。当然，一般由于设计变更、工程量变化和其他工程条件变化所引起的费用变化也可以进行调整。因此，通货膨胀等不可预见因素的风险由业主承担，对承包商而言，其风险相对较小，但对业主而言，不利于其进行投资控制，突破投资的风险就增大了。 （2）在工程施工承包招标时，施工期限一年左右的项目一般实行固定总价合同，通常不考虑价格调整问题，以签订合同时的单价和总价为准，物价上涨的风险全部由承包商承担。但是对建设周期一年半以上的工程项目，则应考虑下列因素引起的价格变化问题： ① 劳务工资以及材料费用的上涨； ② 其他影响工程造价的因素，如运输费、燃料费、电力等价格的变化； ③ 外汇汇率的不稳定； ④ 国家或者省、市立法的改变引起的工程费用的上涨
4	总价合同的特点	（1）发包单位可以在报价竞争状态下确定项目的总造价，可以较早确定或者预测工程成本； （2）业主的风险较小，承包人将承担较多的风险； （3）评标时易于迅速确定最低报价的投标人； （4）在施工进度上能极大地调动承包人的积极性； （5）发包单位更容易、更有把握地对项目进行控制； （6）必须完整而明确地规定承包人的工作； （7）必须将设计和施工方面的变化控制在最小限度内

注：总价合同和单价合同有时在形式上很相似，例如，在有的总价合同的招标文件中也有工程量表，也要求承包商提出各分项工程的报价，与单价合同在形式上很相似，但两者在性质上是完全不同的。总价合同是总价优先，承包商报总价，双方商讨并确定合同总价，最终也按总价结算。

考点 3　成本加酬金合同

成本加酬金合同的知识归纳

序号	项目	内容
1	含义	（1）成本加酬金合同也称为成本补偿合同，这是与固定总价合同正好相反的合同，工程施工的最终合同价格将按照工程的实际成本再加上一定的酬金进行计算。在合同签订时，工程实际成本往往不能确定，只能确定酬金的取值比例或者计算原则。 （2）采用这种合同，承包商不承担任何价格变化或工程量变化的风险，这些风险主要由业主承担，对业主的投资控制很不利。而承包商则往往缺乏控制成本的积极性，常常不仅不愿意控制成本，甚至还会期望提高成本以提高自己的经济效益，因此这种合同容易被那些不道德或不称职的承包商滥用，从而损害工程的整体效益。所以，应该尽量避免采用这种合同
2	适用情形	（1）工程特别复杂，工程技术、结构方案不能预先确定，或者尽管可以确定工程技术和结构方案，但是不可能进行竞争性的招标活动并以总价合同或单价合同的形式确定承包商，如研究开发性质的工程项目。 （2）时间特别紧迫，如抢险、救灾工程，来不及进行详细的计划和商谈
3	优缺点	（1）对业主而言，这种合同形式也有一定优点，如： ① 可以通过分段施工缩短工期，而不必等待所有施工图完成才开始招标和施工； ② 可以减少承包商的对立情绪，承包商对工程变更和不可预见条件的反应会比较积极和快捷； ③ 可以利用承包商的施工技术专家，帮助改进或弥补设计中的不足； ④ 业主可以根据自身力量和需要，较深入地介入和控制工程施工和管理； ⑤ 也可以通过确定最大保证价格约束工程成本不超过某一限值，从而转移一部分风险。 （2）对承包商来说，这种合同比固定总价的风险低，利润比较有保证，因而比较有积极性。其缺点是合同的不确定性，由于设计未完成，无法准确确定合同的工程内容、工程量以及合同的终止时间，有时难以对工程计划进行合理安排
4	形式	（1）成本加固定费用合同； （2）成本加固定比例费用合同； （3）成本加奖金合同； （4）最大成本加费用合同
5	应用	（1）当实行施工总承包管理模式或 CM 模式时，业主与施工总承包管理单位或 CM 单位的合同一般采用成本加酬金合同。 （2）在国际上，许多项目管理合同、咨询服务合同等也多采用成本加酬金合同方式。 （3）在施工承包合同中采用成本加酬金计价方式时，业主与承包商应该注意以下问题： ① 必须有一个明确的如何向承包商支付酬金的条款，包括支付时间和金额百分比。如果发生变更和其他变化，酬金支付如何调整。 ② 应该列出工程费用清单，要规定一套详细的工程现场有关的数据记录、信息存储甚至记账的格式和方法，以便对工地实际发生的人工、机械和材料消耗等数据认真而及时地记录。应该保留有关工程实际成本的发票或付款的账单、表明款额已经支付的记录或证明等，以便业主进行审核和结算

成本加酬金合同的形式

序号	项目	内容
1	成本加固定费用合同	根据双方讨论同意的工程规模、估计工期、技术要求、工作性质及复杂性、所涉及的风险等来考虑确定一笔固定数目的报酬金额作为管理费及利润，对人工、材料、机械台班等直接成本则实报实销。如果设计变更或增加新项目，当直接费超过原估算成本的一定比例（如10%）时，固定的报酬也要增加。在工程总成本一开始估计不准，可能变化不大的情况下，可采用此合同形式，有时可分几个阶段谈判付给固定报酬。这种方式虽然不能鼓励承包商降低成本，但为了尽快得到酬金，承包商会尽力缩短工期。有时也可在固定费用之外根据工程质量、工期和节约成本等因素，给承包商另加奖金，以鼓励承包商积极工作
2	成本加固定比例费用合同	工程成本中直接费加一定比例的报酬费，报酬部分的比例在签订合同时由双方确定。这种方式的报酬费用总额随成本加大而增加，不利于缩短工期和降低成本。一般在工程初期很难描述工作范围和性质，或工期紧迫，无法按常规编制招标文件招标时采用
3	成本加奖金合同	（1）奖金是根据报价书中的成本估算指标制定的，在合同中对这个估算指标规定一个底点和顶点，分别为工程成本估算的60%~75%和110%~135%。承包商在估算指标的顶点以下完成工程则可得到奖金，超过顶点则要对超出部分支付罚款。如果成本在底点之下，则可加大酬金值或酬金百分比。采用这种方式通常规定，当实际成本超过顶点对承包商罚款时，最大罚款限额不超过原先商定的最高酬金值。 （2）在招标时，当图纸、规范等准备不充分，不能据以确定合同价格，而仅能制定一个估算指标时可采用这种形式
4	最大成本加费用合同	在工程成本总价合同基础上加固定酬金费用的方式，即当设计深度达到可以报总价的深度，投标人报一个工程成本总价和一个固定的酬金（包括各项管理费、风险费和利润）。如果实际成本超过合同中规定的工程成本总价，由承包商承担所有的额外费用，若实施过程中节约了成本，节约的部分归业主，或者由业主与承包商分享，在合同中要确定节约分成比例。在非代理型（风险型）CM模式的合同中就采用这种方式

考点4　工程咨询合同计价方式

常用的咨询费计算方法

序号	方法	含义	特点
1	人月费单价法	是按每人每月所需费用（即人月费率）乘以相应的人月数，再加上其他非工资性开支（即可报销费用）计算	（1）是咨询服务中最常用、最基本的方法； （2）广泛用于一般性的项目规划和可行性研究、工程设计、项目管理和施工监理以及技术援助任务； （3）方法中的"人月费"并不仅仅是咨询人员的月工资
2	按日计费法	是一种以服务时间为基础的计费方法，通常是按每人每日所需费用乘以相应的工作日数	（1）咨询人员为该项咨询工作所付出的所有时间，包括旅行和等候时间都应作为有效工作时间计算； （2）咨询人员出差时发生的旅费、食宿费和其他杂费由客户直接补偿，不包括在每日费率之中； （3）每日费率与咨询服务项目的重要性、风险性和复杂程度有关，也与咨询人员的专业水平、资历和工作经验有关； （4）该方法通常要比按人月费率折算所得的平均日费用额高； （5）一般适用于咨询工作期限短或不连续、咨询人员少的咨询项目，如管理或法律咨询、专家论证等
3	工程建设费用百分比	是根据工程规模的大小、技术复杂程度、咨询服务内容的范围和要求等因素，取工程建设费的一定比例作为咨询费	（1）主要用于有明显的相对独立阶段的连续性咨询服务，如可行性研究、工程设计、施工监理等； （2）采用百分比法对咨询机构的经济风险很大； （3）一般适用于工程规模较小、工期较短（一般不超过一年）的建筑工程项目

人月费单价法费用构成

序号	项目	内容
1	酬金	（1）人月费率包括基本工资、社会福利费、公司管理费、利润、津贴等。 （2）基本工资是公司每月付给个人的工资，不包括工资以外的任何额外收入（如红利款项）。 （3）社会福利费是根据咨询公司所在国的法律和公司的雇工政策给予职工的福利待遇，具体指节假、病假、退休费、医疗费、社会保险费等，一般为基本工资的20%～60%，视各国、各地区具体情况而定。 （4）公司管理费是指公司行政管理和业务活动的费用，一般以公司年度费用支出情况为依据计算，内容包括行政管理费、办公场所租金、折旧费、办公用品费、资料费、公司交通运输费、专业责任保险费、信息数据处理费、通信费、邮费等，一般为基本工资的65%～150%。 （5）咨询公司在报价时，社会福利费、公司管理费与基本工资的比例关系，必须根据经过会计师事务所审计的上年度或前3年的公司损益表、公司社会福利费明细表和公司管理费明细表中所显示的实际数据确定。 （6）利润为税前利润，它通常为基本工资、社会福利费、公司管理费三项费用总和的10%～20%。 （7）津贴是公司发给执行海外或异地任务人员的补助费，以鼓励咨询人员到海外或异地执行任务。这项费用一般为基本工资的20%～60%
2	可报销费用	（1）可报销费用是指在执行咨询任务期间发生的、未包括在公司管理费中的、可以据实报销的费用，如咨询人员的差旅费，通信费用，各种资料的编制、复印和运输费，办公设备用品费等。 （2）对可报销费用中某些与公司管理费中名称相同的费用，如通信费等，要明确两者之间的区别和使用范围，以避免将应在公司管理费中支出的费用列入可报销费用
3	不可预见费	（1）通常为酬金与可报销费用之和的5%～15%。 （2）如果工作量和价格均无变化，咨询公司就不能提取这笔款项。 （3）对于服务期限不超过一年的咨询合同，可不考虑价格调整因素。 （4）对于服务期限较长的咨询合同，人月费率等应规定每年作一定幅度的调整

工程咨询服务合同的计价方式

序号	项目	内容
1	总价合同	（1）根据咨询服务的内容、要求、难易程度、所需咨询人员的大致数量和时间等因素，确定一个总的咨询费额。 （2）咨询费总额可以根据估计的工程建设费和商定的费率来确定，也可以按照人月费单价法，根据咨询服务所需人员数量和服务时间等确定
2	成本加固定酬金	（1）是对咨询人员在咨询工作中所发生的全部成本予以补偿，并另外支付一笔固定的酬金。 （2）成本，包括工资性费用（即基本工资和各种社会福利）、公司管理费（与人月费率中的管理费概念相同）和可报销费用（与人月费率中的可报销费用概念相同）。 （3）固定酬金，是一笔用于补偿咨询人员的不可预见费、服务态度奖励和利润的费用，可以是费率固定或数额固定。 （4）采用这种方法时，要准确地记录咨询工作所消耗的人、财、物等一切费用，并有可靠的凭证。 （5）采用这种计费方法的前提是客户和咨询人员就咨询服务的范围取得一致意见

1Z206040 建设工程施工合同风险管理、工程保险和工程担保

【考点图谱】

施工合同风险管理
- 工程合同风险的概念
- 工程合同风险产生的原因
- 施工合同风险的类型
- 工程合同风险分配

工程保险
- 保险概述
  - 保险标的
  - 保险金额
  - 保险费
  - 保险责任
- 工程保险的概念
- 工程保险种类
  - 工程一切险
  - 第三者责任险
  - 人身意外伤害险
  - 承包人设备保险
  - 执业责任险
  - CIP保险

工程担保
- 担保的概念
- 担保的方式
- 工程担保
- 投标担保
  - 投标担保的含义
  - 投标担保的形式
  - 担保额度和有效期
  - 投标担保的作用
  - 《世行采购指南》关于投标保证金的规定
- 履约担保
  - 履约担保的含义
  - 履约担保的形式
  - 作用
  - 《世行采购指南》对履约担保的规定
  - FIDIC《土木工程施工合同条件》对履约担保的规定
- 预付款担保
  - 预付款担保的含义
  - 预付款担保的形式
  - 预付款担保的作用
  - 国际工程承包市场关于预付款担保的规定
- 支付担保
  - 支付担保的含义
  - 支付担保的形式
  - 支付担保的作用
  - 支付担保有关规定

建设工程施工合同风险管理、工程保险和工程担保

考点1　施工合同风险管理

工程合同风险分类与产生原因

序号	项目	内容
1	工程合同风险分类	（1）按合同风险产生的原因分，可以分为合同工程风险和合同信用风险。合同工程风险是指客观原因和非主观故意导致的。如工程进展过程中发生不利的地质条件变化、工程变更、物价上涨、不可抗力等。合同信用风险是指主观故意原因导致的。表现为合同双方的机会主义行为，如业主拖欠工程款，承包商层层转包、非法分包、偷工减料、以次充好、知假买假等。 （2）按合同的不同阶段进行划分。可以将合同风险分为合同订立风险和合同履约风险
2	工程合同风险产生的原因	（1）合同的不确定性； （2）工程的实施会存在各种各样的风险事件； （3）合同的语句表达不清晰、不细致、不严密、矛盾； （4）合同双方的疏忽，合同不完全； （5）交易成本的存在； （6）信息的不对称； （7）机会主义行为的存在

施工合同风险的类型

序号	项目	内容
1	项目外界环境风险	（1）在国际工程中，工程所在国政治环境的变化，如发生战争、禁运、罢工、社会动乱等造成工程施工中断或终止。 （2）经济环境的变化，如通货膨胀、汇率调整、工资和物价上涨。物价和货币风险在工程中经常出现，而且影响非常大。 （3）合同所依据的法律环境的变化，如新的法律颁布，国家调整税率或增加新税种，新的外汇管理政策等。在国际工程中，以工程所在国的法律为合同法律基础，对承包商的风险很大。 （4）自然环境的变化，如百年不遇的洪水、地震、台风等，以及工程水文、地质条件存在不确定性，复杂且恶劣的气候条件和现场条件，其他可能存在的对项目的干扰因素等
2	项目组织成员资信和能力风险	（1）业主资信和能力风险。例如，业主企业的经营状况恶化、濒于倒闭，支付能力差，资信不好，撤走资金，恶意拖欠工程款等；业主为了达到不支付或少支付工程款的目的，在工程中苛刻刁难承包商，滥用权力，施行罚款和扣款，对承包商的合理索赔要求不答复或拒不支付；业主经常改变主意，如改变设计方案、施工方案，打乱工程施工秩序，发布错误指令，非正常地干预工程但又不愿意给予承包商以合理补偿等；业主不能完成合同责任，如不能及时供应设备、材料，不及时交付场地，不及时支付工程款；业主的工作人员存在私心和其他不正之风等。 （2）承包商（分包商、供货商）资信和能力风险，主要包括承包商的技术能力、施工力量、装备水平和管理能力不足，没有合适的技术专家和项目管理人员，不能积极地履行合同；财务状况恶化，企业处于破产境地，无力采购和支付工资，工程被迫中止；承

序号	项目	内容
2	项目组织成员资信和能力风险	包商信誉差，不诚实，在投标报价和工程采购、施工中有欺诈行为；设计单位设计错误（如钢结构深化设计错误），不能及时交付设计图纸或无力完成设计工作；国际工程中对当地法律、语言、风俗不熟悉，对技术文件、工程说明和规范理解不准确或出错等；承包商的工作人员不积极履行合同责任，罢工、抗议或软抵抗等。 （3）其他方面，如政府机关工作人员、城市公共供应部门的干预、苛求和个人需求；项目周边或涉及的居民、单位的干预、抗议或苛刻的要求等
3	管理风险	（1）对环境调查和预测的风险。对现场和周围环境条件缺乏足够全面和深入的调查，对影响投标报价的风险、意外事件和其他情况的资料缺乏足够的了解和预测。 （2）合同条款不严密、错误、二义性，工程范围和标准存在不确定性。 （3）承包商投标策略错误，错误地理解业主意图和招标文件，导致实施方案错误、报价失误等。 （4）承包商的技术设计、施工方案、施工计划和组织措施存在缺陷和漏洞，计划不周。 （5）实施控制过程中的风险。例如：合作伙伴争执、责任不明；缺乏有效措施保证进度、安全和质量要求；由于分包层次太多，造成计划执行和调整、实施的困难等

分配风险

序号	项目	内容
1	合理地分配风险的好处	（1）业主可以获得一个合理的报价，承包商报价中的不可预见风险费较少； （2）减少合同的不确定性，承包商可以准确地计划和安排工程施工； （3）可以最大限度发挥合同双方风险控制和履约的积极性； （4）整个工程的产出效益可能会更好
2	工程风险分配的原则	（1）从工程整体效益出发，最大限度发挥双方的积极性； （2）公平合理，责权利平衡； （3）符合现代工程管理理念； （4）符合工程惯例

考点 2 工 程 保 险

工程保险种类

序号	项目	内容
1	工程一切险	（1）按照我国保险制度，工程险包括建筑工程一切险、安装工程一切险两类。在施工过程中如果发生保险责任事件使工程本体受到损害，已支付进度款部分的工程属于项目法人的财产，尚未获得支付但已完成部分的工程属于承包人的财产，因此要求投保人办理保险时应以双方名义共同投保。为了保证保险的有效性和连贯性，国内工程通常由项目法人办理保险，国际工程一般要求承包人办理保险。 （2）如果承包商不愿投保一切险，也可以就承包商的材料、机具设备、临时工程、已完工程等分别进行保险，但应征得业主的同意。一般来说，集中投保一切险，可能比分别投保的费用要少。有时，承包商将一部分永久工程、临时工程、劳务等分包给其他分包商，他可以要求分包商投保其分担责任的那一部分保险，而自己按扣除该分包价格的余额进行保险

序号	项目	内容
2	第三者责任险	（1）该项保险是指由于施工的原因导致项目法人和承包人以外的第三人受到财产损失或人身伤害的赔偿。第三者责任险的被保险人也应是项目法人和承包人。该险种一般附加在工程一切险中。 （2）在发生这种涉及第三方损失的责任时，保险公司将对承包商由此遭到的赔款和发生诉讼等费用进行赔偿。但是应当注意，属于承包商或业主在工地的财产损失，或其公司和其他承包商在现场从事与工作有关的职工的伤亡不属于第三者责任险的赔偿范围，而属于工程一切险和人身意外险的范围
3	人身意外伤害险	为了将参与项目建设人员由于施工原因受到人身意外伤害的损失转移给保险公司，应对从事危险作业的工人和职员办理意外伤害保险。此项保险义务分别由发包人、承包人负责对本方参与现场施工的人员投保。《中华人民共和国建筑法》第四十八条规定，建筑施工企业应当依法为职工参加工伤保险缴纳工伤保险费。鼓励企业为从事危险作业的职工办理意外伤害保险，支付保险费
4	承包人设备保险	保险的范围包括承包人运抵施工现场的施工机具和准备用于永久工程的材料及设备。我国的工程一切险包括此项保险内容
5	执业责任险	以设计人、咨询人（监理人）的设计、咨询错误或员工工作疏漏给业主或承包商造成的损失为保险标的
6	CIP保险	（1）CIP是英文Controlled Insurance Programs的缩写，意思是"一揽子保险"。CIP保险的运行机制是，由业主或承包商统一购买"一揽子保险"，保障范围覆盖业主、承包商及所有分包商，内容包括劳工赔偿、雇主责任险、一般责任险、建筑工程一切险、安装工程一切险。 （2）CIP保险的优点是： ① 以最优的价格提供最佳的保障范围； ② 能实施有效的风险管理； ③ 降低赔付率，进而降低保险费率； ④ 避免诉讼，便于索赔

考点3 工 程 担 保

担保的方式

序号	方式	含义
1	保证担保	又称第三方担保，是指保证人和债权人约定，当债务人不能履行债务时，保证人按照约定履行债务或承担责任的行为
2	抵押	是指债务人或者第三人不转移对所拥有财产的占有，将该财产作为债权的担保。债务人不履行债务时，债权人有权依法从将该财产折价或者拍卖、变卖该财产的价款中优先受偿
3	质押	指债务人或者第三人将其质押物移交债权人占有，将该物作为债权的担保。债务人不履行债务时，债权人有权依法从将该物折价或者拍卖、变卖的价款中优先受偿
4	留置	指债权人按照合同约定占有债务人的动产，债务人不履行债务时，债权人有权依法留置该财产，以该财产折价或者以拍卖、变卖该财产的价款优先受偿
5	定金	当事人可以约定一方向另一方给付定金作为债权的担保，债务人履行债务后，定金应当抵作价款或者收回。给付定金的一方不履行约定债务的，无权要求返还定金；收受定金的一方不履行约定债务的，应当双倍返还定金

注：工程担保中大量采用的是第三方担保，即保证担保。建设工程中经常采用的担保种类有：投标担保、履约担保、支付担保、预付款担保、工程保修担保等。

建设工程担保

序号	种类	含义	形式	作用	其他
1	投标担保	指投标人向招标人提供的担保，保证投标人一旦中标即按中标通知书、投标文件和招标文件等有关规定与业主签订承包合同	可以采用银行保函、担保公司担保书、同业担保书和投标保证金担保方式，多数采用银行投标保函和投标保证金担保方式	目的是保护招标人不因中标人不签约而蒙受经济损失。投标担保要确保投标人在投标有效期内不要撤回投标书，以及投标人在中标后保证与业主签订合同并提供业主所要求的履约担保、预付款担保等	投标保证金不得超过招标项目估算价的2%。投标保证金有效期应当与投标有效期一致。勘察设计招标保证金数额一般不超过投标报价的2%，最多不超过10万元人民币。《世行采购指南》投标保证金采用保付支票、信用证或者由信用好的银行出具保函等形式
2	履约担保	指招标人在招标文件中规定的要求中标的投标人提交的保证履行合同义务和责任的担保。有效期始于工程开工之日，终止日期则可以约定为工程竣工交付之日或者保修期满之日	可以采用银行保函、履约担保书和履约保证金的形式，也可以采用同业担保的方式，即由实力强、信誉好的承包商为其提供履约担保。银行保函分为有条件的银行保函和无条件的银行保函	促使承包商履行合同约定，完成工程建设任务，从而有利于保护业主的合法权益	履约保证金不得超过中标合同金额的10%。《世行采购指南》采用履约担保书或者银行保函形式提供。发包人累计扣留的质量保证金不得超过工程价款结算总额的3%。如承包人在发包人签发竣工付款证书后28天内提交质量保证金保函，发包人应同时退还扣留的作为质量保证金的工程价款；保函金额不得超过工程价款结算总额的3%。发包人在退还质量保证金的同时按照中国人民银行发布的同期同类贷款基准利率支付利息
3	预付款担保	预付款担保是指承包人与发包人签订合同后领取预付款之前，为保证正确、合理使用发包人支付的预付款而提供的担保	预付款担保的主要形式是银行保函。也可由担保公司提供保证担保，或采取抵押等担保形式。预付款担保的担保金额通常与发包人的预付款是等值的。预付款一般逐月从工程付款中扣除，预付款担保的担保金额也相应逐月减少	保证承包人能够按合同规定进行施工，偿还发包人已支付的全部预付金额	《世行采购指南》、世行贷款项目招标文件范本《土建工程国内竞争性招标文件》《亚洲开发银行贷款采购准则》和FIDIC《土木工程施工合同条件应用指南》中均对预付款担保作出相应规定
4	支付担保	是中标人要求招标人提供的保证履行合同中约定的工程款支付义务的担保	采用如下的几种形式：银行保函；履约保证金；担保公司担保。实行履约金分段滚动担保。支付担保的额度为工程合同总额的20%～25%	确保工程费用及时支付到位；一旦业主违约，付款担保人将代为履约	除专用合同条款另有约定外，发包人要求承包人提供履约担保的，发包人应当向承包人提供支付担保。支付担保可以采用银行保函或担保公司担保等形式，具体由合同当事人在专用合同条款中约定

1Z206050 建设工程施工合同实施

考点1　施工合同分析

施工合同分析的含义和作用

序号	项目	内容
1	含义	合同分析是从合同执行的角度去分析、补充和解释合同的具体内容和要求，将合同目标和合同规定落实到合同实施的具体问题和具体时间上，用以指导具体工作，使合同能符合日常工程管理的需要，使工程按合同要求实施，为合同执行和控制确定依据
2	主体	合同分析往往由企业的合同管理部门或项目中的合同管理人员负责
3	合同分析的必要性	(1) 许多合同条文采用法律用语，往往不够直观明了，不容易理解，通过补充和解释，可以使之简单、明确、清晰； (2) 同一个工程中的不同合同形成一个复杂的体系，十几份、几十份甚至上百份合同之间有十分复杂的关系； (3) 合同事件和工程活动的具体要求（如工期、质量、费用等），合同各方的责任关系，事件和活动之间的逻辑关系等极为复杂； (4) 许多工程小组，项目管理职能人员所涉及的活动和问题不是合同文件的全部，而仅为合同的部分内容，全面理解合同对合同的实施将会产生重大影响； (5) 在合同中依然存在问题和风险，包括合同审查时已经发现的风险和还可能隐藏着的尚未发现的风险； (6) 合同中的任务需要分解和落实； (7) 在合同实施过程中，合同双方会有许多争执，在分析时就可以预测预防
4	作用	(1) 分析合同中的漏洞，解释有争议的内容； (2) 分析合同风险，制定风险对策； (3) 合同任务分解、落实

施工合同分析的部分内容

序号	分析的项目	具体内容
1	合同的法律基础	即合同签订和实施的法律背景
2	承包人的主要任务	(1) 承包人的总任务，即合同标的。承包人在设计、采购、制作、试验、运输、土建施工、安装、验收、试生产、缺陷责任期维修等方面的主要责任，施工现场的管理，给业主的管理人员提供生活和工作条件等责任。 (2) 工作范围。它通常由合同中的工程量清单、图纸、工程说明、技术规范所定义。工程范围的界限应很清楚，否则会影响工程变更和索赔，特别对固定总价合同。在合同实施中，如果工程师指令的工程变更属于合同规定的工程范围，则承包人必须无条件执行；如果工程变更超过承包人应承担的风险范围，则可向业主提出工程变更的补偿要求。 (3) 关于工程变更的规定。在合同实施过程中，变更程序非常重要，通常要作工程变更工作流程图，并交付相关的职能人员。工程变更的补偿范围，通常以合同金额一定的百分比表示。通常这个百分比越大，承包人的风险越大。工程变更的索赔有效期，由合同具体规定，一般为28天，也有14天的。一般这个时间越短，对承包人管理水平的要求越高，对承包人越不利

序号	分析的项目	具体内容
3	发包人的责任	（1）业主雇用工程师并委托其在授权范围内履行业主的部分合同责任； （2）业主和工程师有责任对平行的各承包人和供应商之间的责任界限作出划分，对这方面的争执作出裁决，对他们的工作进行协调，并承担管理和协调失误造成的损失； （3）及时作出承包人履行合同所必需的决策，如下达指令、履行各种批准手续、作出认可、答复请示，完成各种检查和验收手续等； （4）提供施工条件，如及时提供设计资料、图纸、施工场地、道路等； （5）按合同规定及时支付工程款，及时接收已完工程等
4	合同价格分析	（1）合同所采用的计价方法及合同价格所包括的范围； （2）工程量计量程序，工程款结算（包括进度付款、竣工结算、最终结算）方法和程序； （3）合同价格的调整，即费用索赔的条件、价格调整方法，计价依据，索赔有效期规定； （4）拖欠工程款的合同责任
5	施工工期	—
6	违约责任	（1）承包人不能按合同规定工期完成工程的违约金或承担业主损失的条款； （2）由于管理上的疏忽造成对方人员和财产损失的赔偿条款； （3）由于预谋或故意行为造成对方损失的处罚和赔偿条款等； （4）由于承包人不履行或不能正确地履行合同责任，或出现严重违约时的处理规定； （5）由于业主不履行或不能正确地履行合同责任，或出现严重违约时的处理规定，特别是对业主不及时支付工程款的处理规定
7	验收、移交和保修	（1）验收包括许多内容，如材料和机械设备的现场验收，隐蔽工程验收，单项工程验收，全部工程竣工验收等。 （2）移交表示： ①业主认可并接收工程，承包人工程施工任务的完结； ②工程所有权的转让； ③承包人工程照管责任的结束和业主工程照管责任的开始； ④保修责任的开始； ⑤合同规定的工程款支付条款有效
8	索赔程序和争执的解决	（1）索赔的程序； （2）争议的解决方式和程序； （3）仲裁条款，包括仲裁所依据的法律、仲裁地点、方式和程序、仲裁结果的约束力等

考点 2　施 工 合 同 交 底

施工合同交底的含义、组织和任务

序号	项目	内容
1	含义	由合同管理人员在对合同的主要内容进行分析、解释和说明的基础上，通过组织项目管理人员和各个工程小组学习合同条文和合同总体分析结果，使大家熟悉合同中的主要内容、规定、管理程序，了解合同双方的合同责任和工作范围，各种行为的法律后果等，使大家都树立全局观念，使各项工作协调一致，避免执行中的违约行为

序号	项目	内容
2	组织	项目经理或合同管理人员应将各种任务或事件的责任分解，落实到具体的工作小组、人员或分包单位
3	目的和任务	(1) 对合同的主要内容达成一致理解； (2) 将各种合同事件的责任分解落实到各工程小组或分包人； (3) 将工程项目和任务分解，明确其质量和技术要求以及实施的注意要点等； (4) 明确各项工作或各个工程的工期要求； (5) 明确成本目标和消耗标准； (6) 明确相关事件之间的逻辑关系； (7) 明确各个工程小组（分包人）之间的责任界限； (8) 明确完不成任务的影响和法律后果； (9) 明确合同有关各方（如业主、监理工程师）的责任和义务

考点3　施工合同实施控制

施工合同跟踪

序号	项目	内容
1	含义	(1) 承包单位的合同管理职能部门对合同执行者（项目经理部或项目参与人）的履行情况进行的跟踪、监督和检查； (2) 合同执行者（项目经理部或项目参与人）本身对合同计划的执行情况进行的跟踪、检查与对比
2	合同跟踪的依据	(1) 合同跟踪的重要依据是合同以及依据合同而编制的各种计划文件； (2) 还要依据各种实际工程文件如原始记录、报表、验收报告等； (3) 还要依据管理人员对现场情况的直观了解，如现场巡视、交谈、会议、质量检查等
3	合同跟踪的对象	(1) 承包的任务； (2) 工程小组或分包人的工程和工作； (3) 业主和其委托的工程师的工作

合同跟踪的对象

序号	项目	内容
1	承包的任务	(1) 工程施工的质量，包括材料、构件、制品和设备等的质量，以及施工或安装质量，是否符合合同要求等； (2) 工程进度，是否在预定期限内施工，工期有无延长，延长的原因是什么等； (3) 工程数量，是否按合同要求完成全部施工任务，有无合同规定以外的施工任务等； (4) 成本的增加和减少
2	工程小组或分包人的工程和工作	(1) 可以将工程施工任务分解交由不同的工程小组或发包给专业分包完成，工程承包人必须对这些工程小组或分包人及其所负责的工程进行跟踪检查、协调关系，提出意见、建议或警告，保证工程总体质量和进度。 (2) 对专业分包人的工作和负责的工程，总承包商负有协调和管理的责任，并承担由此造成的损失，所以专业分包人的工作和负责的工程必须纳入总承包工程的计划和控制中，防止因分包人工程管理失误而影响全局

序号	项目	内容
3	业主和其委托的工程师的工作	（1）业主是否及时、完整地提供了工程施工的实施条件，如场地、图纸、资料等； （2）业主和工程师是否及时给予了指令、答复和确认等； （3）业主是否及时并足额地支付了应付的工程款项

合同实施的偏差分析及处理

序号	项目	内容	说明
1	偏差分析	产生偏差的原因分析	通过对合同执行实际情况与实施计划的对比分析，不仅可以发现合同实施的偏差，而且可以探索引起差异的原因。原因分析可以采用鱼刺图、因果关系分析图（表）、成本量差、价差、效率差分析等方法定性或定量地进行
		合同实施偏差责任分析	（1）即分析产生合同偏差的原因是由谁引起的，应该由谁承担责任； （2）责任分析必须以合同为依据，按合同规定落实双方的责任
		合同实施趋势分析	针对合同实施偏差情况，可以采取不同的措施，应分析在不同措施下合同执行的结果与趋势，包括： （1）最终的工程状况，包括总工期的延误、总成本的超支、质量标准、所能达到的生产能力（或功能要求）等； （2）承包商将承担什么样的后果，如被罚款、被清算，甚至被起诉，对承包商资信、企业形象、经营战略的影响等； （3）最终工程经济效益（利润）水平
2	偏差处理	组织措施	如增加人员投入，调整人员安排，调整工作流程和工作计划等
		技术措施	如变更技术方案，采用新的高效率的施工方案等
		经济措施	如增加投入，采取经济激励措施等
		合同措施	如进行合同变更，签订附加协议，采取索赔手段

工程变更的知识归纳

序号	项目	内容
1	工程变更的原因	工程变更一般主要有以下几个方面的原因： （1）业主新的变更指令，对建筑的新要求，如业主有新的意图、修改项目计划，削减项目预算等； （2）由于设计人员、监理方人员、承包商事先没有很好地理解业主的意图，或设计的错误，导致图纸修改； （3）工程环境的变化，预定的工程条件不准确，要求实施方案或实施计划变更； （4）由于产生新技术和知识，有必要改变原设计、原实施方案或实施计划，或由于业主指令及业主责任的原因造成承包商施工方案的改变； （5）政府部门对工程新的要求，如国家计划变化、环境保护要求、城市规划变动等； （6）由于合同实施出现问题，必须调整合同目标或修改合同条款
2	工程变更的范围	根据我国《建设工程施工合同（示范文本）》GF—2017—0201第10.1变更的范围：除专用合同条款另有约定外，合同履行过程中发生以下情形的，应按照本条约定进行变更： （1）增加或减少合同中任何工作，或追加额外的工作； （2）取消合同中任何工作，但转由他人实施的工作除外； （3）改变合同中任何工作的质量标准或其他特性； （4）改变工程的基线、标高、位置和尺寸； （5）改变工程的时间安排或实施顺序

序号	项目	内容
3	工程变更的提出	以下单位都可以根据需要提出工程变更： （1）承包商； （2）业主方； （3）设计方
4	工程变更的批准	（1）承包商提出的工程变更，应该交予工程师审查并批准； （2）由设计方提出的工程变更应该与业主协商或经业主审查并批准； （3）由业主方提出的工程变更，涉及设计修改的应该与设计单位协商，并一般通过工程师发出； （4）工程师发出工程变更的权力，一般会在施工合同中明确约定，通常在发出变更通知前应征得业主批准
5	工程变更指令的执行	（1）为了避免耽误工程，工程师和承包人就变更价格和工期补偿达成一致意见之前有必要先行发布变更指示，先执行工程变更工作，然后再就变更价格和工期补偿进行协商和确定。 （2）工程变更指示的发出有两种形式：书面形式和口头形式。一般情况下要求用书面形式发布变更指示，如果由于情况紧急而来不及发出书面指示，承包人应该根据合同规定要求工程师书面认可。 （3）根据工程惯例，除非工程师明显超越合同权限，承包人应该无条件地执行工程变更的指示。即使工程变更价款没有确定，或者承包人对工程师答应给予付款的金额不满意，承包人也必须一边进行变更工作，一边根据合同寻求解决办法
6	工程变更的责任分析	（1）由于业主要求、政府部门要求、环境变化、不可抗力、原设计错误等导致的设计修改，应该由业主承担责任。由此所造成的施工方案的变更以及工期的延长和费用的增加应该向业主索赔。 （2）由于承包人的施工过程、施工方案出现错误、疏忽而导致设计的修改，应该由承包人承担责任。 （3）施工方案变更要经过工程师的批准，不论这种变更是否会对业主带来好处（如工期缩短、节约费用）。 （4）由于承包人的施工过程、施工方案本身的缺陷而导致了施工方案的变更，由此所引起的费用增加和工期延长应该由承包人承担责任。 （5）业主向承包人授标前（或签订合同前），可以要求承包人对施工方案进行补充、修改或作出说明，以便符合业主的要求。在授标后（或签订合同后）业主为了加快工期、提高质量等要求变更施工方案，由此所引起的费用增加可以向业主索赔

考点 4 施工分包管理方法

施工分包管理的责任主体、管理内容和方法

序号	项目	内容
1	责任主体	由施工总承包或者施工总承包管理单位向业主承担分包单位负责施工的工程质量、工程进度、安全等的责任。必须明确的是，对施工分包单位进行管理的第一责任主体是施工总承包单位或施工总承包管理单位
2	管理内容	对施工分包单位管理的内容包括成本控制、进度控制、质量控制、安全管理、信息管理、人员管理、合同管理等
3	管理方法	（1）应该建立对分包人进行管理的组织体系和责任制度，对每一个分包人都有负责管理的部门或人员，实行对口管理。

序号	项目	内容
3	管理方法	（2）分包单位的选择应该经过严格考察，并经业主和工程监理机构的认可，其资质类别和等级应该符合有关规定。 （3）要对分包单位的劳动力组织及计划安排进行审批和控制，要根据其施工内容、进度计划等进行人员数量、资格和能力的审批和检查。 （4）要责成分包单位建立责任制，将项目的质量、安全等保证体系贯彻落实到各个分包单位、各个施工环节，督促分包单位对各项工作的落实。 （5）对加工构件的分包人，可委派驻厂代表负责对加工厂的进度和质量进行监督、检查和管理。 （6）应该建立工程例会制度，及时反映和处理分包单位施工过程中出现的各种问题。 （7）建立合格材料、制品、配件等的分供方档案库，并对其进行考核、评价，确定信誉好的短名单分供方。材料、成品和半成品进场要按规范、图纸和施工要求严格检验。进场后的材料堆放要按照材料性能、厂家要求等进行，对易燃易爆材料要单独存放。 （8）对于有多个分包单位同时进场施工的项目，可以采取工程质量、安全或进度竞赛活动，通过定期的检查和评比，建立奖惩机制，促进分包单位的进步和提高

分包管理的内容

序号	项目	内容
1	成本控制	（1）首先，无论采用何种计价方式，都可以通过竞争方式降低分包工程的合同价格，从而降低承包工程的施工总成本。 （2）其次，在对分包工程款的支付审核方面，通过严格审核实际完成工程量，建立工程款支付与工程质量和工程实际进度挂钩的联动审核方式，防止超付和早付。 （3）对于业主指定分包，如果不是由业主直接向分包支付工程款，则要把握分包工程款的支付时间，一定要在收到业主的工程款之后才能支付，并应扣除管理费、配合费和质量保证金等
2	进度控制	（1）首先应该根据施工总进度计划提出分包工程的进度要求，向施工分包单位明确分包工程的进度目标。应该要求施工分包单位按照分包工程的进度目标要求建立详细的分包工程施工进度计划，通过审核，判断其是否合理，是否符合施工总进度计划的要求，并在工程进展过程中严格控制其执行。 （2）在施工分包合同中应该确定进度计划拖延的责任，并在施工过程中进行严格考核。 （3）在工程进展过程中，承包单位还应该积极为分包工程的施工创造条件，及时审核和签署有关文件，保证材料供应，协调好各分包单位之间的关系，按照施工分包合同的约定履行好施工总承包人的职责
3	质量控制和安全管理	（1）首先，在分包工程施工前，应该向分包人明确施工质量要求，要求施工分包人建立质量保证体系，制定质量保证和安全管理措施，经审查批准后再进行分包工程的施工。 （2）施工过程中，严格检查施工分包人的质量保证与安全管理体系和措施的落实情况，并根据总包单位自身的质量保证体系控制分包工程的施工质量。应该在承包人和分包人自检合格的基础上提交业主检查和验收。 （3）增强全体人员（包括承包人的作业人员和管理人员以及参与施工的各分包方的各级管理人员和作业人员）的质量和安全意识是工程施工的首要措施。工程开工前，应该针对工程的特点，由项目经理或负责质量、安全的管理人员组织进行质量、安全意识教育，通过教育提高各类管理人员和施工人员的意识，并将其贯穿到实际工作中去。 注：目前，国内的工程施工主要由分包单位操作完成，只有分包单位的管理水平和技术实力提高了，工程质量才能达到既定的目标。因此，要着重对分包单位的操作人员和管理人员进行技术培训和质量教育，帮助他们提高管理水平。要对分包工程的班组长及施工人员按不同专业进行技术、工艺、质量等的综合培训，未经培训或培训不合格的分包队伍不允许进场施工

考点 5 施工合同履行过程中的诚信自律

施工合同履行过程中诚信自律知识摘录

序号	项目	内容
1	信用缺失主体	施工单位和其他建筑市场主体都存在着不同程度的失信行为
2	诚信行为记录	（1）诚信行为记录由各省、自治区、直辖市建设行政主管部门在当地建筑市场诚信信息平台上统一公布； （2）不良行为记录信息的公布时间为行政处罚决定作出后 7 日内，公布期限一般为 6 个月至 3 年； （3）良好行为记录信息公布期限一般为 3 年

施工单位的不良行为记录认定标准

序号	项目	内容
1	资质不良行为认定标准	（1）未取得资质证书承揽工程的，或超越本单位资质等级承揽工程的； （2）以欺骗手段取得资质证书承揽工程的； （3）允许其他单位或个人以本单位名义承揽工程的； （4）未在规定期限内办理资质变更手续的； （5）涂改、伪造、出借、转让《建筑业企业资质证书》的； （6）按照国家规定需要持证上岗的技术工种的作业人员未经培训、考核，未取得证书上岗，情节严重的
2	承揽业务不良行为认定标准	（1）行贿、提供回扣或者给予其他好处等承揽业务的； （2）串通投标或与招标人串通的，向招标人或评标委员会成员行贿的手段谋取中标的； （3）以他人名义投标或以其他方式弄虚作假，骗取中标的； （4）不按照与招标人订立的合同履行义务，情节严重的； （5）将承包的工程转包或违法分包的
3	工程质量不良行为认定标准	（1）在施工中偷工减料的，使用不合格建筑材料、建筑构配件和设备的，或者有不按照工程设计图纸或施工技术标准施工的其他行为的； （2）未按照节能设计进行施工的； （3）未对建筑材料、建筑构配件、设备和商品混凝土进行检测； （4）未对涉及结构安全的试块、试件以及有关材料取样检测的； （5）竣工验收后不出具质量保修书的，或质量保修的内容、期限违反规定的； （6）不履行保修义务或者拖延履行保修义务的
4	工程安全不良行为认定标准	（1）委托不具有相应资质的单位承担施工现场安装、拆卸施工起重机械和整体提升脚手架、模板等自升式架设设施的； （2）在施工组织设计中未编制安全技术措施、施工现场临时用电方案或者专项施工方案的； （3）主要负责人、项目负责人未履行安全生产管理职责的，或不服管理、违反规章制度和操作规程冒险作业的； （4）施工单位取得资质证书后，降低安全生产条件的；或经整改仍未达到与其资质等级相适应的安全生产条件的； （5）取得安全生产许可证发生重大安全事故的； （6）未取得安全生产许可证擅自进行生产的； （7）安全生产许可证有效期满未办理延期手续，继续进行生产的，或逾期不办理延期手续，继续进行生产的； （8）转让安全生产许可证的；接受转让的；冒用或者使用伪造的安全生产许可证的

注：注意借出资质为资质不良行为，借入资质承揽工程为承揽不良行为。

1Z206060 建设工程索赔

【考点图谱】

考点1 索 赔 依 据

索赔的分类

序号	分类标准	分类内容
1	按索赔有关当事人分类	（1）承包人与发包人之间的索赔； （2）承包人与分包人之间的索赔； （3）承包人或发包人与供货人之间的索赔； （4）承包人或发包人与保险人之间的索赔
2	按照索赔目的和要求分类	（1）工期索赔，一般指承包人向业主或者分包人向承包人要求延长工期； （2）费用索赔，即要求补偿经济损失，调整合同价格
3	按照索赔事件的性质分类	（1）工程延期索赔，因为发包人未按合同要求提供施工条件，或者发包人指令工程暂停或不可抗力事件等原因造成工期拖延的，承包人向发包人提出索赔；如果由于承包人原因导致工期拖延，发包人可以向承包人提出索赔；由于非分包人的原因导致工期拖延，分包人可以向承包人提出索赔。 （2）工程加速索赔，通常是由于发包人或工程师指令承包人加快施工进度，缩短工期，引起承包人的人力、物力、财力的额外开支，承包人提出索赔；承包人指令分包人加快进度，分包人也可以向承包人提出索赔。 （3）工程变更索赔，由于发包人或工程师指令增加或减少工程量或增加附加工程、修改设计、变更施工顺序等，造成工期延长和费用增加，承包人对此向发包人提出索赔，分包人也可以对此向承包人提出索赔。 （4）工程终止索赔，由于发包人违约或发生了不可抗力事件等造成工程非正常终止，承包人和分包人因蒙受经济损失而提出索赔；如果由于承包人或者分包人的原因导致工程非正常终止，或者合同无法继续履行，发包人可以对此提出索赔。 （5）不可预见的外部障碍或条件索赔，即施工期间在现场遇到一个有经验的承包商通常不能预见的外界障碍或条件，例如地质条件与预计的（业主提供的资料）不同，出现未预见的岩石、淤泥或地下水等，导致承包人损失，这类风险通常应该由发包人承担，即承包人可以据此提出索赔。 （6）不可抗力事件引起的索赔，在新版FIDIC施工合同条件中，不可抗力通常是满足以下条件的特殊事件或情况：一方无法控制的、该方在签订合同前不能对之进行合理防备的、发生后该方不能合理避免或克服的、不主要归因于他方的。不可抗力事件发生导致承包人损失，通常应该由发包人承担，即承包人可以据此提出索赔。 （7）其他索赔，如货币贬值、汇率变化、物价变化、政策法令变化等原因引起的索赔
4	承包商向业主的索赔	（1）因合同文件引起的索赔 ① 有关合同文件的组成问题引起的索赔； ② 关于合同文件有效性引起的索赔； ③ 因图纸或工程量表中的错误而引起的索赔。 （2）有关工程施工的索赔 ① 地质条件变化引起的索赔； ② 工程中人为障碍引起的索赔； ③ 增减工程量的索赔； ④ 各种额外的试验和检查费用的偿付； ⑤ 工程质量要求的变更引起的索赔； ⑥ 指定分包商违约或延误造成的索赔；

序号	分类标准	分类内容
4	承包商向业主的索赔	⑦ 其他有关施工的索赔。 （3）关于价款方面的索赔 ① 关于价格调整方面的索赔； ② 关于货币贬值和严重经济失调导致的索赔； ③ 拖延支付工程款的索赔。 （4）关于工期的索赔 ① 关于延长工期的索赔； ② 由于延误产生损失的索赔； ③ 赶工费用的索赔。 （5）特殊风险和人力不可抗拒灾害的索赔 ① 特殊风险的索赔。特殊风险一般是指战争、敌对行动、入侵行为、核污染及冲击波破坏、叛乱、革命、暴动、军事政变或篡权、内战等。 ② 人力不可抗拒灾害的索赔。人力不可抗拒灾害主要是指自然灾害，由这类灾害造成的损失应向承保的保险公司索赔。在许多合同中承包人以业主和承包人共同的名义投保工程一切险，这种索赔可同业主一起进行。 （6）工程暂停、终止合同的索赔 ① 施工过程中，工程师有权下令暂停全部或任何部分工程，只要这种暂停命令并非承包人违约或其他意外风险造成的，承包人不仅可以得到要求工期延长的权利，而且可以就其停工损失获得合理的额外费用补偿。 ② 终止合同和暂停工程的意义是不同的。有些是由于意外风险造成的损害十分严重因而终止合同，也有些是由"错误"引起的合同终止，例如业主认为承包人不能履约而终止合同，甚至从工地驱逐该承包人。 （7）财务费用补偿的索赔 财务费用的损失要求补偿，是指因各种原因使承包人财务开支增大而导致的贷款利息等财务费用
5	业主向承包商索赔	（1）索赔费用和利润 承包商未按合同要求实施工程，发生下列损害业主权益或违约的情况时，业主可索赔费用和（或）利润： ① 工程进度太慢，要求承包商赶工时，可索赔工程师的加班费； ② 合同工期已到而工程仍未完工，可索赔误期损害赔偿费； ③ 质量不满足合同要求，如不按照工程师的指示拆除不合格工程和材料，不进行返工或不按照工程师的指示在缺陷责任期内修复缺陷，则业主可找另一家公司完成此类工作，并向承包商索赔成本及利润； ④ 质量不满足合同要求，工程被拒绝接收，在承包商自费修复后，业主可索赔重新检验费； ⑤ 未按合同要求办理保险，业主可前去办理并扣除或索赔相应的费用； ⑥ 由于合同变更或其他原因造成工程施工的性质、范围或进度计划等方面发生变化，承包商未按合同要求去及时办理保险，由此造成的损失或损害可向承包商索赔； ⑦ 未按合同要求采取合理措施，造成运输道路、桥梁等的破坏； ⑧ 未按合同条件要求，无故不向分包商付款； ⑨ 严重违背合同（如工程进度一拖再拖，质量经常不合格等），工程师一再警告而没有明显改进时，业主可没收履约保函。 （2）索赔工期 FIDIC于2017年出版的新版合同条件《施工合同条件》（"红皮书"）规定，当承包商的工程质量不能满足要求，即某项缺陷或损害使工程、区段或某项主要生产设备不能按原定目的使用时，业主有权延长工程或某一区段的缺陷通知期

索赔成立的事件和条件

序号	项目	内容
1	构成施工项目索赔条件的事件	索赔事件，又称为干扰事件，是指那些使实际情况与合同规定不符合，最终引起工期和费用变化的各类事件。在工程实施过程中，要不断地跟踪、监督索赔事件，就可以不断地发现索赔机会。通常，承包商可以提起索赔的事件有： （1）发包人违反合同给承包人造成时间、费用的损失； （2）因工程变更（含设计变更、发包人提出的工程变更、监理工程师提出的工程变更，以及承包人提出并经监理工程师批准的变更）造成的时间、费用损失； （3）由于监理工程师对合同文件的歧义解释、技术资料不确切，或由于不可抗力导致施工条件的改变，造成了时间、费用的增加； （4）发包人提出提前完成项目或缩短工期而造成承包人的费用增加； （5）发包人延误支付期限造成承包人的损失； （6）对合同规定以外的项目进行检验，且检验合格，或非承包人的原因导致项目缺陷的修复所发生的损失或费用； （7）非承包人的原因导致工程暂时停工； （8）物价上涨，法规变化及其他
2	索赔成立的前提条件	索赔的成立，应该同时具备以下三个前提条件，缺一不可： （1）与合同对照，事件已造成了承包人工程项目成本的额外支出，或直接工期损失； （2）造成费用增加或工期损失的原因，按合同约定不属于承包人的行为责任或风险责任； （3）承包人按合同规定的程序和时间提交索赔意向通知和索赔报告

索赔证据

序号	项目	内容
1	含义	是当事人用来支持其索赔成立或和索赔有关的证明文件和资料
2	可以作为证据使用的材料	（1）当事人的陈述。被害人、当事人就案件事实向司法机关所作的陈述。犯罪嫌疑人、被告人向司法机关所作的承认犯罪并交代犯罪事实的陈述或否认犯罪或具有从轻、减轻、免除处罚的辩解、申诉。 （2）书证。是指以其文字、数字或符号记载的内容起证明作用的书面文书和其他载体，如合同文本、财务账册、欠据、收据、往来信函以及确定有关权利的判决书、法律文件等。 （3）物证。是指以其存在、存放的地点等外部特征及物质特性来证明案件事实真相的证据。如购销过程中封存的样品，被损坏的机械、设备，有质量问题的产品等。 （4）视听资料。是指能够证明案件真实情况的音像资料，如录音带、录像带等。 （5）电子数据。包括网页、博客、微博客等网络平台发布的信息；手机短信、电子邮件、即时通信、通信群组等网络应用服务的通信信息；用户注册信息、身份认证信息、电子交易记录、通信记录、登录日志等信息；文档、图片、音频、视频、数字证书、计算机程序等电子文件；其他以数字化形式存储、处理、传输的能够证明案件事实的信息。 （6）证人证言。是指知道、了解事实真相的人所提供的证词，或向司法机关所作的陈述。 （7）鉴定意见。是指专业人员就案件有关情况向司法机关提供的专门性的书面鉴定意见，如损伤鉴定、痕迹鉴定、质量责任鉴定等。 （8）勘验笔录。是指司法人员或行政执法人员对与案件有关的现场物品、人身等进行勘察、试验、实验或检查的文字记载。这项证据也具有专门性

序号	项目	内容
3	常见的工程索赔证据	（1）各种合同文件，包括施工合同协议书及其附件、中标通知书、投标书、标准和技术规范、图纸、工程量清单、工程报价单或者预算书、有关技术资料和要求、施工过程中的补充协议等。 （2）工程各种往来函件、通知、答复等。 （3）各种会谈纪要。 （4）经过发包人或者工程师批准的承包人的施工进度计划、施工方案、施工组织设计和现场实施情况记录。 （5）工程各项会议纪要。 （6）气象报告和资料，如有关温度、风力、雨雪的资料。 （7）施工现场记录，包括有关设计交底、设计变更、施工变更指令，工程材料和机械设备的采购、验收与使用等方面的凭证及材料供应清单、合格证书，工程现场水、电、道路等开通、封闭的记录，停水、停电等各种干扰事件的时间和影响记录等。 （8）工程有关照片和录像等。 （9）施工日记、备忘录等。 （10）发包人或者工程师签认的签证。 （11）发包人或者工程师发布的各种书面指令和确认书，以及承包人的要求、请求、通知书等。 （12）工程中的各种检查验收报告和各种技术鉴定报告。 （13）工地的交接记录（应注明交接日期，场地平整情况，水、电、路情况等），图纸和各种资料交接记录。 （14）建筑材料和设备的采购、订货、运输、进场、使用方面的记录、凭证和报表等。 （15）市场行情资料，包括市场价格、官方的物价指数、工资指数、中央银行的外汇比率等公布材料。 （16）投标前发包人提供的参考资料和现场资料。 （17）工程结算资料、财务报告、财务凭证等。 （18）各种会计核算资料。 （19）国家法律、法令、政策文件
4	索赔证据的基本要求	（1）真实性； （2）及时性； （3）全面性； （4）关联性； （5）有效性

注：索赔的依据主要是三个方面：（1）合同文件；（2）法律、法规；（3）工程建设惯例。

考点 2 索 赔 方 法

施工合同索赔的有关内容

序号	项目	内容
1	索赔意向通知	（1）在工程实施过程中发生索赔事件以后，或者承包人发现索赔机会，首先要提出索赔意向，即在合同规定时间内将索赔意向用书面形式及时通知发包人或者工程师，向对方表明索赔愿望、要求或者声明保留索赔权利，这是索赔工作程序的第一步。 （2）索赔意向通知要简明扼要地说明索赔事由发生的时间、地点、简单事实情况描述和发展动态、索赔依据和理由、索赔事件的不利影响等

序号	项目	内容
2	索赔资料的准备	在索赔资料准备阶段，主要工作有： (1) 跟踪和调查干扰事件，掌握事件产生的详细经过； (2) 分析干扰事件产生的原因，划清各方责任，确定索赔根据； (3) 损失或损害调查分析与计算，确定工期索赔和费用索赔值； (4) 搜集证据，获得充分而有效的各种证据； (5) 起草索赔文件
3	索赔文件的提交	提出索赔的一方应该在合同规定的时限内向对方提交正式的书面索赔文件。例如，FIDIC 合同条件和我国《建设工程施工合同（示范文本）》GF—2017—0201 都规定，承包人必须在发出索赔意向通知后的 28 天内或经过工程师同意的其他合理时间内向工程师提交一份详细的索赔文件和有关资料。如果干扰事件对工程的影响持续时间长，承包人则应按工程师要求的合理间隔（一般为 28 天），提交中间索赔报告，并在干扰事件影响结束后的 28 天内提交一份最终索赔报告。否则将失去就该事件请求补偿的索赔权利
4	索赔文件的主要内容	索赔文件的主要内容包括以下几个方面： (1) 总述部分：概要论述索赔事项发生的日期和过程；承包人为该索赔事项付出的努力和附加开支；承包人的具体索赔要求。 (2) 论证部分：论证部分是索赔报告的关键部分，其目的是说明自己有索赔权，是索赔能否成立的关键。 (3) 索赔款项（和/或工期）计算部分：如果说索赔报告论证部分的任务是解决索赔权能否成立，则款项计算是为解决能得多少款项。前者定性，后者定量。 (4) 证据部分：要注意引用的每个证据的效力或可信程度，对重要的证据资料最好附以文字说明，或附以确认件
5	索赔文件的审核	对于承包人向发包人的索赔请求，索赔文件首先应该交由工程师审核。工程师根据发包人的委托或授权，对承包人索赔的审核工作主要分为判定索赔事件是否成立和核查承包人的索赔计算是否正确、合理两个方面，并可在授权范围内作出判断：初步确定补偿额度，或者要求补充证据，或者要求修改索赔报告等。对索赔的初步处理意见要提交发包人
6	发包人审查	(1) 对于工程师的初步处理意见，发包人需要进行审查和批准，然后工程师才可以签发有关证书。 (2) 如果索赔额度超过了工程师权限范围时，应由工程师将审查的索赔报告报请发包人审批，并与承包人谈判解决
7	协商	(1) 对于工程师的初步处理意见，发包人和承包人可能都不接受或者其中的一方不接受，三方就索赔的解决进行协商，达成一致，其中可能包括复杂的谈判过程，经过多次协商才能达成。 (2) 如果经过努力无法就索赔事宜达成一致意见，则发包人和承包人可根据合同约定选择采用仲裁或者诉讼方式解决
8	反索赔的基本内容	反索赔的工作内容可以包括两个方面：一是防止对方提出索赔，二是反击或反驳对方的索赔要求。反索赔常用的措施有： (1) 抓对方的失误，直接向对方提出索赔，以对抗或平衡对方的索赔要求，以求在最终解决索赔时互相让步或者互不支付。 (2) 针对对方的索赔报告，进行仔细、认真研究和分析，找出理由和证据，证明对方索赔要求或索赔报告不符合实际情况和合同规定，没有合同依据或事实证据，索赔值计算不合理或不准确等问题，反击对方的不合理索赔要求，推卸或减轻自己的责任，使自己不受或少受损失

序号	项目	内容
9	对索赔报告的反击或反驳要点	(1) 索赔要求或报告的时限性； (2) 索赔事件的真实性； (3) 干扰事件的原因、责任分析； (4) 索赔理由分析； (5) 索赔证据分析； (6) 索赔值审核

考点3 索赔费用计算

索赔费用的组成

序号	组成项目	内容
1	人工费	(1) 完成合同之外的额外工作所花费的人工费用； (2) 由于非承包商责任的工效降低所增加的人工费用； (3) 超过法定工作时间加班劳动； (4) 法定人工费增长以及非承包商责任工程延期导致的人员窝工费和工资上涨费等
2	材料费	(1) 由于索赔事项材料实际用量超过计划用量而增加的材料费； (2) 由于客观原因材料价格大幅度上涨； (3) 由于非承包商责任工程延期导致的材料价格上涨和超期储存费用； (4) 材料费中应包括运输费、仓储费以及合理的损耗费用。如果由于承包商管理不善，造成材料损坏失效，则不能列入索赔计价
3	施工机械使用费	(1) 由于完成额外工作增加的机械使用费； (2) 由于非承包商责任工效降低增加的机械使用费； (3) 由于业主或监理工程师原因导致机械停工的窝工费。窝工费的计算，如系租赁设备，一般按实际租金和进退场费的分摊计算；如系承包商自有设备，一般按台班折旧费计算，而不能按台班费计算，因台班费中包括了设备使用费
4	现场管理费	是指承包人完成额外工程、索赔事项工作以及工期延长期间的现场管理费，包括管理人员工资、办公、通信、交通费等。
5	利息利率	(1) 按当时的银行贷款利率； (2) 按当时的银行透支利率； (3) 按合同双方协议的利率； (4) 按中央银行贴现率加三个百分点
6	分包费用	(1) 分包人的索赔费，一般也包括人工、材料、机械使用费的索赔； (2) 分包人的索赔应如数列入总承包人的索赔款总额以内
7	总部（企业）管理费	索赔款中的总部管理费主要指的是工程延期期间所增加的管理费。包括总部职工工资、办公大楼、办公用品、财务管理、通信设施以及总部领导人员赴工地检查指导工作等开支
8	利润	(1) 能列入利润索赔的是：由于工程范围的变更、文件有缺陷或技术性错误、业主未能提供现场等引起的索赔，承包商可以列入利润； (2) 不能列入利润索赔的是：对于工程暂停的索赔，一般监理工程师很难同意在工程暂停的费用索赔中加进利润损失

索赔费用的计算方法

序号	方法	说明
1	实际费用法	（1）实际费用法是计算工程索赔时最常用的一种方法。这种方法的计算原则是以承包商为某项索赔工作所支付的实际开支为根据，向业主要求费用补偿； （2）用实际费用法计算时，在直接费的额外费用部分的基础上，再加上应得的间接费和利润，即是承包商应得的索赔金额
2	总费用法	总费用法就是当发生多次索赔事件以后，重新计算该工程的实际总费用，实际总费用减去投标报价时的估算总费用，即为索赔金额
3	修正的总费用法	修正的内容如下： （1）将计算索赔款的时段局限于受到外界影响的时间，而不是整个施工期； （2）只计算受影响时段内的某项工作所受影响的损失，而不是计算该时段内所有施工工作所受的损失； （3）与该项工作无关的费用不列入总费用中； （4）对投标报价费用重新进行核算：按受影响时段内该项工作的实际单价进行核算，乘以实际完成的该项工作的工程量，得出调整后的报价费用

考 点 4 工 期 索 赔 计 算

工期延误的分类

序号	分类标准	具体分类
1	按照工期延误的原因划分	（1）因业主和工程师原因引起的延误： ① 业主未能及时交付合格的施工现场； ② 业主未能及时交付施工图纸； ③ 业主或工程师未能及时审批图纸、施工方案、施工计划等； ④ 业主未能及时支付预付款或工程款； ⑤ 业主未能及时提供合同规定的材料或设备； ⑥ 业主自行发包的工程未能及时完工或其他承包商违约导致的工程延误； ⑦ 业主或工程师拖延关键线路上工序的验收时间导致下道工序施工延误； ⑧ 业主或工程师发布暂停施工指令导致延误； ⑨ 业主或工程师设计变更导致工程延误或工程量增加； ⑩ 业主或工程师提供的数据错误导致的延误。 （2）因承包商原因引起的延误： ① 施工组织不当，出现窝工或停工待料等现象； ② 质量不符合合同要求而造成返工； ③ 资源配置不足； ④ 开工延误； ⑤ 劳动生产率低； ⑥ 分包商或供货商延误等。 （3）不可控制因素引起的延误：人力不可抗拒的自然灾害导致的延误、特殊风险如战争或叛乱等造成的延误、不利的施工条件或外界障碍引起的延误等

序号	分类标准	具体分类
2	按照索赔要求和结果划分	(1) 可索赔延误：指非承包商原因引起的工程延误，包括业主或工程师的原因和双方不可控制的因素引起的索赔。根据补偿的内容不同，可以进一步划分为三种情况： ① 只可索赔工期的延误； ② 只可索赔费用的延误； ③ 可索赔工期和费用的延误。 (2) 不可索赔延误：是指因承包商原因引起的延误，承包商不应向业主提出索赔，而且应该采取措施赶工，否则应向业主支付误期损害赔偿
3	按延误工作在工程网络计划的线路划分	(1) 关键线路延误：都会造成总工期的推迟，因此，非承包商原因造成关键线路延误都是可索赔延误。 (2) 非关键线路延误：非关键线路上的工作一般都存在机动时间，其延误是否会影响到总工期的推迟取决于其总时差的大小和延误时间的长短。如果延误时间少于该工作的总时差，业主一般不会给予工期顺延，但可能给予费用补偿；如果延误时间大于该工作的总时差，非关键线路的工作就会转化为关键工作，从而成为可索赔延误
4	按照延误事件之间的关联性划分	(1) 单一延误：单一延误是指在某一延误事件从发生到终止的时间间隔内，没有其他延误事件的发生，该延误事件引起的延误称为单一延误。 (2) 共同延误：当两个或两个以上的延误事件从发生到终止的时间完全相同时，这些事件引起的延误称为共同延误。 (3) 交叉延误：当两个或两个以上的延误事件从发生到终止只有部分时间重合时，称为交叉延误

工期索赔的计算方法

序号	计算方法	具体含义
1	直接法	如果某干扰事件直接发生在关键线路上，造成总工期的延误，可以直接将该干扰事件的实际干扰时间（延误时间）作为工期索赔值
2	比例分析法	如果某干扰事件仅仅影响某单项工程、单位工程或分部分项工程的工期，要分析其对总工期的影响，可以采用比例分析法
3	网络分析法	假设工程重新进行网络分析和计算，得到的新工期与原工期之间的差值就是干扰事件对总工期的影响，也就是承包商可以提出的工期索赔值

1Z206070 国际建设工程施工承包合同

【考点图谱】

【考点精析】

考点1 国际常用的施工承包合同条件

国际常用的几种建设工程施工承包合同

序号	项目	内容
1	FIDIC合同	新版合同条件共四本:《施工合同条件》《永久设备和设计——建造合同条件》《EPC/交钥匙项目合同条件》《简明合同格式》。FIDIC系列合同条件具有国际性、通用性和权威性,合同条款公正合理,职责分明,程序严谨,易于操作

序号	项目	内容
2	英国 JCT 合同条件	英国合同审定联合会（JCT-Joint Contracts Tribunal）是审议合同的组织，在 ICE 合同基础上制定建筑工程合同的标准格式。JCT 的建筑工程合同条件（JCT98）用于业主和承包商之间的施工总承包合同，主要适用于传统的施工总承包，属于总价合同。在 JCT98 的基础上发展形成了 JCT 合同系列。JCT98 主要用于传统采购模式，也用于 CM 采购模式，共有 6 种不同的版本
3	美国 AIA 系列合同	AIA 文件分为 A、B、C、D、F、G、INT 六个系列。其中： A 系列，是关于业主与承包人之间的合同文件； B 系列，是关于业主与建筑师之间的合同文件； C 系列，是关于建筑师与提供专业服务的咨询机构之间的合同文件； D 系列，是建筑师行业所用的有关文件； F 系列，财务管理报表； G 系列，是合同和办公管理中使用的文件和表格； INT 系列，用于国际工程项目的合同文件（为 B 系列的一部分）

考点 2 施工承包合同争议的解决方式

合同争议解决方式

序号	解决方式	含义	特点
1	协商解决	首选的最基本的方式。双方依据合同，通过友好磋商和谈判，互相让步，折中解决合同争议	协商解决方式对合同双方都有利，为继续履行合同以及为将来进一步友好合作创造条件
2	调解	调解人通过调查分析，了解有关情况，根据争议双方的有关合同作出自己的判断，并对双方进行协调和劝说，仍以和平的方式解决合同争议	（1）提出调解，能较好地表达双方对协商谈判结果的不满意和争取解决争议的决心； （2）由于调解人的介入，增加了解决争议的公正性，双方都会顾及声誉和影响，容易接受调解人的劝说和意见； （3）程序简单，灵活性较大，调解不成，不影响采取其他解决途径； （4）节约时间、精力和费用； （5）双方关系仍比较友好，不伤感情
3	仲裁	通常有以下三种选择。 （1）在工程所在国仲裁，这是比较常见的选择； （2）在被诉方所在国仲裁； （3）在合同中约定的第三国仲裁	（1）仲裁程序效率高，周期短，费用少。 （2）保密性。仲裁程序一般都是保密的。从开始到终结的全过程中，双方当事人和仲裁员及仲裁机构都负有保密的责任。 （3）专业化。具有建设工程技术、管理和法规等知识的专业人士担任仲裁员，从而可以更加快捷、更加公正地审理和解决合同争议

序号	解决方式	含义	特点
4	DAB方式	合同双方经过协商，选定一个独立公正的争端裁决委员会（DAB），当发生合同争议时，由该委员会对其争议作出决定。合同双方在收到决定后28天内，均未提出异议，则该决定即是最终的，对双方均具有约束力。争端裁决委员会可以由一人、三人或者五人组成，其任命通常有三种方式：常任争端裁决委员会；特聘争端裁决委员会；由工程师兼任	（1）DAB委员可以在项目开始时就介入项目，了解项目管理情况及其存在的问题。 （2）DAB委员公正性、中立性的规定通常情况下可以保证他们的决定不带有任何主观倾向或偏见。DAB的委员有较高的业务素质和实践经验，特别是具有项目施工方面的丰富经验。 （3）周期短，可以及时解决争议。 （4）DAB的费用较低。 （5）DAB委员是发包人和承包人自己选择的，其裁决意见容易为他们所接受。 （6）由于DAB提出的裁决不是强制性的，不具有终局性，合同双方或一方对裁决不满意，仍然可以提请仲裁或诉讼

1Z207000 建设工程项目信息管理

1Z207010 建设工程项目信息管理的目的和任务

【考点图谱】

【考点精析】

考点 1 项目信息管理的目的

项目信息的含义、分类与目的

序号	项目	内容
1	信息管理的含义	信息管理指的是信息传输的合理组织和控制
2	项目信息管理的目的	（1）项目的信息管理是通过对各个系统、各项工作和各种数据的管理，使项目的信息能方便和有效地获取、存储、存档、处理和交流。 （2）项目的信息管理的目的旨在通过有效的项目信息传输的组织和控制为项目建设的增值服务
3	建设工程项目的信息分类	（1）建设工程项目的信息包括在项目决策过程、实施过程（设计准备、设计、施工和物资采购过程等）和运行过程中产生的信息，以及其他与项目建设有关的信息。 （2）它包括：项目的组织类信息、管理类信息、经济类信息、技术类信息和法规类信息

考点 2 项目信息管理的任务

项目信息管理的任务

序号	项目	内容
1	信息管理编制主体	业主方和项目参与各方都有各自的信息管理任务，各方都应编制各自的信息管理手册
2	信息管理手册的内容	信息管理手册描述和定义信息管理做什么、谁做、什么时候做和其工作成果是什么等，它的主要内容包括： (1) 信息管理的任务（信息管理任务目录）； (2) 信息管理的任务分工表和管理职能分工表； (3) 信息的分类； (4) 信息的编码体系和编码； (5) 信息输入输出模型； (6) 各项信息管理工作的工作流程图； (7) 信息流程图； (8) 信息处理的工作平台及其使用规定； (9) 各种报表和报告的格式，以及报告周期； (10) 项目进展的月度报告、季度报告、年度报告和工程总报告的内容及其编制； (11) 工程档案管理制度； (12) 信息管理的保密制度等
3	信息管理部门的工作任务	(1) 负责编制信息管理手册，在项目实施过程中进行信息管理手册的必要修改和补充，并检查和督促其执行； (2) 负责协调和组织项目管理班子中各个工作部门的信息处理工作； (3) 负责信息处理工作平台的建立和运行维护； (4) 与其他工作部门协同组织收集信息、处理信息和形成各种反映项目进展和项目目标控制的报表和报告； (5) 负责工程档案管理等
4	信息工作流程	(1) 信息管理手册编制和修订的工作流程； (2) 为形成各类报表和报告，收集信息、录入信息、审核信息、加工信息、信息传输和发布的工作流程； (3) 工程档案管理的工作流程等

1Z207020 建设工程项目信息的分类、编码和处理方法

【考点图谱】

【考点精析】

考点1 项目信息的分类

建设项目信息的分类

注：为满足项目管理工作的要求，往往需要对建设工程项目信息进行综合分类，即按多维进行分类，如：第一维：按项目的分解结构；第二维：按项目实施的工作过程；第三维：按项目管理工作的任务。

考点2 项目信息编码的方法

服务于各种用途的信息编码

序号	项目	内容
1	项目的结构编码	依据项目结构图对项目结构的每一层的每一个组成部分进行编码
2	项目管理组织结构编码	依据项目管理的组织结构图，对每一个工作部门进行编码
3	项目的政府主管部门和各参与单位编码（组织编码）	包括：政府主管部门、业主方的上级单位或部门、金融机构、工程咨询单位、设计单位、施工单位、物资供应单位、物业管理单位等
4	项目实施的工作项编码（项目实施的工作过程的编码）	应覆盖项目实施的工作任务目录的全部内容，包括： （1）设计准备阶段的工作项； （2）设计阶段的工作项； （3）招标投标工作项； （4）施工和设备安装工作项； （5）项目动用前的准备工作项等

序号	项目	内容
5	项目的投资项编码（业主方）/成本项编码（施工方）	它并不是概预算定额确定的分部分项工程的编码，它应综合考虑概算、预算、标底、合同价和工程款的支付等因素，建立统一的编码，以服务于项目投资目标的动态控制
6	项目的进度项（进度计划的工作项）编码	应综合考虑不同层次、不同深度和不同用途的进度计划工作项的需要，建立统一的编码，服务于项目进度目标的动态控制
7	项目进展报告和各类报表编码	项目进展报告和各类报表编码应包括项目管理形成的各种报告和报表的编码
8	合同编码	应参考项目的合同结构和合同的分类，应反映合同的类型、相应的项目结构和合同签订的时间等特征
9	函件编码	应反映发函者、收函者、函件内容所涉及的分类和时间等，以便函件的查询和整理
10	工程档案编码	应根据有关工程档案的规定、项目的特点和项目实施单位的需求等而建立

注：这些编码是因不同的用途而编制的，如投资项编码（业主方）/成本项编码（施工方）服务于投资控制工作/成本控制工作；进度项编码服务于进度控制工作。但是有些编码并不是针对某一项管理工作而编制的，如投资控制/成本控制、进度控制、质量控制、合同管理、编制项目进展报告等都要使用项目的结构编码，因此就需要进行编码的组合。

考点 3　项目信息处理的方法

建设工程项目信息处理的方法

建设工程项目的业主方和项目参与各方往往分散在不同的地点，或不同的城市，或不同的国家，因此其信息处理应考虑充分利用远程数据通信的方式，如：

（1）通过电子邮件收集信息和发布信息；

（2）通过基于互联网的项目专用网站（PSWS——Project Specific Web Site）实现业主方内部、业主方和项目参与各方，以及项目参与各方之间的信息交流、协同工作和文档管理；或通过基于互联网的项目信息门户（PIP——Project Information Portal）ASP 模式为众多项目服务的公用信息平台实现业主方内部、业主方和项目参与各方，以及项目参与各方之间的信息交流、协同工作和文档管理；

（3）召开网络会议；

（4）基于互联网的远程教育与培训等。

1Z207030 建设工程管理信息化及建设工程项目管理信息系统的功能

【考点图谱】

【考点精析】

考点 1 工程管理信息化

管理信息化重要知识摘录

序号	项目	内容
1	工程管理信息化含义	(1) 信息化指的是信息资源的开发和利用，以及信息技术的开发和应用； (2) 工程管理信息化指的是工程管理信息资源的开发和利用，以及信息技术在工程管理中的开发和应用； (3) 工程管理信息化属于领域信息化的范畴，它和企业信息化也有联系
2	实施国家信息化的总体思路	(1) 以信息技术应用为导向； (2) 以信息资源开发和利用为中心； (3) 以制度创新和技术创新为动力； (4) 以信息化带动工业化； (5) 加快经济结构的战略性调整； (6) 全面推动领域信息化、区域信息化、企业信息化和社会信息化进程

序号	项目	内容
3	工程管理的信息资源	(1) 包括：组织类工程信息，管理类工程信息，经济类工程信息，技术类工程信息，法规类信息等； (2) 在建设一个新的工程项目时，应重视开发和充分利用国内和国外同类或类似工程项目的有关信息资源
4	信息技术在工程管理中的开发和应用	包括在项目决策阶段的开发管理、实施阶段的项目管理和使用阶段的设施管理中开发和应用信息技术
5	工程管理信息化的意义	工程管理信息化有利于提高建设工程项目的经济效益和社会效益，以达到为项目建设增值的目的
6	信息技术在工程管理中的开发和应用的意义	(1) "信息存储数字化和存储相对集中"有利于项目信息的检索和查询，有利于数据和文件版本的统一，并有利于项目的文档管理； (2) "信息处理和变换的程序化"有利于提高数据处理的准确性，并可提高数据处理的效率； (3) "信息传输的数字化和电子化"可提高数据传输的抗干扰能力，使数据传输不受距离限制并可提高数据传输的保真度和保密性； (4) "信息获取便捷"、"信息透明度提高"以及"信息流扁平化"有利于项目各参与方之间的信息交流和协同工作

《关于开展对标世界一流管理提升行动的通知》对信息化管理的要求

（1）针对信息化管理缺乏统筹规划、信息化与业务"两张皮"、信息系统互联互通不够、存在安全隐患等问题，结合"十四五"网络安全和信息化规划制定和落实以企业数字化智能化升级转型为主线，进一步强化顶层设计和统筹规划，充分发挥信息化驱动引领作用；

（2）促进业务与信息化的深度融合，推进信息系统的平台化、专业化和规模化，实现业务流程再造，为企业生产经营管理和产业转型升级注入新动力；

（3）打通信息"孤岛"，统一基础数据标准，实现企业内部业务数据互联互通，促进以数字化为支撑的管理变革；

（4）加强网络安全管理体系建设，落实安全责任，完善技术手段，加强应急响应保障，确保不发生重大网络安全事件。

项目信息门户基础知识

序号	项目	内容
1	项目信息门户的概念	(1) 项目信息门户是在对项目全寿命过程中项目参与各方产生的信息和知识进行集中管理的基础上，为项目参与各方在互联网平台上提供一个获取个性化项目信息的单一入口，从而为项目参与各方提供一个高效率信息交流（Project Communication）和共同工作（Collaboration）的环境。 (2) 项目信息门户是项目各参与方信息交流、共同工作、共同使用和互动的管理工具。

序号	项目	内容
1	项目信息门户的概念	（3）"项目全寿命过程"包括项目的决策期、实施期（设计准备阶段、设计阶段、施工阶段、动用前准备阶段和保修期）和运行期（或称使用期、运营期）。 （4）"项目各参与方"包括政府主管部门和项目法人的上级部门、金融机构（银行和保险机构以及融资咨询机构等）、业主方、工程管理和工程技术咨询方、设计方、施工方、供货方、设施管理方（其中包括物业管理方）等。 （5）"信息和知识"包括以数字、文字、图像和语音表达的组织类信息、管理类信息、经济类信息、技术类信息及法律和法规类信息。 （6）"提供一个获取个性化项目信息的单一入口"指的是经过用户名和密码认定后而提供的入口
2	项目信息门户的类型	（1）项目信息门户按其运行模式分类，有如下两种类型： ① PSWS 模式（Project Specific Website）：为一个项目的信息处理服务而专门建立的项目专用门户网站，也即专用门户。 ② ASP 模式（Application Service Provide）：由 ASP 服务商提供的为众多单位和众多项目服务的公用网站，也可称为公用门户。ASP 服务商有庞大的服务器群，一个大的 ASP 服务商可为数以万计的客户群提供门户的信息处理服务。 （2）如采用 PSWS 模式，项目的主持单位应购买商品门户的使用许可证，或自行开发门户，并需购置供门户运行的服务器及有关硬件设施和申请门户的网址。 （3）如采用 ASP 模式，项目的主持单位和项目的各参与方成为 ASP 服务商的客户，它们不需要购买商品门户产品，也不需要购置供门户运行的服务器及有关硬件设施和申请门户的网址。国际上项目信息门户应用的主流是 ASP 模式。 （4）项目信息门户可以为一个建设工程的各参与方的信息交流和共同工作服务，也可以为一个建设工程群体的管理服务。前者侧重于一个建设工程（即 Project）各参与方内部的共同工作，而后者则侧重于对一个建设工程群体（Program）的总体和宏观的管理
3	项目信息门户的用户	（1）项目参与各方包括政府主管部门和项目法人的上级部门、金融机构（银行和保险机构以及融资咨询机构等）、业主方、工程管理和工程技术咨询方、设计方、施工方、供货方、设施管理方（其中包括物业管理方）等都是项目信息门户的用户。 （2）从严格的意义而言，以上各方使用项目信息门户的个人是项目信息门户的用户。每个用户有供门户登录用的用户名和密码。系统管理员将对每一个用户使用权限进行设置
4	项目信息门户实施的条件	（1）项目信息门户的实施是一个系统工程，既应重视其技术问题，更应重视其与实施有关的组织和管理问题。应认识到，项目信息门户不仅是一种技术工具和手段，它的实施将会引起建设工程实施在信息时代进程中的重大组织变革。组织变革包括政府对建设工程管理的组织的变化、项目参与方的组织结构和管理职能分工的变化，以及项目各阶段工作流程的重组等。 （2）项目信息门户实施的条件包括： ① 组织件； ② 教育件； ③ 软件； ④ 硬件。 （3）组织件起着支撑和确保项目信息门户正常运行的作用，因此，组织件的创建和在项目实施过程中动态地完善组织件是项目信息门户实施最重要的条件

项目信息门户的应用

序号	项目	内容
1	在项目决策期建设工程管理中的应用	项目决策期建设工程管理的主要任务是： （1）建设环境和条件的调查与分析； （2）项目建设目标论证（投资、进度和质量目标）与确定项目定义； （3）项目结构分析； （4）与项目决策有关的组织、管理和经济方面的论证与策划； （5）与项目决策有关的技术方面的论证与策划； （6）项目决策的风险分析等。 注：为完成以上任务，将有可能会有许多政府有关部门和国内外单位参与项目决策期的工作，如投资咨询、科研、规划、设计和施工单位等。各参与单位和个人往往处于不同的工作地点，在工作过程中有大量信息交流、文档管理和共同工作的任务，项目信息门户的应用必将会为项目决策期的建设工程管理增值
2	在项目实施期建设工程管理中的应用	项目实施期包括设计准备阶段、设计阶段、施工阶段、动用前准备阶段和保修期，在整个项目实施期往往有比项目决策期更多的政府有关部门和国内外单位参与工作，工作过程中有更多的信息交流、文档管理和共同工作的任务，项目信息门户的应用为项目实施期的建设工程管理增值无可置疑
3	在项目运营期建设工程管理中的应用	项目运营期建设工程管理在国际上称为设施管理，它比我国现行的物业管理的工作范围深广得多。在整个设施管理中要利用大量项目实施期形成和积累的信息，设施管理过程中，设施管理单位需要和项目实施期的参与单位进行信息交流和共同工作，设施管理过程中也会形成大量工程文档。因此，项目信息门户不仅是项目决策期和实施期建设工程管理的有效手段和工具，也同样可为项目运营期的设施管理服务

项目信息门户的特征

序号	项目	内容
1	项目信息门户的领域属性	（1）电子商务（E-Business）有两个分支： ① 电子商业/贸易（E-Commerce），如电子采购，供应链管理； ② 电子共同工作（E-Collaboration），如项目信息门户，在线项目管理。 （2）在以上两个分支中，电子商业/贸易已逐步得到应用和推广，而在互联网平台上的共同工作，即电子共同工作，人们对其意义尚未引起足够重视。应认识到，项目信息门户属于电子共同工作领域。 （3）工程项目的业主方和项目其他参与各方往往分处在不同的地点，或不同的城市，或不同的国家，因此其信息处理应考虑充分利用远程数据通信的方式和远程数据通信的组织，这是电子共同工作的核心
2	项目信息的门户属性	项目信息门户是一种垂直门户，垂直门户也称为垂直社区（Vertical Community），此"社区"可以理解为专门的用户群，垂直门户是为专门的用户群服务的门户。项目信息门户的用户群就是所有与某项目有关的管理部门和某项目的参与方

序号	项目	内容
3	项目信息门户运行的周期	(1) 项目决策期的信息与项目实施期的管理和控制有关，项目决策期和项目实施期的信息与项目运营期的管理和控制也密切相关，为使项目保值和增值，项目信息门户应是为建设工程全寿命过程服务的门户，其运行的周期是建设工程的全寿命期。在项目信息门户上运行的信息包括项目决策期、实施期和运营期的全部信息。把项目信息门户的运行周期仅理解为项目的实施期，这是一种误解。 (2) 建设工程全寿命管理是集成化管理的思想和方法在建设工程管理中的应用。项目信息门户的建立和运行应与建设工程全寿命管理的组织、方法和手段相适应
4	项目信息门户的核心功能	(1) 项目各参与方的信息交流（Project Communication）； (2) 项目文档管理（Document Management）； (3) 项目各参与方的共同工作（Project Collaboration）
5	项目信息门户的主持者	(1) 业主方往往是建设工程的总组织者和总集成者，一般而言，它自然就是项目信息门户的主持者，当然，它也可以委托代表其利益的工程顾问公司作为项目信息门户的主持者。 (2) 其他项目的参与方往往只参加一个建设工程的一个阶段，或一个方面的工作，并且建设工程的参与方和业主，以及项目参与方之间的利益不尽一致，甚至有冲突，因此，它们一般不宜作为项目信息门户的主持者。 (3) 对不同性质、不同用途的项目信息门户而言，其门户的主持者是不相同的
6	项目信息门户的组织保证	不论采用何种运行模式，门户的主持者必须建立和动态地调整与完善有关项目信息门户运行必要的组织件，它包括： (1) 编制远程工作环境下共同工作的工作制度和信息管理制度； (2) 项目参与各方的分类和权限定义； (3) 项目用户组的建立； (4) 项目决策期、实施期和运营期的文档分类和编码； (5) 系统管理员的工作任务和职责； (6) 各用户方的组织结构、任务分工和管理职能分工； (7) 项目决策期、实施期和运营期建设工程管理的主要工作流程组织等
7	项目信息门户的安全保证	数据安全有多个层次，如制度安全、技术安全、运算安全、存储安全、传输安全、产品和服务安全等。这些不同层次的安全问题主要涉及： (1) 硬件安全，如硬件的质量、使用、管理和环境等； (2) 软件安全，如操作系统安全、应用软件安全、病毒和后门等； (3) 网络安全，如黑客、保密和授权等； (4) 数据资料安全，如误操作（如误删除、不当格式化）、恶意操作和泄密等
8	项目信息门户的数据处理主要特点	项目信息门户的数据处理属远程数据处理，它的主要特点是： (1) 用户量大，且其涉及的数据量大； (2) 数据每天需要更新，且更新量很大，但旧数据必须保留，不可丢失； (3) 数据需长期保存等

考点 2　工程项目管理信息系统的功能

项目管理信息系统的功能

序号	项目	功能内容
1	投资控制的功能	(1) 项目的估算、概算、预算、标底、合同价、投资使用计划和实际投资的数据计算和分析； (2) 进行项目的估算、概算、预算、标底、合同价、投资使用计划和实际投资的动态比较（如概算和预算的比较、概算和标底的比较、概算和合同价的比较、预算和合同价的比较等），并形成各种比较报表； (3) 计划资金投入和实际资金投入的比较分析； (4) 根据工程的进展进行投资预测等
2	成本控制的功能	(1) 投标估算的数据计算和分析； (2) 计划施工成本； (3) 计算实际成本； (4) 计划成本与实际成本的比较分析； (5) 根据工程的进展进行施工成本预测等
3	进度控制的功能	(1) 计算工程网络计划的时间参数，并确定关键工作和关键路线； (2) 绘制网络图和计划横道图； (3) 编制资源需求量计划； (4) 进度计划执行情况的比较分析； (5) 根据工程的进展进行工程进度预测
4	合同管理的功能	(1) 合同基本数据查询； (2) 合同执行情况的查询和统计分析； (3) 标准合同文本查询和合同辅助起草等

注：应用工程项目管理信息系统的主要意义是：(1) 实现项目管理数据的集中存储；(2) 有利于项目管理数据的检索和查询；(3) 提高项目管理数据处理的效率；(4) 确保项目管理数据处理的准确性；(5) 可方便地形成各种项目管理需要的报表。

下篇 考 点 归 纳

一、公 式 整 理

1. 赢得值法

（1）赢得值法的三个基本参数

① 已完工作预算费用（$BCWP$）＝Σ（已完成工作量×预算单价）

② 计划工作预算费用（$BCWS$）＝Σ（计划工作量×预算单价）

③ 已完工作实际费用（$ACWP$）＝Σ（已完成工作量×实际单价）

（2）四个指标

序号	评价指标	公式
1	费用偏差（CV）	费用偏差（CV）＝已完工作预算费用（$BCWP$）－已完工作实际费用（$ACWP$）
2	进度偏差（SV）	进度偏差（SV）＝已完工作预算费用（$BCWP$）－计划工作预算费用（$BCWS$）
3	费用绩效指数（CPI）	费用绩效指数（CPI）＝已完工作预算费用（$BCWP$）/已完工作实际费用（$ACWP$）
4	进度绩效指数（SPI）	进度绩效指数（SPI）＝已完工作预算费用（$BCWP$）/计划工作预算费用（$BCWS$）

2. 因素分析法

因素分析法的计算步骤如下：

（1）确定分析对象，计算实际与目标数的差异；

（2）确定该指标是由哪几个因素组成的，并按其相互关系进行排序（排序规则是：先实物量，后价值量；先绝对值，后相对值）；

（3）以目标数为基础，将各因素的目标数相乘，作为分析替代的基数；

（4）将各个因素的实际数按照已确定的排列顺序进行替换计算，并将替换后的实际数保留下来；

（5）将每次替换计算所得的结果，与前一次的计算结果相比较，两者的差异即为该因素对成本的影响程度；

（6）各个因素的影响程度之和，应与分析对象的总差异相等。

3. 成本项目——材料费分析

材料费分析包括主要材料、结构件和周转材料使用费的分析以及材料储备的分析。其中的主要材料和结构件费用的分析，可按下列公式计算：

（1）因材料价格变动对材料费的影响＝（计划单价－实际单价）×实际数量

（2）因消耗数量变动对材料费的影响＝（计划用量－实际用量）×实际价格

4. 资金成本分析

资金与成本的关系是指工程收入与成本支出的关系。根据工程成本核算的特点，工程收入与成本支出有很强的相关性。进行资金成本分析通常应用"成本支出率"指标，即成本支出占工程款收入的比例，计算公式如下：

$$成本支出率＝\frac{计算期实际成本支出}{计算期实际工程款收入}\times100\%$$

5. 双代号网络计划时间参数的计算

序号	项目	内容	说明
1	工作持续时间（D_{i-j}）		是一项工作从开始到完成的时间
2	工期（T）	工期的三种分类	(1) 计算工期：根据网络计划时间参数计算出来的工期，用 T_c 表示； (2) 要求工期：任务委托人所要求的工期，用 T_r 表示； (3) 计划工期：根据要求工期和计算工期所确定的作为实施目标的工期，用 T_p 表示
		计划工期 T_p 的确定	(1) 当已规定了要求工期 T_r 时：$T_p \leqslant T_r$； (2) 当未规定要求工期时，可令计划工期等于计算工期：$T_p = T_c$
3	网络计划中工作的六个时间参数	最早开始时间（ES_{i-j}）	(1) 概念：是指在各紧前工作全部完成后，工作 $i-j$ 有可能开始的最早时刻； (2) 计算：以网络计划的起点节点为开始节点的工作最早开始时间为零。最早开始时间等于各紧前工作的最早完成时间的最大值
		最早完成时间（EF_{i-j}）	(1) 概念：是指在各紧前工作全部完成后，工作 $i-j$ 有可能完成的最早时刻； (2) 计算：最早完成时间等于最早开始时间加上其持续时间
		最迟开始时间（LS_{i-j}）	(1) 概念：是指在不影响整个任务按期完成的前提下，工作 $i-j$ 必须开始的最迟时刻； (2) 计算：最迟开始时间等于最迟完成时间减去其持续时间
		最迟完成时间（LF_{i-j}）	(1) 概念：是指在不影响整个任务按期完成的前提下，工作 $i-j$ 必须完成的最迟时刻； (2) 计算：最迟完成时间等于各紧后工作的最迟开始时间的最小值
		总时差（TF_{i-j}）	(1) 概念：是指在不影响总工期的前提下，工作 $i-j$ 可以利用的机动时间； (2) 计算：总时差等于其最迟开始时间减去最早开始时间，或等于最迟完成时间减去最早完成时间
		自由时差（FF_{i-j}）	(1) 概念：是指在不影响其紧后工作最早开始的前提下，工作 $i-j$ 可以利用的机动时间； (2) 计算：自由时差等于紧后工作的最早开始时间减去本工作的最早完成时间

6. 单代号网络计划时间参数的计算

序号	项目	内容	说明
1	最早开始时间	工作最早开始时间等于该工作的各个紧前工作的最早完成时间的最大值，如工作 j 的紧前工作的代号为 i，则：$ES_j = \max\{EF_i\}$ 或 $ES_j = \max\{ES_i + D_i\}$，$ES_i$——工作 j 的各项紧前工作的最早开始时间	网络计划的起点节点的最早开始时间为零，即 $ES_i = 0$（$i=1$）
2	最早完成时间	工作最早完成时间等于该工作最早开始时间加上其持续时间，即：$EF_i = ES_i + D_i$	

序号	项目	内容	说明
3	最迟开始时间	工作 i 的最迟开始时间 LS_i 等于该工作的最早开始时间 ES_i 与其总时差 TF_i 之和，即：$LS_i = ES_i + TF_i$	
4	最迟完成时间	工作 i 的最迟完成时间 LF_i 等于该工作的最早完成时间 EF_i 与其总时差 TF_i 之和，即：$LF_i = EF_i + TF_i$	
5	工作总时差 TF_i	工作 i 的总时差 TF_i 应从网络计划的终点节点开始，逆着箭线方向依次逐项计算。工作 i 的总时差 TF_i 等于该工作的各个紧后工作 j 的总时差 TF_j 加该工作与其紧后工作之间的时间间隔 $LAG_{i,j}$ 之和的最小值，即：$TF_i = \min \{TF_j + LAG_{i,j}\}$	网络计划终点节点的总时差 TF_n，如计划工期等于计算工期，其值为零，即：$TF_n = 0$
6	工作自由时差	工作 i 有紧后工作 j，自由时差 FF_i 等于该工作与其紧后工作 j 之间的时间间隔 $LAG_{i,j}$ 的最小值，即：$FF_i = \min \{LAG_{i,j}\}$	工作 i 无紧后工作，自由时差 FF_i 等于计划工期 T_p 减该工作的最早完成时间 EF_n，即：$FF_n = T_p - EF_n$
7	关键工作	总时差最小的工作是关键工作	
8	关键线路	从起点节点开始到终点节点均为关键工作，且所有工作的时间间隔为零的线路为关键线路	
9	网络计划的计算工期 T_c	T_c 等于网络计划的终点节点 n 的最早完成时间 EF_n，即：$T_c = EF_n$	
10	相邻两项工作之间的时间间隔 $LAG_{i,j}$	$LAG_{i,j}$ 等于紧后工作 j 的最早开始时间 ES_j 和本工作的最早完成时间 EF_i 之差，即：$LAG_{i,j} = ES_j - EF_i$	

7. 单代号搭接网络计划的时间参数计算

序号	项目	内容	说明
1	计算工作最早时间	（1）工作 j 的最早完成时间 EF_j 应按下式计算：$EF_j = ES_j + D_j$； （2）当出现最早开始时间为负值时，应将该工作 j 与起点节点用虚箭线相连接，并确定其时距为：$STS_{起点节点,j} = 0$； （3）有两种以上的时距（有两项工作或两项以上紧前工作）限制工作间的逻辑关系时，应分别进行计算其最早时间，取其最大值； （4）全部工作的最早完成时间的最大值若在中间工作 k，则该中间工作 k 应与终点节点用虚箭线相连接，并确定其时距为：$FTF_{k,终点节点} = 0$	（1）计算最早时间参数必须从起点节点开始依次进行； （2）起点节点的工作最早开始时间都应为零，即：$ES_i = 0$（$i =$ 起点节点编号）； （3）其他工作 j 的最早开始时间（ES_j）根据时距应按下列公式计算：相邻时距为 $STS_{i,j}$ 时，$ES_j = ES_i + STS_{i,j}$；相邻时距为 $FTF_{i,j}$ 时，$ES_j = ES_i + D_i + FTF_{i,j} - D_j$；相邻时距为 $STF_{i,j}$ 时，$ES_j = ES_i + STF_{i,j} - D_j$；相邻时距为 $FTS_{i,j}$ 时，$ES_j = ES_i + D_i + FTS_{i,j}$

序号	项目	内容	说明
2	计算工期 T_c	由与终点相联系的工作的最早完成时间的最大值决定	
3	计划工期 T_p	当已规定了要求工期 T_r 时，$T_p \leqslant T_r$； 当未规定要求工期时，$T_p = T_c$	
4	计算时间间隔 $LAG_{i,j}$	相邻两项工作 i 和 j 之间在满足时距之外，还有多余的时间间隔 $LAG_{i,j}$，应按下式计算： $$LAG_{i,j} = \min \begin{bmatrix} ES_j - EF_i - FTS_{i,j} \\ ES_j - ES_i - STS_{i,j} \\ EF_j - EF_i - FTF_{i,j} \\ EF_j - ES_i - STF_{i,j} \end{bmatrix}$$	
5	计算工作总时差	工作 i 的总时差 TF_i 应从网络计划的终点节点开始，逆着箭线方向依次逐项计算。当部分工作分期完成时，有关工作的总时差必须从分期完成的节点开始逆向逐项计算。工作 i 的总时差 TF_i 应为： $TF_i = \min \{TF_j + LAG_{i,j}\}$	终点节点所代表工作 n 的总时差 TF_n 值应为：$TF_n = T_p - EF_n$
6	计算工作自由时差	工作 i 的自由时差 FF_i 应为：$FF_i = \min\{LAG_{i,j}\}$	终点节点所代表工作 n 的自由时差 FF_n 应为：$FF_n = T_p - EF_n$
7	计算工作最迟完成时间	工作 i 的最迟完成时间 LF_i 应从网络计划的终点节点开始，逆着箭线方向依次逐项计算。当部分工作分期完成时，有关工作的最迟完成时间应从分期完成的节点开始逆向逐项计算。工作 i 的最迟完成时间 LF_i 应为： $$LF_i = EF_i + TF_i$$ 或 $$LF_i = \min \begin{bmatrix} LS_j - FTS_{i,j} \\ LS_j - STS_{i,j} + D_i \\ LF_j - FTF_{i,j} \\ LF_j - STF_{i,j} + D_i \end{bmatrix}$$	终点节点所代表的工作 n 的最迟完成时间 LF_n，应按网络计划的计划工期 T_p 确定，即：$LF_n = T_p$
8	计算工作最迟开始时间	工作 i 的最迟开始时间 $LS_i = LF_i - D_i$ 或 $LS_i = ES_i + TF_i$	
9	关键工作	关键工作是总时差为最小的工作。搭接网络计划中工作总时差最小的工作，也即是其具有的机动时间最小的为关键工作	当计划工期等于计算工期时，工作的总时差为零是最小的总时差。当有要求工期，且要求工期小于计算工期时，总时差最小的为负值，当要求工期大于计算工期时，总时差最小的为正值

序号	项目	内容	说明
10	关键线路	从起点节点开始到终点节点均为关键工作，且所有工作的时间间隔均为零的线路	关键线路是自始至终全部由关键工作组成的线路或线路上总的工作持续时间最长的线路。该线路在网络图上应用粗线、双线或彩色线标注

8. 索赔费用的计算方法——修正的总费用法

修正的总费用法是对总费用法的改进，即在总费用计算的原则上，去掉一些不合理的因素，使其更合理。修正的内容如下：（1）将计算索赔款的时段局限于受到外界影响的时间，而不是整个施工期；（2）只计算受影响时段内的某项工作所受影响的损失，而不是计算该时段内所有施工工作所受的损失；（3）与该项工作无关的费用不列入总费用中；（4）对投标报价费用重新进行核算：按受影响时段内该项工作的实际单价进行核算，乘以实际完成的该项工作的工程量，得出调整后的报价费用。按修正后的总费用计算索赔金额的公式如下：索赔金额＝某项工作调整后的实际总费用－该项工作的报价费用。

二、工作方法汇总

1. 施工管理的工作流程图编制方法

（1）用矩形框表示工作；
（2）箭线表示工作之间的逻辑关系；
（3）菱形框表示判别条件；
（4）也可用两个矩形框分别表示工作和工作的执行者。

2. 施工组织设计的编制和审批方法

序号	施工组织设计的类型	审批主体
1	施工组织总设计	总承包单位技术负责人审批
2	单位工程施工组织设计（包括规模较大的分部（分项）工程和专项工程的施工方案）	施工单位技术负责人或技术负责人授权的技术人员审批
3	施工方案	项目技术负责人审批
4	重点、难点分部（分项）工程和专项工程施工方案	施工单位技术部门组织相关专家评审，施工单位技术负责人批准
5	危险性较大的分部（分项）工程（基坑支护与降水工程；土方开挖工程；模板工程；起重吊装工程；脚手架工程；拆除爆破工程）	施工单位技术负责人、总监理工程师签字后实施
6	危险性较大涉及深基坑、地下暗挖工程、高大模板工程的专项施工方案	施工单位还应当组织专家进行论证、审查
7	由专业承包单位施工的分部（分项）工程或专项工程的施工方案	（1）由专业承包单位技术负责人或技术负责人授权的技术人员审批；（2）有总承包单位时，应由总承包单位项目技术负责人核准备案

注：施工组织设计应由项目负责人主持编制，可根据需要分阶段编制和审批。

3. 监理的基本工作方法

（1）工程监理人员认为工程施工不符合工程设计要求、施工技术标准和合同约定的，有权要求建筑施工企业改正；

（2）工程监理人员发现工程设计不符合建筑工程质量标准或者合同约定的质量要求的，应当报告建设单位要求设计单位改正。

4. 成本核算的两种方法

序号	方法	含义
1	表格核算法	通过对施工项目内部各项环节进行成本核算，以此为基础，核算单位和各部门定期采集信息，按照有关规定填制一系列的表格，完成数据比较、考核和简单的核算，形成工程项目成本的核算体系，作为支撑工程项目成本核算的平台
2	会计核算法	是建立在会计对工程项目进行全面核算的基础上，再利用收支全面核实和借贷记账法的综合特点，按照施工项目成本的收支范围和内容，进行施工项目成本核算。不仅核算工程项目施工的直接成本，而且还要核算工程项目在施工过程中出现的债权债务、为施工生产而自购的工具、器具摊销、向发包单位的报量和收款、分包完成和分包付款等（项目财务部门一般采用此种方法）

5. 成本分析的基本方法

序号	方法	含义
1	比较法	比较法又称"指标对比分析法"，是指对比技术经济指标，检查目标的完成情况，分析产生差异的原因，进而挖掘降低成本的方法。这种方法通俗易懂、简单易行、便于掌握，因而得到了广泛的应用，但在应用时必须注意各技术经济指标的可比性
2	因素分析法	因素分析法又称连环置换法，可用来分析各种因素对成本的影响程度。在进行分析时，假定众多因素中的一个因素发生了变化，而其他因素则不变，然后逐个替换，分别比较其计算结果，以确定各个因素的变化对成本的影响程度
3	差额计算法	差额计算法是因素分析法的一种简化形式，它利用各个因素的目标值与实际值的差额来计算其对成本的影响程度
4	比率法	比率法是指用两个以上的指标的比例进行分析的方法。它的基本特点是：先把对比分析的数值变成相对数，再观察其相互之间的关系

6. 综合成本的分析方法

序号	分析项目	分析方法
1	分部分项工程成本分析	（1）分析的方法是：进行预算成本、目标成本和实际成本的"三算"对比，分别计算实际偏差和目标偏差，分析偏差产生的原因，为今后的分部分项工程成本寻求节约途径。 （2）由于施工项目包括很多分部分项工程，无法也没有必要对每一个分部分项工程都进行成本分析。特别是一些工程量小、成本费用少的零星工程。但是，对于那些主要分部分项工程必须进行成本分析，而且要做到从开工到竣工进行系统的成本分析。因为通过主要分部分项工程成本的系统分析，可以基本上了解项目成本形成的全过程，为竣工成本分析和今后的项目成本管理提供参考资料

序号	分析项目	分析方法
2	月（季）度成本分析	（1）通过实际成本与预算成本的对比，分析当月（季）的成本降低水平；通过累计实际成本与累计预算成本的对比，分析累计的成本降低水平，预测实现项目成本目标的前景。 （2）通过实际成本与目标成本的对比，分析目标成本的落实情况以及目标管理中的问题和不足，进而采取措施，加强成本管理，保证成本目标的实现。 （3）通过对各成本项目的成本分析，可以了解成本总量的构成比例和成本管理的薄弱环节。 （4）通过主要技术经济指标的实际与目标对比，分析产量、工期、质量、"三材"节约率、机械利用率等对成本的影响。 （5）通过对技术组织措施执行效果的分析，寻求更加有效的节约途径。 （6）分析其他有利条件和不利条件对成本的影响
3	年度成本分析	年度成本分析的内容，除了月（季）度成本分析的六个方面以外，重点是针对下一年度的施工进展情况制定切实可行的成本管理措施，以保证施工项目成本目标的实现
4	竣工成本的综合分析	单位工程竣工成本分析，应包括以下三方面内容： （1）竣工成本分析； （2）主要资源节超对比分析； （3）主要技术节约措施及经济效果分析

7. 成本项目的分析方法

序号	项目	内容
1	人工费分析	项目施工需要的人工和人工费，由项目管理机构与作业队签订专业作业分包合同，明确承包范围、承包金额和双方的权利、义务。除了按合同规定支付劳务费以外，还可能发生一些其他人工费支出，主要有： （1）因实物工程量增减而调整的人工和人工费； （2）定额人工以外的计日工工资（如果已按定额人工的一定比例由作业队包干，并已列入承包合同的，不再另行支付）； （3）对在进度、质量、节约、文明施工等方面作出贡献的班组和个人进行奖励的费用。 注：项目管理层应根据上述人工费的增减，结合专业作业分包合同的管理进行分析
2	材料费分析	材料费分析包括主要材料、结构件和周转材料使用费的分析以及材料储备的分析。 （1）主要材料和结构件费用的分析。主要材料和结构件费用的高低，主要受价格和消耗数量的影响。而材料价格的变动，受采购价格、运输费用、途中损耗、供应不足等因素的影响；材料消耗数量的变动，则受操作损耗、管理损耗和返工损失等因素的影响。因此，可在价格变动较大和数量超用异常的时候再作深入分析。为了分析材料价格和消耗数量的变化对材料和结构件费用的影响程度，可按下列公式计算： ① 因材料价格变动对材料费的影响＝（计划单价－实际单价）×实际数量 ② 因消耗数量变动对材料费的影响＝（计划用量－实际用量）×实际价格 （2）周转材料使用费分析。在实行周转材料内部租赁制的情况下，项目周转材料费的节约或超支，取决于材料周转率和损耗率，周转减慢，则材料周转的时间增长，租赁费支出就增加；而超过规定的损耗，则要照价赔偿。 （3）采购保管费分析。材料采购保管费属于材料的采购成本，包括：材料采购保管人员的工资、工资附加费、劳动保护费、办公费、差旅费，以及材料采购保管过程中发生的固定资产使用费、工具用具使用费、检验试验费、材料整理及零星运费和材料物资的盘亏及毁损等。材料采购保管费一般应与材料采购数量同步，即材料采购多，采购保管费也会相应增加。因此，应根据每月实际采购的材料数量（金额）和实际发生的材料采购保管费，分析保管费率的变化。 （4）材料储备资金分析。材料的储备资金是根据日平均用量、材料单价和储备天数（即从采购到进场所需要的时间）计算的。上述任何一个因素变动，都会影响储备资金的占用量。材料储备资金的分析，可以应用"因素分析法"

序号	项目	内容
3	机械使用费分析	（1）由于项目施工具有一次性，项目管理机构不可能拥有自己的机械设备，而是随着施工的需要，向企业动力部门或外单位租用。在机械设备的租用过程中，存在两种情况：一是按产量进行承包，并按完成产量计算费用，如土方工程。项目管理机构只要按实际挖掘的土方工程量结算挖土费用，而不必考虑挖土机械的完好程度和利用程度。另一种是按使用时间（台班）计算机械费用的，如塔吊、搅拌机、砂浆机等，如果机械完好率低或在使用中调度不当，必然会影响机械的利用率，从而延长使用时间，增加使用费。因此，项目管理机构应该给予一定的重视。 （2）由于建筑施工的特点，在流水作业和工序搭接上往往会出现某些必然或偶然的施工间隙，影响机械的连续作业；有时，又因为加快施工进度和工种配合，需要机械日夜不停地运转。这样便造成机械综合利用效率不高，比如机械停工，则需要支付停班费。因此，在机械设备的使用过程中，应以满足施工需要为前提，加强机械设备的平衡调度，充分发挥机械的效用；同时，还要加强平时的机械设备的维修保养工作，提高机械的完好率，保证机械的正常运转
4	管理费分析	管理费分析，也应通过预算（或计划）数与实际数的比较来进行

8. 专项成本分析方法

序号	项目	内容
1	成本盈亏异常分析	（1）施工项目出现成本盈亏异常情况，必须引起高度重视，必须彻底查明原因并及时纠正。 （2）检查成本盈亏异常的原因，应从经济核算的"三同步"入手。因为项目经济核算的基本规律是：在完成多少产值、消耗多少资源、发生多少成本之间，有着必然的同步关系。如果违背这个规律，就会发生成本的盈亏异常。 （3）"三同步"检查是提高项目经济核算水平的有效手段，不仅适用于成本盈亏异常的检查，也可用于月度成本的检查。"三同步"检查可以通过以下五个方面的对比分析来实现。 ① 产值与施工任务单的实际工程量和形象进度是否同步。 ② 资源消耗与施工任务单的实耗人工、限额领料单的实耗材料、当期租用的周转材料和施工机械是否同步。 ③ 其他费用（如材料价、超高费和台班费等）的产值统计与实际支付是否同步。 ④ 预算成本与产值统计是否同步。 ⑤ 实际成本与资源消耗是否同步
2	工期成本分析	（1）工期成本分析是计划工期成本与实际工期成本的比较分析。计划工期成本是指在假定完成预期利润的前提下计划工期内所耗用的计划成本；而实际成本是在实际工期中耗用的实际成本。 （2）工期成本分析一般采用比较法，即将计划工期成本与实际工期成本进行比较，然后应用"因素分析法"分析各种因素的变动对工期成本差异的影响程度
3	资金成本分析	（1）资金与成本的关系是指工程收入与成本支出的关系。根据工程成本核算的特点，工程收入与成本支出有很强的相关性。进行资金成本分析通常应用"成本支出率"指标，即成本支出占工程款收入的比例，计算公式如下： $$成本支出率 = \frac{计算期实际成本支出}{计算期实际工程款收入} \times 100\%$$ （2）通过对"成本支出率"的分析，可以看出资金收入中用于成本支出的比重。结合储备金和结存资金的比重，分析资金使用的合理性

9. 成本考核的方法

（1）公司应以项目成本降低额、项目成本降低率作为对项目管理机构成本考核主要指标。

（2）要加强公司层对项目管理机构的指导，并充分依靠管理人员、技术人员和作业人员的经验和智慧，防止项目管理在企业内部异化为靠少数人承担风险的以包代管模式。成本考核也可分别考核公司层和项目管理机构。

（3）公司应对项目管理机构的成本和效益进行全面评价、考核与奖惩。公司层对项目管理机构进行考核与奖惩时，既要防止虚盈实亏，也要避免实际成本归集差错等的影响，使成本考核真正做到公平、公正、公开，在此基础上落实成本管理责任制的奖惩措施。项目管理机构应根据成本考核结果对相关人员进行奖惩。

10. 进度调整的方法

序号	调整内容	调整方法
1	调整关键线路	（1）当关键线路的实际进度比计划进度拖后时，在尚未完成的关键工作中，选择资源强度小或费用低的工作缩短持续时间，并重新计算未完成部分的时间参数，将其作为一个新计划实施； （2）当关键线路的实际进度比计划进度提前时，若不拟提前工期，应选用资源占用量大或直接费用高的后续关键工作，适当延长其持续时间，以降低其资源强度或费用；当要提前完成计划时，应将计划尚未完成的部分作为一个新计划，重新确定关键工作的持续时间，按新计划实施
2	非关键工作时差	非关键工作时差的调整应在其时差的范围内进行，以便更充分地利用资源、降低成本或满足施工的需要。每一次调整后都必须重新计算时间参数，观察该调整对计划全局的影响。可采用以下几种调整方法： （1）将工作在其最早开始时间与最迟完成时间范围内移动； （2）延长工作的持续时间； （3）缩短工作的持续时间
3	增、减工作项目	（1）不打乱原网络计划总的逻辑关系，只对局部逻辑关系进行调整； （2）在增减工作后应重新计算时间参数，分析对原网络计划的影响；当对工期有影响时，应采取调整措施，以保证计划工期不变
4	逻辑关系	只有当实际情况要求改变施工方法或组织方法时才可进行。调整时应避免影响原定计划工期和其他工作的顺利进行
5	工作的持续时间	当发现某些工作的原持续时间估计有误或实现条件不充分时，应重新估算其持续时间，并重新计算时间参数，尽量使原计划工期不受影响
6	资源的投入	当资源供应发生异常时，应采用资源优化方法对计划进行调整，或采取应急措施，使其对工期的影响最小

11. 质量风险应对方法

（1）规避

采取恰当的措施避免质量风险的发生。例如：依法进行招标投标，慎重选择有资质、有能力的项目设计、施工、监理单位，避免因这些质量责任单位选择不当而发生质量风险；正确进行项目的规划选址，避开不良地基或容易发生地质灾害的区域；不选用不成熟、不可靠的设计、施工技术方案；合理安排施工工期和进度计划，避开可能发生的水灾、风灾、冻害对工程质量的损害等。以上都是规避质量风险的办法。

（2）减轻

针对无法规避的质量风险，研究制定有效的应对方案，尽量把风险发生的概率和损失量降到最低程度，从而降低风险量和风险等级。例如，在施工中有针对性地制定和落实有效的施工质量保证措施和质量事故应急预案，可以降低质量事故发生的概率和减少事故损失量。

（3）转移

依法采用正确的方法把质量风险转移给其他方承担。转移的方法有：

① 分包转移——例如，施工总承包单位依法把自己缺乏经验、没有足够把握的部分工程，通过签订分包合同，分包给有经验、有能力的单位施工；承包单位依法实行联合承包，也是分担风险的办法。

② 担保转移——例如，建设单位在工程发包时，要求承包单位提供履约担保；工程竣工结算时，扣留一定比例的质量保证金等。

③ 保险转移——质量责任单位向保险公司投保适当的险种，把质量风险全部或部分转移给保险公司等。

（4）自留

又称风险承担。当质量风险无法避免，或者估计可能造成的质量损害不会很严重而预防的成本很高时，风险自留也常常是一种有效的风险响应策略。风险自留有两种：无计划自留和有计划自留。无计划自留是指不知风险存在或虽预知有风险而未预作处理，一旦风险事件发生，再视造成的质量缺陷情况进行处理。有计划自留指明知有一定风险，经分析由自己承担风险更为合理，预先做好处理可能造成的质量缺陷和承担损失的准备。可以采取设立风险基金的办法，在损失发生后用基金弥补；在建筑工程预算价格中通常预留一定比例的不可预见费，一旦发生风险损失，由不可预见费支付。

12. 现场质量检查的方法

序号	方法	含义	具体内容
1	目测法	凭借感官进行检查，也称观感质量检验	看，根据质量标准要求进行外观检查
			摸，通过触摸手感进行检查、鉴别
			敲，运用敲击工具进行音感检查
			照，通过人工光源或反射光照射，检查难以看到或光线较暗的部位
2	实测法	通过实测判断质量是否符合要求	靠，用直尺、塞尺检查诸如墙面、地面、路面等的平整度
			量，用测量工具和计量仪表等检查断面尺寸、轴线、标高、湿度、温度等的偏差
			吊，利用托线板以及线坠吊线检查垂直度
			套，以方尺套方，辅以塞尺检查
3	试验法	包括理化试验和无损检测两种	理化试验。包括物理力学性能和化学成分及化学性能的测定
			无损检测。用专门的仪器仪表从表面探测结构物、材料、设备的内部组织结构或损伤情况

13. 质量事故处理（按严重程度由轻到重排序）

序号	处理方式	内容
1	不作处理	某些工程质量问题虽然达不到规定的要求或标准，但其情况不严重，对结构安全或使用功能影响很小，经过分析、论证、法定检测单位鉴定和设计单位等认可后可不作专门处理。一般可不作专门处理的情况有以下几种： （1）不影响结构安全和使用功能的。 （2）后道工序可以弥补的质量缺陷。 （3）法定检测单位鉴定合格的。 （4）出现的质量缺陷，经检测鉴定达不到设计要求，但经原设计单位核算，仍能满足结构安全和使用功能的
2	返修处理	当项目的某些部分的质量虽未达到规范、标准或设计规定的要求，存在一定的缺陷，但经过采取整修等措施后可以达到要求的质量标准，又不影响使用功能或外观的要求时，可采取返修处理的方法
3	加固处理	主要是针对危及结构承载力的质量缺陷的处理。通过加固处理，使建筑结构恢复或提高承载力，重新满足结构安全性与可靠性的要求，使结构能继续使用或改作其他用途。对混凝土结构常用的加固方法主要有：增大截面加固法、外包角钢加固法、粘钢加固法、增设支点加固法、增设剪力墙加固法、预应力加固法等
4	限制使用	当工程质量缺陷按修补方法处理后无法保证达到规定的使用要求和安全要求，而又无法返工处理的情况下，不得已时可作出诸如结构卸荷或减荷以及限制使用的决定
5	返工处理	当工程质量缺陷经过返修、加固处理后仍不能满足规定的质量标准要求，或不具备补救可能性，则必须采取重新制作、重新施工的返工处理措施
6	报废处理	出现质量事故的项目，经过分析或检测，采取上述处理方法后仍不能满足规定的质量要求或标准，则必须予以报废处理

14. 数理统计方法的基本原理与应用

序号	项目	分层法	因果分析图法	排列图法	直方图法
1	基本原理	分门别类地分析项目质量的影响因素	也称为质量特性要因分析法，对每一个质量特性或问题，逐层深入排查可能原因，然后确定其中最主要原因，进行有的放矢的处置和管理	通过抽样检查或检验试验所得到的关于质量问题、偏差、缺陷、不合格等方面的统计数据，以及造成质量问题的原因分析统计数据，均可采用排列图方法进行状况描述，它具有直观、主次分明的特点。也称为 ABC 分类管理法	（1）整理统计数据，了解统计数据的分布特征，即数据分布的集中或离散状况，从中掌握质量能力状态； （2）观察分析生产过程质量是否处于正常、稳定和受控状态以及质量水平是否保持在公差允许的范围内

序号	项目	分层法	因果分析图法	排列图法	直方图法
2	方法应用	关键是调查分析的类别和层次划分，经过第一次分层调查和分析，找出主要问题后，可再次分层进行调查分析，层次类别划分越明确、越细致，就越能够准确有效地找出问题及其原因。分层方法有： （1）按施工时间分，如月、日、上午、下午、白天、晚间、季节； （2）按地区部位分，如区域、城市、乡村、楼层、外墙、内墙； （3）按产品材料分，如产地、厂商、规格、品种； （4）按检测方法分，如方法、仪器、测定人、取样方式； （5）按作业组织分，如工法、班组、工长、工人、分包商； （6）按工程类型分，如住宅、办公楼、道路、桥梁、隧道； （7）按合同结构分，如总承包、专业分包、劳务分包	第一层面的因素：人、机械、材料、施工方法和施工环境作为进行分析；然后对第一层面的各个因素，再进行第二层面的可能原因的深入分析	（1）先进行抽样检查，得到不合格点数的统计数据； （2）按照质量特性不合格点数（频数）由大到小的顺序，重新整理排列； （3）分别计算出累计频数和累计频率； （4）累计频率 0～80% 定为 A 类问题，即主要问题，进行重点管理；累计频率在 80%～90% 区间的问题为 B 类问题，即次要问题，作为次重点管理；其余累计频率在 90%～100% 区间的问题定为 C 类问题，即一般问题，按照常规适当加强管理	首先是收集当前生产过程质量特性抽检的数据，然后制作直方图进行观察分析，判断生产过程的质量状况和能力。根据正态分布的特点进行分析判断

15. 固体废物污染的处理方法

（1）回收利用：回收利用是对固体废物进行资源化的重要手段之一。粉煤灰在建设工程领域的广泛应用就是对固体废弃物进行资源化利用的典型范例。又如发达国家炼钢原料中有 70% 是利用回收的废钢铁，所以，钢材可以看成是可再生利用的建筑材料。

（2）减量化处理：减量化是对已经产生的固体废物进行分选、破碎、压实浓缩、脱水等减少其最终处置量，减低处理成本，减少对环境的污染。在减量化处理的过程中，也包括和其他处理技术相关的工艺方法，如焚烧、热解、堆肥等。

（3）焚烧：焚烧用于不适合再利用且不宜直接予以填埋处置的废物，除有符合规定的装置外，不得在施工现场熔化沥青和焚烧油毡、油漆，亦不得焚烧其他可产生有毒有害和恶臭气体的废弃物。垃圾焚烧处理应使用符合环境要求的处理装置，避免对大气的二次污染。

（4）稳定和固化：稳定和固化处理是利用水泥、沥青等胶结材料，将松散的废物胶结包裹起来，减少有害物质从废物中向外迁移、扩散，使得废物对环境的污染减少。

（5）填埋：填埋是固体废物经过无害化、减量化处理的废物残渣集中到填埋场进行处置。禁止将有毒有害废弃物现场填埋，填埋场应利用天然或人工屏障。尽量使需处置的废物与环境隔离，并注意废物的稳定性和长期安全性。

16. 投标评标方法

可以采用评议法、综合评分法或评标价法等。

17. 常用的咨询费计算方法

序号	方法	含义
1	人月费单价法	是按每人每月所需费用（即人月费率）乘以相应的人月数，再加上其他非工资性开支（即可报销费用）计算
2	按日计费法	是一种以服务时间为基础的计费方法，通常是按每人每日所需费用乘以相应的工作日数
3	工程建设费用百分比	是根据工程规模的大小、技术复杂程度、咨询服务内容的范围和要求等因素，取工程建设费的一定比例作为咨询费

18. 施工分包管理的方法

（1）应该建立对分包人进行管理的组织体系和责任制度，对每一个分包人都有负责管理的部门或人员，实行对口管理。

（2）分包单位的选择应该经过严格考察，并经业主和工程监理机构的认可，其资质类别和等级应该符合有关规定。

（3）要对分包单位的劳动力组织及计划安排进行审批和控制，要根据其施工内容、进度计划等进行人员数量、资格和能力的审批和检查。

（4）要责成分包单位建立责任制，将项目的质量、安全等保证体系贯彻落实到各个分包单位、各个施工环节，督促分包单位对各项工作的落实。

（5）对加工构件的分包人，可委派驻厂代表负责对加工厂的进度和质量进行监督、检查和管理。

（6）应该建立工程例会制度，及时反映和处理分包单位施工过程中出现的各种问题。

（7）建立合格材料、制品、配件等的分供方档案库，并对其进行考核、评价，确定信誉好的短名单分供方。材料、成品和半成品进场要按规范、图纸和施工要求严格检验。进场后的材料堆放要按照材料性能、厂家要求等进行，对易燃易爆材料要单独存放。

（8）对于有多个分包单位同时进场施工的项目，可以采取工程质量、安全或进度竞赛活动，通过定期的检查和评比，建立奖惩机制，促进分包单位的进步和提高。

19. 工期索赔的计算方法

序号	计算方法	具体含义
1	直接法	如果某干扰事件直接发生在关键线路上，造成总工期的延误，可以直接将该干扰事件的实际干扰时间（延误时间）作为工期索赔值
2	比例分析法	如果某干扰事件仅仅影响某单项工程、单位工程或分部分项工程的工期，要分析其对总工期的影响，可以采用比例分析法

序号	计算方法	具体含义
3	网络分析法	假设工程重新进行网络分析和计算，得到的新工期与原工期之间的差值就是干扰事件对总工期的影响，也就是承包商可以提出的工期索赔值

20. 建设工程项目信息处理的方法

（1）通过电子邮件收集信息和发布信息；

（2）通过基于互联网的项目专用网站（PSWS——Project Specific Web Site）实现业主方内部、业主方和项目参与各方，以及项目参与各方之间的信息交流、协同工作和文档管理；或通过基于互联网的项目信息门户（PIP——Project Information Portal）ASP 模式为众多项目服务的公用信息平台实现业主方内部、业主方和项目参与各方，以及项目参与各方之间的信息交流、协同工作和文档管理；

（3）召开网络会议；

（4）基于互联网的远程教育与培训等。

三、步骤和程序

1. 运用动态控制原理控制进度的步骤

序号	项目	内容
1	工程进度目标的逐层分解	工程进度目标的逐层分解是从项目实施开始前和在项目实施过程中，逐步地由宏观到微观，由粗到细编制深度不同的进度计划的过程。对于大型建设工程项目，应通过编制工程总进度规划、工程总进度计划、项目各子系统和各子项目工程进度计划等进行项目工程进度目标的逐层分解
2	在项目实施过程中对工程进度目标进行动态跟踪和控制	（1）按照进度控制的要求，收集工程进度实际值。 （2）定期对工程进度的计划值和实际值进行比较。 ① 进度的控制周期应视项目的规模和特点而定，一般的项目控制周期为一个月，对于重要的项目，控制周期可定为一旬或一周等。 ② 比较工程进度的计划值和实际值时应注意，其对应的工程内容应一致，如以里程碑事件的进度目标值或再细化的进度目标值作为进度的计划值，则进度的实际值是相对于里程碑事件或再细化的分项工作的实际进度。进度的计划值和实际值的比较应是定量的数据比较，比较的成果是进度跟踪和控制报告，如编制进度控制的旬、月、季、半年和年度报告等。 （3）通过工程进度计划值和实际值的比较，如发现进度的偏差，则必须采取相应的纠偏措施进行纠偏，如：分析由于管理的原因而影响进度的问题，并采取相应的措施、调整进度管理的方法和手段、改变施工管理和强化合同管理、及时解决工程款支付和落实加快工程进度所需的资金、改进施工方法和改变施工机具等
3	调整目标	如有必要（即发现原定的工程进度目标不合理，或原定的工程进度目标无法实现等），则调整工程进度目标

2. 项目风险管理的工作流程

序号	项目	内容
1	项目风险识别	项目风险识别的任务是识别项目实施过程存在哪些风险，其工作程序包括： （1）收集与项目风险有关的信息； （2）确定风险因素； （3）编制项目风险识别报告
2	项目风险评估	项目风险评估包括以下工作： （1）利用已有数据资料（主要是类似项目有关风险的历史资料）和相关专业方法分析各种风险因素发生的概率； （2）分析各种风险的损失量，包括可能发生的工期损失、费用损失，以及对工程的质量、功能和使用效果等方面的影响； （3）根据各种风险发生的概率和损失量，确定各种风险的风险量和风险等级
3	项目风险应对	常用的风险对策包括风险规避、减轻、自留、转移及其组合等策略。对难以控制的风险，向保险公司投保是风险转移的一种措施。项目风险应对指的是针对项目风险而采取的相应对策
4	项目风险监控	在项目进展过程中应收集和分析与风险相关的各种信息，预测可能发生的风险，对其进行监控并提出预警

3. 项目成本管理程序

（1）掌握生产要素的价格信息；

（2）确定项目合同价；

（3）编制成本计划，确定成本实施目标；

（4）进行成本控制；

（5）进行项目过程成本分析；

（6）进行项目过程成本考核；

（7）编制项目成本报告；

（8）项目成本管理资料归档。

4. 项目成本计划编制程序

（1）预测项目成本；

（2）确定项目总体成本目标；

（3）编制项目总体成本计划；

（4）项目管理机构与组织的职能部门根据其责任成本范围，分别确定自己的成本目标，并编制相应的成本计划；

（5）针对成本计划制定相应的控制措施；

（6）由项目管理机构与组织的职能部门负责人分别审批相应的成本计划。

5. 时间—成本累积曲线的绘制步骤

（1）确定工程项目进度计划，编制进度计划的横道图；

（2）根据每单位时间内完成的实物工程量或投入的人力、物力和财力，计算单位时间（月或旬）的成本，在时标网络图上按时间编制成本支出计划；

（3）计算规定时间 t 计划累计支出的成本额：将各单位时间计划完成的成本额累加求和；

（4）按各规定时间的 Q_t 值，绘制 S 形曲线。

注：每一条 S 形曲线都对应某一特定的工程进度计划。S 形曲线必然包络在由全部工作都按最早开始时间开始和全部工作都按最迟必须开始时间开始的曲线所组成的"香蕉图"内。项目经理可根据编制的成本支出计划来合理安排资金，同时项目经理也可以根据筹措的资金来调整 S 形曲线，即通过调整非关键路线上的工序项目的最早或最迟开工时间，力争将实际的成本支出控制在计划的范围内。一般而言，所有工作都按最迟开始时间开始，对节约资金贷款利息是有利的。但同时也降低了项目按期竣工的保证率，因此项目经理必须合理地确定成本支出计划。

6. 管理行为控制程序

序号	程序	说明
1	建立项目成本管理体系的评审组织和评审程序	成本管理体系的建立不同于质量管理体系，质量管理体系反映的是企业的质量保证能力，由社会有关组织进行评审和认证；成本管理体系的建立是企业自身生存发展的需要，没有社会组织来评审和认证。因此企业必须建立项目成本管理体系的评审组织和评审程序，定期进行评审和总结，持续改进
2	建立项目成本管理体系运行的评审组织和评审程序	项目成本管理体系的运行有一个逐步推行的渐进过程。一个企业的各分公司、项目管理机构的运行质量往往是不平衡的。因此，必须建立专门的常设组织，依照程序定期地进行检查和评审。发现问题，总结经验，以保证成本管理体系的保持和持续改进
3	目标考核，定期检查	（1）管理程序文件应明确每个岗位人员在成本管理中的职责，确定每个岗位人员的管理行为，如应提供的报表、提供的时间和原始数据的质量要求等。要把每个岗位人员是否按要求去履行职责作为一个目标来考核。为了方便检查，应将考核指标具体化，并设专人定期或不定期地检查。 （2）应根据检查的内容编制相应的检查表，由项目经理或其委托人检查后填写检查表。检查表要由专人负责整理归档
4	制定对策，纠正偏差	对管理工作进行检查的目的是为了保证管理工作按预定的程序和标准进行，从而保证项目成本管理能够达到预期的目的。因此，对检查中发现的问题，要及时进行分析，然后根据不同的情况，及时采取对策

注：管理行为控制的目的是确保每个岗位人员在成本管理过程中的管理行为符合事先确定的程序和方法的要求。从这个意义上讲，首先要清楚企业建立的成本管理体系是否能对成本形成的过程进行有效的控制，其次要考察体系是否处在有效的运行状态。管理行为控制程序就是为规范项目成本的管理行为而制定的约束和激励体系。

7. 指标控制程序

序号	程序	说明
1	确定成本管理分层次目标	在工程开工之初，项目管理机构应根据公司与项目签订的《项目承包合同》确定项目的成本管理目标，并根据工程进度计划确定月度成本计划目标
2	采集成本数据，监测成本形成过程	在施工过程中要定期收集反映成本支出情况的数据，并将实际发生情况与目标计划进行对比，从而保证有效控制成本的整个形成过程

序号	程序	说明
3	找出偏差，分析原因	施工过程是一个多工种、多方位立体交叉作业的复杂活动，成本的发生和形成是很难按预定的目标进行的，因此，需要及时分析偏差产生的原因，分清是客观因素（如市场调价）还是人为因素（如管理行为失控）
4	制定对策，纠正偏差	过程控制的目的就在于不断纠正成本形成过程中的偏差，保证成本项目的发生是在预定范围之内。针对产生偏差的原因及时制定对策并予以纠正
5	调整改进成本管理方法	用成本指标考核管理行为，用管理行为来保证成本指标。管理行为的控制程序和成本指标的控制程序是对项目成本进行过程控制的主要内容，这两个程序在实施过程中，是相互交叉、相互制约又相互联系的。只有把成本指标的控制程序和管理行为的控制程序相结合，才能保证成本管理工作有序地、富有成效地进行

8. 成本核算的程序

根据会计核算程序，结合工程成本发生的特点和核算的要求，工程成本的核算程序为：

（1）对所发生的费用进行审核，以确定应计入工程成本的费用和计入各项期间费用的数额；

（2）将应计入工程成本的各项费用，区分为哪些应当计入本月的工程成本，哪些应由其他月份的工程成本负担；

（3）将每个月应计入工程成本的生产费用，在各个成本对象之间进行分配和归集，计算各工程成本；

（4）对未完工程进行盘点，以确定本期已完工程实际成本；

（5）将已完工程成本转入工程结算成本；核算竣工工程实际成本。

9. 成本分析的步骤

（1）选择成本分析方法；

（2）收集成本信息；

（3）进行成本数据处理；

（4）分析成本形成原因；

（5）确定成本结果。

10. 建设工程项目总进度目标论证的工作步骤

序号	项目	内容
1	论证的工作步骤	（1）调查研究和收集资料； （2）项目结构分析； （3）进度计划系统的结构分析； （4）项目的工作编码； （5）编制各层进度计划； （6）协调各层进度计划的关系，编制总进度计划； （7）若所编制的总进度计划不符合项目的进度目标，则设法调整； （8）若经过多次调整，进度目标无法实现，则报告项目决策者

序号	项目	内容
2	调查研究和收集资料工作内容	(1) 了解和收集项目决策阶段有关项目进度目标确定的情况和资料； (2) 收集与进度有关的该项目组织、管理、经济和技术资料； (3) 收集类似项目的进度资料； (4) 了解和调查该项目的总体部署； (5) 了解和调查该项目实施的主客观条件等
3	项目工作编码时考虑的因素	(1) 对不同计划层的标识； (2) 对不同计划对象的标识（如不同子项目）； (3) 对不同工作的标识（如设计工作、招标工作和施工工作等）
4	大型建设工程项目的结构分析	大型建设工程项目的结构分析是根据编制总进度纲要的需要，将整个项目进行逐层分解，并确立相应的工作目录，如： (1) 一级工作任务目录，将整个项目划分成若干个子系统； (2) 二级工作任务目录，将每一个子系统分解为若干个子项目； (3) 三级工作任务目录，将每一个子项目分解为若干个工作项。 注：整个项目划分成多少结构层，应根据项目的规模和特点而定
5	大型建设工程项目的计划系统	大型建设工程项目的计划系统一般由多层计划构成，如： (1) 第一层进度计划，将整个项目划分成若干个进度计划子系统； (2) 第二层进度计划，将每一个进度计划子系统分解为若干个子项目进度计划； (3) 第三层进度计划，将每一个子项目进度计划分解为若干个工作项的进度计划。 注：整个项目划分成多少计划层，应根据项目的规模和特点而定

11. 项目质量控制体系的建立

项目质量控制体系的建立过程，一般可按以下环节依次展开工作：

（1）建立系统质量控制网络：首先明确系统各层面的工程质量控制负责人。一般应包括承担项目实施任务的项目经理（或工程负责人）、总工程师，项目监理机构的总监理工程师、专业监理工程师等，以形成明确的项目质量控制责任者的关系网络架构。

（2）制定质量控制制度：包括质量控制例会制度、协调制度、报告审批制度、质量验收制度和质量信息管理制度等，形成建设工程项目质量控制体系的管理文件或手册，作为承担建设工程项目实施任务各方主体共同遵循的管理依据。

（3）分析质量控制界面：项目质量控制体系的质量责任界面，包括静态界面和动态界面。一般说静态界面根据法律法规、合同条件、组织内部职能分工来确定。动态界面主要是指项目实施过程中设计单位之间、施工单位之间、设计与施工单位之间的衔接配合关系及其责任划分，必须通过分析研究，确定管理原则与协调方式。

（4）编制质量控制计划：项目管理总组织者，负责主持编制建设工程项目总质量计划，并根据质量控制体系的要求，布置各质量责任主体分别编制与其承担任务范围相符合的质量计划，并按规定程序完成质量计划的审批，作为其实施自身工程质量控制的依据。

12. 企业质量管理体系的建立和运行

序号	项目	内容
1	企业质量管理体系的建立	（1）企业质量管理体系的建立，是在确定市场及顾客需求的前提下，按照质量管理 7 项原则制定企业的质量方针、质量目标、质量手册、程序文件及质量记录等体系文件，并将质量目标分解落实到相关层次、相关岗位的职能和职责中，形成企业质量管理体系的执行系统。 （2）企业质量管理体系的建立，还包含组织企业不同层次的员工进行培训，使体系的工作内容和执行要求为员工所了解，为全员参与企业质量管理体系的运行打下基础。 （3）企业质量管理体系的建立，需识别并提供实现质量目标和持续改进所需的资源，包括人员、基础设施、环境、信息等
2	企业质量管理体系的运行	（1）企业质量管理体系的运行是在生产及服务的全过程，按质量管理体系文件所制定的程序、标准、工作要求及目标分解的岗位职责进行运作。 （2）在企业质量管理体系运行的过程中，按各类体系文件的要求，监视、测量和分析过程的有效性和效率，做好文件规定的质量记录，持续收集、记录并分析过程的数据和信息，全面反映产品质量和过程符合要求，并具有可追溯的效能。 （3）按文件规定的办法进行质量管理评审和考核。对过程运行的评审考核工作，应针对发现的主要问题，采取必要的改进措施，使这些过程达到所策划的结果并实现对过程的持续改进。 （4）落实质量体系的内部审核程序，有组织有计划开展内部质量审核活动，其主要目的是： ① 评价质量管理程序的执行情况及适用性； ② 揭露过程中存在的问题，为质量改进提供依据； ③ 检查质量体系运行的信息； ④ 向外部审核单位提供体系有效的证据。 注：为确保系统内部审核的效果，企业领导应发挥决策领导作用，制定审核政策和计划，组织内审人员队伍，落实内审条件，并对审核发现的问题采取纠正措施和提供人、财、物等方面的支持

13. 企业质量管理体系的认证和维持

序号	项目	内容
1	企业质量管理体系认证的程序	（1）申请和受理：具有法人资格，并已按 GB/T 19000/ISO9000 族标准或其他国际公认的质量体系规范建立了文件化的质量管理体系，并在生产经营全过程贯彻执行的企业可提出申请。申请单位须按要求填写申请书。认证机构经审查符合要求后接受申请，如不符合要求则不接受申请，接受或不接受均予发出书面通知书。 （2）审核：认证机构派出审核组对申请方质量管理体系进行检查和评定，包括文件审查、现场审核，并提出审核报告。 （3）审批与注册发证：认证机构对审核组提出的审核报告进行全面审查，对符合标准者予以批准并注册，发给认证证书（内容包括证书号、注册企业名称地址、认证和质量管理体系覆盖产品的范围、评价依据及质量保证模式标准及说明、发证机构、签发人和签发日期）

序号	项目	内容
2	获准认证后的维持与监督管理	企业质量管理体系获准认证的有效期为3年。获准认证后，企业应通过经常性的内部审核，维持质量管理体系的有效性，并接受认证机构对企业质量管理体系实施监督管理。获准认证后的质量管理体系维持与监督管理内容如下： 　　(1) 企业通报：认证合格的企业质量管理体系在运行中出现较大变化时，需向认证机构通报。认证机构接到通报后，视情况采取必要的监督检查措施。 　　(2) 监督检查：认证机构对认证合格单位质量管理体系维持情况进行监督性现场检查，包括定期和不定期的监督检查。定期检查通常是每年一次，不定期检查视需要临时安排。 　　(3) 认证注销：注销是企业的自愿行为。在企业质量管理体系发生变化或证书有效期届满未提出重新申请等情况下，认证持证者提出注销的，认证机构予以注销，收回该体系认证证书。 　　(4) 认证暂停：认证暂停是认证机构对获证企业质量管理体系发生不符合认证要求情况时采取的警告措施。认证暂停期间，企业不得使用质量管理体系认证证书做宣传。企业在规定期间采取纠正措施满足规定条件后，认证机构撤销认证暂停；否则将撤销认证注册，收回合格证书。 　　(5) 认证撤销：当获证企业发生质量管理体系存在严重不符合规定，或在认证暂停的规定期限不予整改，或发生其他构成撤销体系认证资格情况时，认证机构作出撤销认证的决定。企业不服可提出申诉。撤销认证的企业一年后可重新提出认证申请。 　　(6) 复评：认证合格有效期满前，如企业愿继续延长，可向认证机构提出复评申请。 　　(7) 重新换证：在认证证书有效期内，出现体系认证标准变更、体系认证范围变更、体系认证证书持有者变更，可按规定重新换证

14. 施工质量控制的基本环节

序号	基本环节	内容
1	事前质量控制	(1) 即在正式施工前进行的事前主动质量控制，通过编制施工质量计划，明确质量目标，制订施工方案，设置质量管理点，落实质量责任，分析可能导致质量目标偏离的各种影响因素，针对这些影响因素制订有效的预防措施，防患于未然。 　　(2) 事前质量预控要求针对质量控制对象的控制目标、活动条件、影响因素进行周密分析，找出薄弱环节，制定有效的控制措施和对策
2	事中质量控制	(1) 指在施工质量形成过程中，对影响施工质量的各种因素进行全面的动态控制。事中质量控制也称作业活动过程质量控制，包括质量活动主体的自我控制和他人监控的控制方式。自我控制是第一位的，即作业者在作业过程对自己质量活动行为的约束和技术能力的发挥，以完成符合预定质量目标的作业任务；他人监控是对作业者的质量活动过程和结果，由来自企业内部管理者和企业外部有关方面进行监督检查，如工程监理机构、政府质量监督部门等的监控。 　　(2) 施工质量的自控和监控是相辅相成的系统过程。自控主体的质量意识和能力是关键，是施工质量的决定因素；各监控主体所进行的施工质量监控是对自控行为的推动和约束。因此，自控主体必须正确处理自控和监控的关系，在致力于施工质量自控的同时，还必须接受来自业主、监理等方面对其质量行为和结果所进行的监督管理，包括质量检查、评价和验收。自控主体不能因为监控主体的存在和监控职能的实施而减轻或免除其质量责任。 　　(3) 事中质量控制的目标是确保工序质量合格，杜绝质量事故发生；控制的关键是坚持质量标准；控制的重点是工序质量、工作质量和质量控制点的控制

序号	项目	内容
3	事后质量控制	（1）事后质量控制也称为事后质量把关，以使不合格的工序或最终产品（包括单位工程或整个工程项目）不流入下道工序、不进入市场。 （2）事后控制包括对质量活动结果的评价、认定；对工序质量偏差的纠正；对不合格产品进行整改和处理。 （3）控制的重点是发现施工质量方面的缺陷，并通过分析提出施工质量改进的措施，保持质量处于受控状态

15. 施工作业质量自控的程序

序号	项目	内容
1	概述	施工作业质量的自控过程是由施工作业组织的成员进行的，其基本的控制程序包括：作业技术交底、作业活动的实施和作业质量的自检自查、互检互查以及专职管理人员的质量检查等
2	施工作业技术的交底	（1）技术交底是施工组织设计和施工方案的具体化，施工作业技术交底的内容必须具有可行性和可操作性。 （2）从项目的施工组织设计到分部分项工程的作业计划，在实施之前都必须逐级进行交底，其目的是使管理者的计划和决策意图为实施人员所理解。施工作业交底是最基层的技术和管理交底活动，施工总承包方和工程监理机构都要对施工作业交底进行监督。作业交底的内容包括作业范围、施工依据、作业程序、技术标准和要领、质量目标以及其他与安全、进度、成本、环境等目标管理有关的要求和注意事项
3	施工作业活动的实施	施工作业活动是由一系列工序所组成的。为了保证工序质量的受控，首先要对作业条件进行再确认，即按照作业计划检查作业准备状态是否落实到位，其中包括对施工程序和作业工艺顺序的检查确认，在此基础上，严格按作业计划的程序、步骤和质量要求展开工序作业活动
4	施工作业质量的检验	（1）施工作业的质量检查，是贯穿整个施工过程的最基本的质量控制活动，包括施工单位内部的工序作业质量自检、互检、专检和交接检查，以及现场监理机构的旁站检查、平行检验等。 （2）施工作业质量检查是施工质量验收的基础，已完检验批及分部分项工程的施工质量，必须在施工单位完成质量自检并确认合格之后，才能报请现场监理机构进行检查验收。 （3）前道工序作业质量经验收合格后，才可进入下道工序施工。未经验收合格的工序，不得进入下道工序施工

16. 竣工质量验收的程序

序号	程序	组织单位	工作内容	说明
1	竣工验收准备	施工单位	工程实体的验收准备和相关工程档案资料的验收准备	（1）自检合格后，向现场监理机构提交工程竣工预验收申请报告，要求组织工程竣工预验收； （2）单位工程中的分包工程完工后，分包单位应对所承包的工程项目进行自检，并应按规定的程序进行验收。验收时，总包单位应派人参加

序号	程序	组织单位	工作内容	说明
2	竣工预验收	监理机构	总监理工程师应组织各专业监理工程师对工程质量进行竣工预验收	存在施工质量问题时，应由施工单位及时整改
3	竣工质量验收整体程序	建设单位收到建设工程竣工报告后，应当组织设计、施工、工程监理等有关单位进行竣工验收	（1）工程完工并对存在的质量问题整改完毕后，施工单位向建设单位提交工程竣工报告，申请工程竣工验收。实行监理的工程，工程竣工报告须经总监理工程师签署意见。 （2）建设单位收到工程竣工报告后，对符合竣工验收要求的工程，组织勘察、设计、施工、监理等单位组成验收组，制定验收方案。对于重大工程和技术复杂工程，根据需要可邀请有关专家参加验收组。 （3）建设单位应当在工程竣工验收7个工作日前将验收的时间、地点及验收组名单书面通知负责监督该工程的工程质量监督机构。 （4）建设单位组织工程竣工验收	建设单位组织单位工程质量验收时，分包单位负责人应参加验收
4	竣工质量验收现场程序	建设单位	（1）建设、勘察、设计、施工、监理单位分别汇报工程合同履约情况和在工程建设各个环节执行法律、法规和工程建设强制性标准的情况； （2）审阅建设、勘察、设计、施工、监理单位的工程档案资料； （3）实地查验工程质量； （4）对工程勘察、设计、施工、设备安装质量和各管理环节等方面作出全面评价，形成经验收组人员签署的工程竣工验收意见	参与工程竣工验收的建设、勘察、设计、施工、监理等各方不能形成一致意见时，应当协商提出解决的方法，待意见一致后，重新组织工程竣工验收
5	竣工验收报告	建设单位	工程竣工验收报告主要包括： （1）工程概况； （2）建设单位执行基本建设程序情况； （3）对工程勘察、设计、施工、监理等方面的评价； （4）工程竣工验收时间、程序、内容和组织形式； （5）工程竣工验收意见等内容	工程竣工验收报告附件： （1）施工许可证； （2）施工图设计文件审查意见； （3）勘察、设计、施工、工程监理等单位分别签署的质量合格文件； （4）验收组人员签署的工程竣工验收意见； （5）法规、规章规定的其他有关文件
6	竣工验收备案	建设单位	自建设工程竣工验收合格之日起15日内，向工程所在地的县级以上地方人民政府建设主管部门备案	验收备案提交文件： （1）工程竣工验收备案表； （2）工程竣工验收报告； （3）法律、行政法规规定应当由规划、环保等部门出具的认可文件或者准许使用文件； （4）法律规定应当由公安消防部门出具的对大型的人员密集场所和其他特殊建设工程验收合格的证明文件； （5）施工单位签署的工程质量保修书； （6）法规、规章规定必须提供的其他文件

17. 施工质量事故报告和调查处理程序

序号	项目	内容
1	事故报告	(1) 事故报告程序：建设工程发生质量事故，有关单位应当在 24 小时内向当地建设行政主管部门和其他有关部门报告。对重大质量事故，事故发生地的建设行政主管部门和其他有关部门应当按照事故类别和等级向当地人民政府和上级建设行政主管部门和其他有关部门报告。如果同时发生安全事故，施工单位应当立即启动生产安全事故应急救援预案，组织抢救遇险人员，采取必要措施，防止事故危害扩大和次生、衍生灾害发生。情况紧急时，事故现场有关人员可直接向事故发生地县级以上政府主管部门报告。 (2) 事故报告应包括下列内容： ① 事故发生的时间、地点、工程项目名称、工程各参建单位名称； ② 事故发生的简要经过、伤亡人数和初步估计的直接经济损失； ③ 事故原因的初步判断； ④ 事故发生后采取的措施及事故控制情况； ⑤ 事故报告单位、联系人及联系方式； ⑥ 其他应当报告的情况
2	事故调查	(1) 调查管辖：按规定区分事故的大小分别由相应级别的人民政府直接或授权委托有关部门组织事故调查组进行调查。未造成人员伤亡的一般事故，县级人民政府也可以委托事故发生单位组织事故调查组进行调查。 (2) 调查内容： ① 事故项目及各参建单位概况； ② 事故发生经过和事故救援情况； ③ 事故造成的人员伤亡和直接经济损失； ④ 事故项目有关质量检测报告和技术分析报告； ⑤ 事故发生的原因和事故性质； ⑥ 事故责任的认定和事故责任者的处理建议； ⑦ 事故防范和整改措施
3	事故的原因分析	原因分析要建立在事故情况调查的基础上，避免情况不明就主观推断事故的原因。特别是对涉及勘察、设计、施工、材料和管理等方面的质量事故，事故的原因往往错综复杂，因此，必须对调查所得到的数据、资料进行仔细的分析，依据国家有关法律法规和工程建设标准分析事故的直接原因和间接原因，必要时组织对事故项目进行检测鉴定和专家技术论证，去伪存真，找出造成事故的主要原因
4	制定事故处理的技术方案	事故的处理要建立在原因分析的基础上，要广泛地听取专家及有关方面的意见，经科学论证，决定事故是否要进行技术处理和怎样处理。在制定事故处理的技术方案时，应做到安全可靠、技术可行、不留隐患、经济合理、具有可操作性、满足项目的安全和使用功能要求
5	事故处理	事故处理的内容包括：事故的技术处理，按经过论证的技术方案进行处理，解决事故造成的质量缺陷问题；事故的责任处罚，依据有关人民政府对事故调查报告的批复和有关法律法规的规定，对事故相关责任者实施行政处罚，负有事故责任的人员涉嫌犯罪的，依法追究刑事责任

序号	项目	内容
6	事故处理的鉴定验收	质量事故的技术处理是否达到预期的目的，是否依然存在隐患，应当通过检查鉴定和验收作出确认。事故处理的质量检查鉴定，应严格按施工验收规范和相关质量标准的规定进行，必要时还应通过实际量测、试验和仪器检测等方法获取必要的数据，以便准确地对事故处理的结果作出鉴定，形成鉴定结论
7	提交事故处理报告	事故处理后的事故处理报告内容包括： （1）事故调查的原始资料、测试的数据； （2）事故原因分析和论证结果； （3）事故处理的依据； （4）事故处理的技术方案及措施； （5）实施技术处理过程中有关的数据、记录、资料； （6）检查验收记录； （7）对事故相关责任者的处罚情况和事故处理的结论等

18. 质量监督的实施程序

序号	项目	内容
1	受理建设单位办理质量监督手续	（1）工程项目开工前，审查建设单位申报质量监督有关文件，合格签发质量监督文件； （2）工程质量监督手续可以与施工许可证或者开工报告合并办理
2	制定工作计划并组织实施	工作计划内容： （1）质量监督依据的法律、法规、规范、标准； （2）在项目施工的各个阶段，质量监督的内容、范围和重点； （3）实施质量监督的具体方法和步骤； （4）定期或不定期进入施工现场进行监督检查的时间计划安排； （5）质量监督记录用表式； （6）监督人员及需用资源安排
3	对工程实体质量和工程质量行为进行抽查、抽测	（1）日常检查和抽查抽测相结合，采取"双随机、一公开"（随机抽取检查对象，随机选派监督检查人员，及时公开检查情况和查处结果）检查方式和"互联网＋监管"模式。重点是涉及结构安全和重要使用功能的项目。对违反有关规定、造成工程质量事故和严重质量问题的单位和个人依法严肃查处曝光。 （2）对工程质量责任主体和质量检测等单位的质量行为进行检查。检查内容包括： ① 参与工程项目建设各方的质量保证体系建立和运行情况； ② 企业的工程经营资质证书和相关人员的资格证书； ③ 按建设程序规定的开工前必须办理的各项建设行政手续是否齐全完备； ④ 施工组织设计、监理规划等文件及其审批手续和实际执行情况； ⑤ 执行相关法律法规和工程建设强制性标准的情况； ⑥ 工程质量检查记录

序号	项目	内容
4	监督工程竣工验收	在竣工阶段，监督机构主要是按规定对工程竣工验收工作进行监督： （1）竣工验收前，针对在质量监督检查中提出的质量问题进行复查，检查其是否按要求整改完毕； （2）竣工验收时，参加竣工验收的会议，对验收的程序及验收的过程进行监督。 注：（1）工程竣工验收合格后，建设单位应当在建筑物明显部位设置永久性标牌，载明建设、勘察、设计、施工、监理单位等工程质量责任主体的名称和主要责任人姓名。 （2）建设行政主管部门或者其他有关部门发现建设单位在竣工验收过程中有违反国家有关建设工程质量管理规定行为的，责令停止使用，并重新组织竣工验收
5	形成工程质量监督报告	内容包括： （1）工程项目概况； （2）项目参建各方的质量行为检查情况； （3）工程项目实体质量抽查情况； （4）历次质量监督检查中提出质量问题的整改情况； （5）工程竣工质量验收情况； （6）项目质量评价（包括建筑节能和环保评价）； （7）对存在的质量缺陷的处理意见
6	建立工程质量监督档案	（1）项目工程质量监督档案按单位工程建立； （2）归档及时，资料记录等各类文件齐全； （3）经监督机构负责人签字后归档； （4）按规定年限保存

19. 生产安全事故报告的说明

序号	项目	规定
1	事故单位报告	（1）事故发生后，事故现场有关人员应当立即向本单位负责人报告；单位负责人接到报告后，应当于1小时内向事故发生地县级以上人民政府应急管理部门和负有安全生产监督管理职责的有关部门报告，并有组织、有指挥地抢救伤员、排除险情；应当防止人为或自然因素的破坏，便于事故原因的调查。 （2）各个行业的建设施工中出现了安全事故，都应当向建设行政主管部门报告。专业工程出现安全事故，还需要向有关行业主管部门报告。 （3）情况紧急时，事故现场有关人员可以直接向事故发生地县级以上人民政府应急管理部门和负有安全生产监督管理职责的有关部门报告
2	监管部门报告	（1）应急管理部门和负有安全生产监督管理职责的有关部门接到事故报告后，应当依照下列规定上报事故情况，并通知公安机关、劳动保障行政部门、工会和人民检察院。 ① 特别重大事故、重大事故逐级上报至国务院应急管理部门和负有安全生产监督管理职责的有关部门； ② 较大事故逐级上报至省、自治区、直辖市人民政府应急管理部门和负有安全生产监督管理职责的有关部门； ③ 一般事故上报至设区的市级人民政府应急管理部门和负有安全生产监督管理职责的有关部门。 （2）应急管理部门和负有安全生产监督管理职责的有关部门依照前款规定上报事故情况，应当同时报告本级人民政府。国务院应急管理部门和负有安全生产监督管理职责的有关部门以及省级人民政府接到发生特别重大事故、重大事故的报告后，应当立即报告国务院。必要时，应急管理部门和负有安全生产监督管理职责的有关部门可以越级上报事故情况。 （3）应急管理部门和负有安全生产监督管理职责的有关部门逐级上报事故情况，每级上报的时间不得超过2小时。事故报告后出现新情况的，应当及时补报

20. 招标程序及内容

序号	项目	内容
1	招标投标项目的确定	宜采用招标的方式确定承包人： （1）大型基础设施、公用事业等关系社会公共利益、公众安全的项目。 （2）全部或者部分使用国有资金投资或者国家融资的项目。 （3）使用国际组织或者外国政府贷款、援助资金的项目
2	招标方式的确定——公开招标	（1）优点：招标人有较大的选择范围，可在众多的投标人中选择报价合理、工期较短、技术可靠、资信良好的中标人。 （2）缺点：公开招标的资格审查和评标的工作量比较大，耗时长、费用高，且有可能因资格预审把关不严导致鱼目混珠的现象发生。 （3）采用公开招标方式，招标人就不得以不合理的条件限制或排斥潜在的投标人
3	招标方式的确定——邀请招标	招标人采用邀请招标方式，应当向三个以上具备承担招标项目的能力、资信良好的特定的法人或者其他组织发出投标邀请书。可以邀请招标情形： （1）技术复杂、有特殊要求或者受自然环境限制，只有少量潜在投标人可供选择。 （2）采用公开招标方式的费用占项目合同金额的比例过大。 注意：国际竞争性招标和国内竞争性招标都属于公开招标，而有限国际招标则相当于邀请招标
4	自行招标与委托招标	（1）招标人自行办理招标事宜，应当具有编制招标文件和组织评标的能力，即招标人具有与招标项目规模和复杂程度相适应的技术、经济等方面的专业人员。 （2）工程招标代理机构可以跨省、自治区、直辖市承担工程招标代理业务
5	招标信息的发布与修正——招标信息的发布	（1）依法必须招标项目的招标公告和公示信息应当在"中国招标投标公共服务平台"或者项目所在地省级电子招标投标公共服务平台（以下统一简称"发布媒介"）发布。 （2）依法必须招标项目的招标公告和公示信息应当根据招标投标法律法规，以及国家发展改革委会同有关部门制定的标准文件编制，实现标准化、格式化。 （3）拟发布的招标公告和公示信息文本应当由招标人或其招标代理机构盖章，并由主要负责人或其授权的项目负责人签名。采用数据电文形式的，应当按规定进行电子签名。 （4）依法必须招标项目的招标公告和公示信息除在发布媒介发布外，招标人或其招标代理机构也可以同步在其他媒介公开，并确保内容一致。其他媒介可以依法全文转载依法必须招标项目的招标公告和公示信息，但不得改变其内容，同时必须注明信息来源。 （5）招标人应当按招标公告或者投标邀请书规定的时间、地点出售招标文件或资格预审文件。自招标文件或者资格预审文件出售之日起至停止出售之日止，最短不得少于5日。 （6）投标人必须自费购买相关招标或资格预审文件。招标人发售资格预审文件、招标文件收取的费用应当限于补偿印刷、邮寄的成本支出，不得以营利为目的。对于所附的设计文件，招标人可以向投标人酌收押金；对于开标后投标人退还设计文件的，招标人应当向投标人退还押金。招标文件或者资格预审文件售出后，不予退还。 （7）招标人在发布招标公告、发出投标邀请书后或者售出招标文件或资格预审文件后不得擅自终止招标

序号	项目	内容
6	招标信息的发布与修正——招标信息的修正	（1）时限：招标人对已发出的招标文件进行必要的澄清或者修改，应当在招标文件要求提交投标文件截止时间至少15日前发出。 （2）形式：所有澄清文件必须以书面形式进行。 （3）全面：所有澄清文件必须直接通知所有招标文件收受人。 （4）效力：澄清或者修改的内容应为招标文件的有效组成部分
7	资格预审	（1）资格审查分为资格预审和资格后审。 （2）经认定合格的潜在投标人，才可以参加投标。 （3）由业主自行或委托咨询公司编制资格预审文件，主要内容有：工程项目简介，对潜在投标人的要求，各种附表等。 （4）投标意向者在规定的截止日期之前完成填报的内容，报送资格预审文件，所报送的文件在规定的截止日期后不能再进行修改。 （5）通过资格预审的申请人少于3个的，应当重新招标
8	属于以不合理条件限制、排斥潜在投标人或者投标人的情形	（1）就同一招标项目向潜在投标人或者投标人提供有差别的项目信息。 （2）设定的资格、技术、商务条件与招标项目的具体特点和实际需要不相适应或者与合同履行无关。 （3）依法必须进行招标的项目以特定行政区域或者特定行业的业绩、奖项作为加分条件或者中标条件。 （4）对潜在投标人或者投标人采取不同的资格审查或者评标标准。 （5）限定或者指定特定的专利、商标、品牌、原产地或者供应商。 （6）依法必须进行招标的项目非法限定潜在投标人或者投标人的所有制形式或者组织形式。 （7）以其他不合理条件限制、排斥潜在投标人或者投标人
9	标前会议	（1）标前会议上，招标人可以对招标文件中的某些内容加以修改或补充说明，会议结束后，招标人应将会议纪要用书面通知的形式发给每一个获得招标文件的投标人。 （2）会议纪要和答复函件形成招标文件的补充文件，都是招标文件的有效组成部分。与招标文件具有同等法律效力。当补充文件与招标文件内容不一致时，应以补充文件为准
10	评标	（1）评标分为评标的准备、初步评审、详细评审、编写评标报告等过程。 （2）初步评审主要是进行符合性审查，即重点审查投标书是否实质上响应了招标文件的要求。 （3）大小写不一致的以大写为准，单价与数量的乘积之和与所报的总价不一致的应以单价为准；标书正本和副本不一致的，则以正本为准。 （4）详细评审是评标的核心，是对标书进行实质性审查，包括技术评审和商务评审。 （5）评标方法可以采用评议法、综合评分法或评标价法等。 （6）评标结束应该推荐中标候选人。评标委员会推荐的中标候选人应当限定在1～3人。 （7）招标人根据评标委员会提出的书面评标报告和推荐的中标候选人确定中标人。招标人也可以授权评标委员会直接确定中标人，或者在招标文件中规定排名第一的中标候选人为中标人，并明确排名第一的中标候选人不能作为中标人的情形和相关处理规则

21. 投标程序及内容

序号	项目	内容
1	研究招标文件	重点注意招标文件中的以下几个方面问题： （1）投标人须知； （2）投标书附录与合同条件； （3）技术说明； （4）永久性工程之外的报价补充文件
2	进行各项调查研究	（1）市场宏观经济环境调查； （2）工程现场考察和工程所在地区的环境考察； （3）工程业主方和竞争对手公司的调查
3	复核工程量	（1）单价合同，尽管是以实测工程量结算工程款，但投标人仍应根据图纸仔细核算工程量，当发现相差较大时，投标人应向招标人要求澄清； （2）总价合同，如果业主在投标前对争议工程量不予更正，而且是对投标者不利的情况，投标者应按实际工程量调整报价
4	选择施工方案	施工方案应由投标人的技术负责人主持制定，主要应考虑施工方法、主要施工机具的配置、各工种劳动力的安排及现场施工人员的平衡、施工进度及分批竣工的安排、安全措施等。施工方案的制定应在技术、工期和质量保证等方面对招标人有吸引力，同时又有利于降低施工成本。 （1）要根据分类汇总的工程数量和工程进度计划中该类工程的施工周期、合同技术规范要求以及施工条件和其他情况选择和确定每项工程的施工方法，应根据实际情况和自身的施工能力来确定各类工程的施工方法。 （2）要根据上述各类工程的施工方法选择相应的机具设备并计算所需数量和使用周期，研究确定采购新设备、租赁当地设备或调动企业现有设备。 （3）要研究确定工程分包计划。 （4）要用概略指标估算主要的和大宗的建筑材料的需用量，考虑其来源和分批进场的时间安排，从而可以估算现场用于存储、加工的临时设施（例如仓库、露天堆放场、加工场地或工棚等）。 （5）根据现场设备、高峰人数和一切生产和生活方面的需要，估算现场用水、用电量，确定临时供电和供排水设施；考虑外部和内部材料供应的运输方式，估计运输和交通车辆的需要和来源；考虑其他临时工程的需要和建设方案；提出某些特殊条件下保证正常施工的措施，例如排除或降低地下水以保证地面以下工程施工的措施；冬期、雨期施工措施以及其他必需的临时设施安排
5	投标计算	首先根据招标文件复核或计算工程量。投标计算还必须与采用的合同计价形式相协调
6	确定投标策略	常用的投标策略：以信誉取胜、以低价取胜、以缩短工期取胜、以改进设计取胜或者以先进或特殊的施工方案取胜等
7	正式投标	（1）注意投标的截止日期：招标人所规定的投标截止日就是提交标书最后的期限。投标人在投标截止日之前所提交的投标是有效的，超过该日期之后就会被视为无效投标。在招标文件要求提交投标文件的截止时间后送达的投标文件，招标人可以拒收。 （2）投标文件的完备性：投标人应当按照招标文件的要求编制投标文件。投标文件应当对招标文件提出的实质性要求和条件作出响应。投标不完备或投标没有达到招标人的要求，在招标范围以外提出新的要求，均被视为对于招标文件的否定，不会被招标人所接受。投标人必须为自己所投出的标负责，如果中标，必须按照投标文件中所阐述的方案来完成工程，这其中包括质量标准、工期与进度计划、报价限额等基本指标以及招标人所提出的其他要求。

序号	项目	内容
7	正式投标	（3）注意标书的标准：标书的提交要有固定的要求，基本内容是：签章、密封。如果不密封或密封不满足要求，投标是无效的。投标书还需要按照要求签章，投标书需要盖有投标企业公章以及企业法定代表人的名章（或签字）。如果项目所在地与企业距离较远，由当地项目经理部组织投标，需要提交企业法定代表人对于投标项目经理的授权委托书。 （4）注意投标的担保

22. 建设工程施工承包合同最后文本的确定和合同签订

序号	项目	内容
1	合同风险评估	在签订合同之前，承包人应对合同的合法性、完备性、合同双方的责任、权益以及合同风险进行评审、认定和评价
2	合同文件内容	（1）建设工程施工承包合同文件构成：合同协议书；工程量及价格；合同条件，包括合同一般条件和合同特殊条件；投标文件；合同技术条件（含图纸）；中标通知书；双方代表共同签署的合同补遗（有时也以合同谈判会议纪要形式）；招标文件；其他双方认为应该作为合同组成部分的文件，如：投标阶段业主要求投标人澄清问题的函件和承包人所做的文字答复，双方往来函件等。 （2）对所有在招标投标及谈判前后各方发出的文件、文字说明、解释性资料进行清理。对凡是与上述合同构成内容有矛盾的文件，应宣布作废。可以在双方签署的《合同补遗》中，对此作出排除性质的声明
3	关于合同协议的补遗	（1）在合同谈判阶段双方谈判的结果一般以《合同补遗》的形式，有时也可以《合同谈判纪要》形式，形成书面文件。 （2）建设工程施工承包合同必须遵守法律。对于违反法律的条款，即使由合同双方达成协议并签了字，也不受法律保护
4	签订合同	双方在合同谈判结束后，应按上述内容和形式形成一个完整的合同文本草案，经双方代表认可后形成正式文件。双方核对无误后，由双方代表草签，至此合同谈判阶段即告结束。此时，承包人应及时准备和递交履约保函，准备正式签署施工承包合同

23. 施工合同索赔的有关内容

序号	项目	内容
1	索赔意向通知	（1）在工程实施过程中发生索赔事件以后，或者承包人发现索赔机会，首先要提出索赔意向，即在合同规定时间内将索赔意向用书面形式及时通知发包人或者工程师，向对方表明索赔愿望、要求或者声明保留索赔权利，这是索赔工作程序的第一步。 （2）索赔意向通知要简明扼要地说明索赔事由发生的时间、地点、简单事实情况描述和发展动态、索赔依据和理由、索赔事件的不利影响等
2	索赔资料的准备	在索赔资料准备阶段，主要工作有： （1）跟踪和调查干扰事件，掌握事件产生的详细经过； （2）分析干扰事件产生的原因，划清各方责任，确定索赔根据； （3）损失或损害调查分析与计算，确定工期索赔和费用索赔值； （4）搜集证据，获得充分而有效的各种证据； （5）起草索赔文件

序号	项目	内容
3	索赔文件的提交	提出索赔的一方应该在合同规定的时限内向对方提交正式的书面索赔文件。例如，FIDIC合同条件和我国《建设工程施工合同（示范文本）》GF—2017—0201都规定，承包人必须在发出索赔意向通知后的28天内或经过工程师同意的其他合理时间内向工程师提交一份详细的索赔文件和有关资料。如果干扰事件对工程的影响持续时间长，承包人则应按工程师要求的合理间隔（一般为28天），提交中间索赔报告，并在干扰事件影响结束后的28天内提交一份最终索赔报告。否则将失去就该事件请求补偿的索赔权利
4	索赔文件的主要内容	索赔文件的主要内容包括以下几个方面： （1）总述部分：概要论述索赔事项发生的日期和过程；承包人为该索赔事项付出的努力和附加开支；承包人的具体索赔要求。 （2）论证部分：论证部分是索赔报告的关键部分，其目的是说明自己有索赔权，是索赔能否成立的关键。 （3）索赔款项（和/或工期）计算部分：如果说索赔报告论证部分的任务是解决索赔权能否成立，则款项计算是为解决能得多少款项。前者定性，后者定量。 （4）证据部分：要注意引用的每个证据的效力或可信程度，对重要的证据资料最好附以文字说明，或附以确认件
5	索赔文件的审核	对于承包人向发包人的索赔请求，索赔文件首先应该交由工程师审核。工程师根据发包人的委托或授权，对承包人索赔的审核工作主要分为判定索赔事件是否成立和核查承包人的索赔计算是否正确、合理两个方面，并可在授权范围内作出判断：初步确定补偿额度，或者要求补充证据，或者要求修改索赔报告等。对索赔的初步处理意见要提交发包人
6	发包人审查	（1）对于工程师的初步处理意见，发包人需要进行审查和批准，然后工程师才可以签发有关证书。 （2）如果索赔额度超过了工程师权限范围时，应由工程师将审查的索赔报告报请发包人审批，并与承包人谈判解决
7	协商	（1）对于工程师的初步处理意见，发包人和承包人可能都不接受或者其中的一方不接受，三方可就索赔的解决进行协商，达成一致，其中可能包括复杂的谈判过程，经过多次协商才能达成。 （2）如果经过努力无法就索赔事宜达成一致意见，则发包人和承包人可根据合同约定选择采用仲裁或者诉讼方式解决
8	反索赔的基本内容	反索赔的工作内容可以包括两个方面：一是防止对方提出索赔，二是反击或反驳对方的索赔要求。反索赔常用的措施有： （1）抓对方的失误，直接向对方提出索赔，以对抗或平衡对方的索赔要求，以求在最终解决索赔时互相让步或者互不支付。 （2）针对对方的索赔报告，进行仔细、认真研究和分析，找出理由和证据，证明对方索赔要求或索赔报告不符合实际情况和合同规定，没有合同依据或事实证据，索赔值计算不合理或不准确等问题，反击对方的不合理索赔要求，推卸或减轻自己的责任，使自己不受或少受损失

序号	项目	内容
9	对索赔报告的反击或反驳要点	（1）索赔要求或报告的时限性； （2）索赔事件的真实性； （3）干扰事件的原因、责任分析； （4）索赔理由分析； （5）索赔证据分析； （6）索赔值审核

四、工作措施及纠偏措施

1. 项目目标动态控制的纠偏措施

序号	纠偏措施	内容	具体方法举例
1	组织措施	分析组织原因影响目标实现的问题，采取相应措施	调整项目组织结构、任务分工、管理职能分工、工作流程组织和项目管理班子人员
2	管理措施（包括合同措施）	分析管理原因影响目标实现的问题，采取相应措施	调整进度管理的方法和手段，改变施工管理和强化合同管理等
3	经济措施	分析经济原因影响目标实现的问题，采取相应措施	落实加快施工进度所需的资金
4	技术措施	分析技术（包括设计和施工的技术）原因影响目标实现的问题，采取相应措施	调整设计、改进施工方法和改变施工机具

注：特别注意组织是目标能否实现的决定性因素，高度重视组织措施对项目目标控制的作用。

2. 施工成本管理的措施

序号	采取的措施	含义	说明
1	组织措施	（1）组织措施是从成本管理的组织方面采取的措施。 （2）组织措施的另一方面是编制成本管理工作计划、确定合理详细的工作流程。	① 成本管理是全员的活动，如实行项目经理责任制，落实成本管理的组织机构和人员，明确各级成本管理人员的任务和职能分工、权利和责任。成本管理不仅是专业成本管理人员的工作，各级项目管理人员都负有成本控制责任。 ② 要做好施工采购计划，通过生产要素的优化配置、合理使用、动态管理，有效控制实际成本；加强施工定额管理和施工任务单管理，控制活劳动和物化劳动的消耗；加强施工调度，避免因施工计划不周和盲目调度造成窝工损失、机械利用率降低、物料积压等问题。 ③ 成本管理工作只有建立在科学管理的基础之上，具备合理的管理体制，完善的规章制度，稳定的作业秩序，完整准确的信息传递，才能取得成效。组织措施是其他各类措施的前提和保障，而且一般不需要增加额外的费用，运用得当可以取得良好的效果

序号	采取的措施	含义	说明
2	技术措施	施工过程中降低成本的技术措施，包括： （1）进行技术经济分析，确定最佳的施工方案。 （2）结合施工方法，进行材料使用的比选，在满足功能要求的前提下，通过代用、改变配合比、使用外加剂等方法降低材料消耗的费用。 （3）确定合适的施工机械、设备使用方案。 （4）结合项目的施工组织设计及自然地理条件，降低材料的库存成本和运输成本。 （5）应用先进的施工技术，运用新材料，使用先进的机械设备等	① 在实践中，也要避免仅从技术角度选定方案而忽视对其经济效果的分析论证。 ② 技术措施不仅对解决成本管理过程中的技术问题是不可缺少的，而且对纠正成本管理目标偏差也有重要作用。因此，运用技术纠偏措施的关键，一是要能提出多个不同的技术方案；二是要对不同的技术方案进行技术经济分析比较，以选择最佳方案
3	经济措施	（1）管理人员应编制资金使用计划，确定、分解成本管理目标。 （2）对成本管理目标进行风险分析，并制定防范性对策。 （3）在施工中严格控制各项开支，及时准确地记录、收集、整理、核算实际支出的费用。 （4）对各种变更，应及时做好增减账、落实业主签证并结算工程款。 （5）通过偏差分析和对未完工工程预测，发现一些潜在的可能引起未完工程成本增加的问题，及时采取预防措施	经济措施是最易为人们所接受和采用的措施。因此，经济措施的运用绝不仅仅是财务人员的事情
4	合同措施	（1）对于分包项目，首先是选用合适的合同结构，对各种合同结构模式进行分析、比较，在合同谈判时，要争取选用适合于工程规模、性质和特点的合同结构模式。其次，在合同的条款中应仔细考虑一切影响成本和效益的因素，特别是潜在的风险因素。通过对引起成本变动的风险因素的识别和分析，采取必要的风险对策，如通过合理的风险分摊方式增加承担风险的个体数量以降低损失发生的比例，并最终将这些策略体现在合同的具体条款中。 （2）在合同执行期间，合同管理的措施既要密切注视对方合同执行的情况，以寻求合同索赔的机会；同时也要密切关注自己履行合同的情况，以防被对方索赔	采用合同措施控制成本，应贯穿整个合同周期，包括从合同谈判开始到合同终结的全过程

3. 费用偏差的纠偏措施

通常要压缩已经超支的费用，而不影响其他目标是十分困难的，一般只有当给出的措施比原计划已选定的措施更为有利，比如使工程范围减少或生产效率提高等，费用才能降低。例如：

（1）寻找新的、效率更高的设计方案；

（2）购买部分产品，而不是采用完全由自己生产的产品；

（3）重新选择供应商，但会产生供应风险，选择需要时间；

（4）改变实施过程；

（5）变更工程范围；

（6）索赔，例如向业主、承（分）包商、供应商索赔以弥补费用超支。

4. 施工方进度控制措施——组织措施

序号	措施	说明
1	重视健全项目管理组织体系	—
2	专门部门和专人负责进度控制工作	在项目组织结构中应有专门的工作部门和符合进度控制岗位资格的专人负责进度控制工作
3	包括进度目标的分析和论证、编制进度计划、定期跟踪进度计划的执行情况、采取纠偏措施以及调整进度计划	这些工作任务和相应的管理职能应在项目管理组织设计的任务分工表和管理职能分工表中标示并落实
4	编制施工进度控制的工作流程	（1）定义项目进度计划系统的组成； （2）各类进度计划的编制程序、审批程序和计划调整程序等
5	进行有关进度控制会议的组织设计	会议是组织和协调的重要手段，应进行有关进度控制会议的组织设计，以明确： （1）会议的类型； （2）各类会议的主持人及参加单位和人员； （3）各类会议的召开时间； （4）各类会议文件的整理、分发和确认等

5. 施工方进度控制措施——管理措施

序号	措施	说明
1	涉及管理的思想、方法、手段、承发包模式、合同管理和风险管理	在理顺组织的前提下，进行科学和严谨的管理。建设工程项目进度控制在管理观念方面存在的主要问题是： （1）缺乏进度计划系统的观念——分别编制各种独立而互不联系的计划，形成不了计划系统； （2）缺乏动态控制的观念——只重视计划的编制，而不重视及时地进行计划的动态调整； （3）缺乏进度计划多方案比较和选优的观念——合理的进度计划应体现资源的合理使用、工作面的合理安排、有利于提高建设质量、有利于文明施工和有利于合理地缩短建设周期
2	严谨地分析和考虑工作之间的逻辑关系，明确关键工作和关键路线和时差	通过工程网络的计算可发现关键工作和关键线路，也可知道非关键工作可使用的时差，工程网络计划的方法有利于实现进度控制的科学化

序号	措施	说明
3	承发包模式的选择	为了实现进度目标，应选择合理的合同结构，以避免过多的合同交界面而影响工程的进展。工程物资的采购模式对进度也有直接的影响，对此应作比较分析
4	注意分析影响工程进度的风险，采取风险管理措施	常见的影响工程进度的风险： （1）组织风险； （2）管理风险； （3）合同风险； （4）资源（人力、物力和财力）风险； （5）技术风险等
5	重视信息技术应用	它的应用有利于提高进度信息处理的效率、有利于提高进度信息的透明度、有利于促进进度信息的交流和项目各参与方的协同工作

6. 施工方进度控制措施——经济措施

序号	措施	说明
1	编制与进度计划相适应的资源需求计划（资源进度计划）	包括资金需求计划和其他资源（人力和物力资源）需求计划。通过资源需求的分析，可发现所编制的进度计划实现的可能性，若资源条件不具备，则应调整进度计划。资金需求计划也是工程融资的重要依据
2	考虑加快工程进度所需要的资金	资金供应条件包括可能的资金总供应量、资金来源（自有资金和外来资金）以及资金供应的时间。在工程预算中应考虑加快工程进度所需要的资金，其中包括为实现进度目标将要采取的经济激励措施所需要的费用

7. 施工方进度控制措施——技术措施

序号	措施	说明
1	分析设计技术的影响，确定有无必要和可能进行设计变更	不同的设计理念、设计技术路线、设计方案会对工程进度产生不同的影响，在设计工作的前期，特别是在设计方案评审和选用时，应对设计技术与工程进度的关系作分析比较。在工程进度受阻时，应分析是否存在设计技术的影响因素，为实现进度目标有无设计变更的可能性
2	分析施工技术的影响，确定有无可能进行施工技术、施工方法和施工机械变更	施工方案对工程进度有直接的影响，在决策其是否选用时，不仅应分析技术的先进性和经济合理性，还应考虑其对进度的影响。在工程进度受阻时，应分析是否存在施工技术的影响因素，为实现进度目标有无改变施工技术、施工方法和施工机械的可能性

8. 建设工程安全事故处理措施

序号	项目	内容
1	组织调查组，开展事故调查	（1）特别重大事故由国务院或者国务院授权有关部门组织事故调查组进行调查。重大事故、较大事故、一般事故分别由事故发生地省级人民政府、设区的市级人民政府、县级人民政府负责调查。省级人民政府、设区的市级人民政府、县级人民政府可以直接组织事故调查组进行调查，也可以授权或者委托有关部门组织事故调查组进行调查。未造成人员伤亡的一般事故，县级人民政府也可以委托事故发生单位组织事故调查组进行调查。 （2）事故调查组有权向有关单位和个人了解与事故有关的情况，并要求其提供相关文件、资料，有关单位和个人不得拒绝。事故发生单位的负责人和有关人员在事故调查期间不得擅离职守，并应当随时接受事故调查组的询问，如实提供有关情况。事故调查中发现涉嫌犯罪的，事故调查组应当及时将有关材料或者其复印件移交司法机关处理

序号	项目	内容
2	现场勘查	事故发生后，调查组应迅速到现场进行及时、全面、准确和客观的勘察，包括现场笔录、现场拍照和现场绘图
3	分析事故原因	通过调查分析，查明事故经过，按受伤部位、受伤性质、起因物、致害物、伤害方法、不安全状态、不安全行为等，查清事故原因，包括人、物、生产管理和技术管理等方面的原因。通过直接和间接地分析，确定事故的直接责任者、间接责任者和主要责任者
4	制定预防措施	根据事故原因分析，制定防止类似事故再次发生的预防措施。根据事故后果和事故责任者应负的责任提出处理意见
5	提交事故调查报告	事故调查组应当自事故发生之日起 60 日内提交事故调查报告；特殊情况下，经负责事故调查的人民政府批准，提交事故调查报告的期限可以适当延长，但延长的期限最长不超过 60 日。事故调查报告应当包括下列内容： （1）事故发生单位概况； （2）事故发生经过和事故救援情况； （3）事故造成的人员伤亡和直接经济损失； （4）事故发生的原因和事故性质； （5）事故责任的认定以及对事故责任者的处理建议； （6）事故防范和整改措施
6	事故的审理和结案	（1）重大事故、较大事故、一般事故，负责事故调查的人民政府应当自收到事故调查报告之日起 15 日内作出批复；特别重大事故，30 日内作出批复，特殊情况下，批复时间可以适当延长，但延长的时间最长不超过 30 日。 （2）有关机关应当按照人民政府的批复，依照法律、行政法规规定的权限和程序，对事故发生单位和有关人员进行行政处罚，对负有事故责任的国家工作人员进行处分。事故发生单位应当按照负责事故调查的人民政府的批复，对本单位负有事故责任的人员进行处理。 （3）负有事故责任的人员涉嫌犯罪的，依法追究刑事责任。 （4）事故处理的情况由负责事故调查的人民政府或者其授权的有关部门、机构向社会公布，依法应当保密的除外。事故调查处理的文件记录应长期完整地保存

9. 建设工程现场文明施工的措施

序号	项目	内容
1	加强现场文明施工的管理	（1）建立文明施工的管理组织：应确立项目经理为现场文明施工的第一责任人，以各专业工程师、施工质量、安全、材料、保卫等现场项目经理部人员为成员的施工现场文明管理组织，共同负责本工程现场文明施工工作。 （2）健全文明施工的管理制度：包括建立各级文明施工岗位责任制、将文明施工工作考核列入经济责任制，建立定期的检查制度，实行自检、互检、交接检制度，建立奖惩制度，开展文明施工立功竞赛，加强文明施工教育培训等
2	落实现场文明施工的各项管理措施	针对现场文明施工的各项要求，落实相应的各项管理措施

序号	项目	内容
3	建立检查考核制度	对于建设工程文明施工，国家和各地大多制定了标准或规定，也有比较成熟的经验。在实际工作中，项目应结合相关标准和规定建立文明施工考核制度，推进各项文明施工措施的落实
4	抓好文明施工建设工作	（1）建立宣传教育制度。现场宣传安全生产、文明施工、国家大事、社会形势、企业精神、优秀事迹等。 （2）坚持以人为本，加强管理人员和班组文明建设。教育职工遵纪守法，提高企业整体管理水平和文明素质。 （3）主动与有关单位配合，积极开展共建文明活动，树立企业良好的社会形象

10. 落实现场文明施工的各项管理措施

序号	项目	内容
1	施工平面布置	施工总平面图是现场管理、实现文明施工的依据。施工总平面图应对施工机械设备、材料和构配件的堆场、现场加工场地，以及现场临时运输道路、临时供水供电线路和其他临时设施进行合理布置，并随工程实施的不同阶段进行场地布置和调整
2	现场围挡、标牌	（1）施工现场必须实行封闭管理，设置进出口大门，制定门卫制度，严格执行外来人员进场登记制度。沿工地四周连续设置围挡，市区主要路段和其他涉及市容景观路段的工地设置围挡的高度不低于 2.5m，其他工地的围挡高度不低于 1.8m，围挡材料要求坚固、稳定、统一、整洁、美观。 （2）施工现场必须设有"五牌一图"，即工程概况牌、管理人员名单及监督电话牌、消防保卫（防火责任）牌、安全生产牌、文明施工牌和施工现场总平面图。 （3）施工现场应合理悬挂安全生产宣传和警示牌，标牌悬挂牢固可靠，特别是主要施工部位、作业点和危险区域以及主要通道口都必须有针对性地悬挂醒目的安全警示牌
3	施工场地	（1）施工现场应积极推行硬地坪施工，作业区、生活区主干道地面必须用一定厚度的混凝土硬化，场内其他道路地面也应硬化处理。 （2）施工现场道路畅通、平坦、整洁，无散落物。 （3）施工现场设置排水系统，排水畅通，不积水。 （4）严禁泥浆、污水、废水外流或未经允许排入河道，严禁堵塞下水道和排水河道。 （5）施工现场适当地方设置吸烟处，作业区内禁止随意吸烟。 （6）积极美化施工现场环境，根据季节变化，适当进行绿化布置
4	材料堆放、周转设备管理	（1）建筑材料、构配件、料具必须按施工现场总平面布置图堆放，布置合理。 （2）建筑材料、构配件及其他料具等必须做到安全、整齐堆放（存放），不得超高。堆料分门别类，悬挂标牌，标牌应统一制作，标明名称、品种、规格数量等。 （3）建立材料收发管理制度，仓库、工具间材料堆放整齐，易燃易爆物品分类堆放，专人负责，确保安全。 （4）施工现场建立清扫制度，落实到人，做到工完料尽场地清，车辆进出场应有防泥带出措施。建筑垃圾及时清运，临时存放现场的也应集中堆放整齐、悬挂标牌。不用的施工机具和设备应及时出场。 （5）施工设施、大模板、砖夹等，集中堆放整齐；大模板成对放稳，角度正确。钢模及零配件、脚手扣件分类分规格，集中存放。竹木杂料，分类堆放、规则成方、不散不乱、不作他用

序号	项目	内容
5	现场生活设施	(1) 施工现场作业区与办公、生活区必须明显划分，确因场地狭窄不能划分的，要有可靠的隔离栏防护措施。 (2) 宿舍内应确保主体结构安全，设施完好。宿舍周围环境应保持整洁、安全。 (3) 宿舍内应有保暖、消暑、防煤气中毒、防蚊虫叮咬等措施。严禁使用煤气灶、煤油炉、电饭煲、热得快、电炒锅、电炉等器具。 (4) 食堂应有良好的通风和洁卫措施，保持卫生整洁，炊事员持健康证上岗。 (5) 建立现场卫生责任制，设卫生保洁员。 (6) 施工现场应设固定的男、女简易淋浴室和厕所，并要保证结构稳定、牢固和防风雨；并实行专人管理、及时清扫，保持整洁，要有灭蚊蝇滋生措施
6	现场消防、防火管理	(1) 现场建立消防管理制度，建立消防领导小组，落实消防责任制和责任人员，做到思想重视、措施跟上、管理到位。 (2) 定期对有关人员进行消防教育，落实消防措施。 (3) 现场必须有消防平面布置图，临时设施按消防条例有关规定搭设，做到标准规范。 (4) 易燃易爆物品堆放间、油漆间、木工间、总配电室等消防防火重点部位要按规定设置灭火机和消防沙箱，并有专人负责，对违反消防条例的有关人员进行严肃处理。 (5) 施工现场用明火做到严格按动用明火规定执行，审批手续齐全
7	医疗急救的管理	展开卫生防病教育，准备必要的医疗设施，配备经过培训的急救人员，有急救措施、急救器材和保健医药箱。在现场办公室的显著位置张贴急救车和有关医院的电话号码等
8	社区服务的管理	建立施工不扰民的措施。现场不得焚烧有毒、有害物质等
9	治安管理	(1) 建立现场治安保卫领导小组，有专人管理。 (2) 新入场的人员做到及时登记，做到合法用工。 (3) 按照治安管理条例和施工现场的治安管理规定搞好各项管理工作。 (4) 建立门卫值班管理制度，严禁无证人员和其他闲杂人员进入施工现场，避免安全事故和失盗事件的发生

11. 施工现场环境污染的治理措施

序号	项目	内容
1	大气污染的处理	(1) 施工现场垃圾渣土要及时清理出现场。 (2) 高大建筑物清理施工垃圾时，要使用封闭式的容器或者采取其他措施处理高空废弃物，严禁凌空随意抛撒。 (3) 施工现场道路应指定专人定期洒水清扫，形成制度，防止道路扬尘。 (4) 对于细颗粒散体材料（如水泥、粉煤灰、白灰等）的运输、储存要注意遮盖、密封，防止和减少飞扬。 (5) 车辆开出工地要做到不带泥沙，基本做到不撒土、不扬尘，减少对周围环境污染。 (6) 除设有符合规定的装置外，禁止在施工现场焚烧油毡、橡胶、塑料、皮革、树叶、枯草、各种包装物等废弃物品以及其他会产生有毒、有害烟尘和恶臭气体的物质。 (7) 机动车都要安装减少尾气排放的装置，确保符合国家标准。

序号	项目	内容
1	大气污染的处理	（8）工地茶炉应尽量采用电热水器。若只能使用烧煤茶炉和锅炉时，应选用消烟除尘型茶炉和锅炉，大灶应选用消烟节能回风炉灶，使烟尘降至允许排放范围为止。 （9）大城市市区的建设工程已不容许搅拌混凝土。在容许设置搅拌站的工地，应将搅拌站封闭严密，并在进料仓上方安装除尘装置，采用可靠措施控制工地粉尘污染。 （10）拆除旧建筑物时，应适当洒水，防止扬尘
2	水污染的处理	（1）禁止将有毒有害废弃物作土方回填。 （2）施工现场搅拌站废水，现制水磨石的污水，电石（碳化钙）的污水必须经沉淀池沉淀合格后再排放，最好将沉淀水用于工地洒水降尘或采取措施回收利用。 （3）现场存放油料，必须对库房地面进行防渗处理，如采用防渗混凝土地面、铺油毡等措施。使用时，要采取防止油料跑、冒、滴、漏的措施，以免污染水体。 （4）施工现场 100 人以上的临时食堂，污水排放时可设置简易有效的隔油池，定期清理，防止污染。 （5）工地临时厕所、化粪池应采取防渗漏措施。中心城市施工现场的临时厕所可采用水冲式厕所，并有防蝇灭蛆措施，防止污染水体和环境。 （6）化学用品、外加剂等要妥善保管，库内存放，防止污染环境
3	噪声污染的处理	（1）声源控制 ① 声源上降低噪声，这是防止噪声污染的最根本的措施。 ② 尽量采用低噪声设备和加工工艺代替高噪声设备与加工工艺，如低噪声振捣器、风机、电动空压机、电锯等。 ③ 在声源处安装消声器消声，即在通风机、鼓风机、压缩机、燃气机、内燃机及各类排气放空装置等进出风管的适当位置设置消声器。 （2）传播途径的控制 ① 吸声：利用吸声材料（大多由多孔材料制成）或由吸声结构形成的共振结构（金属或木质薄板钻孔制成的空腔体）吸收声能，降低噪声。 ② 隔声：应用隔声结构，阻碍噪声向空间传播，将接收者与噪声声源分隔。隔声结构包括隔声室、隔声罩、隔声屏障、隔声墙等。 ③ 消声：利用消声器阻止传播。允许气流通过的消声降噪是防治空气动力性噪声的主要装置。如对空气压缩机、内燃机产生的噪声等。 ④ 减振降噪：对来自振动引起的噪声，通过降低机械振动减小噪声，如将阻尼材料涂在振动源上，或改变振动源与其他刚性结构的连接方式等。 （3）接收者的防护 让处于噪声环境下的人员使用耳塞、耳罩等防护用品，减少相关人员在噪声环境中的暴露时间，以减轻噪声对人体的危害。 （4）严格控制人为噪声 ① 进入施工现场不得高声喊叫、无故甩打模板、乱吹哨，限制高音喇叭的使用，最大限度地减少噪声扰民。 ② 凡在人口稠密区进行强噪声作业时，须严格控制作业时间，一般晚 10 点到次日早 6 点之间停止强噪声作业。确系特殊情况必须昼夜施工时，尽量采取降低噪声措施，并会同建设单位找当地居委会、村委会或当地居民协调，出安民告示，求得群众谅解

序号	项目	内容
4	固体废物污染的处理	（1）回收利用：回收利用是对固体废物进行资源化的重要手段之一。粉煤灰在建设工程领域的广泛应用就是对固体废弃物进行资源化利用的典型范例。又如发达国家炼钢原料中有70%是利用回收的废钢铁，所以，钢材可以看成是可再生利用的建筑材料。 （2）减量化处理：减量化是对已经产生的固体废物进行分选、破碎、压实浓缩、脱水等减少其最终处置，减低处理成本，减少对环境的污染。在减量化处理的过程中，也包括和其他处理技术相关的工艺方法，如焚烧、热解、堆肥等。 （3）焚烧：焚烧用于不适合再利用且不宜直接予以填埋处置的废物，除有符合规定的装置外，不得在施工现场熔化沥青和焚烧油毡、油漆，亦不得焚烧其他可产生有毒有害和恶臭气体的废弃物。垃圾焚烧处理应使用符合环境要求的处理装置，避免对大气的二次污染。 （4）稳定和固化：稳定和固化处理是利用水泥、沥青等胶结材料，将松散的废物胶结包裹起来，减少有害物质从废物中向外迁移、扩散，使得废物对环境的污染减少。 （5）填埋：埋是固体废物经过无害化、减量化处理的废物残渣集中到填埋场进行处置。禁止将有毒有害废弃物现场填埋，填埋场应利用天然或人工屏障。尽量使需处置的废物与环境隔离，并注意废物的稳定性和长期安全性

12. 建设工程现场职业健康安全卫生的措施

序号	项目	内容
1	现场宿舍的管理	（1）宿舍内应保证有必要的生活空间，室内净高不得小于2.4m，通道宽度不得小于0.9m，每间宿舍居住人员不得超过16人。 （2）施工现场宿舍必须设置可开启式窗户，宿舍内的床铺不得超过2层，严禁使用通铺。 （3）宿舍内应设置生活用品专柜，有条件的宿舍宜设置生活用品储藏室。 （4）宿舍内应设置垃圾桶，宿舍外宜设置鞋柜或鞋架，生活区内应提供为作业人员晾晒衣服的场地
2	现场食堂的管理	（1）食堂必须有卫生许可证，炊事人员必须持身体健康证上岗。 （2）炊事人员上岗应穿戴洁净的工作服、工作帽和口罩，并应保持个人卫生。不得穿工作服出食堂，非炊事人员不得随意进入制作间。 （3）食堂炊具、餐具和公用饮水器具必须清洗消毒。 （4）施工现场应加强食品、原料的进货管理，食堂严禁出售变质食品。 （5）食堂应设置在远离厕所、垃圾站、有毒有害场所等污染源的地方。 （6）食堂应设置独立的制作间、储藏间，门扇下方应设不低于0.2m的防鼠挡板。制作间灶台及其周边应贴瓷砖，所贴瓷砖高度不宜小于1.5m，地面应做硬化和防滑处理。粮食存放台距墙和地面应大于0.2m。 （7）食堂应配备必要的排风设施和冷藏设施。 （8）食堂的燃气罐应单独设置存放间，存放间应通风良好并严禁存放其他物品。 （9）食堂制作间的炊具宜存放在封闭的橱柜内，刀、盆、案板等炊具应生熟分开。食品应有遮盖，遮盖物品应用正反面标识。各种作料和副食应存放在密闭器皿内，并应有标识。 （10）食堂外应设置密闭式泔水桶，并应及时清运

序号	项目	内容
3	现场厕所的管理	（1）施工现场应设置水冲式或移动式厕所，厕所地面应硬化，门窗应齐全。蹲位之间宜设置隔板，隔板高度不宜低于0.9m。 （2）厕所大小应根据作业人员的数量设置。高层建筑施工超过8层以后，每隔四层宜设置临时厕所。厕所应设专人负责清扫、消毒、化粪池应及时清掏
4	其他临时设施的管理	（1）淋浴间应设置满足需要的淋浴喷头，可设置储衣柜或挂衣架。 （2）盥洗设施应设置满足作业人员使用的盥洗池，并应使用节水龙头。 （3）生活区应设置开水炉、电热水器或饮用水保温桶；施工区应配备流动保温水桶。 （4）文体活动室应配备电视机、书报、杂志等文体活动设施、用品。 （5）施工现场作业人员发生法定传染病、食物中毒或急性职业中毒时，必须在2小时内向施工现场所在地建设行政主管部门和有关部门报告，并应积极配合调查处理。 （6）现场施工人员患有法定传染病时，应及时进行隔离，并由卫生防疫部门进行处置

13. 合同实施的偏差分析及处理

序号	项目	内容	说明
1	偏差分析	产生偏差的原因分析	通过对合同执行实际情况与实施计划的对比分析，不仅可以发现合同实施的偏差，而且可以探索引起差异的原因。原因分析可以采用鱼刺图、因果关系分析图（表）、成本量差、价差、效率差分析等方法定性或定量地进行
		合同实施偏差责任分析	（1）即分析产生合同偏差的原因是由谁引起的，应该由谁承担责任； （2）责任分析必须以合同为依据，按合同规定落实双方的责任
		合同实施趋势分析	针对合同实施偏差情况，可以采取不同的措施，应分析在不同措施下合同执行的结果与趋势，包括： （1）最终的工程状况，包括总工期的延误、总成本的超支、质量标准、所能达到的生产能力（或功能要求）等； （2）承包商将承担什么样的后果，如被罚款、被清算，甚至被起诉，对承包商资信、企业形象、经营战略的影响等； （3）最终工程经济效益（利润）水平
2	偏差处理	组织措施	如增加人员投入，调整人员安排，调整工作流程和工作计划等
		技术措施	如变更技术方案，采用新的高效率的施工方案等
		经济措施	如增加投入，采取经济激励措施等
		合同措施	如进行合同变更，签订附加协议，采取索赔手段

五、时间、数字和数据整理

1. 项目经理有关知识

（1）项目经理按合同约定组织工程实施。在紧急情况下为确保施工安全和人员安全，在无法与发包人代表和总监理工程师及时取得联系时，项目经理有权采取必要的措施保证与工程有关的人身、财产和工程的安全，但应在48小时内向发包人代表和总监理工程师提交书面报告。

（2）承包人需要更换项目经理的，应提前 14 天书面通知发包人和监理人，并征得发包人书面同意。通知中应当载明继任项目经理的注册执业资格、管理经验等资料，继任项目经理继续履行约定的职责。未经发包人书面同意，承包人不得擅自更换项目经理。承包人擅自更换项目经理的，应按照专用合同条款的约定承担违约责任。

（3）发包人有权书面通知承包人更换其认为不称职的项目经理，通知中应当载明要求更换的理由。承包人应在接到更换通知后 14 天内向发包人提出书面的改进报告。发包人收到改进报告后仍要求更换的，承包人应在接到第二次更换通知的 28 天内进行更换，并将新任命的项目经理的注册执业资格、管理经验等资料书面通知发包人。继任项目经理继续履行约定的职责。承包人无正当理由拒绝更换项目经理的，应按照专用合同条款的约定承担违约责任。

（4）项目经理因特殊情况授权其下属人员履行其某项工作职责的，该下属人员应具备履行相应职责的能力，并应提前 7 天将上述人员的姓名和授权范围书面通知监理人，并征得发包人书面同意。

2. 劳动用工与工资支付

（1）建筑施工企业应当将每个工程项目中的施工管理、作业人员劳务档案中有关情况在当地建筑业企业信息管理系统中按规定如实填报。人员发生变更的，应当在变更后 7 个工作日内，在建筑业企业信息管理系统中作相应变更。

（2）建筑施工企业应当至少每月向劳动者支付一次工资，且支付部分不得低于当地最低工资标准，每季度末结清劳动者剩余应得的工资。

（3）建筑施工企业因暂时生产经营困难无法按劳动合同约定的日期支付工资的，应当向劳动者说明情况，并经与工会或职工代表协商一致后，可以延期支付工资，但最长不得超过 30 日。超过 30 日不支付劳动者工资的，属于无故拖欠工资行为。

（4）建筑施工企业与劳动者终止或者依法解除劳动合同，应当在办理终止或解除合同手续的同时一次性付清劳动者工资。

3. 实施建筑工程监理前，建设单位应当将委托的工程监理单位、监理的内容及监理权限，书面通知被监理的建筑施工企业。工程建设监理规划应在签订委托监理合同及收到设计文件后开始编制，完成后必须经监理单位技术负责人审核批准，并应在召开第一次工地会议前报送业主。工程建设监理实施细则应在工程施工开始前编制完成，并必须经总监理工程师批准。

4. 项目开工前，由建设单位组织设计、施工、监理单位进行设计交底，明确存在重大质量风险源的关键部位或工序，提出风险控制要求或工作建议，并对参建方的疑问进行解答、说明。

5. 企业质量管理体系获准认证的有效期为 3 年。获准认证后，企业应通过经常性的内部审核，维持质量管理体系的有效性，并接受认证机构对企业质量管理体系实施监督管理。认证机构对认证合格单位质量管理体系维持情况进行监督性现场检查，包括定期和不定期的监督检查。定期检查通常是每年一次，不定期检查视需要临时安排。当获证企业发生质量管理体系存在严重不符合规定，或在认证暂停的规定期限未予整改，或发生其他构成撤销体系认证资格情况时，认证机构作出撤销认证的决定。企业不服可提出申诉。撤销认证的企业一年后可重新提出认证申请。认证合格有效期满前，如企业愿继续延长，可向认证机构提出复评申请。在认证证书有效期内，出现体系认证标准变更、体系认证范围变更、体系认证证书持有者变更，可按规定重新换证。

6. 建设单位在开工前，应当按照国家有关规定办理工程质量监督手续，并对必须实行监理的建设工程，委托监理单位实行监理。

7. 建设单位应当在工程竣工验收 7 个工作日前将验收的时间、地点及验收组名单书面通知负责监督该工程的工程质量监督机构。

8. 建设单位应当自建设工程竣工验收合格之日起 15 日内，向工程所在地的县级以上地方人民政府建设主管部门备案。

9. 按事故造成损失的程度分级

（1）特别重大事故，是指造成 30 人以上死亡，或者 100 人以上重伤，或者 1 亿元以上直接经济损失的事故；

（2）重大事故，是指造成 10 人以上 30 人以下死亡，或者 50 人以上 100 人以下重伤，或者 5000 万元以上 1 亿元以下直接经济损失的事故；

（3）较大事故，是指造成 3 人以上 10 人以下死亡，或者 10 人以上 50 人以下重伤，或者 1000 万元以上 5000 万元以下直接经济损失的事故；

（4）一般事故，是指造成 3 人以下死亡，或者 10 人以下重伤，或者 100 万元以上 1000 万元以下直接经济损失的事故。

该等级划分所称的"以上"包括本数，所称的"以下"不包括本数。

10. 建设工程发生质量事故，有关单位应当在 24 小时内向当地建设行政主管部门和其他有关部门报告。对重大质量事故，事故发生地的建设行政主管部门和其他有关部门应当按照事故类别和等级向当地人民政府和上级建设行政主管部门和其他有关部门报告。如果同时发生安全事故，施工单位应当立即启动生产安全事故应急救援预案，组织抢救遇险人员，采取必要措施，防止事故危害扩大和次生、衍生灾害发生。情况紧急时，事故现场有关人员可直接向事故发生地县级以上政府主管部门报告。

11. 在工程项目开工前，监督机构受理建设单位有关建设工程质量监督的申报手续，并对建设单位提供的有关文件进行审查，审查合格签发有关质量监督文件。工程质量监督手续可以与施工许可证或者开工报告合并办理。

12. 项目组级评价，由项目经理组织有关人员对施工中应遵守的法律法规和其他要求的执行情况进行一次合规性评价。当某个阶段施工时间超过半年时，合规性评价不少于一次。项目工程结束时应针对整个项目工程进行系统的合规性评价。公司级评价每年进行一次，制定计划后由管理者代表组织企业相关部门和项目组，对公司应遵守的法律法规和其他要求的执行情况进行合规性评价。

13. 工程项目部专职安全人员的配备应按住房和城乡建设部的规定，1 万 m² 以下工程 1 人；1 万～5 万 m² 的工程不少于 2 人；5 万 m² 以上的工程不少于 3 人，且按专业配备专职安全生产管理人员。

14. 安全生产许可证颁发管理机关应当自收到申请之日起 45 日内审查完毕，经审查符合该条例规定的安全生产条件的，颁发安全生产许可证；不符合该条例规定的安全生产条件的，不予颁发安全生产许可证，书面通知企业并说明理由。安全生产许可证的有效期为 3 年。安全生产许可证有效期满需要延期的，企业应当于期满前 3 个月向原安全生产许可证颁发管理机关办理延期手续。企业在安全生产许可证有效期内，严格遵守有关安全生产的法律法规，未发生死亡事故的，安全生产许可证有效期届满时，经原安全生产许可证颁发管理机关同意，不再审查，安全生产许可证有效期延期3年。

15. 当组织内部员工发生从一个岗位调到另外一个岗位，或从某工种改变为另一工种，或因放长假离岗一年以上重新上岗的情况，企业必须进行相应的安全技术培训和教育，以使其掌握现岗位安全生产特点和要求。

16. 特种作业操作证在全国范围内有效，离开特种作业岗位6个月以上的特种作业人员，应当重新进行实际操作考试，经确认合格后方可上岗作业。

17. 施工单位应当自施工起重机械和整体提升脚手架、模板等自升式架设设施验收合格之日起30日内，向建设行政主管部门或者其他有关部门登记。登记标志应当置于或者附着于该设备的显著位置。

18. 生产经营单位应当制定本单位的应急预案演练计划，根据本单位的事故预防重点，每年至少组织一次综合应急预案演练或者专项应急预案演练，每半年至少组织一次现场处置方案演练。

19. 按事故严重程度分类

（1）轻伤事故，是指造成职工肢体或某些器官功能性或器质性轻度损伤，能引起劳动能力轻度或暂时丧失的伤害的事故，一般每个受伤人员休息1个工作日以上（含1个工作日），105个工作日以下。

（2）重伤事故，一般指受伤人员肢体残缺或视觉、听觉等器官受到严重损伤，能引起人体长期存在功能障碍或劳动能力有重大损失的伤害，或者造成每个受伤人损失105工作日以上（含105个工作日）的失能伤害的事故。

（3）死亡事故，其中，重大伤亡事故指一次事故中死亡1～2人的事故；特大伤亡事故指一次事故死亡3人以上（含3人）的事故。

20. 应急管理部门和负有安全生产监督管理职责的有关部门逐级上报事故情况，每级上报的时间不得超过2小时。事故报告后出现新情况的，应当及时补报。

21. 事故调查组应当自事故发生之日起60日内提交事故调查报告；特殊情况下，经负责事故调查的人民政府批准，提交事故调查报告的期限可以适当延长，但延长的期限最长不超过60日。

22. 重大事故、较大事故、一般事故，负责事故调查的人民政府应当自收到事故调查报告之日起15日内作出批复；特别重大事故，30日内作出批复，特殊情况下，批复时间可以适当延长，但延长的时间最长不超过30日。

23. 安全事故统计

（1）生产安全事故发生地县级以上（"以上"包含本级，下同）应急管理部门除对发生的每起生产安全事故在规定时限内向上级人民政府应急管理部门和负有安全生产监督管理职责的有关部门报告外，还应通过"安全生产综合统计信息直报系统"填报，并在生产安全事故发生7日内，及时补充完善相关信息，并纳入生产安全事故统计。

（2）县级以上应急管理部门，在每月7日前报送上月生产安全事故统计数据汇总，生产安全事故发生之日起30日内（火灾、道路运输事故自发生之日起7日内）伤亡人员发生变化的，应及时补报伤亡人员变化情况。个别事故信息因特殊原因无法及时掌握的，应在事故调查结束后予以完善。

（3）经查实的瞒报、漏报的生产安全事故，应在接到生产安全事故信息通报后 24 小时内，在"安全生产综合统计信息直报系统"中进行填报。

24. 施工现场必须实行封闭管理，设置进出口大门，制定门卫制度，严格执行外来人员进场登记制度。沿工地四周连续设置围挡，市区主要路段和其他涉及市容景观路段的工地设置围挡的高度不低于 2.5m，其他工地的围挡高度不低于 1.8m，围挡材料要求坚固、稳定、统一、整洁、美观。

25. 施工现场 100 人以上的临时食堂，污水排放时可设置简易有效的隔油池，定期清理，防止污染。

26. 凡在人口稠密区进行强噪声作业时，须严格控制作业时间，一般晚 10 点到次日早 6 点之间停止强噪声作业。确系特殊情况必须昼夜施工时，尽量采取降低噪声措施，并会同建设单位找当地居委会、村委会或当地居民协调，出安民告示，求得群众谅解。

27. 建筑施工场界噪声排放限值：昼间 70dB(A)，夜间 55dB(A)。

28. 宿舍内应保证有必要的生活空间，室内净高不得小于 2.4m，通道宽度不得小于 0.9m，每间宿舍居住人员不得超过 16 人。施工现场宿舍必须设置可开启式窗户，宿舍内的床铺不得超过 2 层，严禁使用通铺。

29. 食堂应设置独立的制作间、储藏间，门扇下方应设不低于 0.2m 的防鼠挡板。制作间灶台及其周边应贴瓷砖，所贴瓷砖高度不宜小于 1.5m，地面应做硬化和防滑处理。粮食存放台距墙和地面应大于 0.2m。

30. 施工现场应设置水冲式或移动式厕所，厕所地面应硬化，门窗应齐全。蹲位之间宜设置隔板，隔板高度不宜低于 0.9m。厕所大小应根据作业人员的数量设置。高层建筑施工超过 8 层以后，每隔 4 层宜设置临时厕所。厕所应设专人负责清扫、消毒、化粪池应及时清掏。

31. 施工现场作业人员发生法定传染病、食物中毒或急性职业中毒时，必须在 2h 内向施工现场所在地建设行政主管部门和有关部门报告，并应积极配合调查处理。

32. 招标人采用邀请招标方式，应当向三个以上具备承担招标项目的能力、资信良好的特定的法人或者其他组织发出投标邀请书。

33. 招标人应当按招标公告或者投标邀请书规定的时间、地点出售招标文件或资格预审文件。自招标文件或者资格预审文件出售之日起至停止出售之日止，最短不得少于 5 日。

34. 招标人对已发出的招标文件进行必要的澄清或者修改，应当在招标文件要求提交投标文件截止时间至少 15 日前发出。

35. 投标意向者在规定的截止日期之前完成填报的内容，报送资格预审文件，所报送的文件在规定的截止日期后不能再进行修改。当然，业主可就报送的资格预审文件中的疑点要求投标意向者进行澄清，投标意向者应按实际情况回答，但不允许投标意向者修改资格预审文件中的实质内容。

36. 由业主组织资格预审评审委员会，对资格预审文件进行评审，并将评审结果及时以书面形式通知所有参加资格预审的投标意向者。对于通过预审的投标人，还要向其通知出售招标文件的时间和地点。通过资格预审的申请人少于 3 个的，应当重新进行资格预审。

37. 评标结束应该推荐中标候选人。评标委员会推荐的中标候选人应当限定在 1～3 人。

38.《建设工程施工合同（示范文本）》GF—2017—0201 的有关规定

（1）对"日期和期限"的定义如下：

① 开工日期：包括计划开工日期和实际开工日期。计划开工日期是指合同协议书约定的开工日期；实际开工日期是指监理人按照第 7.3.2 项〔开工通知〕约定发出的符合法律规定的开工通知中载明的开工日期。

② 竣工日期：包括计划竣工日期和实际竣工日期。计划竣工日期是指合同协议书约定的竣工日期；实际竣工日期按照第 13.2.3 项〔竣工日期〕的约定确定。

③ 工期：是指在合同协议书约定的承包人完成工程所需的期限，包括按照合同约定所作的期限变更。

④ 缺陷责任期：是指承包人按照合同约定承担缺陷修复义务，且发包人预留质量保证金（已缴纳履约保证金的除外）的期限，自工程实际竣工日期起计算。

⑤ 保修期：是指承包人按照合同约定对工程承担保修责任的期限，从工程竣工验收合格之日起计算。

⑥ 基准日期：招标发包的工程以投标截止日前 28 天的日期为基准日期，直接发包的工程以合同签订日前 28 天的日期为基准日期。

⑦ 天：除特别指明外，均指日历天。合同中按天计算时间的，开始当天不计入，从次日开始计算，期限最后一天的截止时间为当天 24:00。

（2）除专用合同条款另有约定外，发包人应最迟于开工日期 7 天前向承包人移交施工现场。

（3）除专用合同条款另有约定外，发包人应在收到承包人要求提供资金来源证明的书面通知后 28 天内，向承包人提供能够按照合同约定支付合同价款的相应资金来源证明。除专用合同条款另有约定外，发包人要求承包人提供履约担保的，发包人应当向承包人提供支付担保。支付担保可以采用银行保函或担保公司担保等形式，具体由合同当事人在专用合同条款中约定。

（4）施工进度计划不符合合同要求或与工程的实际进度不一致的，承包人应向监理人提交修订的施工进度计划，并附具有关措施和相关资料，由监理人报送发包人。除专用合同条款另有约定外，发包人和监理人应在收到修订的施工进度计划后 7 天内完成审核和批准或提出修改意见。发包人和监理人对承包人提交的施工进度计划的确认，不能减轻或免除承包人根据法律规定和合同约定应承担的任何责任或义务。

（5）发包人应按照法律规定获得工程施工所需的许可。经发包人同意后，监理人发出的开工通知应符合法律规定。监理人应在计划开工日期 7 天前向承包人发出开工通知，工期自开工通知中载明的开工日期起算。

（6）除专用合同条款另有约定外，因发包人原因造成监理人未能在计划开工日期之日起 90 天内发出开工通知的，承包人有权提出价格调整要求，或者解除合同。发包人应当承担由此增加的费用和（或）延误的工期，并向承包人支付合理利润。

（7）因承包人原因引起的暂停施工，承包人应承担由此增加的工期，且承包人在收到监理人复工指示后84天内仍未复工的，视为第16.2.1项〔承包人违约的情形〕第（7）目约定的承包人无法继续履行合同的情形。

（8）因紧急情况需暂停施工，且监理人未及时下达暂停施工指示的，承包人可先暂停施工，并及时通知监理人。监理人应在接到通知后24小时内发出指示，逾期未发出指示，视为同意承包人暂停施工。监理人不同意承包人暂停施工的，应说明理由，承包人对监理人的答复有异议，按照第20条〔争议解决〕约定处理。

（9）发包人要求承包人提前竣工的，发包人应通过监理人向承包人下达提前竣工指示，承包人应向发包人和监理人提交提前竣工建议书，提前竣工建议书应包括实施的方案、缩短的时间、增加的合同价格等内容。发包人接受该提前竣工建议书的，监理人应与发包人和承包人协商采取加快工程进度的措施，并修订施工进度计划，由此增加的费用由发包人承担。承包人认为提前竣工指示无法执行的，应向监理人和发包人提出书面异议，发包人和监理人应在收到异议后7天内予以答复。任何情况下，发包人不得压缩合理工期。

（10）工程经竣工验收合格的，以承包人提交竣工验收申请报告之日为实际竣工日期，并在工程接收证书中载明；因发包人原因，未在监理人收到承包人提交的竣工验收申请报告42天内完成竣工验收，或完成竣工验收不予签发工程接收证书的，以提交竣工验收申请报告的日期为实际竣工日期；工程未经竣工验收，发包人擅自使用的，以转移占有工程之日为实际竣工日期。

（11）隐蔽工程检查

① 除专用合同条款另有约定外，工程隐蔽部位经承包人自检确认具备覆盖条件的，承包人应在共同检查前48小时书面通知监理人检查，通知中应载明隐蔽检查的内容、时间和地点，并应附有自检记录和必要的检查资料。

② 监理人应按时到场并对隐蔽工程及其施工工艺、材料和工程设备进行检查。经监理人检查确认质量符合隐蔽要求，并在验收记录上签字后，承包人才能进行覆盖。经监理人检查质量不合格的，承包人应在监理人指示的时间内完成修复，并由监理人重新检查，由此增加的费用和（或）延误的工期由承包人承担。

③ 除专用合同条款另有约定外，监理人不能按时进行检查的，应在检查前24小时向承包人提交书面延期要求，但延期不能超过48小时，由此导致工期延误的，工期应予以顺延。监理人未按时进行检查，也未提出延期要求的，视为隐蔽工程检查合格，承包人可自行完成覆盖工作，并作相应记录报送监理人，监理人应签字确认。监理人事后对检查记录有疑问的，可按第5.3.3项〔重新检查〕的约定重新检查。

（12）分部分项工程验收。除专用合同条款另有约定外，分部分项工程经承包人自检合格并具备验收条件的，承包人应提前48小时通知监理人进行验收。监理人不能按时进行验收的，应在验收前24小时向承包人提交书面延期要求，但延期不能超过48小时。监理人未按时进行验收，也未提出延期要求的，承包人有权自行验收，监理人应认可验收结果。分部分项工程未经验收的，不得进入下一道工序施工。分部分项工程的验收资料应当作为竣工资料的组成部分。

（13）缺陷责任期自实际竣工日期起计算，合同当事人应在专用合同条款约定缺陷责任期的具体期限，但该期限最长不超过24个月。单位工程先于全部工程进行验收，经验收合格并交付使用的，该单位工程缺陷责任期自单位工程验收合格之日起算。因承包人原因导致工程无法按合同约定期限进行竣工验收的，缺陷责任期从实际通过竣工验收之日起计算。因发包人原因导致工程无法按合同约定期限进行竣工验收的，在承包人提交竣工验收申请报告90天后，工程自动进入缺陷责任期；发包人未经竣工验收擅自使用工程的，缺陷责任期自工程转移占有之日起开始计算。

（14）缺陷责任期内，由承包人原因造成的缺陷，承包人应负责维修，并承担鉴定及维修费用。如承包人不维修也不承担费用，发包人可按合同约定从保证金或银行保函中扣除，费用超出保证金额的，发包人可按合同约定向承包人进行索赔。承包人维修并承担相应费用后，不免除对工程的损失赔偿责任。发包人有权要求承包人延长缺陷责任期，并应在原缺陷责任期届满前发出延长通知。但缺陷责任期（含延长部分）最长不能超过24个月。

（15）除专用合同条款另有约定外，承包人应于缺陷责任期届满后7天内向发包人发出缺陷责任期届满通知，发包人应在收到缺陷责任期满通知后14天内核实承包人是否履行缺陷修复义务，承包人未能履行缺陷修复义务的，发包人有权扣除相应金额的维修费用。发包人应在收到缺陷责任期届满通知后14天内，向承包人颁发缺陷责任期终止证书。

（16）工程保修期从工程竣工验收合格之日起算，具体分部分项工程的保修期由合同当事人在专用合同条款中约定，但不得低于法定最低保修年限。在工程保修期内，承包人应当根据有关法律规定以及合同约定承担保修责任。发包人未经竣工验收擅自使用工程的，保修期自转移占有之日起算。

（17）预付款

① 预付款的支付按照专用合同条款约定执行，但至迟应在开工通知载明的开工日期7天前支付。预付款应当用于材料、工程设备、施工设备的采购及修建临时工程、组织施工队伍进场等。

② 除专用合同条款另有约定外，预付款在进度付款中同比例扣回。在颁发工程接收证书前，提前解除合同的，尚未扣完的预付款应与合同价款一并结算。

③ 发包人逾期支付预付款超过7天的，承包人有权向发包人发出要求预付的催告通知，发包人收到通知后7天内仍未支付的，承包人有权暂停施工，并按第16.1.1项〔发包人违约的情形〕执行。

④ 发包人要求承包人提供预付款担保的，承包人应在发包人支付预付款7天前提供预付款担保，专用合同条款另有约定除外。预付款担保可采用银行保函、担保公司担保等形式，具体由合同当事人在专用合同条款中约定。在预付款完全扣回之前，承包人应保证预付款担保持续有效。

⑤ 发包人在工程款中逐期扣回预付款后，预付款担保额度应相应减少，但剩余的预付款担保金额不得低于未被扣回的预付款金额。

（18）单价合同的计量

① 承包人应于每月25日向监理人报送上月20日至当月19日已完成的工程量报告，并附具进度付款申请单、已完成工程量报表和有关资料。

② 监理人应在收到承包人提交的工程量报告后7天内完成对承包人提交的工程量报表的审核并报送发包人，以确定当月实际完成的工程量。监理人对工程量有异议的，有权

要求承包人进行共同复核或抽样复测。承包人应协助监理人进行复核或抽样复测，并按监理人要求提供补充计量资料。承包人未按监理人要求参加复核或抽样复测的，监理人复核或修正的工程量视为承包人实际完成的工程量。

③ 监理人未在收到承包人提交的工程量报表后的 7 天内完成审核的，承包人报送的工程量报告中的工程量视为承包人实际完成的工程量，据此计算工程价款。

（19）总价合同的计量

除专用合同条款另有约定外，按月计量支付的总价合同，按照本项约定执行：

① 承包人应于每月 25 日向监理人报送上月 20 日至当月 19 日已完成的工程量报告，并附具进度付款申请单、已完成工程量报表和有关资料。

② 监理人应在收到承包人提交的工程量报告后 7 天内完成对承包人提交的工程量报表的审核并报送发包人，以确定当月实际完成的工程量。监理人对工程量有异议的，有权要求承包人进行共同复核或抽样复测。承包人应协助监理人进行复核或抽样复测并按监理人要求提供补充计量资料。承包人未按监理人要求参加复核或抽样复测的，监理人审核或修正的工程量视为承包人实际完成的工程量。

③ 监理人未在收到承包人提交的工程量报表后的 7 天内完成复核的，承包人提交的工程量报告中的工程量视为承包人实际完成的工程量。

（20）工程进度款支付

除专用合同条款另有约定外，付款周期应与计量周期保持一致。

（21）进度款审核和支付

① 除专用合同条款另有约定外，监理人应在收到承包人进度付款申请单以及相关资料后 7 天内完成审查并报送发包人，发包人应在收到后 7 天内完成审批并签发进度款支付证书。发包人逾期未完成审批且未提出异议的，视为已签发进度款支付证书。

② 发包人和监理人对承包人的进度付款申请单有异议的，有权要求承包人修正和提供补充资料，承包人应提交修正后的进度付款申请单。监理人应在收到承包人修正后的进度付款申请单及相关资料后 7 天内完成审查并报送发包人，发包人应在收到监理人报送的进度付款申请单及相关资料后 7 天内，向承包人签发无异议部分的临时进度款支付证书。存在争议的部分，按照第 20 条〔争议解决〕的约定处理。

③ 除专用合同条款另有约定外，发包人应在进度款支付证书或临时进度款支付证书签发后 14 天内完成支付，发包人逾期支付进度款的，应按照中国人民银行发布的同期同类贷款基准利率支付违约金。

（22）总价合同支付分解表的编制与审批

① 除专用合同条款另有约定外，承包人应根据第 7.2 款〔施工进度计划〕约定的施工进度计划、签约合同价和工程量等因素对总价合同按月进行分解，编制支付分解表。承包人应当在收到监理人和发包人批准的施工进度计划后 7 天内，将支付分解表及编制支付分解表的支持性资料报送监理人。

② 监理人应在收到支付分解表后 7 天内完成审核并报送发包人。发包人应在收到经监理人审核的支付分解表后 7 天内完成审批，经发包人批准的支付分解表为有约束力的支付分解表。

③ 发包人逾期未完成支付分解表审批的，也未及时要求承包人进行修正和提供补充

资料的，则承包人提交的支付分解表视为已经获得发包人批准。

（23）单价合同的总价项目支付分解表的编制与审批

除专用合同条款另有约定外，单价合同的总价项目，由承包人根据施工进度计划和总价项目的总价构成、费用性质、计划发生时间和相应工程量等因素按月进行分解，形成支付分解表，其编制与审批参照总价合同支付分解表的编制与审批执行。

39. 施工专业分包合同中，项目经理应按分包合同的约定，及时向分包人提供所需的指令、批准、图纸并履行其他约定的义务，否则分包人应在约定时间后 24 小时内将具体要求、需要的理由及延误的后果通知承包人，项目经理在收到通知后 48 小时内不予答复，应承担因延误造成的损失。承包人应在收到分包工程竣工结算报告及结算资料后 28 天内支付工程竣工结算价款，在发包人不拖延工程价款的情况下无正当理由不按时支付，从第 29 天起按分包人同期向银行贷款利率支付拖欠工程价款的利息，并承担违约责任。

40. 劳务分包合同中，劳务分包人施工开始前，承包人应获得发包人为施工场地内的自有人员及第三人人员生命财产办理的保险，且不需劳务分包人支付保险费用。全部工作完成，经承包人认可后 14 天内，劳务分包人向承包人递交完整的结算资料，双方按照本合同约定的计价方式，进行劳务报酬的最终支付。承包人收到劳务分包人递交的结算资料后 14 天内进行核实，给予确认或者提出修改意见。承包人确认结算资料后 14 天内向劳务分包人支付劳务报酬尾款。劳务分包人和承包人对劳务报酬结算价款发生争议时，按合同约定处理。

41. 《建设项目工程总承包合同示范文本》GF—2020—0216 的内容

（1）从时间范围上，可包括从工程立项到交付使用的工程建设全过程，具体可包括：勘察设计、设备采购、施工、试车（或交付使用）等内容。从具体的工程承包范围看，可包括所有的主体和附属工程、工艺、设备等。

（2）承包人应保证其自身或其设计分包人的设计资质在合同有效期内满足法律法规、行业标准或合同约定的相关要求。

（3）除合同另有约定外，承包人完成设计工作所应遵守的法律规定，以及国家、行业和地方的规范和标准，均应视为在基准日期适用的版本。基准日期之后，前述版本发生重大变化，或者有新的法律，以及国家、行业和地方的规范和标准实施的，承包人应向工程师提出遵守新规定的建议。在基准日期之后，因国家颁布新的强制性规范、标准导致承包人的费用变化的，发包人应合理调整合同价格；导致工期延误的，发包人应合理延长工期。

（4）承包人文件审查

① 根据《发包人要求》应当通过工程师报发包人审查同意的承包人文件，承包人应当按照《发包人要求》约定的范围和内容及时报送审查。除专用合同条件另有约定外，自工程师收到承包人文件以及承包人的通知之日起，发包人对承包人文件审查期不超过 21 天，承包人的设计文件对于合同约定有偏离的，应在通知中说明。承包人需要修改已提交的承包人文件的，应立即通知工程师，并向工程师提交修改后的承包人文件，审查期重新起算。发包人同意承包人文件的，应及时通知承包人，发包人不同意承包人文件的，应在审查期限内通过工程师以书面形式通知承包人，并说明不同意的具体内容和理由。合同约定的审查期满，发包人没有做出审查结论也没有提出异议的，视为承包人文件已获发包人

同意。发包人对承包人文件的审查和同意不得被理解为对合同的修改或改变，也并不减轻或免除承包人任何的责任和义务。

②承包人文件不需要政府有关部门或专用合同条件约定的第三方审查单位审查或批准的，承包人应当严格按照经发包人审查同意的承包人文件设计和实施工程。

③承包人文件需政府有关部门或专用合同条件约定的第三方审查单位审查或批准的，发包人应在发包人审查同意承包人文件后7天内，向政府有关部门或第三方报送承包人文件，承包人应予以协助。对于政府有关部门或第三方审查单位的审查意见，不需要修改《发包人要求》的，承包人需按该审查意见修改承包人的设计文件；需要修改《发包人要求》的，承包人应按第［承包人的合理化建议］的约定执行。政府有关部门或第三方审查单位批准时间较合同约定时间延长的，竣工日期相应顺延。因此给双方带来的费用增加，由双方在负责的范围内各自承担。

（5）操作和维修手册

在竣工试验开始前，承包人应向工程师提交暂行的操作和维修手册并负责及时更新。

（6）承包人文件存在错误、遗漏、含混、矛盾、不充分之处或其他缺陷，无论承包人是否根据本款获得了同意，承包人均应自费对前述问题带来的缺陷和工程问题进行改正，并按照［承包人文件审查］的要求，重新送工程师审查，审查日期从工程师收到文件开始重新计算。因此款原因重新提交审查文件导致的工程延误和必要费用增加由承包人承担。《发包人要求》的错误导致承包人文件错误、遗漏、含混、矛盾、不充分或其他缺陷的除外。

（7）发包人提供的材料和工程设备

承包人应根据项目进度计划的安排，提前28天以书面形式通知工程师材料与工程设备的进场计划。发包人应在材料和工程设备到货7天前通知承包人，承包人应会同工程师在约定的时间内，赴交货地点共同进行验收。

（8）项目进度计划的修订

①项目进度计划不符合合同要求或与工程的实际进度不一致的，承包人应向工程师提交修订的项目进度计划，并附具有关措施和相关资料。工程师也可以直接向承包人发出修订项目进度计划的通知，承包人如接受，应按该通知修订项目进度计划，报工程师批准。承包人如不接受，应当在14天内答复，如未按时答复视作已接受修订项目进度计划通知中的内容。

②除专用合同条件另有约定外，工程师应在收到修订的项目进度计划后14天内完成审批或提出修改意见，如未按时答复视作已批准承包人修订后的项目进度计划。工程师对承包人提交的项目进度计划的确认，不能减轻或免除承包人根据法律规定和合同约定应承担的任何责任或义务。

（9）保险

①双方应按照专用合同条件的约定投保第三者责任险，并在缺陷责任期终止证书颁发前维持其持续有效。

②承包人应按照专用合同条件的约定为运抵现场的施工设备、材料、工程设备和临时工程等办理财产保险，保险期限自上述货物运抵现场至其不再为工程所需要为止。

42.《建设工程监理合同（示范文本）》GF—2012—0202 的规定

（1）收到工程设计文件后编制监理规划，并在第一次工地会议 7 天前报委托人。根据有关规定和监理工作需要，编制监理实施细则。

（2）监理人可根据工程进展和工作需要调整项目监理机构人员。监理人更换总监理工程师时，应提前 7 天向委托人书面报告，经委托人同意后方可更换；监理人更换项目监理机构其他监理人员，应以相当资格与能力的人员替换，并通知委托人。

（3）监理人应在专用条件约定的授权范围内，处理委托人与承包人所签订合同的变更事宜。如果变更超过授权范围，应以书面形式报委托人批准。在紧急情况下，为了保护财产和人身安全，监理人所发出的指令未能事先报委托人批准时，应在发出指令后的 24 小时内以书面形式报委托人。

43. 担保额度和有效期

（1）根据《工程建设项目施工招标投标办法》规定，施工投标保证金的数额一般不得超过投标总价的 2%，但最高不得超过 80 万元人民币。投标保证金有效期应当超出投标有效期三十天。投标人不按招标文件要求提交投标保证金的，该投标文件将被拒绝，作废标处理。

（2）根据《中华人民共和国招标投标法实施条例》，投标保证金不得超过招标项目估算价的 2%。投标保证金有效期应当与投标有效期一致。

（3）根据《工程建设项目勘察设计招标投标办法》规定，招标文件要求投标人提交投标保证金的，保证金数额一般不超过勘察设计费投标报价的 2%，最多不超过 10 万元人民币。

（4）国际上常见的投标担保的保证金数额为 2%～5%。

44.《世行采购指南》关于投标保证金的规定

投标保证金应当根据投标人的意愿采用保付支票、信用证或者由信用好的银行出具保函等形式。应允许投标人提交由其选择的任何合格国家的银行直接出具的银行保函。投标保证金应当在投标有效期满后 28 天内一直有效，其目的是给招标人在需要索取保证金时，有足够的时间采取行动。一旦确定不能对其授予合同，应及时将投标保证金退还给落选的投标人。

45. 履约担保的有效期始于工程开工之日，终止日期则可以约定为工程竣工交付之日或者保修期满之日。由于合同履行期限应该包括保修期，履约担保的时间范围也应该覆盖保修期，如果确定履约担保的终止日期为工程竣工交付之日，则需要另外提供工程保修担保。

46. 银行履约保函：银行履约保函是由商业银行开具的担保证明，通常为合同金额的 10%左右。银行保函分为有条件的银行保函和无条件的银行保函。

47.《建设工程施工合同（示范文本）》GF—2017—0201 第 15.3.2 条，发包人累计扣留的质量保证金不得超过工程价款结算总额的 3%。如承包人在发包人签发竣工付款证书后 28 天内提交质量保证金保函，发包人应同时退还扣留的作为质量保证金的工程价款；保函金额不得超过工程价款结算总额的 3%。发包人在退还质量保证金的同时按照中国人民银行发布的同期同类贷款基准利率支付利息。

48. 预付款担保。建设工程合同签订以后，发包人往往会支付给承包人一定比例的预付款，一般为合同金额的 10％，如果发包人有要求，承包人应该向发包人提供预付款担保。预付款担保是指承包人与发包人签订合同后领取预付款之前，为保证正确、合理使用发包人支付的预付款而提供的担保。

49. 工程变更的索赔有效期，由合同具体规定，一般为 28 天，也有 14 天的。一般这个时间越短，对承包人管理水平的要求越高，对承包人越不利。

50. 诚信行为记录

（1）诚信行为记录由各省、自治区、直辖市建设行政主管部门在当地建筑市场诚信信息平台上统一公布。其中，不良行为记录信息的公布时间为行政处罚决定作出后 7 日内，公布期限一般为 6 个月至 3 年；良好行为记录信息公布期限一般为 3 年，法律、法规另有规定的从其规定。公布内容应与建筑市场监管信息系统中的企业、人员和项目管理数据库相结合，形成信用档案，内部长期保留。属于《全国建筑市场各方主体不良行为记录认定标准》范围的不良行为记录除在当地发布外，还将由住房和城乡建设部统一在全国公布，公布期限与地方确定的公布期限相同，法律、法规另有规定的从其规定。

（2）省、自治区和直辖市建设行政主管部门负责审查整改结果，对整改确有实效的，由企业提出申请，经批准，可缩短其不良行为记录信息公布期限，但公布期限最短不得少于 3 个月，同时将整改结果列于相应不良行为记录后，供有关部门和社会公众查询；对于拒不整改或整改不力的单位，信息发布部门可延长其不良行为记录信息公布期限。

51. 《建设工程施工合同（示范文本）》GF—2017—0201 规定，承包人必须在发出索赔意向通知后的 28 天内或经过工程师同意的其他合理时间内向工程师提交一份详细的索赔文件和有关资料。如果干扰事件对工程的影响持续时间长，承包人则应按工程师要求的合理间隔（一般为 28 天），提交中间索赔报告，并在干扰事件影响结束后的 28 天内提交一份最终索赔报告。否则将失去就该事件请求补偿的索赔权利。

52. 合同双方经过协商，选定一个独立公正的争端裁决委员会（DAB），当发生合同争议时，由该委员会对其争议作出决定。合同双方在收到决定后 28 天内，均未提出异议，则该决定即是最终的，对双方均具有约束力。

六、代号简称整理

1. 4M1E

人的因素（Man）、材料（含设备）的因素（Material）、机械的因素（Machine）、方法的因素（Method）、环境的因素（Environment）。

2. PDCA

（1）计划 P（Plan）：质量管理的计划职能，包括确定质量目标和制定实现质量目标的行动方案两方面。建设单位的工程项目质量计划，包括确定和论证项目总体的质量目标，提出项目质量管理的组织、制度、工作程序、方法和要求；

（2）实施 D（Do）：实施职能在于将质量的目标值，通过生产要素的投入、作业技术活动和产出过程，转化为质量的实际值。要根据质量管理计划进行行动方案的部署和交底；

（3）检查 C（Check）：包括作业者的自检、互检和专职管理者专检。各类检查也都包含两大方面：一是检查是否严格执行了计划的行动方案，二是检查计划执行的结果；

（4）处置 A（Action）：对于质量检查所发现的质量问题或质量不合格，及时进行原因分析，采取必要的措施，予以纠正，保持工程质量形成过程的受控状态。处置分纠偏和预防改进两个方面。前者是采取有效措施，解决当前的质量偏差、问题或事故；后者是将目前质量状况信息反馈到管理部门，反思问题症结或计划时的不周，确定改进目标和措施，为今后类似质量问题的预防提供借鉴。

3. 三级教育

新员工上岗前的三级安全教育：三级安全教育通常是指进厂、进车间、进班组三级，对建设工程来说，具体指企业（公司）、项目（或工区、工程处、施工队）、班组三级。企业新员工上岗前必须进行三级安全教育，企业新员工须按规定通过三级安全教育和实际操作训练，并经考核合格后方可上岗。企业新上岗的从业人员，岗前培训时间不得少于 24 学时。

（1）企业（公司）级安全教育由企业主管领导负责，企业职业健康安全管理部门会同有关部门组织实施，内容应包括安全生产法律、法规，通用安全技术、职业卫生和安全文化的基本知识，本企业安全生产规章制度及状况、劳动纪律和有关事故案例等内容。

（2）项目（或工区、工程处、施工队）级安全教育由项目级负责人组织实施，专职或兼职安全员协助，内容包括工程项目的概况，安全生产状况和规章制度，主要危险因素及安全事项，预防工伤事故和职业病的主要措施，典型事故案例及事故应急处理措施等。

（3）班组级安全教育由班组长组织实施，内容包括遵章守纪，岗位安全操作规程，岗位间工作衔接配合的安全生产事项，典型事故及发生事故后应采取的紧急措施，劳动防护用品（用具）的性能及正确使用方法等内容。

4. 特种作业人员及持证上岗制度

（1）垂直运输机械作业人员、安装拆卸工、爆破作业人员、起重信号工、登高架设业人员等特种作业人员，必须按照国家有关规定经过专门的安全作业培训，并取得特种作业操作资格证书后，方可上岗作业。

（2）特种作业操作证在全国范围内有效，离开特种作业岗位 6 个月以上的特种作业人员，应当重新进行实际操作考试，经确认合格后方可上岗作业。

5. 四不放过

（1）事故原因未查清不放过；

（2）责任人员未处理不放过；

（3）有关人员未受到教育不放过；

（4）整改措施未落实不放过。

6. DB 和 EPC

建设项目工程总承包主要有以下两种方式。

（1）设计—施工总承包（Design—Build），"设计—施工总承包是指工程总承包企业按照合同约定，承担工程项目设计和施工，并对承包工程的质量、安全、工期、造价全面负责"。

（2）设计采购施工总承包（EPC——Engineering，Procurement，Construction），"设

计采购施工总承包是指工程总承包企业按照合同约定，承担工程项目的设计、采购、施工、试运行服务等工作，并对承包工程的质量、安全、工期、造价全面负责"。

7. 4W1H

程序文件的内容可按"4W1H"的顺序和内容来编写，即明确程序中管理要素由谁做（who），什么时间做（when），在什么地点做（where），做什么（what），怎么做（how）。

8. "三同时"制度

（1）与主体工程同时设计、同时施工、同时投入生产和使用；

（2）投产后不得将安全设施闲置不用，生产设施必须和安全设施同时使用。

9. "五牌一图"

施工现场必须设有"五牌一图"，即工程概况牌、管理人员名单及监督电话牌、消防保卫（防火责任）牌、安全生产牌、文明施工牌和施工现场总平面图。

七、易混淆知识对比汇总

1. 工程增值的含义

序号	项目	内容
1	工程建设增值	（1）确保工程建设安全； （2）提高工程质量； （3）有利于投资（成本）控制； （4）有利于进度控制
2	工程使用增值	（1）确保工程使用安全； （2）有利于环保； （3）有利于节能； （4）满足最终用户的使用功能； （5）有利于降低工程运营成本； （6）有利于工程维护

2. 项目管理的组织结构图

序号	项目	项目管理的组织结构图方式		
		职能组织结构	线性组织结构	矩阵组织结构
1	特点	每个职能部门可对直接和非直接的下属部门下达指令。每个工作部门可能得到其直接和非直接的上级工作部门下达的工作指令，会有多个矛盾的指令源	每个工作部门只对其直接的下属部门下达工作指令，每一个工作部门也只有一个直接的上级部门，工作部门只有唯一的指令源	最高指挥者（部门）下设纵向和横向两种不同类型的工作部门，其指令源为两个。当纵向和横向工作部门的指令发生矛盾时，由该组织系统的最高指挥者（部门）进行协调或决策。采用以纵向指令为主或以横向指令为主来避免两者矛盾

序号	项目	项目管理的组织结构图方式		
		职能组织结构	线性组织结构	矩阵组织结构
2	应用	多数的企业、学校、事业单位	军事组织系统	大的组织系统
3	判别依据	上一层的多个矩形框有多个单线箭线指向下一层的多个矩形框，箭线相互交错	上一层的矩形框只对自己属下的矩形框发出单向箭线	矩形框分为纵列和横行，纵横交错构成工作的指令来源

3. 项目结构图、组织结构图和合同结构图的区别

序号	类型	表达的含义	图中矩形框的含义	矩形框连接的表达	说明
1	项目结构图	反映组成该项目的所有工作任务	一个项目的组成部分	直线	无生命主体，无交互关系，用直线表示
2	组织结构图	反映组织系统中各组成部门（组成元素）之间的组织关系（指令关系）	一个组织系统中的组成部分（工作部门）	单向箭线	上下级关系，指令关系，因此是单向箭线
3	合同结构图	反映建设项目参与单位之间的合同关系	一个建设项目的参与单位	双向箭线	平等的合同主体，是交互存在的，因此是双向箭线

4. 施工发承包方式的比较

序号	比较项目	施工总承包	施工总承包管理
1	含义	是指发包人将全部施工任务发包给一个施工单位或由多个施工单位组成的施工联合体或施工合作体，经发包人同意，施工总承包单位可以分包。施工总承包合同一般实行总价合同	业主方委托一个施工单位或由多个施工单位组成的施工联合体或施工合作体作为施工总承包管理单位，业主另委托其他施工单位作为分包单位进行施工。一般情况下，施工总承包管理单位不参与具体工程的施工，但如施工总承包管理单位也想承担部分工程的施工，它也可以参加该部分工程的投标，通过竞争取得施工任务
2	投资控制特点	（1）一般以施工图设计为投标报价的基础，投标人的投标报价较有依据。 （2）在开工前就有较明确的合同价，有利于业主的总投资控制。 （3）若在施工过程中发生设计变更，可能会引发索赔	（1）一部分施工图完成后，业主就可单独或与施工总承包管理单位共同进行该部分工程的招标，分包合同的投标报价和合同价以施工图为依据。 （2）在对施工总承包管理单位进行招标时，只确定施工总承包管理费，而不确定工程总造价，这可能成为业主控制总投资的风险。 （3）多数情况下，由业主方与分包商直接签约，这样有可能增加业主方的风险

序号	比较项目	施工总承包	施工总承包管理
3	进度控制特点	(1) 一般要等施工图设计全部结束后，才能进行施工总承包单位的招标。 (2) 开工日期较迟，建设周期势必较长，对进度控制不利	不需要等待施工图设计完成后再进行施工总承包管理的招标，分包合同的招标也可以提前，这样就有利于提前开工，有利于缩短建设周期
4	质量控制特点	(1) 项目质量的好坏很大程度上取决于施工总承包单位的选择，取决于施工总承包单位的管理水平和技术水平。 (2) 业主对施工总承包单位的依赖较大	(1) 对分包人的质量控制由施工总承包管理单位进行。 (2) 分包工程任务符合质量控制的"他人控制"原则，对质量控制有利。 (3) 各分包之间的关系可由施工总承包管理单位负责，这样就可减轻业主方管理的工作量
5	合同管理特点	(1) 业主只需要进行一次招标，与施工总承包单位签约，因此招标及合同管理工作量将会减小。 (2) 在很多工程实践中，采用的并不是真正意义上的施工总承包，而采用所谓的"费率招标"。"费率招标"实质上是开口合同，对业主方的合同管理和投资控制十分不利	(1) 一般情况下，所有分包合同的招标投标、合同谈判以及签约工作均由业主负责，业主方的招标及合同管理工作量较大。 (2) 对分包人的工程款支付可由施工总包管理单位支付或由业主直接支付，前者有利于施工总包管理单位对分包人的管理
6	组织与协调特点	业主只负责对施工总承包单位的管理及组织协调，工作量大大减小，对业主比较有利	由施工总承包管理单位负责对所有分包人的管理及组织协调，这样就大大减轻业主方的工作。这是采用施工总承包管理模式的基本出发点

注：注意对比记忆。施工总承包模式下，业主的投资控制难度减小，合同管理工作量减小，组织和协调工作量减小，协调比较容易。但建设周期可能比较长，对进度控制不利。

5. 施工总承包管理与施工总承包模式的比较

序号	项目	内容
1	工作开展程序不同	(1) 施工总承包模式的工作程序是：先进行建设项目的设计，待施工图设计结束后再进行施工总承包招标投标，然后再进行施工。 (2) 如果采用施工总承包管理模式，施工总承包管理单位的招标可以不依赖完整的施工图，当完成一部分施工图就可对其进行招标，施工总承包管理模式可以在很大程度上缩短建设周期
2	合同关系	(1) 施工总承包管理模式的合同关系有两种可能，即业主与分包单位直接签订合同或者由施工总承包管理单位与分包商签订合同。 (2) 当采用施工总承包模式时，由施工总承包单位与分包单位直接签订合同
3	分包单位的选择和认可	(1) 一般情况下，当采用施工总承包管理模式时，分包合同由业主与分包单位直接签订，但每一个分包人的选择和每一个分包合同的签订都要经过施工总承包管理单位的认可，因为施工总承包管理单位要承担施工总体管理和目标控制的任务和责任。如果施工总承包管理单位认为业主选定的某个分包人确实没有能力完成分包任务，而业主执意不肯更换分包人，施工总承包管理单位也可以拒绝认可该分包合同，并且不承担该分包人所负责工程的管理责任。 (2) 当采用施工总承包模式时，分包单位由施工总承包单位选择，由业主方认可

序号	项目	内容
4	对分包单位的付款	（1）施工总承包管理模式下，对各个分包单位的工程款项可以通过施工总承包管理单位支付，也可以由业主直接支付。如果由业主直接支付，需要经过施工总承包管理单位的认可。 （2）当采用施工总承包模式时，对各个分包单位的工程款项，一般由施工总承包单位负责支付
5	对分包单位的管理和服务	施工总承包管理单位和施工总承包单位一样，既要负责对现场施工的总体管理和协调，也要负责向分包人提供相应的配合施工的服务。对于施工总承包管理单位或施工总承包单位提供的某些设施和条件，如搭设的脚手架、临时用房等，如果分包人需要使用，则应由双方协商所支付的费用
6	施工总承包管理的合同价格	（1）施工总承包管理合同中一般只确定施工总承包管理费（通常是按工程建筑安装工程造价的一定百分比计取），而不需要确定建筑安装工程造价，这也是施工总承包管理模式的招标可以不依赖于施工图纸出齐的原因之一。分包合同一般采用单价合同或总价合同。施工总承包管理模式与施工总承包模式相比在合同价方面有以下优点： ① 合同总价不是一次确定，某一部分施工图设计完成以后，再进行该部分施工招标，确定该部分合同价，因此整个建设项目的合同总额的确定较有依据； ② 所有分包都通过招标获得有竞争力的投标报价，对业主方节约投资有利； ③ 在施工总承包管理模式下，分包合同价对业主是透明的。 （2）每一个分包合同都要经过施工总承包管理单位的确认，施工总承包管理单位有责任对分包人的质量和进度进行控制，并负责审核和控制分包合同的费用支付，负责协调各个分包的关系，负责各个分包合同的管理。因此，在组织结构和人员配备上，施工总承包管理单位仍然要有安全管理、费用控制、进度控制、质量控制、合同管理、信息管理和进行组织与协调的机构和人员

6. 项目管理规划大纲和项目管理实施规划的区别

序号	项目	项目管理规划大纲	项目管理实施规划
1	编制依据	（1）项目文件、相关法律法规和标准； （2）类似项目经验资料； （3）实施条件调查资料	（1）适用的法律、法规和标准； （2）项目合同及相关要求； （3）项目管理规划大纲； （4）项目设计文件； （5）工程情况与特点； （6）项目资源和条件； （7）有价值的历史数据； （8）项目团队的能力和水平
2	编制程序	（1）明确项目需求和项目管理范围； （2）确定项目管理目标； （3）分析项目实施条件，进行项目工作结构分解； （4）确定项目管理组织模式、组织结构和职责分工； （5）规定项目管理措施； （6）编制项目资源计划； （7）报送审批	（1）了解相关方的要求； （2）分析项目具体特点和环境条件； （3）熟悉相关的法规和文件； （4）实施编制活动； （5）履行报批手续

7. 施工组织设计比较

序号	比较项目	施工组织总设计	单位工程施工组织设计	施工方案	施工管理规划
1	针对对象	以若干单位工程组成的群体工程或特大型项目为主要对象编制的施工组织设计	以单位（子单位）工程为主要对象编制的施工组织设计	以分部（分项）工程或专项工程为主要对象编制，也被称为分部（分项）工程或专项工程施工组织设计	作为管理和技术措施编制在施工组织设计中，这是施工组织设计必不可少的内容
2	内容	（1）工程概况； （2）总体施工部署； （3）施工总进度计划； （4）总体施工准备与主要资源配置计划； （5）主要施工方法； （6）施工总平面布置	（1）工程概况； （2）施工部署； （3）施工进度计划； （4）施工准备与资源配置计划； （5）主要施工方案； （6）施工现场平面布置	（1）工程概况； （2）施工安排； （3）施工进度计划； （4）施工准备与资源配置计划； （5）施工方法及工艺要求	（1）进度管理计划； （2）质量管理计划； （3）安全管理计划； （4）环境管理计划； （5）成本管理计划

8. 施工预算与施工图预算（两算）的区别

序号	比较的项目	施工预算	施工图预算
1	编制的依据	以施工定额为主要依据	以预算定额为主要依据编制
2	适用的范围	施工预算是施工企业内部管理用的一种文件，与发包人无直接关系	施工图预算既适用于发包人，又适用于承包人
3	发挥的作用	施工预算是承包人组织生产、编制施工计划、准备现场材料、签发任务书、考核工效、进行经济核算的依据，它也是承包人改善经营管理、降低生产成本和推行内部经营承包责任制的重要手段	施工图预算则是投标报价的主要依据

注：在编制实施性计划成本时要进行施工预算和施工图预算的对比分析，通过"两算"对比，分析节约和超支的原因，以便制定解决问题的措施，防止工程亏损，为降低工程成本提供依据。"两算"对比的方法有实物对比法和金额对比法。

9. 成本核算的两种方法

序号	方法	含义	优点	缺点
1	表格核算法	通过对施工项目内部各项环节进行成本核算，以此为基础，核算单位和各部门定期采集信息，按照有关规定填制一系列的表格，完成数据比较、考核和简单的核算，形成工程项目成本的核算体系，作为支撑工程项目成本核算的平台	简便易懂，方便操作，实用性较好	难以实现较为科学严密的审核制度，精度不高，覆盖面较小

序号	方法	含义	优点	缺点
2	会计核算法	是建立在会计对工程项目进行全面核算的基础上，再利用收支全面核实和借贷记账法的综合特点，按照施工项目成本的收支范围和内容，进行施工项目成本核算。不仅核算工程项目施工的直接成本，而且还要核算工程项目在施工过程中出现的债权债务、为施工生产而自购的工具、器具摊销、向发包单位的报量和收款、分包完成和分包付款等（项目财务部门一般采用此种方法）	科学严密，人为控制的因素较小而且核算的覆盖面较大	对核算工作人员的专业水平和工作经验都要求较高

注：表格核算对工程项目内各岗位成本的责任核算比较实用。施工单位除对整个企业的生产经营进行会计核算外，还应在工程项目上设成本会计，进行工程项目成本核算。用表格核算法进行工程项目施工各岗位成本的责任核算和控制，用会计核算法进行工程项目成本核算。

10. 施工过程的工程质量验收

验收程序（由小到大）	上一环节的质量	上一环节的资料	上一环节安全及功能的检验和抽样	观感质量	本环节抽查	验收组织	参加人
1. 检验批	√	√				专业监理工程师	施工单位项目专业质量检查员、专业工长等
2. 分项工程	√	√				专业监理工程师	施工单位项目专业技术负责人
3. 分部工程	√	√	√	√		总监理工程师	施工单位项目负责人和项目技术负责人等；勘察、设计单位项目负责人和施工单位技术、质量部门负责人应参加地基与基础分部工程验收；设计单位项目负责人和施工单位技术、质量部门负责人应参加主体结构、节能分部工程验收
4. 单位工程	√	√	√	√	√	建设单位负责人	施工单位（含分包单位）、监理单位、设计单位负责人

11. 职业健康安全管理体系与环境管理体系结构、模式等对比

序号	对比项目	职业健康安全管理体系	环境管理体系
1	结构	标准由"范围""规范性引用文件""术语和定义""组织所处的环境""领导作用和工作人员参与""策划""支持""运行""绩效评价"和"改进"十部分组成	该标准由"范围""规范性引用文件""术语和定义""组织所处的环境""领导作用""策划""支持""运行""绩效评价"和"改进"十部分组成
2	运行模式	职业健康安全管理体系的目的和预期结果是防止对工作人员造成与工作相关的伤害和健康损害，并提供健康安全的工作场所。实施符合本标准的职业健康安全管理体系，能使组织管理其职业健康安全风险并提升其职业健康安全绩效。职业健康安全管理体系可有助于组织满足法律法规要求和其他要求。具体实施中采用了戴明模型，即一种动态循环并螺旋上升的系统化管理模式	该模式是由"策划—支持与运行—绩效评价—改进"构成的动态循环过程，与戴明的PDCA循环模式是一致的
3	管理的目的	(1) 职业健康安全管理的目的是在生产活动中，通过职业健康安全生产的管理活动，对影响生产的具体因素进行状态控制，使生产因素中的不安全行为和状态尽可能减少或消除，且不引发事故，以保证生产活动中人员的健康和安全。 (2) 对于建设工程项目，职业健康安全管理的目的是防止和尽可能减少生产安全事故、保护产品生产者的健康与安全、保障人民群众的生命和财产免受损失；控制影响或可能影响工作场所内的员工或其他工作人员（包括临时工和承包方员工）、访问者或任何其他人员的健康安全的条件和因素；避免因管理不当对在组织控制下工作的人员健康和安全造成危害	(1) 环境管理的目的是保护生态环境，使社会的经济发展与人类的生存环境相协调。 (2) 对于建设工程项目，环境保护主要是指保护和改善施工现场的环境。企业应当遵照国家和地方的相关法律法规以及行业和企业自身的要求，采取措施控制施工现场的各种粉尘、废水、废气、固体废弃物以及噪声、振动对环境的污染和危害，并且要注意节约资源和避免资源的浪费

12. 三种合同计价方式的比较

序号	对比项目	总价合同	单价合同	成本加酬金合同
1	应用范围	广泛	工程量暂不确定的工程	紧急工程、保密工程等
2	业主的投资控制工作	容易	工作量较大	难度大
3	业主的风险	较小	较大	很大
4	承包商的风险	大	较小	无
5	设计深度要求	施工图设计	初步设计或施工图设计	各设计阶段

13. 建设工程担保

序号	种类	含义	形式	作用	其他
1	投标担保	指投标人向招标人提供的担保，保证投标人一旦中标即按中标通知书、投标文件和招标文件等有关规定与业主签订承包合同	可以采用银行保函、担保公司担保书、同业担保书和投标保证金担保方式，多数采用银行投标保函和投标保证金担保方式	目的是保护招标人不因中标人不签约而蒙受经济损失。投标担保要确保投标人在投标有效期内不要撤回投标书，以及投标人在中标后保证与业主签订合同并提供业主所要求的履约担保、预付款担保等	投标保证金不得超过招标项目估算价的2%。投标保证金有效期应当与投标有效期一致。勘察设计招标保证金数额一般不超过投标报价的2%，最多不超过10万元人民币。《世行采购指南》投标保证金采用保付支票、信用证或者由信用好的银行出具保函等形式
2	履约担保	指招标人在招标文件中规定的要求中标的投标人提交的保证履行合同义务和责任的担保。有效期始于工程开工之日，终止日期则可以约定为工程竣工交付之日或者保修期满之日	可以采用银行保函、履约担保书和履约保证金的形式，也可以采用同业担保的方式，即由实力强、信誉好的承包商为其提供履约担保。银行保函分为有条件的银行保函和无条件的银行保函	促使承包商履行合同约定，完成工程建设任务，从而有利于保护业主的合法权益	履约保证金不得超过中标合同金额的10%。《世行采购指南》采用履约担保书或者银行保函形式提供。发包人累计扣留的质量保证金不得超过工程价款结算总额的3%。如承包人在发包人签发竣工付款证书后28天内提交质量保证金保函，发包人应同时退还扣留的作为质量保证金的工程价款；保函金额不得超过工程价款结算总额的3%。发包人在退还质量保证金的同时按照中国人民银行发布的同期同类贷款基准利率支付利息
3	预付款担保	预付款担保是指承包人与发包人签订合同后领取预付款之前，为保证正确、合理使用发包人支付的预付款而提供的担保	预付款担保的主要形式是银行保函。也可由担保公司提供保证担保，或采取抵押等担保形式。预付款担保的担保金额通常与发包人的预付款是等值的。预付款一般逐月从工程付款中扣除，预付款担保的担保金额也相应逐月减少	保证承包人能够按合同规定进行施工，偿还发包人已支付的全部预付金额	《世行采购指南》、世行贷款项目招标文件范本《土建工程国内竞争性招标文件》《亚洲开发银行贷款采购准则》和FIDIC《土木工程施工合同条件应用指南》中均对预付款担保作出相应规定

序号	种类	含义	形式	作用	其他
4	支付担保	是中标人要求招标人提供的保证履行合同中约定的工程款支付义务的担保	采用如下的几种形式：银行保函；履约保证金；担保公司担保。实行履约金分段滚动担保。支付担保的额度为工程合同总额的20%～25%	确保工程费用及时支付到位；一旦业主违约，付款担保人将代为履约	除专用合同条款另有约定外，发包人要求承包人提供履约担保的，发包人应当向承包人提供支付担保。支付担保可以采用银行保函或担保公司担保等形式，具体由合同当事人在专用合同条款中约定

八、重 要 图 示

1. DM、PM 和 FM

2. IFMA 确定的设施管理的含义

3. 工程管理的内涵

4. 工程管理的增值

5. 建设工程项目的实施阶段的组成

6. 影响一个系统目标实现的主要因素

7. 组织论的基本内容

8. 项目结构图

9. 组织结构图示例

10. 合同结构图示例

11. 职能组织结构

12. 线性组织结构

13. 施工企业矩阵组织结构模式的示例

14. 一个大型建设项目采用矩阵组织结构模式的示例

15. 矩阵组织结构

（a）矩阵组织结构；（b）以纵向工作部门指令为主的矩阵组织结构；（c）以横向工作部门指令为主的矩阵组织结构。

|(a)|(b)|(c)|

16. 项目组织结构图的示例

17. 在线性组织结构中不允许出现多重指令

312

18. 管理职能

19. 工作流程图示例

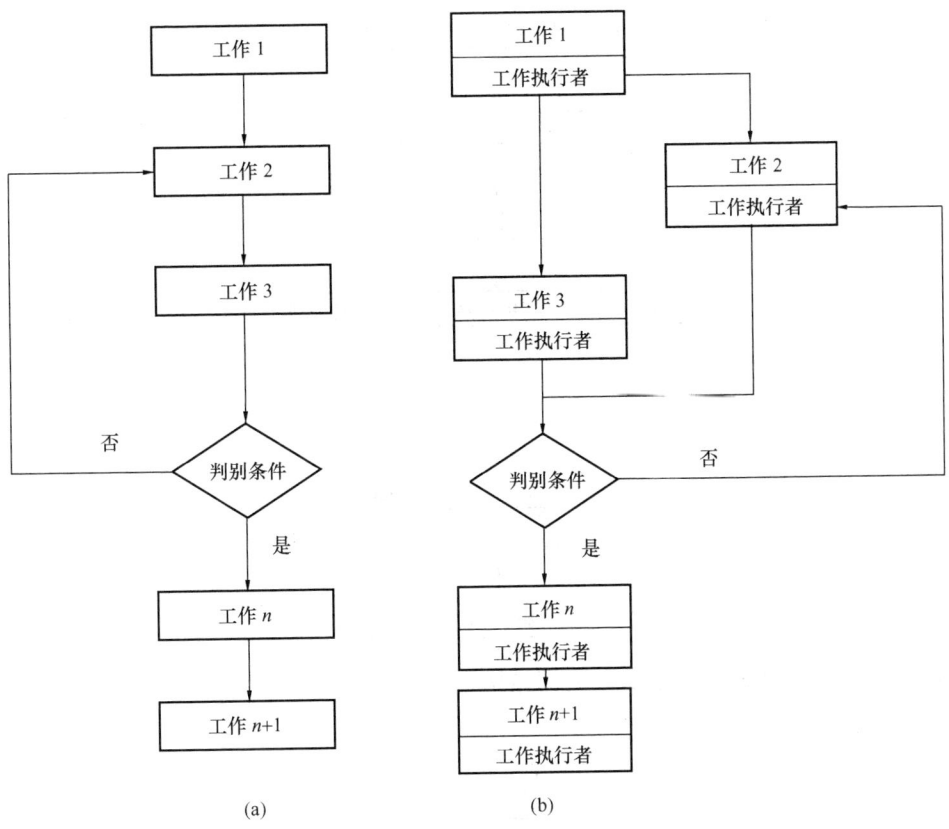

(a)　　　　　　　　(b)

20. 设计变更工作流程图示例

```
┌──────────────┐  ┌──────────────────┐      ┌──────────────┐
│ 设计单位设计变更 │  │ 施工单位提出工程变更 │      │ 业主提出工程变更 │
└──────────────┘  └──────────────────┘      └──────────────┘
        │              │        │                   │
        │        ┌────────┐  ┌──────────┐
        │        │ 业主审查 │  │ 监理工程师审查 │
        │        └────────┘  └──────────┘
        │              │        │                   │
        │              └────┬───┴───────────────────┘
        │              ┌──────────────┐
        │              │ 总监理工程师审核 │
        │              └──────────────┘
        │                    │
        │              ┌──────────────────┐
        │              │ 设计单位提出设计变更 │◄──────┐
        │              └──────────────────┘       │
        │                    │                     │
        │              ┌────────┐                 │
        └─────────────►│ 业主审查 │                 │
                       └────────┘                 │
                            │                      │
                        ┌────────┐      否          │
                        │  修改   │──────────────────┘
                        └────────┘
                            │
              ┌──────────────────────────────┐
              │ 监理工程师评估工程变更费用及工期 │
              └──────────────────────────────┘
                            │
                    ┌──────────────┐
                    │ 总监理工程师审核 │
                    └──────────────┘
                            │
                      ┌────────┐
                      │ 业主认可 │
                      └────────┘
                            │
          ┌────────────────────────────────────────┐
          │ 总监理工程师、施工单位协调变更费用及工期 │
          └────────────────────────────────────────┘
                            │
                      ┌────────┐
                      │ 业主确认 │
                      └────────┘
                            │
              ┌──────────────────────┐
              │ 总监理工程师签发设计变更 │
              └──────────────────────┘
                            │
          ┌─────────────────┼─────────────────┐
    ┌────────┐        ┌────────┐        ┌────────┐
    │  业主   │        │ 施工单位 │        │ 监理单位 │
    └────────┘        └────────┘        └────────┘
```

21. 建设项目施工总承包模式的合同结构

* 注：此为业主自行采购和分包的部分。

22. 施工总承包管理与施工总承包模式的比较

（a）建设项目施工总承包管理模式下的项目开展顺序；（b）建设项目施工总承包模式下的项目开展顺序。

(a)

(b)

23. 施工总承包管理模式下的合同结构1

24. 施工总承包管理模式下的合同结构2

＊注：此为业主自行采购和分包的部分。

25. 动态控制原理图

26. 动态控制的纠偏措施

27. 项目的目标控制

28. 建造师的执业资格和执业范围

29. 事件风险量的区域

30. 按成本构成要素划分的建筑安装工程费用项目组成

```
                              ┌── 计时工资或计件工资
                              ├── 奖金
                    ┌─ 人工费 ─┼── 津贴、补贴 ──────────────────── 分部分项工程费
                    │         ├── 加班加点工资
                    │         └── 特殊情况下支付的工资
                    │
                    │         ┌── 材料原价
                    │         ├── 运杂费
                    ├─ 材料费 ─┼── 运输损耗费
                    │         └── 采购及保管费        ┌── 折旧费
                    │                                ├── 检修费
                    │                                ├── 维护费
          建      ┌─┼─ 施工机具使用费 ─┬ 施工机械使用费 ─┼── 安拆费及场外运费
(按        筑      │ │               └ 仪器仪表使用费  ├── 人工费
费         安      │ │                               ├── 燃料动力费
用         装      │ │               ┌── 管理人员工资    └── 税费
构         工      │ │               ├── 办公费
成         程      │ │               ├── 差旅交通费
要         费      │ │               ├── 固定资产使用费
素         ─────── ┤ │               ├── 工具用具使用费
划                │ │               ├── 劳动保险和职工福利费
分                │ ├─ 企业管理费 ────┼── 劳动保护费              措施项目费
）                │ │               ├── 检验试验费
                  │ │               ├── 工会经费
                  │ │               ├── 职工教育经费
                  │ │               ├── 财产保险费
                  │ │               ├── 财务费
                  │ │               ├── 税金
                  │ │               ├── 城市维护建设税
                  │ │               ├── 教育费附加
                  │ │               ├── 地方教育附加
                  │ │               └── 其他
                  │ ├─ 利润 ───────────────────────── 其他项目费
                  │ │                          ┌── 养老保险费
                  │ │                          ├── 失业保险费
                  │ ├─ 规费 ─┬ 社会保险费 ──────┼── 医疗保险费
                  │ │       └ 住房公积金        ├── 生育保险费
                  │ │                          └── 工伤保险费
                  │ └─ 增值税
```

31. 按成本构成分解

32. 按项目结构分解

33. 成本指标控制程序图

34. 赢得值法评价曲线

35. 费用偏差原因

36. 赢得值法参数分析与对应措施

序号	图形	三参数关系	分析	措施
1	ACWP / BCWS / BCWP	$ACWP>BCWS>BCWP$ $SV<0$；$CV<0$	效率低进度较慢	用工作效率高的人员更换一批工作效率低的人员
2	BCWP / BCWS / ACWP	$BCWP>BCWS>ACWP$ $SV>0$；$CV>0$	效率高进度较快	若偏离不大，维持现状
3	BCWP / ACWP / BCWS	$BCWP>ACWP>BCWS$ $SV>0$；$CV>0$	效率较高进度快	抽出部分人员，放慢进度
4	ACWP / BCWP / BCWS	$ACWP>BCWP>BCWS$ $SV>0$；$CV<0$	效率较低进度较快	抽出部分人员，增加少量骨干人员
5	BCWS / ACWP / BCWP	$BCWS>ACWP>BCWP$ $SV<0$；$CV<0$	效率较低进度慢	增加高效人员投入

319

序号	图形	三参数关系	分析	措施
6		$BCWS>BCWP>ACWP$ $SV<0$；$CV>0$	效率较高进度较慢	迅速增加人员投入

37. 建设工程项目进度计划系统的示例

```
                    100x
                  总进度纲要
       ┌──────────┬──────────┼──────────┬──────────┐
     21x         22x        23x        24x        25x
    设计       物资采购及供应  施工招标    施工     项目动用准备工作
  进度计划     进度计划     进度计划  总进度计划    进度计划
                              ┌──────────┴──────────┐
                                                            ┌─ 4421x道路
                           341x              342x          ├─ 4422x管线
                         主体工程           总体工程         ├─ 4423x绿化
                       施工进度计划         施工进度计划       ├─ 4424x照明
                                                            └─ 4425x其他
  ┌──────────┬──────────┼──────────┬──────────┬──────────┐
4411x       4412x      4413x      4414x      4415x      4416x
主体工程     主体工程    主体工程    主体工程    主体工程    主体工程
一般土建    钢结构工程   玻璃幕墙工程  设备安装工程  弱电工程    精装修工程
施工进度计划  施工进度计划  施工进度计划  施工进度计划  施工进度计划  施工进度计划
```

38. 横道图示例

	工作名称	持续时间	开始时间	完成时间	紧前工作	进度图
1	基础	0d	1993—12—28	1993—12—28		
2	预制柱	35d	1993—12—28	1994—2—14	1	
3	预制屋架	20d	1993—12—28	1994—1—24	1	
4	预制楼梯	15d	1993—12—28	1994—1—17	1	
5	吊装	30d	1994—2—15	1994—3—28	2,3,4	
6	砌砖墙	20d	1994—3—29	1994—4—25	5	
7	屋面找平	5d	1994—3—29	1994—4—4	5	
8	钢窗安装	4d	1994—4—19	1994—4—22	6SS+15d	
9	二毡三油一砂	5d	1994—4—5	1994—4—11	7	
10	外粉刷	20d	1994—4—25	1994—5—20	8	
11	内粉刷	30d	1994—4—25	1994—6—3	8,9	
12	油漆、玻璃	5d	1994—6—6	1994—6—10	10,11	
13	竣工	0d	1994—6—10	1994—6—10	12	

39. 双代号网络图

40. 双代号网络图工作的表示方法

41. 虚箭线的区分作用

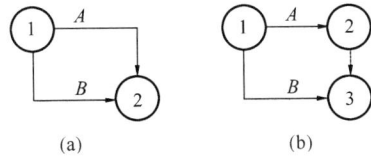

(a)   (b)

42. 网络图中常见的各种工作逻辑关系的表示方法

序号	工作之间的逻辑关系	网络图中的表示方法
1	A 完成后进行 B 和 C	
2	A、B 均完成后进行 C	
3	A、B 均完成后同时进行 C 和 D	
4	A 完成后进行 C A、B 均完成后进行 D	
5	A、B 均完成后进行 D A、B、C 均完成后进行 E D、E 均完成后进行 F	

序号	工作之间的逻辑关系	网络图中的表示方法
6	A、B 均完成后进行 C B、D 均完成后进行 E	
7	A、B、C 均完成后进行 D B、C 均完成后进行 E	
8	A 完成后进行 C A、B 均完成后进行 D B 完成后进行 E	
9	A、B 两项工作分成三个施工段，分段流水施工：A_1 完成后进行 A_2、B_1，A_2 完成后进行 A_3、B_2，A_2、B_1 均完成后进行 B_2，A_3、B_2 均完成后进行 B_3	有两种表示方法

43. 母线法绘图

44. 箭线交叉的表示方法

45. 单代号网络计划图

46. 单代号网络图工作的表示方法

47. A、B 两工作搭接关系的表示方法

（a）用横道图表示；（b）用双代号网络图表示；（c）用单代号网络图表示。

48. 单代号搭接网络计划图

49. 单代号搭接网络图工作的表示方法

50. 单代号搭接网络图箭线的表示方法

51. 单代号搭接网络计划时间参数标注形式

52. 时距 *FTS* 的表示方法

（a）从横道图看 *FTS* 时距；（b）用单代号搭接网络计划方法表示。

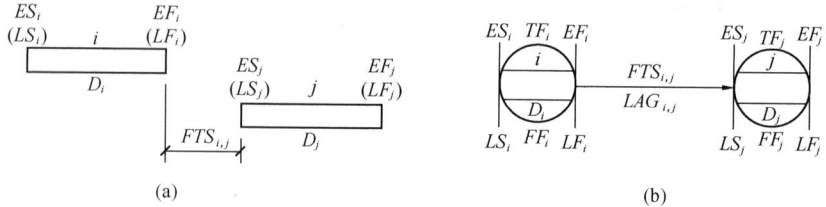

53. 时距 *FTF* 的表示方法

（a）从横道图看 *FTF* 时距；（b）用单代号搭接网络计划方法表示。

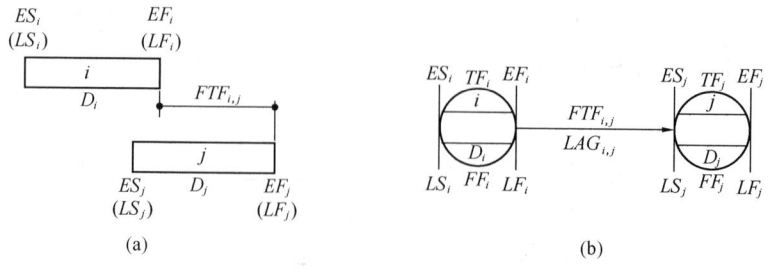

54. 时距 *STS* 的表示方法

（a）从横道图看 *STS* 间距；（b）用单代号搭接网络计划方法表示。

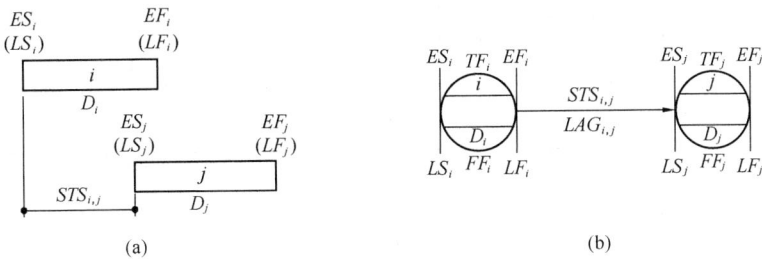

55. 时距 *STF* 的表示方法

（a）从横道图看 *STF* 间距；（b）用单代号搭接网络计划方法表示。

56. 按工作计算法的标注内容

57. 单代号网络计划时间参数的标注形式

58. 实际进度前锋线实例

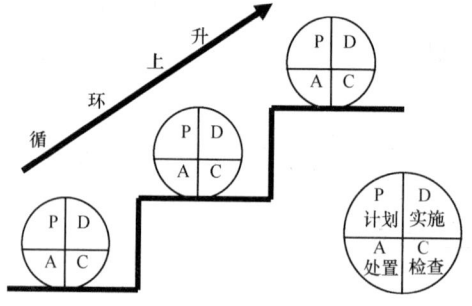

日期	24	25	26	27	28	29	30	1	2	3	4	5	6	7	8	9	10	11	12	13
工作日(d)	46	47	48	49	50	51	52	53	54	55	56	57	58	59	60	61	62	63	64	65

（进度前锋线网络图，含工作线 Ⅰ~Ⅵ，节点编号 8、9、10、12、14、15、16、18、20、21、23、24、25、26、28、29、30、31、33、34、35、36、38、39，工序 D_1、D_2、E、F、G、H、K、L、N、P、Q_1、Q_2、Q_3、R_1、R_2、S_1、S_2、T_1、T_2、U、V、Y_1、Y_2，自由时差标注 TF=4、TF=3、TF=2、TF=1、TF=3）

工作日(d)	46	47	48	49	50	51	52	53	54	55	56	57	58	59	60	61	62	63	64	65
日期	24	25	26	27	28	29	30	1	2	3	4	5	6	7	8	9	10	11	12	13

59. PDCA 循环示意图

60. 施工质量事故处理的一般程序

发生事故 → 事故报告 / 实施应急预案 → 事故调查 → 事故原因？（原因不清楚 / 原因清楚）→ 要技术处理？（不要处理 / 要处理）→ 制定处理方案 → 实施处理 → 检查验收 → 事故结论 → 提交处理报告

61. 混凝土强度不合格因果分析图

62. 常见的直方图

（a）正常型；（b）折齿型；（c）缓坡型；

（d）孤岛型；（e）双峰型；（f）峭壁型。

63. 直方图分布与质量标准上下限

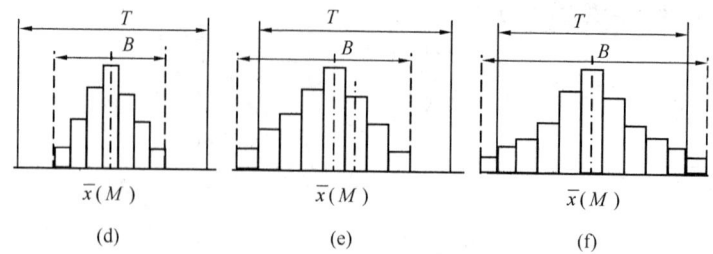

(d)   (e)   (f)

64. 预警体系基本框架

65. 可索赔费用的组成部分

66. 建设项目的信息

建设项目信息
├─ 组织类信息
│   ├─ 编码信息
│   ├─ 单位组织信息
│   ├─ 项目组织信息
│   └─ 项目管理组织信息
├─ 管理类信息
│   ├─ 进度控制信息
│   ├─ 合同管理信息
│   ├─ 风险管理信息
│   └─ 安全管理信息
├─ 经济类信息
│   ├─ 投资控制信息
│   └─ 工作量控制信息
└─ 技术类信息
    ├─ 前期技术信息
    ├─ 设计技术信息
    ├─ 质量控制信息
    ├─ 材料设备技术信息
    ├─ 施工技术信息
    └─ 竣工验收技术信息